Identitätsdiebstahl

Europäische Hochschulschriften

European University Studies

Publications Universitaires Européennes

Reihe II **Rechtswissenschaft**

Series II Law

Série II Droit

Band/Volume **5918**

Stefan Bartz

Identitätsdiebstahl

Zur Frage der Strafbarkeit des Identitätsdiebstahls und der Notwendigkeit eines eigenen Straftatbestandes im deutschen Recht

PL ACADEMIC RESEARCH

Bibliografische Information der Deutschen Nationalbibliothek
Die Deutsche Nationalbibliothek verzeichnet diese Publikation in der Deutschen Nationalbibliografie; detaillierte bibliografische Daten sind im Internet über http://dnb.d-nb.de abrufbar.

Zugl.: Hamburg, Bucerius Law School, Diss., 2016

Diese Arbeit wurde von der Bucerius Law School – Hochschule für Rechtswissenschaft – als Dissertation angenommen.

Erstreferent: Prof. Dr. Karten Gaede
Zweitreferent: Prof. Dr. Christian Bumke
Tag der Promotion: 13. Juli 2016

H 360
ISSN 0531-7312
ISBN 978-3-631-72049-3 (Print)

PL Academic Research ist ein Imprint der Peter Lang GmbH.
Peter Lang – Frankfurt am Main · Bern · Bruxelles · New York · Oxford · Warszawa · Wien

Diese Publikation wurde begutachtet.

www.peterlang.com

Vorwort

Diese Arbeit wurde bei der Bucerius Law School als Dissertationsschrift eingereicht. Sie soll einen Beitrag zu dem in der fortschreitend digitalisierten Welt immer wichtigeren Thema der Identität und ihres (strafrechtlichen) Schutzes leisten.

Mein besonderer Dank gilt Herrn Prof. Dr. *Karsten Gaede* als Erstgutachter und Herrn Prof. Dr. *Christian Bumke* als Zweitgutachter für die jeweilige zügige Erstellung der Gutachten.

Diese Arbeit wäre nicht entstanden ohne die jederzeitige Unterstützung meiner Eltern. Weiter danke ich meiner Frau *Katarina* für Ihre fortwährende Geduld und die Anregung des Themas aus ihrer eigenen beruflichen Befassung mit diesem. Ihnen ist diese Arbeit gewidmet.

Hamburg, im Dezember 2016

Dr. Stefan Bartz

Inhaltsverzeichnis

A. Einführung

I. Problemstellung

Die Beschaffung und Verwendung fremder Identitäten, mit dem Ziel, sich einen Vorteil zu verschaffen, sich zu bereichern, sich der Strafverfolgung zu entziehen oder einem anderen zu schaden, ist kein neues Phänomen. Schon immer haben sich Menschen als andere Personen ausgegeben, zumeist geleitet von kriminellen Motiven. In dem im Jahr 1955 erschienenen der Roman „Der talentierte Mr. Ripley" von *Patricia Highsmith*, nimmt der mittellose Tom Ripley nach intensivem Studium seines Opfers die Identität des Dickie Greenleaf, Sohn eines reichen Werfteigentümers, an, um unter dessen Namen ein Leben in Wohlstand zu führen.

Mit zunehmender Digitalisierung der Gesellschaft wird die Beschaffung fremder Identitätsdaten immer einfacher. Die Zahl der Internetnutzer in Deutschland steigt konstant. Im Jahr 2001 nutzten 37 % der Deutschen ab 14 Jahren regelmäßig das Internet, im Jahr 2013 sind es bereits 76,5 %.[1] Auch im Verhältnis des Bürgers zum Staat gewinnt das Internet immer mehr an Bedeutung. So trat am 1. August 2013 das Gesetz zur Förderung der elektronischen Verwaltung sowie zur Änderung weiterer Vorschriften (E-Government-Gesetz – EGovG) in Kraft.[2] Den Tätern wird das Annehmen fremder Identitäten zusätzlich dadurch erleichtert, dass die Identitätsinhaber ihre Daten in sozialen Netzwerken, wie Facebook oder Xing, von sich aus preisgeben. Im Juni 2013 verfügten 26 Millionen Deutsche über ein Nutzerkonto bei Facebook. Durch die Digitalisierung wird nicht nur der Zugang zu fremden Daten, sondern auch deren missbräuchliche Verwendung vereinfacht. Das Internet ist Marktplatz und soziale Plattform zugleich. Es erlaubt weltweiten Handel und Kommunikation. Verträge können unter Verwendung eines fremden Namens und den dazu gehörigen Kreditkartendaten eingegangen werden. Fremde Identitäten können überdies zur Herabsetzung des Opfers oder Dritter durch untergeschobene Erklärungen des Opfers genutzt werden.

Identitätsdiebstahl und Identitätsmissbrauch sind daher immer wiederkehrende Themen in der öffentlichen Diskussion und in den Medien. In einem Artikel der Wochenzeitung „Die Zeit" beschreibt die Autorin am eigenen Beispiel die Ohnmacht der Betroffenen.[3] Nach einem Diebstahl ihrer Identität erhält sie beinahe täglich Rechnungen, Mahnungen und sogar Haftanordnungen. Der zeitliche und finanzielle Aufwand, um sich gegen die unberechtigten Forderungen zur Wehr zu setzen, ist

---

1 Initiative D21, Anteil der Internetnutzer in Deutschland von 2001 bis 2013.

2 BGBl. I 2013, 2749; siehe hierzu auch *Heckmann/Albrecht*, ZRP 2013, 42; *Rauchhaus/Müller-Terpitz*, MMR 2013, 10.

3 *Tina Groll*, Die Zeit v. 8.01.2011, „Meine Identität gehört mir!", abrufbar unter: http://www.zeit.de/digital/datenschutz/2010-01/identitaetsdiebstahl-selbsterfahrung.

enorm und ein Ende des Handelns der Täter nicht absehbar. Die Tageszeitung *Die Welt* berichtete von einem Fall, in dem der Täter unter Verwendung fremder Daten Nutzerkonten bei diversen Onlinehändlern eingerichtet und über diese Bestellungen aufgegeben hatte.[4] Mittlerweile haben erste Versicherungsunternehmen und andere Dienstleister in Deutschland das Risiko des Identitätsdiebstahls als Geschäft für sich entdeckt[5] und die Schutzgemeinschaft für allgemeine Kreditsicherung (Schufa Holding AG) bietet ein kostenpflichtiges „Frühwarnsystem bei Identitätsmissbrauch"[6] an.

Das Ausmaß von Identitätsdiebstahl und -missbrauch und die Schäden, die hierdurch für den Einzelnen und die Gesellschaft entstehen, sind immens. Einer Umfrage der Europäischen Union zufolge beläuft sich die Zahl der Opfer in Europa zwischen 1 und 5 % der Bevölkerung der Mitgliedsstaaten.[7] In Deutschland haben 2 % der Befragten angegeben, selbst Opfer von Identitätsdiebstahl geworden zu sein.[8] Andere Studien gehen davon aus, dass bei 7 % der Internetnutzer bereits Zugangsdaten zu einem sozialen Netzwerk oder einem Internetforum „ausspioniert" wurden.[9] Nach einer Studie des Bundesverbandes Informationswirtschaft, Telekommunikation und neue Medien e. V. (BITKOM) fühlen sich 43 % der befragten Internetnutzer durch eine mögliche Ausspähung und illegale Nutzung ihrer persönlichen Daten im Internet bedroht.[10]

Dies mag der Grund dafür sein, dass andere Länder in den vergangenen Jahren neue Tatbestände in ihren Strafgesetzbüchern geschaffen haben. Sowohl in Kanada als auch in Frankreich sind in den Jahren 2010 bzw. 2011 neue Straftatbestände des Identitätsdiebstahls in Kraft getreten. In Deutschland wird trotz dieser Entwicklung bislang noch nicht das Bedürfnis für einen spezifischen Straftatbestand gesehen.[11] Aufgrund der häufig grenzüberschreitenden Dimension der Straftaten mit Identitätsbezug befasst sich auch die EU-Kommission verstärkt mit diesem Thema.[12] Es bleibt abzuwarten, ob sie diesbezüglich von ihrer neuen Strafrechtskompetenz aus Art. 83 Abs. 1 AEUV Gebrauch machen wird, ein entsprechender Gesetzesvorschlag war ursprünglich für Ende 2012 geplant.

---

4 Vgl. Artikel der Tageszeitung „Die Welt" v. 19.03.2012, „Wenn die eigene Identität im Netz gestohlen wird", abrufbar unter: http://www.welt.de/wirtschaft/webwelt/article13929533/Wenn-die-eigene-Identitaet-im-Netz-gestohlen-wird.html.

5 Z. B. The Warrenty Group, www.idschutz.de.

6 Schufa Update-Service, vgl. unter: https://www.meineschufa.de.

7 Special Eurobarometer 359 – Attitudes on Data Protection and Electronic Identity in the European Union, Juni 2011, S. 138, abrufbar unter: http://ec.europa.eu/public_opinion/archives/ebs/ebs_359_en.pdf.

8 Special Eurobarometer 359 (Fn. 7), S. 138.

9 *BITKOM*, Datenschutz im Internet, S. 29.

10 *BITKOM*, Datenschutz im Internet, S. 28.

11 *Borges/Schwenk/Stuckenberg/Wegener*, Identitätsdiebstahl und Identitätsmissbrauch im Internet, 2010, S. 373; a.A. *Bruns*, Stellungnahme 41. StrÄndG, S. 9 f.

12 *EU Komm.*, Roadmap.

Diskussionen und Berichterstattung zum Thema Identitätsdiebstahl haben stets eines gemeinsam: Eine einheitliche Definition des Begriffs fehlt. Ein Straftatbestand des Identitätsdiebstahls findet sich im deutschen Strafgesetzbuch nicht. Selbst der der Terminus der Identität wird vom Gesetz uneinheitlich verwendet. In den Medien werden dementsprechend kriminelle Handlungen mit Identitätsbezug wahlweise als Identitätsdiebstahl oder Identitätsmissbrauch bezeichnet.[13] In der deutschen juristischen Literatur werden diese Begriffe bislang kaum diskutiert.

Diese Arbeit soll einen Beitrag dazu leisten, Straftaten mit Identitätsbezug aus deutscher Sicht näher zu beleuchten. Der Fokus soll hierbei auf den Handlungen, die es dem Täter ermöglichen, unter einer fremden Identität aufzutreten, und deren strafrechtlicher Bewertung liegen.

II. Gang der Untersuchung

Ziel der Untersuchung ist die Beantwortung der Frage, von welchen Strafnormen Identitätsdiebstahl im derzeitigen deutschen Recht erfasst wird, ob insoweit eine Strafbarkeitslücke besteht und wie diese gefüllt werden sollte. Die Arbeit soll ferner einen Beitrag zum Verständnis des Begriffs der Identität leisten und dazu, wie die Identität durch das Strafrecht geschützt wird bzw. werden kann.

Die Abhandlung ist in vier Hauptabschnitte untergliedert. Im ersten Abschnitt soll der Frage nachgegangen werden, ob Identität als strafrechtliches Tatbestandsmerkmal taugt und wie man den Begriff für die Zwecke des Strafrechts greifbar machen kann. Hierzu werden die gebräuchlichsten Identitätsbegriffe dargestellt und für die nachfolgenden Abschnitte erläutert. Weiter soll untersucht werden, wie der Begriff „Identität“ im deutschen Recht verwendet wird. Abschließend soll auf den Terminus der Identitätsdaten eingegangen werden. Ferner sollen einzelne Identitätsdaten, die für den Identitätsdiebstahl von besonderer Bedeutung sind, näher dargestellt werden.

Im zweiten Abschnitt werden die Begriffe des Identitätsdiebstahls und des Identitätsmissbrauchs näher untersucht. Dabei wird – zur Erstellung einer eigenen Definition – die Verwendung der Begriffe sowohl im deutschen Recht als auch in ausgewählten ausländischen Rechtsordnungen beleuchtet. Andere Staaten haben in den letzten Jahren strafrechtliche Regelungen getroffen, um dem Problem des Identitätsdiebstahls zu begegnen. Diese Regelungen könnten Vorbild für eine deutsche Regelung sein. Ferner soll auf die national sowie international umstrittene Abgrenzung der Begriffe Identitätsdiebstahl und Identitätsmissbrauch eingegangen werden, welche die Diskussion des Phänomens stark erschwert. Überdies sollen typischen Begehungsweisen des Identitätsdiebstahls aufgezeigt werden, um im nachfolgenden Abschnitt ihre Strafbarkeit zu prüfen. Abschließend sollen in der gebotenen Kürze

13 Vgl. *Tina Groll*, Die Zeit v. 8.01.2011, „Meine Identität gehört mir!“ (Fn. 3).

die Motivation für den Identitätsdiebstahl und die Verwendung der gestohlenen Identitätsdaten dargelegt werden.

Der dritte Abschnitt befasst sich mit der Strafbarkeit des Identitätsdiebstahls im deutschen Recht *de lege lata*. Untersucht werden die Computerstraftatbestände der §§ 202a, 202b und 202c StGB, die für den Identitätsdiebstahl im Internet von zentraler Bedeutung sind. Darüber hinaus wird die Strafbarkeit nach den Eigentumsdelikten näher beleuchtet, wobei insoweit nur auf die für den Identitätsdiebstahl relevanten Tatbestandsmerkmale näher eingegangen werden soll. Ebenso verhält es sich mit einer möglichen Strafbarkeit wegen Betrugs. Insoweit soll indes keine umfassende Analyse des Tatbestandes erfolgen, sondern sollen unter dem Blickwinkel des Identitätsdiebstahls die zentralen Probleme erörtert werden. Schließlich soll die Strafvorschrift des Bundesdatenschutzgesetzes untersucht werden.

Im vierten Abschnitt soll auf die Frage eingegangen werden, welche Strafbarkeitslücken im deutschen Recht hinsichtlich des Identitätsdiebstahls bestehen und inwieweit es notwendig ist, diese durch einen neuen Straftatbestand des Identitätsdiebstahls zu füllen. Hierzu werden in aller Kürze die maßgeblichen Grundlagen für die Bestimmung einer ausfüllungsbedürftigen Strafbarkeitslücke dargestellt. Anhand dieser wird nachfolgend die Strafwürdigkeit des Identitätsdiebstahls untersucht. Dies schließt mit der Beantwortung der Frage ab, ob der Identitätsdiebstahl als strafwürdig anzusehen ist.

Schließlich soll im Anschluss an die Zusammenfassung der Ergebnisse der Entwurf eines eigenen Straftatbestandes des Identitätsdiebstahls erfolgen.

B. Identität als strafrechtliches Tatbestandsmerkmal

Im Folgenden soll der Frage nachgegangen werden, ob sich „Identität“ als strafrechtliches Tatbestandsmerkmal eignet oder welcher Terminus stattdessen verwendet werden sollte. Um dies zu erforschen, sollen zunächst der Begriff der Identität im Allgemeinen sowie seine Verwendung im deutschen Recht dargestellt werden. Darüber hinaus soll der Ausdruck „Identitätsdaten“ beleuchtet und darauf eingegangen werden, wie sich Identität nachweisen lässt.

I. Der Identitätsbegriff im Allgemeinen

Der Begriff der Identität ist schillernd und mehrdeutig.[14] Je nach Disziplin und Verwendung wird er unterschiedlich definiert und diskutiert.[15] Eine allgemeingültige Definition existiert nicht. In der Philosophie, den Sozialwissenschaften und der Psychologie wurde vor der Verbreitung des Internets zwischen numerischer und sozialer Identität unterschieden.[16] Mit der Einführung des Internets, insbesondere dessen, was als „Web 2.0“ bezeichnet wird und bei dem die Internetnutzer das Internet aktiv mitgestalten (User Generated Content),[17] wurde das Konzept der virtuellen Identität entwickelt, um den Besonderheiten des neuen Mediums Rechnung zu tragen.[18] Die nachfolgende Darstellung der Identitätsbegriffe soll sich ebenfalls an dieser Dreiteilung orientieren. Dabei ist zu beachten, dass es sich bei den Modellen nicht um Alternativen zueinander, sondern um unterschiedliche Bedeutungen desselben Wortes handelt. Eine natürliche Person hat neben ihrer numerischen Identität auch immer eine soziale Identität. Die virtuelle Identität kann demgegenüber – je nach Verständnis – der numerischen oder der sozialen Identität zugeordnet oder als eigene Identitätskategorie verstanden werden.

---

14 *Höffe*, S. 2; *J. Meyer*, S. 9; Borges/*Schwenk/Stuckenberg/Wegener*, S. 14.

15 *Meints*, DuD 2006, 576; Krasemann, DuD 2008, 194; Borges/*Schwenk/Stuckenberg/Wegener*, S. 14; ein Kurzüberblick über die philosophischen Aspekte des Identitätsbegriffs findet sich bei *Höffe*, der die Entwicklung der philosophischen Diskussion zum Identitätsbegriff im Hinblick auf die Gegenstandstheorie, die Biologie, die Sozialphilosophie und -psychologie sowie den Datenschutz nachzeichnet.

16 *Baier*, S. 34.

17 Vgl. zum „Web 2.0“ *Frank*, in: Harte-Bavendamm/Henning-Bodewig, Abschn. G Rn. 49; *Weigl*, S. 14 ff.

18 *J. Meyer*, S. 50; *Döring*, Virtuelle Identität; *Metzner*, S. 53; *Krasemann*, MMR 2006, 351; *Hansen/Meissner*, S. 135.

Sowohl natürliche als auch juristische Personen und Gebilde mit Rechtsfähigkeit können Identitäten haben.[19] Identitätsdiebstahl ist grundsätzlich für alle Arten von Personen denkbar. Für die Zwecke dieser Untersuchung soll indes nur die Identität natürlicher Personen betrachtet werden. Viele der angesprochenen Aspekte sind jedoch auf juristische Personen übertragbar.

1. Die numerische Identität

a) Allgemeine Definition der numerischen Identität

Die numerische Identität, welche bisweilen als logische Identität bezeichnet wird,[20] basiert auf der Gegenstandstheorie (Ontologie). Diese beruht wiederum auf dem Konzept der Logik, der Mathematik und der Erkenntnistheorie. Ihrem Grundsatz nach bedeutet Identität im Sinne der numerischen Identität die Einzigartigkeit in Abgrenzung zu anderem anhand von gegenständlichen Merkmalen.[21] Identität im Sinne der numerischen Identität lässt sich daher bezeichnen als ein „Prädikat, das jedem einzelnen Gegenstand oder Objekt dann zugesprochen wird, wenn er bzw. es als Einzelner/s von anderen gleicher Art unterscheidbar, identifizierbar und individuierbar ist."[22]

Die ursprüngliche Definition der numerischen Identität geht auf Leibniz zurück[23]: „Wenn A und B in all ihren Eigenschaften ununterscheidbar sind, also genau dieselben Eigenschaften haben, dann können es gar nicht zwei verschiedene Dinge sein, vielmehr sind sie ein und dasselbe (identisch)" (Leibniz-Gesetz).[24] Danach können zwei real existierende Gegenstände *per se* nicht identisch sein, da kein Gegenstand einem anderen ununterscheidbar gleicht.[25] Diese enge Definition von Identität anhand des Leibniz-Gesetzes führt jedoch dazu, dass Identität nicht über die Zeit hinweg erhalten bleibt, da sich Gegenstände, aber insbesondere Personen, mit der Zeit verändern. Dieselbe Person wäre aus diesem Grund – außer in exakt demselben Betrachtungszeitpunkt – nie mit sich selbst identisch, da sie durch die Zeit einem steten Wandel unterworfen ist. Dass es sich dennoch um die identische Person handelt, wird als diachrone Identität[26] bezeichnet. Diachrone Identität meint die Reidentifizierbarkeit

---

19 *Borges/Schwenk/Stuckenberg/Wegener*, S. 18; *BITKOM*, Leitfaden, S. 6.

20 *Baier*, S. 34.

21 *Höffe*, S. 2.

22 *Förster*, S. 157.

23 Bereits Aristoteles hat versucht, den Begriff der Identität anhand der Ununterscheidbarkeit zu definieren, vgl. *Baier*, S. 34. Eine geschichtliche Untersuchung dieses philosophischen Prinzips findet sich bei *Park*.

24 *Zarnow*, S. 85.

25 Vgl. „Satz der Identität des Ununterscheidbaren" (*principium identitatis indiscernibilium*), wonach sich zwei reale Objekte zumindest in einer Eigenschaft unterscheiden müssen, um nicht dasselbe Objekt zu sein, vgl. *Park*, S. 6.

26 Im Gegensatz zur sogenannten synchronen (= zeitgleichen) Identität, welche eine absolute Identität zweier Objekte zum gleichen Zeitpunkt beschreibt und damit letztlich eine Tautologie ist, so *Jörissen*, S. 17 Fn. 10.

über Zeiträume hinweg, in denen Personen und Sachen Veränderungen unterworfen, aber nach unserem subjektiven Verständnis dennoch dieselben sind.[27]

Aus der von Leibniz entwickelten Definition ergibt sich, dass es auf die Eigenschaften oder Merkmale ankommt, die zur Bestimmung der Identität miteinander verglichen werden. Die numerische Identität unterscheidet sich von den anderen Identitätsbegriffen im Wesentlichen dadurch, dass im Hinblick auf die einzelnen Merkmale, die zur Identifizierung eines Objekts oder einer Person verwendet werden, keine weitere Qualifikation stattfindet.[28] Die Merkmale werden nicht gegeneinander bewertet oder gewichtet, sondern sind absolut und gleichwertig. Demgegenüber wird in der philosophischen Diskussion und in den Sozialwissenschaften Identität zum Teil qualitativ bestimmt.[29]

Hieraus folgt, dass nicht alle Merkmale für die Bestimmung der numerischen Identität geeignet sind. Voraussetzung ist, dass Merkmale überhaupt physikalisch messbar sind und eine einheitliche Messskala für ein Merkmal existiert, denn nur so ist ein Vergleich möglich. Diese Merkmale oder Eigenschaften sind in praktischer Hinsicht Daten bezüglich einer Person oder einer Sache, die mit den Daten anderer Personen oder Sachen verglichen werden müssen, um festzustellen, ob eine Übereinstimmung (Identität) oder Abweichung vorliegt.

b) Die digitale Identität als Untergruppe der numerischen Identität

Soweit Daten, die zur Identifizierung von Personen (oder Sachen) oder zur Verifizierung von Identitäten[30] in elektronisch gespeicherter Form vorliegen, wird dies als digitale[31] oder technische[32] Identität bezeichnet. Die digitale Identität ist somit kein Identitätsbegriff, der neben den sonstigen Definitionen von Identität steht, sondern ein Unterfall der numerischen Identität für eine besondere Art der Fixierung der jeweiligen im Rahmen der Identifizierung verwendeten Daten.[33]

Der Begriff „digitale Identität" wird zwar nicht einheitlich definiert, es besteht jedoch Konsens darüber, dass die zur Identifizierung einer Person notwendigen Daten in elektronischer Form vorliegen müssen. *Hansen/Meissner* definieren die digitale Identität als „jede mögliche Form von technisch abgebildeten Daten, die zu einer Person

27 Vgl. hierzu *Förster*, S. 1, 94 ff.
28 Ähnlich *Meyer*, S. 25; vgl. auch *Förster*, S. 157.
29 Vgl. *Meyer*, S. 48.
30 Identifizierung bedeutet die Feststellung der Identität anhand eines Satzes von Daten, während Verifizierung nur die Überprüfung eines Datensatzes mit Hilfe eines anderen Datensatzes ist.
31 Vgl. *Hornung*, Die digitale Identität; Verkettung digitaler Identitäten; *J. Meyer*, S. 31; *Roßnagel*, in: Roßnagel, S. 9; *Reisen*, DuD 2008, 164 ff.; *Hansen/Meints*, DuD 2006, 543 ff.
32 *Borges/Schwenk/Stuckenberg/Wegener*, S. 18.
33 *J. Meyer*, S. 31.

gehören".[34] Nach *Hansen/Meints* sind digitale Identitäten „Sammlungen von digitalen Informationen, die zu einem Individuum oder einer Organisation gehören".[35] Laut dem *BITKOM-Leitfaden* ist eine digitale Identität „eine Identität, die von einem Rechner verstanden und verarbeitet werden kann."[36] Sie soll entstehen, wenn Eigenschaften oder Attribute einer natürlichen Person in elektronischer Form dauerhaft registriert werden. Im Zuge der Gesetzgebung zum französischen Identitätsdiebstahlstatbestand wurde digitale Identität definiert als formale Daten, bei denen es sich beispielsweise um Benutzernamen und Kennwort handelt.[37] Wie die Daten letztlich technisch abgebildet werden, ist hierbei für die Identität ohne Bedeutung. Eine Abbildung kann durch die Nutzung des Internets,[38] aber auch bei jeder anderen Form der Digitalisierung von Daten über eine Person entstehen. Da in den meisten Bereichen des Wirtschaftslebens und in der öffentlichen Verwaltung Daten nicht mehr rein körperlich festgehalten werden, ist die digitale Identität allgegenwärtig.

Digitale Identitäten werden von den natürlichen Personen teils willentlich und wissentlich selbst aufgebaut, wie z.B. durch Registrierung auf Webseiten oder bei sozialen Netzwerken. Zum Teil fehlt dem Nutzer/Kunden jedoch das Bewusstsein, dass eine digitale (Teil-)Identität erstellt wird.[39] Da die digitale Identität eine Untergruppe der numerischen Identität ist, soll diese im Folgenden nicht gesondert benannt werden, wenn sich die Ausführungen auf die numerische Identität beziehen.

c) Identitäten und (digitale) Teilidentitäten

Neben der digitalen Identität findet sich im Rahmen der Diskussion zur numerischen Identität der Begriff der Teilidentität oder „partielle Identitäten"[40].

Pfitzmann/Hansen definieren diese Teilidentitäten daher unabhängig von der Art und Weise der Aufbewahrung der Daten als eine Teilmenge aller zugeordneten Werte einer vollständigen Identität, bei der eine vollständige Identität die Vereinigung aller zugeordneten Werte von allen (Teil-)Identitäten einer Person ist.[41] Jede abrufbare Identität im Sinne einer gewissen Anzahl von Daten über eine Person ist mithin

---

34 *Hansen/Meissner*, S. 15; identische Definition in englischer Sprache bei *Pfitzmann/Hansen*, S. 32: „Digital identity denotes attribution of properties to a person, which are immediately operationally accessible by technical means".

35 *Hansen/Meints*, DuD 2006, 543.

36 *BITKOM*, Leitfaden, S. 7.

37 Texte n° 86 (2008–2009) v. 6.11.2008 (Sen. Mme Jacqueline Panis): „La manière la plus simple de définir une identité numérique est de considérer les données formelles que sont l'identifiant et le mot de passe"; siehe hierzu unten, C.I.3.c).

38 *J. Meyer*, S. 31.

39 *Hansen/Meissner*, S. 16.

40 *Rost/Meints*, DuD 2006, 576; *Meints*, DuD 2006, 576.

41 *Pfitzmann/Hansen*, S. 31: „A partial identity is a subset of attribute values of a complete identity, where a complete identity is the union of all attribute values of all identities of this person".

stets eine Teilidentität. Eine vollständige Identität im Sinne dieser Definition wäre ohnehin nur ein rein theoretisches Konstrukt, da eine umfassende Sammlung aller existierenden Identitätsdaten einer Person aufgrund der unendlichen Menge der Daten praktisch nicht möglich wäre. Die Teilidentität wurde im Zusammenhang mit der digitalen Identität entwickelt.[42] Teilidentitäten im Sinne der hiesigen Definition entstehen indes auch dann, wenn Daten über Personen nicht digitalisiert sind.

Aus diesem Grund wird häufig nicht zwischen Identität und Teilidentität unterschieden, sondern werden beide Begriffe synonym verwendet. Dies folgt aus den Definitionen von *Pfitzmann/Hansen*, die sich eingehend mit der Teilidentität befassen. Sie sehen einerseits die Teilidentität als Teilmenge der Gesamtdaten an.[43] Andererseits definieren die Autoren Identität ebenfalls als jede Teilmenge von einer natürlichen Person zugeordneten Werten, welche diese Person hinreichend in einer Gruppe von Personen identifiziert.[44] Daraus würde im Ergebnis folgen, dass jeder Mensch über mehr als eine Teilidentität und somit über mehrere Identitäten verfügt.[45] Tatsächlich ist jedoch eine Trennung der Begriffe vorzugswürdig, sodass jede natürliche Person nur über eine theoretische numerische Identität, aber beliebig viele Teilidentitäten verfügen kann.

Der Begriff der Teilidentität hat sich – jedenfalls in der juristischen Diskussion – nicht durchsetzen können, wenngleich er präziser ist und teilweise als vorzugswürdig angesehen wird.[46] In der wissenschaftlichen Diskussion zu Identitäten und Identitätsschutz wird sehr häufig allein der Begriff der Identität verwendet, obwohl damit bei genauer Betrachtung fast immer die Teilidentität nach obiger Definition gemeint ist.[47] Im Folgenden soll der das Konzept der Teilidentität daher ebenfalls nicht gebraucht werden.

d) Pseudonyme bei numerischen Identitäten

Das Wort „Pseudonym“ stammt ab vom griechischen Wort *pseudónymos*, welches sich mit „fälschlich so genannt“ übersetzen lässt. Es ist zusammengesetzt aus den griechischen Wörtern *pseudos* (unwahr) und *onyma* (Name).[48] Entsprechend der

42 Vgl. zum Begriff der digital partial identity: *Pfitzmann/Hansen*, S. 32; *J. Meyer*, S. 31; *Royer/Ranneberg*, DuD 2006, 571, 572.

43 *Pfitzmann/Hansen*, S. 31: „subset of attributed values“.

44 *Pfitzmann/Hansen*, S. 30: „any subset of attribute values of an individual person which sufficiently identifies this individual person within any set of persons“.

45 *Pfitzmann/Hansen*, S. 30: „So usually there is no such thing as ‘the identity’, but several of them“; *Hansen/Meissner*, S. 15; *J. Meyer*, S. 31.

46 *J. Meyer*, S. 23; *Baier*, S. 22 f., 35; *Hornung*, S. 35 Fn. 39.

47 So auch *Hansen/Meissner*, S. 23; viele Veröffentlichungen zum Thema Identitätsdiebstahl und Identitätsmissbrauch verwenden den Begriff der Teilidentität überhaupt nicht, vgl. z. B. *Borges/Schwenk/Stuckenberg/Wegener*.

48 Vgl. zum Begriff des Pseudonyms *Scherer*, Das Pseudonym, S. 31 f.; *RoßnagelScholz*, MMR 2000, 721, 724; Bizer/Bleumer, DuD 1997, 46; *Hansen*, in: Roßnagel, Hdb. Datenschutzrecht, S. 305 Fn. 44.

heutigen Verwendung lässt sich Pseudonym frei mit „Deckname", „fiktiver Name" oder „erfundener Name" übersetzen. Im Hinblick auf die numerische Identität wird Pseudonym jedoch weiter verstanden als im allgemeinen Sprachgebrauch üblich, nämlich als Identifikator für eine Person, die nicht mit dem wahren Namen der Person übereinstimmt.[49] Im Rahmen der Identitätsdiskussion ist der Begriff des Pseudonyms von besonderer Bedeutung, da viele Identitätsdaten Pseudonyme sind.[50]

Gesetzlich ist das Pseudonym im deutschen Recht zwar nicht definiert, aber findet sich beispielsweise in § 66 Abs. 2 Urheberrechtsgesetz (UrhG). Als Pseudonym im Sinne des UrhG ist dabei eine Bezeichnung zu verstehen, die keine Rückschlüsse auf eine real existierende Person zulässt.[51] Nach § 3 Abs. 6a Bundesdatenschutzgesetz (BDSG) ist die Pseudonymisierung „das Ersetzen des Namens und anderer Identifikationsmerkmale durch ein Kennzeichen zu dem Zweck, die Bestimmung des Betroffenen auszuschließen oder wesentlich zu erschweren."

Pseudonyme lassen sich zunächst in zwei Gruppen unterteilen: die Personen- und die Rollenpseudonyme.[52] Personenpseudonyme sind die klassischen Pseudonyme, die – unabhängig von einem bestimmten Kontext oder Verwendungszweck – anstelle des echten Namens der Person verwendet werden. Beispiele hierfür sind Ordens- oder Künstlernamen im Personalausweis (§ 5 Abs. 2 Nr. 12 PAuswG) sowie Personalausweis- oder Sozialversicherungsnummern.[53] Im Gegensatz zu den allgemeingültigen Personenpseudonymen dienen Rollenpseudonyme nur für eine Zuordnung in einem vorab festgelegten Kontext,[54] wie etwa Nutzernamen für bestimmte Webseiten[55] oder Anmeldenamen für Onlinebankingdienste. Daneben lassen sich für die Rollenpseudonyme noch weitere Differenzierungen vornehmen, wie etwa Beziehungspseudonyme, Rollenbeziehungspseudonyme oder Transaktionspseudonyme.[56] Auch Kennzeichen zur einmaligen Verwendung wie Transaktionsnummern (TAN) werden als (Transaktions-)Pseudonyme angesehen.[57]

---

49 *Pfitzmann/Hansen*, S. 21: „A pseudonym is an identifier of a subject other than one of the subject's real names", Fn. 61: „Fundamentally, pseudonyms are nothing else than another kind of attribute values"; *Hansen/Meissner*, S. 59.

50 Dies betrifft insbesondere die alphanumerischen Personenkennzeichen, die sowohl in der Privatwirtschaft als auch von staatlicher Seite vergeben werden, um Personen eindeutig zu bezeichnen, siehe hierzu unten, B.III.3.b).

51 *Schmid/Wirth*, in: Schmid/Wirth/Seifert, § 66 Rn. 1.

52 *Brunst*, S. 29.

53 *Pfitzmann/Hansen*, S. 26; vgl. zu den Personenkennzeichen unten, B.III.3.b).

54 *Brunst*, S. 29.

55 *J. Meyer*, S. 34; vgl. hierzu unten, B.III.3.e).

56 Eine Übersicht findet sich bei *Pfitzmann/Hansen*, S. 26; *Hansen*, in: Roßnagel, Hdb. Datenschutzrecht, Abschn. 3.3 Rn. 58.

57 *Pfitzmann/Hansen*, S. 26: „transaction pseudonym".

Pseudonyme lassen sich ferner danach unterscheiden, wer die reale Identität des Verwenders kennt. Bei sogenannten „anonymen Pseudonymen“ gibt sich der Verwender selbst das Pseudonym und kennt nur er die Verbindung zwischen diesem und ihm.[58] Eine Identifizierung der Person hinter dem Pseudonym ist daher nicht möglich. Darüber hinaus existieren Pseudonyme, bei denen nur ein kleiner Kreis die Identität des Verwenders kennt, und Pseudonyme, bei denen der Verwender relativ einfach in Erfahrung gebracht werden kann, etwa durch Abgleich mit öffentlichen Registern. Das Wissen um die Identität hinter dem Pseudonym wird überwiegend als Zuordnungsregel bezeichnet.[59] Ohne Kenntnis der Zuordnungsregel kann die Person hinter dem Pseudonym nicht identifiziert werden. Für denjenigen, der hingegen die Zuordnungsregel kennt, ist das Pseudonym ein einzelnes Datum einer numerischen Identität.

Das Merkmal der Zuordnungsregel findet sich im deutschen Recht ebenfalls nicht. Sie entspricht aber dem Zusatzwissen beim relativen Personenbezug im Datenschutzrecht.[60] Relativer Personenbezug bedeutet, dass nicht von vornherein feststeht, bei welchen Daten es sich um personenbezogene Daten im Sinne von § 3 Abs. 1 BDSG handelt, sondern dass dies im jeweiligen Kontext zu entscheiden ist.[61] Pseudonyme sind danach nur dann als personenbezogene Daten anzusehen, wenn ein Zusatzwissen vorhanden ist[62] oder ohne größeren Aufwand beschafft werden kann, etwa weil es allgemein zugänglich abrufbar ist.[63]

e) Eigenes Verständnis der numerischen Identität für die Zwecke der Untersuchung

Numerische Identität bedeutet stets die Identifizierung und Identifizierbarkeit von (natürlichen und juristischen) Personen sowie Sachen anhand objektiver Kriterien bzw. Merkmale. Sie wird daher auch als „Identität der Person im bürokratisch kriminalistischen Sinn“[64] und die für den Vorgang zur Feststellung der numerischen Identität notwendige Identifikation als „kriminologische Identifikation“[65] bezeichnet.

Im Folgenden soll ausgehend von diesem allgemeinen Grundsatz eine Definition entwickelt werden, die insbesondere im Zusammenhang mit dem Identitätsdiebstahl in praktischer Hinsicht nutzbar gemacht werden kann. Dabei ist zum einen

58 *Brunst*, S. 28.
59 *Roßnagel/Scholz*, MMR 2000, 721, 724; *J. Meyer*, S. 34; *Pfitzmann/Hansen*, S. 25: „Knowledge of the linking between the pseudonym and its holder“; *Hansen/Meissner*, S. 59.
60 *Roßnagel/Scholz*, MMR 2000, 721, 722 f.
61 *Dammann*, in: Simitis, § 3 Rn. 32 f.; *Gola/Schomerus*, § 3 Rn. 10.
62 *Polenz*, in: Kilian/Heussen, Teil 13 Rn. 77.
63 *Dammann*, in: Simitis, § 3 Rn. 32 f.; *Gola/Schomerus*, § 3 Rn. 26 ff.
64 Vgl. *Assmann*, Leviathan, S. 238.
65 *Nunner-Winkler*, S. 163.

zu klären, welche Anforderungen an eine Identifizierung gestellt werden können und müssen, und zum anderen, inwieweit Einschränkungen möglich sind, um die Anforderungen nicht zu überdehnen.

aa) Maßstab für eine Identifizierung

Ausgehend von der dargestellten philosophischen Diskussion definiert *J. Meyer* in ihrer Dissertation zum Identitätsschutz im Internet numerische Identität einer Person als „die erkennbare Übereinstimmung von Daten mit einer einzigen Person."[66] Hierfür soll ein Ausschnitt aus der Gesamtheit von Daten ausreichen, wenn ein Datum oder die Kombination von Daten nur mit einer einzigen Person übereinstimmen. Unklar bleibt dabei indes, wie dies in praktischer Hinsicht sichergestellt werden soll. Die Schwelle zu bestimmen, ab der eine Kombination von Daten nur noch mit einer einzigen Person übereinstimmt, dürfte in vielen Fällen nicht möglich sein. Abhilfe könnten allein statistische Berechnungen auf der Grundlage von umfangreichen Daten liefern. Ein einziges Datum wird in der Regel nicht ausreichen, um diese zweifelsfrei zu identifizieren.[67] So genügt allein der Vor- und Nachname einer Person wohl nur in Ausnahmefällen. Selbst in Kombination mit dem Geburtsdatum dürften bei weitverbreiteten Namen noch Identifizierungsschwierigkeiten auftreten. Mathematisch betrachtet gilt, dass die Wahrscheinlichkeit einer zweifelsfreien Identifizierung sowohl mit der Anzahl der kombinierten Daten als auch mit dem geringeren Verbreitungsgrad des einzelnen Datums steigt. Um angesichts dieses Prinzips Personen zu identifizieren, bedarf es einer möglichst großen Anzahl an Daten.[68]

Für die Anforderung an eine Identifizierung sollte es jedoch ausreichen, wenn die Daten mit an Sicherheit grenzender Wahrscheinlichkeit nur mit einer einzigen Person übereinstimmen. Die Einschränkung durch die an Sicherheit grenzende Wahrscheinlichkeit ist dem Umstand geschuldet, dass durch eine naturgemäß begrenzte Anzahl verfügbarer Daten eine Identifizierung mit absoluter Sicherheit in

---

66 *J. Meyer*, S. 25; ähnlich: *Bräuer*, DuD 2005, 24; *Meints*, DuD 2006, 576.

67 Mit Ausnahme von DNA-Profilen, bei denen Übereinstimmungen im mehrstelligen Millionen- oder Milliardenbereich liegen, vgl. *Keller*, S. 20; vgl. auch *J. Meyer*, S. 26.

68 In diesem Zusammenhang findet sich auch die Problematik der Verkettung von Daten, vgl. *Hansen/Meissner*, Verkettung digitaler Daten; *Borges/Schwenk/Stuckenberg/ Wegener*, S. 20 f. Verkettung meint das „In-Beziehung-Setzen" von möglichst vielen Daten aus unterschiedlichen Quellen über dieselbe Person, um einen möglichst großen Datensatz über eine Person zu erzeugen. Eine Verkettung kann dabei auf unterschiedliche Weise erfolgen. So lassen sich bestimmte, in Datensätzen häufig auftretende Daten, wie Namen, Adressen, mit anderen Datensätzen abgleichen, um die jeweils fehlenden Daten auszutauschen. Diese vergleichsweise einfache Methode der Verkettung lässt sich durch Verwendung von Raum- und Zeitangaben erweitern, mit deren Hilfe sich dann auch Bewegungsmuster erstellen lassen, *Hansen/Meissner*, S. 19, 26.

den meisten Fällen nicht gelingen wird. Selbst bei einer DNA-Analyse, als derzeit zuverlässigste Untersuchungsmethode zur Identifizierung (oder zum Ausschluss) von Spurenverursachern,[69] besteht die (sehr geringe) Wahrscheinlichkeit,[70] dass eine andere Person ein Profil aufweist, welches bei einer Analyse identisch ist.[71]

bb) Einschränkung durch relative Identifizierbarkeit?

Aus den obigen Grundsätzen folgt, dass für eine erfolgreiche Identifizierung eine möglichst große Anzahl Daten benötigt wird. Dies kann in praktischer Hinsicht zu Schwierigkeiten führen, denn naturgemäß wird demjenigen, der die Identifizierung vornehmen möchte, nur ein Ausschnitt aus der denkbaren Gesamtdatenmenge zur Verfügung stehen.[72]

Diesem Problem begegnen *Borges/Schwenk/Stuckenberg/Wegener* dadurch, dass sie die (numerische) Identität als einen Datensatz von Identitätsdaten definieren. Identitätsdaten sollen die „Menge an Daten [sein], durch die eine Person in einem bestimmten Zusammenhang eindeutig bezeichnet und von anderen unterschieden werden kann".[73] Entscheidend ist die Einschränkung „in einem bestimmten Zusammenhang", auf welche die Autoren der BSI-Studie selbst nicht weiter eingehen. So kann die Nennung eines Vornamens für eine zweifelsfreie Identifizierung ausreichen, wenn dieser in einem vorab bestimmten und bekannten Zusammenhang nur einmal existiert. Ein solcher Zusammenhang könnte eine Sportmannschaft sein. Dies setzt jedoch voraus, dass dem Identifizierenden dieser Umstand bekannt ist. Identifizierung wird damit relativiert.[74] Im genannten Beispiel gelingt sie nur demjenigen, der über Sonderwissen verfügt. Diejenigen, die Mannschaft und Spieler nicht kennen, werden mit einem Vornamen allein keine Person identifizieren können. Dieses Sonderwissen ist vergleichbar mit der Kenntnis der Zuordnungsregel bei Pseudonymen.[75] Ist der Umstand nicht bekannt, ist eine Identifizierung nicht möglich.

Wenn eine kontextuale Relativierung Teil einer Definition ist, sind bei der Identifizierung drei Faktoren zu beachten: die Anzahl der kombinierten Daten, die Häufigkeit der einzelnen Daten und das Sonderwissen des Identifizierenden. Ob eine Datenmenge für eine Identifizierung ausreicht, kann demnach nicht mehr eindeutig beantwortet werden, da es darauf ankommt, für wen eine Person identifizierbar sein soll. Diese Relativierung der numerischen Identität führt indes zu einer starken Abkehr vom ursprünglichen – wenngleich theoretischen – Grundsatz der numerischen

69 *Senge*, in: KK StPO, § 81f Rn. 1.
70 Zum Ablauf der DNA-Analyse und zur Spurenlegerwahrscheinlichkeit bei DNA-Analyse im Strafverfahren vgl. *Bastisch/Schmitter*, in: Widmaier Rn. 58 ff.
71 Für eine kombinierte Analyse von Kern-DNA und mitochondrialer DNA vgl. *BGH*, Beschl. v. 03.11.2010 – 1 StR 520/10, BGHSt 56, 72 = NStZ-RR 2011, 347.
72 Vgl. zum Ausschnitt *Pfitzmann/Hansen*, S. 30: *„a subset of attribute values"*.
73 *Borges/Schwenk/Stuckenberg/Wegener*, S. 17.
74 *J. Meyer*, S. 35; *Roßnagel/Scholz*, MMR 2000, 721, 722 f.
75 Vgl. hierzu oben, B.I.1.d).

Identität als absoluter Einzigartigkeit.[76] Andererseits finden Identifizierungen stets in einem bestimmten, wenngleich teilweisen sehr allgemeinen, Kontext statt. Ferner erfolgt die polizeiliche Überprüfung der Identität durch Angabe der Ausweisnummer mittels eines Abgleichs mit allen anderen Ausweisinhabern und erfordert ein Sonderwissen des Staates.

cc) Zwischenergebnis

Für eine praktische Handhabung soll angesichts der obigen Überlegungen für die Zwecke dieser Untersuchung die numerische Identität einer natürlichen Person vorliegen, wenn eine Kombination von Daten in einem bestimmten Kontext mit an Sicherheit grenzender Wahrscheinlichkeit nur mit dieser und mit keiner anderen Person übereinstimmt.[77]

2. Die soziale Identität

Im allgemeinen Sprachgebrauch wird Identität häufig synonym mit dem Begriff der Persönlichkeit verwendet.[78] In diesen Zusammenhang sind Ausdrücke wie „Identitätsbildung" oder „kulturelle Identität" sowie „sich mit jemandem identifizieren" einzuordnen. Auch der Begriff der sexuellen Identität, welcher im deutschen Recht an zahlreichen Stellen verwendet wird,[79] gehört im weiteren Sinne in diese Kategorie. Der Gebrauch des Identitätsbegriffs in einem solchen qualitativen und nicht quantitativen Sinne wird in den Sozialwissenschaften als soziale Identität bezeichnet.[80] Aus der Verknüpfung von Persönlichkeit und Identität folgt, dass juristische Personen und sonstige Rechtsträger keine sozialen Identitäten haben können.[81]

Ganz anders definieren *Borges/Schwenk/Stuckenberg/Wegener* die sozialen Identität. Es soll sich um einen Unterfall einer „technischen Identität" handeln und bezeichnet „Daten, die auch ohne Verwendung von IT mit einer natürlichen oder juristischen Person in Verbindung gebracht werden können."[82] Bei natürlichen Personen sollen dies Name, Adresse und Geburtsdatum sein. Diese Definition der sozialen Identität entspricht nicht dem allgemein üblichen Verständnis, sondern

76 *Zarnow*, S. 85.

77 Ähnlich *Pfitzmann/Hansen*, S. 30: „An identity is any subset of attribute values of an individual person which sufficiently distinguishes this individual person from all other persons within any set of persons."

78 *Baier*, S. 34; *Meints*, DuD 2006, 576: „persönliche Identität".

79 Vgl. z. B. §§ 1, 19, 20, 33 AGG, 75 BetrVVG, 9 BBG, 9 BeamtStG, siehe hierzu auch unten, B.II.2.

80 Vgl. hierzu m.w.N. *J. Meyer*, S. 48; *Krasemann*, DuD 2008, 194.

81 *Borges/Schwenk/Stuckenberg/Wegener*, S. 17.

82 Vgl. *Borges/Schwenk/Stuckenberg/Wegener*, S. 18.

vielmehr der numerischen digitalen Identität und soll daher hier nicht verwendet werden, um Unklarheiten zu vermeiden.[83]

Die einzelnen Merkmale des sozialen Identitätsbegriffs sind innerhalb der Sozialwissenschaften umstritten.[84] Maßgebliche Komponenten der sozialen Identität sind die subjektive Wahrnehmung der eigenen Person und die Außenwahrnehmung durch Dritte im Rahmen eines sozialen Kontextes.[85] Wie bei der numerischen Identität findet sich ebenso bei der sozialen Identität das Konzept der Teilidentität.[86] Anders als bei der numerischen Identität meint dies jedoch nicht, dass die Gesamtidentität aufgespalten wird oder sich auf eine gespaltene Persönlichkeit[87] bezieht, sondern ist als eine bestimmte Ausprägung der Identität einer Person zu verstehen.[88] So treten bestimmte Ausprägungen der Identität oder Persönlichkeit abhängig vom jeweiligen sozialen Kontext mehr hervor als andere.[89] Die soziale Identität setzt sich somit aus einer internen, individuellen Entwicklung und aus externen Einflüssen zusammen.[90]

Geht man von dieser Definition der sozialen Identität aus, so ergibt sich aus ihr selbst, dass die soziale Identität nicht Gegenstand eines Identitätsdiebstahls sein kann. Selbst ohne eine genaue Definition des Identitätsdiebstahls wird deutlich, dass die soziale Identität (Persönlichkeit) nicht weggenommen werden oder von Dritten missbräuchlich verwendet werden kann. Die soziale Identität kann allenfalls durch Beleidigungen, üble Nachrede oder Verleumdungen beeinträchtigt werden.[91] Entsprechende Taten sind bereits durch den 14. Abschnitt des Besonderen Teils des StGB abgedeckt. Zudem bietet das Zivilrecht durch Unterlassungsansprüche weiteren Schutz für Opfer derartiger Handlungen. Aus diesem Grund soll die soziale Identität für die folgende Untersuchung nicht weiter beachtet werden.

3. Die virtuelle Identität

Als weitere Form der Identität ist seit der Entwicklung des Internets als „Begegnungsstätte" die virtuelle Identität entstanden. Der Begriff der virtuellen Identität ist vergleichsweise neu und noch nicht feststehend. Synonyme für ihn sind

83 Die Ausführungen *Borges/Schwenk/Stuckenberg/Wegener*, S. 18, widersprechen den Ausführung auf S. 17, wonach soziale Identität als „Übereinstimmung von subjektivem Inneren, der Selbstwahrnehmung, und gesellschaftlichem Außen, der Wahrnehmung durch Andere" definiert werden soll.

84 Eine Übersicht über unterschiedliche sozialwissenschaftliche Identitätsdefinitionen findet sich bei *Förster*, S. 248 f.

85 *Borges/Schwenk/Stuckenberg/Wegener*, S. 17; ähnlich *J. Meyer*, S. 50.

86 *Förster*, S. 276.

87 *Baier*, S. 35.

88 Vgl. *Döring*, Virtuelle Identität.

89 *Baier*, S. 35.

90 *Meints*, DuD 2009, 576.

91 *J. Meyer*, S. 50 f.

„Online-Identität“[92], „Web-Identität“[93] oder „Cyber-Identität“[94]. Die virtuelle Identität ist indes nicht zu verwechseln mit dem Begriff der digitalen Identität, wie er nach hiesiger Definition verwendet wird. Die digitale Identität ist ein Unterfall der numerischen Identität, bei der die Besonderheit darin besteht, dass die zur Identifizierung verwendeten Daten in digitaler Form vorliegen.[95]

a) Der Begriff der virtuellen Identität

Die virtuelle Identität kann je nach Definition der numerischen oder der sozialen Identität zugeordnet werden. Darüber hinaus wird vertreten, die virtuelle Identität als weitere Identitätskategorie neben den genannten anzusehen.

aa) Virtuelle Identität als Unterfall der numerischen Identität

Die virtuelle Identität kann einerseits als Unterfall der numerischen Identität angesehen werden.[96] So wird vertreten, dass eine virtuelle Identität bereits entsteht, wenn natürliche Personen überhaupt das Internet nutzen, da in diesem Zeitpunkt üblicherweise vom Internetanbieter schon ein Zugangsname oder eine E-Mail-Adresse zugewiesen wird.[97]

Die (numerische) virtuelle Identität bedeutet analog zur numerischen Identität Reidentifizierbarkeit in der virtuellen Welt aufgrund von Daten, die einer Person im Rahmen eines bestimmten vorgegebenen Kontextes für eine nicht bloß vorübergehende Nutzung zugeordnet sind (z. B. Nutzername und Passwort). Die dauerhafte und konsistente Nutzung eines Profils im Internet dient dem Dritten, der mit diesem Profil stets die dahinterstehende Person verbindet, selbst wenn deren Identität in der realen Welt nicht bekannt ist. Anders als bei dem sozialwissenschaftlichen Verständnis der virtuellen Identität als (anonymes) Ausleben von Aspekten der eigenen Persönlichkeit in der virtuellen Welt wird das der sozialen Identität immanente Selbstverständnis der Person, d. h. des Nutzers, bei diesem Verständnis nicht berücksichtigt. Der Aspekt der Reidentifizierbarkeit findet sich ferner im *BITKOM-Leitfaden* zu Webidentitäten. Dort wird (Web-)Identität definiert als „eine in ihrem Verwendungskontext eindeutige, wiedererkennbare Beschreibung einer natürlichen oder juristischen Person oder eines Objektes“.[98]

---

92 Vgl. *Kuhn*, Debatte über Online-Identität – Das Netz muss Anonymität zulassen, abrufbar unter: http://www.sueddeutsche.de/digital/debatte-ueber-online-identitaet-anonymitaet-im-netz-darf-nicht-verschwinden-1.1127377.

93 *BITKOM*, Leitfaden.

94 *Haker*, S. 10; *Metzner-Szigeth*, Cyber-Identitäten und Virtuelle Gemeinschaften.

95 *Hornung*, Die digitale Identität; *Baier*, S. 39 ff.

96 Wohl ebenso *Hornung*, ZD-Aktuell 2011, 155.

97 *Metzner-Szigeth*, S. 53.

98 *BITKOM*, Leitfaden, S. 6.

Der Einordnung der virtuellen Identität als Unterfalls der numerischen Identität kann nicht entgegenhalten werden, dass bei der virtuellen Identität teilweise keine Erkennbarkeit vorliegt.[99] Denn bei der (allgemeinen) numerischen Identität liegt nicht immer eine Erkennbarkeit vor. Insbesondere bei Personenkennzeichen[100] verhält es sich nicht anders als bei Onlinenutzernamen. Unzutreffend ist, dass Personenkennzeichen allein zur Identifizierung gegenüber dem Ausgeber und der natürlichen Person dienen.[101] Als Beispiel sei die Social Security Number in den USA genannt, die für große Teile des Wirtschaftslebens zur Identifizierung gegenüber privaten und staatlichen Stellen verwendet wird.[102]

bb) Virtuelle Identität als Unterfall der sozialen Identität

In den Sozialwissenschaften wird mit der virtuellen Identität das Auftreten von Personen im Internet umschrieben. Abgesehen von dieser weiten Umschreibung existiert kein einheitlicher Begriff der virtuellen Identität. Die numerischen Aspekte, z. B. die Verwendung desselben Benutzernamens, werden nur insoweit beachtet, als hierdurch eine Persönlichkeit ausgebildet wird.

An einer einheitlichen Definition fehlt es auch, da Art und Umfang der Nutzung des Internets durch den jeweiligen Benutzer sehr unterschiedlich ausgestaltet sein können. Zudem kann dieselbe Person über eine Vielzahl von virtuellen Identitäten verfügen. So werden von Internetnutzern häufig unterschiedliche Identitäten für verschiedene Zwecke und Umgebungen (z. B. Chaträume, Foren, soziale Netzwerke, Onlinespiele usw.) verwendet. Die dabei entstehenden virtuellen Identitäten können stark voneinander abweichen, obwohl sie zur selben natürlichen Person gehören.

Die virtuelle Identität erlaubt es, in „immer neue Rollen schlüpfen zu können, die mit ihrem Verhalten und Aussehen im Alltag außerhalb des Netzes nur wenig zu tun haben."[103] Zuweilen wird die virtuelle Identität auch als Charakter bezeichnet.[104] Es kann daher ferner davon ausgegangen werden, dass die meisten Nutzer ein gesteigertes Interesse daran haben, dass ihre virtuelle Identität nicht mit ihrer Identität im realen Leben abgeglichen oder verknüpft werden kann.[105] Insbesondere die Anonymität des Internets führt dazu, dass sich Personen so verhalten können, wie sie es aufgrund sozialer oder kultureller Hemmungen und Vorgaben sonst nicht

---

99 Entgegen *J. Meyer*, S. 35.

100 Diese zählen nach der Ansicht von *J. Meyer* ebenfalls zu den Daten einer numerischen Identität, vgl. *J. Meyer*, S. 27 f.

101 So aber *J. Meyer*, S. 35.

102 Zur Verwendung der *Social Security Number* in den USA siehe unten, B.III.3.b)bb) (1); vgl. auch *Hansen/Meissner*, S. 81; *CIPPIC*, Working Paper 2, S. 18.

103 *Döring*, Virtuelle Identität; *Van der Sloot*, eGov Präsenz, 2011, 41.

104 *Krasemann*, MMR 2006, 351.

105 Vgl. *Hansen/Meissner*, S. 136, im Hinblick auf „Massive-Multiplayer-Online-Games".

wagen.[106] Hieraus ergibt sich als logische Schlussfolgerung, dass – auch nach dem Selbstverständnis der Nutzer – zwischen der virtuellen und der real existierenden Identität einer Person zu unterscheiden ist. Virtuelle Identität kann damit als eine soziale Identität in der virtuellen Welt verstanden werden.

Für die (soziale) virtuelle Identität gilt jedoch dasselbe wie für soziale Identität im Allgemeinen: Ein „Diebstahl" der (sozialen) virtuellen Identität ist nicht möglich. Dritte können sich indes die Kontrolle über ein Nutzerprofil verschaffen, was dazu führt, dass eine aufgebaute virtuelle Identität nicht mehr verwendet werden kann. Die abstrakte virtuelle Identität, welche ein nur der Onlinewelt bekannter Teil der sozialen Identität der natürlichen Person ist, bleibt jedoch erhalten. Aus rechtlicher Sicht ist die virtuelle Identität, soweit sie der sozialen Identität zugeordnet wird, als Tatbestandsmerkmal oder Tatobjekt abzulehnen.

cc) Virtuelle Identität als eigene Identitätskategorie

Nach anderer Ansicht soll es sich bei der virtuellen Identität um eine eigene Kategorie neben der numerischen und der sozialen Identität handeln.[107]

Nach der von *J. Meyer* vertretenen Ansicht liegt eine virtuelle Identität vor, wenn zwei Definitionsmerkmale erfüllt sind. Erstes Merkmal ist ein wiedererkennbares Nutzerprofil, sodass eine „dauerhafte und konsistente Nutzung" vorliegt und die virtuelle Identität damit nicht nur der einmaligen Verwendung dient. Dies setzt einen feststehenden Profilnamen, also ein Pseudonym, voraus. Ferner muss der Zugang zu dem Profil eingeschränkt sein, damit sichergestellt ist, dass das Profil stets von derselben Person verwendet wird. Zweite Voraussetzung soll sein, dass die hinter einem Profil stehende natürliche Person nicht für andere Nutzer identifizierbar ist.[108] In diesem Merkmal soll der wesentliche Unterschied zur numerischen Identität bestehen. Nutzerprofile sollen danach nur dann Daten der numerischen Identität sein, wenn die dahinterstehende natürliche Person im realen Leben identifizierbar ist. Begründet wird dies damit, dass nur die „Loslösung von der Person außerhalb des Netzes"[109] eine virtuelle Identität ermögliche. Es soll kein „Rückschluss auf eine Person außerhalb des Netzes"[110] möglich sein.

---

106 *Döring*, Virtuelle Identität; vgl. auch *Stöcker*, Identität im Netz – Das digitale Ich liegt in Scherben, Spiegel Online, v. 29.07.2008, abrufbar unter: http://www.spiegel.de/netzwelt/web/identitaet-im-netz-das-digitale-ich-liegt-in-scherben-a-567899.html.

107 *J. Meyer*, S. 35 f.; insoweit kritisch *Hornung*, ZD-Aktuell 2011, 155.

108 *J. Meyer*, S. 53 f.; dies bezieht sich anscheinend jedoch nur auf Identitätsdaten, welche für andere Nutzer der Plattform einsehbar sind. Denn die Nutzung der genannten Beispiele, wie Second Life oder eBay, setzt die Angabe von Kreditkartendaten oder Adressen gegenüber dem Anbieter voraus, sodass die Identität mit einer Person verknüpft werden kann.

109 *J. Meyer*, S. 54.

110 *J. Meyer*, S. 54.

Die Schaffung eines neuen Identitätsbegriffs neben der numerischen und sozialen Identität geschieht ohne Not und vermag aus mehreren Gründen nicht zu überzeugen:

Zunächst betrifft die angesprochene „Loslösung" von der realen Welt einen Aspekt der sozialen virtuellen Identität. Denn diese geht davon aus, dass die Persönlichkeitsbildung im Netz aufgrund der Anonymität im Netz anders verläuft als in der realen Welt. Ebenso setzt die soziale virtuelle Identität die Wiedererkennbarkeit der Nutzer logisch voraus. Eine virtuelle Persönlichkeit, welche durch Außenwahrnehmung[111] und eine andauernde Entwicklung[112] geprägt ist, kann nur entstehen, wenn hierfür ein Bezugspunkt in Form eines auf Dauer angelegten Nutzerprofils besteht. Damit entspricht die Definition im Kern dem Verständnis in den Sozialwissenschaften.[113]

Nach dieser Definition wäre auch ein Nutzerprofil auf der Internetauktionsplattform eBay eine virtuelle Identität, da der Nutzer, der sich hinter einem eBay-Profil verbirgt, nicht notwendigerweise aufgrund des Nutzernamens erkennbar ist.[114] Nach Abschluss eines Vertrages über die eBay-Plattform werden die Namen der am Kauf beteiligten Nutzer jedoch automatisch ausgetauscht.[115] Anonymität ist somit faktisch nicht gegeben, sobald das Handeln rechtserheblich wird. Die virtuelle Identität würde sich bei Vertragsschluss automatisch in eine numerische „umwandeln", da die Zuordnungsregel offengelegt wird. Die Problematik würde nicht auftreten, wenn die virtuelle Identität im Hinblick auf die Daten des Nutzerprofils als Unterfall der numerischen Identität angesehen würde.

Wie die Kaufabwicklung bei eBay zeigt, ist die Anonymität im Internet häufig nur „vermeintlich".[116] Besonders die Bereiche des Internets, in denen rechtsverbindliche Erklärungen abgegeben werden können, zeichnen sich dadurch aus, dass zur Nutzung des Angebots der bürgerliche Name und weitere Daten dem Anbieter mitgeteilt werden müssen. Der Umstand, dass der Anbieter als Identitätstreuhänder agiert und dadurch die Möglichkeit schafft, Ansprüche gegebenenfalls gerichtlich durchzusetzen, ist eine wesentliche Voraussetzung für die Akzeptanz einer Onlineplattform, auf der rechtsverbindliche Absprachen getroffen werden sollen.

---

111 *Beneto*, S. 31.

112 *Förster*, S. 250; *Krasemann*, MMR 2006, 351.

113 *J. Meyer* geht ebenfalls davon aus, dass die virtuelle Identität „Teil der Persönlichkeit" (S. 140) sei und somit Teil der sozialen Identität.

114 So auch *J. Meyer*, S. 56.

115 Zudem lassen sich die Daten der Nutzer im Falle von Schwierigkeiten von der eBay GmbH oder der eBay Inc. in Erfahrung bringen.

116 So auch *J. Meyer*, S. 52.

dd) Zwischenergebnis

In der virtuellen wie in der realen Welt lässt sich Identität auf unterschiedliche Weise definieren. Analog zur Realität sollte für den Bereich des Internets eine Unterscheidung zwischen numerischer Identität und sozialer Identität (Persönlichkeit) vorgenommen werden. Eine virtuelle Identität als eigener Identitätsbegriff ist demgegenüber nicht notwendig, da die beiden Aspekte des Identitätsbegriffs (Identifizierbarkeit und Persönlichkeit) durch eine numerische und eine soziale virtuelle Identität abgedeckt werden. Die virtuelle Identität ist je nach Verständnis nur ein Unterfall der jeweiligen Identitätsbegriffe für das Auftreten natürlicher Personen im Internet.

Überdies erscheint es in rechtlicher Hinsicht sinnvoll, die virtuelle Identität im Hinblick auf die mit ihr verbundenen Daten als Unterfall der numerischen Identität anzusehen. Wie die allgemeine numerische Identität kann auch die virtuelle numerische Identität „weggenommen“ werden.

Im Folgenden soll daher die virtuelle Identität im Sinne einer numerischen Identität im virtuellen Raum verstanden werden, bei der eine Wiedererkennbarkeit aufgrund einer dauerhaften konsistenten Nutzung gegeben ist. Darauf, dass die hinter der virtuellen Identität stehende natürliche Person aufgrund des Nutzernamens identifizierbar ist, kommt es nicht an.[117]

b) Das Pseudonym bei virtuellen Identitäten

Die virtuelle Identität setzt stets ein Pseudonym voraus.[118] Dies gilt sowohl für eine numerische als auch für eine qualitative Auslegung des Begriffs. Das Pseudonym, seine Wiedererkennbarkeit und seine Gestaltung durch die hinter ihm stehende natürliche Person werden über einen Zeitraum zu einer Persönlichkeit und somit zu einer eigenen sozialen (Teil-)Identität.[119]

Bei der virtuellen Identität als Unterfall der numerischen Identität ist das Pseudonym ebenfalls die wesentliche Voraussetzung und macht die eigentliche virtuelle Identität aus. Denn nur wenn die hinter dem Pseudonym stehende natürliche Person wiederholt denselben Nutzernamen verwendet, kann die für die virtuelle Identität erforderliche Wiedererkennbarkeit gegeben sein.[120] Auf die Erkennbarkeit des

---

117 Ähnlich *Anrig/Benoist/Jaquet-Chiffelle*, Virtual? Identity, die eine virtuelle Person wie folgt definieren: „A virtual person is a mask defined by its attribute(s), and/or its role(s), and/or its ability(-ies), and/or its acquisition(s). The entity behind the mask, if it exists, is a subject.“

118 Zum Pseudonym bei der numerischen Identität siehe oben, B.I.1.d); *J. Meyer*, S. 54 f.

119 Vgl. Bundeszentrale für politische Bildung, Mein Avatar und Ich – Identitätsarbeit mittels Computerspielfiguren, 28.9.2011, abrufbar unter: http://www.bpb.de/gesellschaft/kultur/kulturelle-bildung/60357/mein-avatar-und-ich.

120 *Brunst*, S. 27.

Nutzers kommt es wie bei dem Pseudonym nicht an. Sie steht der Annahme einer virtuellen Identität indes nicht entgegen.[121]

Ein Pseudonym erlaubt es – anders als bei Anonymität bzw. anonymen Pseudonymen – soziale und rechtsgeschäftliche Beziehungen aufzubauen, da eine Wiedererkennbarkeit gegeben ist,[122] die einen Bezugspunkt zum Geschäftspartner schafft. Im Gegensatz zur Identität bedeutet Anonymität in der virtuellen Welt, dass überhaupt keine Identitätsdaten ausgetauscht werden.[123] Insbesondere bei rechtsgeschäftlichen Beziehungen birgt die Unkenntnis der Identität der real existierenden Person jedoch erhebliche Risiken, da für die gerichtliche Geltendmachung im Streitfall der Name und die Anschrift des Gegners benötigt werden.[124] Aus diesem Grund agieren häufig die Anbieter von Internetplattformen als neutrale Dritte, die die Identität des Verwenders und dessen Pseudonym, also die Zuordnungsregel, kennen und diese unter bestimmten Voraussetzungen aufdecken können.[125] Solche neutrale Dritte können als Identitätstreuhänder bezeichnet werden.[126]

Beispiele für solche Identitätstreuhänder im Bereich der virtuellen (Geschäfts-) Welt sind der Internetauktionsanbieter eBay und De-Mail-Diensteanbieter. Bei eBay erfolgen Einstellung von Auktionen und Abgabe von Geboten unter Verwendung von Pseudonymen. Sobald die Auktionsdauer abgelaufen ist, teilt eBay dem Käufer die Kontaktadresse des Verkäufers mit.[127] Das De-Mail-Gesetz (De-Mail-G) soll die Möglichkeit einer sicheren Internetkommunikation bieten, bei der von einem De-Mail-Diensteanbieter durch eine Akkreditierung des Nutzers sichergestellt wird, dass die in E-Mails abgegebenen Willenserklärungen vom Absender stammen.[128] Der Beweiswert solcher E-Mails soll hierdurch erhöht und der elektronische Geschäftsverkehr gefördert werden.[129] Gemäß § 5 Abs. 2 De-Mail-G können natürliche Personen Pseudonyme für ihre De-Mail-Adresse verwenden, wenn diese als Pseudonym gekennzeichnet ist.

c) *Strafrechtlicher Schutz der virtuellen Identität*

Die obigen Überlegungen zur virtuellen Identität führen aus strafrechtlicher Sicht zu der Frage, ob ein Tatbestand des Identitätsdiebstahls auch für virtuelle Identitäten gelten sollte. Da das Strafrecht stets die Ultima Ratio zum Schutz von Rechtsgütern

---

121 Siehe oben, B.I.3.a)aa).

122 *Brunst*, S. 27.

123 *Baier*, S. 65.

124 *Knopp/Wilke/Hornung/Laue*, MMR 2008, 723, 726; *J. Meyer*, S. 82.

125 *Brunst*, S. 30.

126 *J. Meyer*, S. 34 f.; *Hansen/Meissner*, S. 173.

127 http://pages.ebay.de/help/tp/know-seller-contact.html; siehe auch *J. Meyer*, Fn. 234.

128 Siehe zum De-Mail-Gesetz allgemein *Roßnagel*, Das De-Mail-Gesetz, NJW 2011, 1473.

129 BT-Drucks. 17/3630, S. 1.

ist,[130] ist es insbesondere fraglich, ob strafrechtlicher Schutz geboten ist, wenn die hinter einem Nutzerprofil/Pseudonym stehende Person nicht ohne weiteres identifizierbar ist.

Aus den Tatbeständen des Strafgesetzbuches lässt sich nicht ableiten, dass der Gesetzgeber die virtuelle Identität durch das Strafrecht schützen wollte. Die in Betracht kommenden Tatbestände, nämlich §§ 202a, 202b und 202c StGB, dienen nur dem indirekten Schutz der virtuellen Identität. Schutzbereich dieser Tatbestände sind der persönliche Geheimbereich und das Schutzinteresse des Betroffenen, seine Daten vor unbefugtem Zugriff zu schützen.[131] Der Geheimnisschutz umfasst jedoch jede Art von Daten und nicht nur Daten, die sich unmittelbar auf die Person des Berechtigten beziehen.

J. Meyer vertritt demgegenüber im Hinblick auf einen zivilrechtlichen Schutz der virtuellen Identität die Auffassung, dass selbst ohne Erkennbarkeit des Nutzers in der realen Welt Persönlichkeitsverletzungen möglich sind. Begründet wird dies damit, dass die virtuelle Identität Teil der Persönlichkeit einer real existierenden Person sei. Das Ansehen einer Person und ihre sozialen Kontakte in der virtuellen Welt seien genauso wertvoll wie in der realen Welt. Die virtuelle Identität sei zudem wichtig für die Persönlichkeitsentfaltung.[132] Diese Argumentation lässt sich auf das Strafrecht übertragen, da auch das Strafrecht die Persönlichkeit einer natürlichen Person und ihr Ansehen schützt (vgl. §§ 185–200 StGB).

Ferner können sich virtuelle Identitäten über einen gewissen Zeitraum hinweg eine Reputation aufbauen,[133] die zum Teil einen erheblichen wirtschaftlichen Wert hat. So sind beispielsweise positive Käuferbewertungen auf der Auktionsplattform eBay mit maßgeblich für einen geschäftlichen Erfolg.[134] Die Bedeutung derartiger Bemerkungen für Verkäufer zeigt sich ferner an einer zunehmenden Anzahl zivilrechtlicher Streitigkeiten, bei denen Verkäufer versuchen, sich gegen negative Bewertungen zu wehren.[135]

Für einen strafrechtlichen Schutz der virtuellen Identität spricht zudem, dass das Pseudonym, welches der wesentliche Teil der virtuellen Identität ist, nach der Rechtsprechung des Bundesverfassungsgerichts verfassungsrechtlichen Schutz genießt.[136]

---

130 Vgl. *Hilgendorf/Wolf*, K & R 2006, 541; *Rönnau*, ZPR 191, 194.

131 *Fischer*, § 202a Rn. 2, § 202b Rn. 2.

132 *J. Meyer*, S. 140 f.

133 Vgl. *Hansen/Meissner*, S. 136, die der virtuellen Identität sogar ein eigenes „Interesse" an informationeller Selbstbestimmung zusprechen wollen.

134 Vgl. z. B. *Krüger/Biehler*, in: Martinek/Semler/Habermeier/Flohr, § 33 Rn. 87; *Dörre/Kochmann*, ZUM 2007, 30, 31; für eine Zulassung als „*PowerSeller*" bei eBay müssen 98 % der Bewertungen positiv sein.

135 Vgl. anstatt vieler *LG Köln*, Urt. v. 10.06.2009 – 28 S 4/09, MMR 2010, 244; *LG Dannenberg*, Urt. v. 13.12.2005 – 31 C 452/05 (I), MMR 2006, 567; *LG Hannover*, Urt. v. 13.05.2009 – 6 O 102/08, MMR 2009, 870.

136 *BVerfG*, Beschl. v. 21.8.2006 – 1 BvR 2047/03, NJW 2007, 671.

Grund hierfür ist, dass der Name als Teil des in Art. 2 Abs. 1 GG i. V. m. Art. 1 Abs. 1 GG gewährleisteten allgemeinen Persönlichkeitsrechts geschützt ist. Nach dem Bundesverfassungsgericht kann auch ein Pseudonym Ausdruck der Identität und Individualität des Namensträgers und damit dem bürgerlichen Namen gleichgestellt sein. Welche Anforderungen dabei an das Pseudonym zu stellen sind, hat das Bundesverfassungsgericht offengelassen.

Angesichts des immateriellen und des materiellen Wertes, der einer virtuellen Identität zukommen kann, sollte keine Trennung zwischen numerischen Identitäten im realen Leben und virtuellen Identitäten gemacht werden. Wie bereits dargelegt, sollte die virtuelle Identität im Hinblick auf die mit ihr verbundenen Daten als Unterfall der numerischen Identität angesehen werden.[137] Da die numerische Identität strafrechtlich geschützt sein sollte, gilt dies ebenso für die virtuelle numerische Identität. Durch die stetig zunehmende Bedeutung des Internets wächst die Verbreitung virtueller Identitäten in der Gesellschaft. Diese aus dem strafrechtlichen Schutz auszuklammern, wäre nicht zeitgemäß. Im Ergebnis sollte daher die virtuelle numerische Identität strafrechtlichen Schutz genießen.

II. Der Identitätsbegriff im deutschen Recht

Das deutsche Recht kennt den Begriff der Identität, verwendet ihn jedoch nicht häufig. Zumeist wird er jedoch im Zusammenhang mit der Identifizierung von Personen oder Sachen gebraucht. Eine gesetzliche Definition existiert im deutschen Recht nicht. Auch die Rechtsprechung hat bislang keine einheitliche Definition entwickelt. Im Folgenden soll daher die Verwendung des Begriffs der Identität im Straf- und Strafprozessrecht sowie in den anderen Rechtsgebieten näher untersucht werden.

1. Verwendung des Identitätsbegriffs im Straf- und Strafverfahrensrecht

Im deutschen Strafgesetzbuch (StGB) wird der Identitätsbegriff ebenso wie der Begriff der Identitätsfeststellung nicht verwendet.

In der Strafprozessordnung (StPO) findet sich das Wort Identität an mehreren Stellen. So liegt die Schwierigkeit des Strafverfahrens nicht in der Feststellung begründet, dass eine Straftat begangen wurde, sondern darin, wer diese begangen hat. Daher handelt es sich zumeist um Maßnahmen zur Feststellung der Identität einer Person (z. B. §§ 68, 81g, 111, 127, 163b StPO). Besonders im Hinblick auf Verdächtige sind bei der Identitätsfeststellung diejenigen Daten zu ermitteln, die es ermöglichen, die Persönlichkeit des Betroffenen eindeutig festzulegen und diesen später jederzeit zuverlässig und ohne unverhältnismäßige Schwierigkeiten zu erreichen.[138]

137 Siehe oben, B.I.3.a)dd).
138 *Griesbaum*, in: KK StPO, § 163b Rn. 11.

Die Vorschriften der StPO, die das Wort „Identität" enthalten, behandeln stets die Identifizierung einer Person durch andere, in der Regel durch die Strafverfolgungsbehörden oder das Gericht. Identität im Sinne der Strafprozessordnung meint somit die numerische Identität.[139]

Aus der Ordnungsvorschrift des § 68 StPO zur Vernehmung zur Person des Zeugen lässt sich schlussfolgern, welche Angaben das Gesetz für eine Identifizierung als erforderlich ansieht. So kann gemäß § 68 Abs. 3 StPO einem Zeugen gestattet werden, Angaben zur Person nicht oder nur über eine frühere Identität zu machen, wenn ein begründeter Anlass zu der Besorgnis besteht, dass durch die Offenbarung der Identität oder des Wohn- oder Aufenthaltsortes des Zeugen Leben, Leib oder Freiheit des Zeugen oder einer anderen Person gefährdet wird. Die Angaben zur Person, die ein Zeuge bei Beginn seiner Vernehmung machen muss, sind in § 68 Abs. 1 StPO festgelegt als Vorname, Nachname, Geburtsname, Alter, Beruf und Wohnort. Identität umfasst dabei sowohl die frühere als auch die aktuelle Identität.[140] Im Rückschluss aus § 68 Abs. 2 StPO ergibt sich zudem, dass die kumulative Kenntnis von Name und Wohnort die Gefährdung des Zeugen erhöht.

Die in § 68 StPO genannten Daten finden sich ebenfalls in § 111 OWiG, der zudem noch weitere Daten benennt. Danach sind gegenüber zuständigen Behörden, Amtsträgern oder Soldaten zutreffende Angaben über Vor-, Familien- oder Geburtsnamen, den Ort und Tag der Geburt, den Familienstand, den Beruf, den Wohnort, die Wohnung und die Staatsangehörigkeit zu machen. Diese Angaben stellen jedoch einen „Maximalkatalog"[141] dar, was bedeutet, dass nicht sämtliche Angaben gemacht werden müssen, wenn bereits einige Angaben zur eindeutigen Identifizierung ausreichen. Zweck der Norm ist die rechtmäßige Feststellung der Identität von Personen durch zuständige staatliche Stellen.[142]

Dass sich die Strafprozessordnung bei dem Tatbestandsmerkmal Identität auf die numerische Identität bezieht, ergibt sich ferner bei Betrachtung der Identifizierungsmaßnahmen nach § 81b StPO.[143] Dies sind Maßnahmen zur Dokumentierung des Erscheinungsbildes, wie die Anfertigung von Lichtbildern, die Abnahme von Fingerabdrücken sowie körperliche Vermessung und ähnliche Maßnahmen. Ähnliche Maßnahmen im Sinne des § 81b StPO umfassen die Anfertigung von Videoaufnahmen, um besondere körperliche Eigenarten in der Bewegung zu erfassen, sowie Tonaufnahmen, d. h. insbesondere Stimmproben.[144] Eine weitere Maßnahme zur Feststellung der Identität ist nach dem Gesetz die DNA-Analyse zur Erstellung eines DNA-Identifizierungsmusters (vgl. § 81g StPO). Bei diesen Daten handelt es

139 Siehe oben, B.I.1.

140 *Meyer-Goßner*, § 68 Rn. 15.

141 *Rogall*, in: KK OWiG, § 111 Rn. 35.

142 *Bohnert*, § 111 Rn. 2.

143 Das Gesetz selbst verwendet den Begriff der Identifizierungsmaßnahmen nicht, dieser ist jedoch allgemein gebräuchlich, vgl. *Meyer-Goßner*, § 81b Rn. 2.

144 *Senge*, in: KK StPO, §. 81b Rn. 3; Meyer-*Goßner*, § 81b Rn. 8.

sich um „für die Individualität einer Person signifikante dauerhafte Persönlichkeitsgegebenheiten“.[145] Nach dem Gesetz kann somit eine Person durch Betrachtung ihrer körperlichen Merkmale identifiziert werden.

Aus § 110a Abs. 2 S. 1 StPO ergibt sich zudem, dass das Gesetz davon ausgeht, dass dieselbe natürliche Person mehrere Identitäten haben kann. Nach der dortigen Legaldefinition ist eine Legende eine auf Dauer angelegte, veränderte Identität. Zur Schaffung der Legende werden Name, Beruf, Anschrift sowie weitere persönliche Umstände durch erfundene Angaben ersetzt.[146] Zur Erstellung einer Legende können unter anderem „Tarnpapiere“,[147] beispielsweise Ausweise und Führerscheine, erstellt werden (§ 110a Abs. 3 StPO). Das Zeugenschutz-Harmonisierungsgesetz erlaubt es z. B., Tarndokumente, also Urkunden oder sonstige Dokumente zum Aufbau oder zur Aufrechterhaltung einer vorübergehend geänderten Identität zu erstellen (§ 5 Abs. 1 ZSHG). Identität und Identitätsnachweise gehören somit nach dem Gesetz zusammen.

Im Ergebnis wird mithin Identität im Bereich des Straf- und Strafprozessrechts im Sinne der numerischen Identität verstanden.

2. Verwendung des Begriffs der Identität in anderen Rechtsgebieten

Im Zivil- und öffentlichen Recht wird Identität hingegen je nach Verwendungskontext unterschiedlich verstanden. Ein Beispiel hierfür ist der in mehreren Normen verwendete Begriff der sexuellen Identität.[148] Gemeint ist damit die sexuelle Veranlagung und Ausrichtung.[149] Soweit man diese als Teil der Persönlichkeit eines Menschen ansieht, ist mit Identität in diesem Sinne die soziale Identität gemeint. Im deutschen Recht finden sich außerdem die Begriffe der ethnischen, kulturellen und sprachlichen Identität sowie der nationalen Identität.[150] Insoweit handelt es sich um Identität im Sinne der hiesigen Definition von sozialer Identität.

In anderen Rechtsgebieten wird der Begriff Identität ebenfalls überwiegend im Zusammenhang mit der Identifizierung (Identitätsfeststellung) anhand numerischer Merkmale verwendet.[151] Der Maßstab dafür, welche Daten für eine Identifizierung benötigt werden, variiert nach dem Sinn und Zweck der jeweiligen Norm.[152] So ergibt sich beispielsweise aus § 2 Nr. 6 Signaturengesetz (SigG), dass die Identität einer Person mittels eines elektronischen Zertifikats bestätigt werden kann.

145 *Pfeiffer*, § 81b Rn. 2.
146 *Nack*, in: KK StPO, § 110a Rn. 10.
147 *Meyer-Goßner*, § 110a Rn. 8.
148 Vgl. z. B. §§ 1, 19 Abs. 1, 33 Abs. 3 AGG, 9 BBG, 75 Abs. 1 BetrVG; 9 BeamtStG, 36 Abs. 2 SGB III, 19a SGB IV.
149 *C. Rolfs*, in: Staudinger, 2011, AGG § 19 Rn. 19.
150 § 1 Abs. 2 und 3 Sorben(Wenden)-Gesetz; § 13 Abs. 2 S. 3 Jugendförderungsgesetz.
151 Vgl. z. B. §§ 23 BPolG; 5 Abs. 1 Nr. 1a, 49 Abs. 4 und 5 AufenthG; § 2 Abs. 2 PAuswG.
152 *J. Meyer*, S. 30.

Bei Fernabsatzverträgen muss der Unternehmer dem Verbraucher gegenüber vor Vertragsschluss seine Identität angeben (§ 312c Abs. 1 BGB i. V. m. Art. 246 Abs. 1 Nr. 1 EGBGB). Unter der Identität ist dabei der volle Name, d. h. Vor- und Familienname[153] (bzw. die Firma, vgl. § 17 Abs. 1 HGB), des Unternehmers sowie die Rechtsform zu verstehen.[154] Ferner sind nach Art. 246 Abs. 1 Nr. 1 EGBGB das öffentliche Unternehmensregister, bei dem der Rechtsträger eingetragen ist, ebenso wie die zugehörige Registernummer oder eine gleichwertige Kennung anzugeben.

Die Identifizierung spielt überdies im Geldwäschegesetz (GWG) eine zentrale Rolle,[155] welches das Ziel hat, organisierte Kriminalität durch das Unterbinden von Geldflüssen aus illegalen Geschäften zu bekämpfen. Das GWG dient der Umsetzung der europäischen dritten Geldwäscherichtlinie[156] und ist ein Hybrid aus Gewerberecht, (repressivem) Strafrecht, Finanzaufsichtsrecht und (präventivem) Polizei- und Ordnungsrecht.[157] Nach § 1 Abs. 1 GWG soll „identifizieren" die Feststellung der Identität durch Erheben von Angaben und die Überprüfung der Identität bedeuten. Das Erfordernis der Überprüfung der gemachten Angaben als zweiter Schritt nach der Feststellung der Identität findet sich in den sonstigen gesetzlichen Regelungen zur Identitätsfeststellung nicht. Diese Formulierung beruht auf Art. 8 Abs. 1 lit. a) der dritten Geldwäscherichtlinie. Die Überprüfung der Identität ist danach die Verifizierung der Aussage der zu identifizierenden Person anhand eines Beweisdokumentes.[158] Bei natürlichen Personen sind zur Feststellung der Identität Name (mindestens ein Vorname und der Familienname)[159], Geburtsort, Geburtsdatum, Staatsangehörigkeit und Anschrift anzugeben (§ 4 Abs. 3 Nr. 1 GWG). Zudem müssen die Nummer und die ausstellende Behörde des Identitätsnachweises notiert werden (§ 8 Abs. 1 S. 2 GWG). Überprüft wird die Identität durch Abgleich der Daten mit einem gültigen amtlichen Ausweis mit Lichtbild (§ 4 Abs. 4 Nr. 1 GWG).

---

153 KG Berlin, NJW-RR 2007, 1050 f.

154 *Wendehorst*, in: MünchKomm BGB, Bd. 2, § 312c Rn. 17; a.A. *Thüsing*, in: Staudinger, 2005, BGB-InfoV § 1 Rn. 12.

155 *Häberle*, in: Erbs/Kohlhaas, 190 EGL 2012, GWG § 1 Rn. 2.

156 Richtlinie 2005/60/EG des Europäischen Parlaments und des Rates vom 26. Oktober 2005 zur Verhinderung der Nutzung des Finanzsystems zum Zwecke der Geldwäsche und der Terrorismusfinanzierung, Abl. L 309/15 v. 25.11.2005.

157 *Klugmann*, NJW 2012, 641, 645; a.A. *Achsnich/Teichmann*, in: Herzog/Mülhausen, § 29 Rn. 36 ff., die das GWG als Teil des Polizeirechts ansehen; a.A. *Findeisen*, wistra 1997, 121, 122, der das GWG dem Gewerberecht zuordnet.

158 *Warius*, in: *Herzog*, Geldwäschegesetz, § 1 Rn. 4.

159 BT-Drucks. 16/9038, S. 36; *Häberle*, in: Erbs/Kohlhaas, 190. EGL 2012, GWG § 4 Rn. 8; *Warius*, in: *Herzog*, Geldwäschegesetz, § 4 Rn. 20.

III. Identitätsdaten und Identitätsnachweise/-schutz

Die Daten der numerischen Identität, welche dazu geeignet sind, eine Person von anderen zu unterscheiden, lassen sich als Identitätsdaten bezeichnen.[160] Dieser Begriff soll im Folgenden im Hinblick auf das deutsche Recht sowie ausländische Rechtsordnungen näher erläutert werden. Anschließend sollten ausgewählte Identitätsdaten, die für den Identitätsdiebstahl von besonderer Relevanz sind, dargestellt werden. Schließlich sollen kurz Identitätsnachweise betrachtet werden, da diese mit den Identitätsdaten und dem Schutz der Identität eine Einheit bilden.[161] Identitätsdaten werden durch Identitätsnachweise überprüfbar gemacht, um die Identität einer Person zu verifizieren. Identitätsschutz ist wiederum der Versuch, dass Identitätsnachweise nur vom Berechtigten bzw. Identitätsinhaber[162] geführt werden können.

1. Der Begriff der Identitätsdaten im deutschen Recht

Wie der Terminus der Identität wird auch der Begriff der Identitätsdaten nicht einheitlich gebraucht. Dieser ist dem deutschen Recht zwar nicht fremd,[163] wird bislang jedoch nur äußerst selten verwendet. So findet sich eine gesetzliche Definition des Begriffs in einigen Landesgesetzen über Krebsregister. Das Gesetz über das Epidemiologische Krebsregister Niedersachsen (GEKN) definiert Identitätsdaten als die Identifizierung der betroffenen Person ermöglichende Daten. Dies sind nach dem Gesetz: Familiennamen, Vornamen, frühere Namen, Geschlecht, Anschrift, Geburtsdatum, Datum der ersten Tumordiagnose und Sterbedatum, § 2 Abs. 1 GEKN.[164]

Das bislang einzige Bundesgesetz, welches den Begriff Identitätsdaten enthält, ist das De-Mail-Gesetz.[165] Das Gesetz betrifft Dienste auf einer elektronischen Kommunikationsplattform, die einen sicheren, vertraulichen und nachweisbaren Geschäftsverkehr für jedermann im Internet sicherstellen sollen (vgl. § 1 De-Mail-G), und regelt die Akkreditierung und Überwachung von Anbietern solcher Dienste (§§ 17 ff. De-Mail-G). Gemäß § 3 Abs. 2 De-Mail-G hat der akkreditierte Diensteanbieter bei natürlichen Personen die Identität des Nutzers festzustellen. Hierzu erhebt und speichert er Name, Geburtsort, Geburtsdatum und Anschrift, § 3 Abs. 2 Nr. 1 De-Mail-G. Diese Daten werden nachfolgend im De-Mail-G als Identitätsdaten bezeichnet (vgl. §§ 2 Abs. 4; 6 Abs. 1; 7 Abs. 1 De-Mail-G).

---

160 Vgl. *J.* Meyer, S. 26 f. und *Schemitsch*, Identitätsdaten als Persönlichkeitsgüter.

161 *Anrig/Benoist/Jaquet-Chiffelle*, S. 1.

162 Vgl. zum Begriff des Identitätsinhabers *Borges*, NJW 2011, 2400, 2401.

163 Insoweit unzutreffend *J. Meyer*, S. 26 (Fn. 49).

164 Ebenso § 2 des Gesetzes über das Zentrale Klinische Krebsregister Mecklenburg-Vorpommern (KlinKrebsRG M-V), § 3 des Hessischen Krebsregistergesetzes (HKRG) und andere Krebsregistergesetze der Länder.

165 De-Mail-Gesetz vom 28. April 2011 (BGBl. I S. 666).

In der Literatur ist der Begriff der Identitätsdaten umstritten. *Baier* definiert Identitätsdaten sehr weit als „alle Arten von persönlichen Daten, zum Beispiel WWW-Bookmarks, Passwörter und Benutzerkennungen, Listen von erworbenen Büchern oder Audio-Daten, Präferenzen jeglicher Art oder Aussagen anderer über die eigene Person".[166] Bei den letzten Beispielen ist jedoch fraglich, ob diese noch als Identitätsdaten angesehen werden sollten. Zwar beziehen sie sich auf eine Person, sie sind jedoch letztlich kaum geeignet, eine Person zu identifizieren. Die BSI-Studie definiert Identitätsdaten als Daten, „anhand derer eine Person in einem bestimmten Zusammenhang bezeichnet wird".[167] Nach der von *Schemitsch* vertretenen Ansicht sind Identitätsdaten personenbezogene Daten im Sinne des Bundesdatenschutzgesetzes (BDSG).[168] Identitätsdaten wären danach Einzelangaben über persönliche oder sachliche Verhältnisse einer bestimmten oder bestimmbaren natürlichen Person (vgl. § 3 Abs. 1 BDSG).

Im Ergebnis sind Identitätsdaten zu definieren als Daten, die es erlauben, eine Person von anderen Personen zu unterscheiden.[169] Identitätsdaten sind mithin Daten der (numerischen) Identität, die für sich oder in Kombination mit anderen Identitätsdaten eine Unterscheidung zwischen Personen ermöglichen.

2. Identitätsdaten in anderen Rechtsordnungen

In anderen Rechtsordnungen sowie auf internationaler Ebene wird im Zusammenhang mit Identitätsdiebstahl stets der Begriff der Identitätsdaten (*identity information*[170] oder *means of identity*[171]) verwendet.

Eine Definition von Identitätsdaten findet sich beispielsweise im kanadischen Strafgesetzbuch (*Criminal Code*). Identitätsdaten werden in Section 402.1 definiert als Daten – einschließlich biologischer und physiologischer Daten –, die gewöhnlich allein oder zusammen mit anderen Daten dazu genutzt werden, eine Person zu identifizieren.[172] Des Weiteren nennt das kanadische Strafgesetzbuch folgende Beispiele für Identitätsdaten: Fingerabdruck, Stimmprofil, Retinascan, Irisscan, DNA-Profil, Name, Adresse, Geburtsdatum, Unterschrift, elektronische und digitale Signaturen, Nutzernamen, Kredit- und Debitkartennummern sowie

---

166 Vgl. z.B. *Baier*, S. 51.

167 *Borges/Schwenk/Stuckenberg/Wegener*, S. 17.

168 *Schemitsch*, S. 128.

169 Vgl. *Hansen/Meissner*, S. 22 Fn. 10, die selbst jedoch den Begriff der Identitätsdaten weiter definieren und auch solche Daten als Identitätsdaten ansehen, die es einem Dritten ermöglichen, eine Person zu identifizieren.

170 Z. B. im kanadischen Recht, vgl. Section 402.1 kanadisches Strafgesetzbuch.

171 Z. B. im US-Recht, vgl. 18 U.S.C § 1028 Abs. (d)(7).

172 Section 402.1 Criminal Code of Canada: „'identity information' means any information – including biological or physiological information – of a type that is commonly used alone or in combination with other information to identify or purport to identify an individual".

Kontonummern, Sozialversicherungs- und Krankenkassennummer, Führerscheinnummern und Passwörter.[173]

Im US-amerikanischen Bundesstrafgesetzbuch (Title 18 Code of Laws of the United States of America), welches im Jahr 1998 durch den Identity Theft and Assumption Deterrence Act geändert wurde, werden means of identity definiert als jeder Name oder jede Nummer, die allein oder zusammen mit anderen Daten dazu genutzt werden können, eine spezifische Person zu identifizieren.[174] Ebenso wie das kanadische Recht nennt das US-amerikanische Strafgesetzbuch eine Vielzahl an Beispielen für Identitätsdaten, die in vier Kategorien unterteilt werden: Namen und Personenkennzeichen, biometrische Daten, elektronische Identitätsdaten sowie Identitätsdaten im Zusammenhang mit Telekommunikation.[175] Auf bundesstaatlicher Ebene finden sich weitere Definitionen von Identitätsdaten.[176]

Das englische *Cabinet Office* untergliedert in drei unterschiedliche Arten von Identitätsdaten, die jedoch als „identities" bezeichnet werden: zugeschriebene Identitätsdaten, biometrische Identitätsdaten und biografische Identitätsdaten.[177] Zugeschriebene Identitätsdaten entsprechen dabei den Personalien und

---

173 Section 402.1 Criminal Code of Canada: „fingerprint, voice print, retina image, iris image, DNA profile, name, address, date of birth, written signature, electronic signature, digital signature, username, credit card number, debit card number, financial institution account number, passport number, Social Insurance Number, health insurance number, driver's license number or password".

174 18 U.S.C. § 1028 Abs. (d) Nr. 7 Title 18 United States Code: „any name or number that may be used, alone or in conjunction with any other information, to identify a specific individual".

175 18 U.S.C. § 1028 (d)(7): „(A) name, social security number, date of birth, official State or government issued driver's license or identification number, alien registration number, government passport number, employer or taxpayer identification number; (B) unique biometric data, such as fingerprint, voice print, retina or iris image, or other unique physical representation; (C) unique electronic identification number, address, or routing code; (D) or telecommunication identifying information or access device (as defined in section 1029(e))".

176 Vgl. z.B. Connecticut Penal Code, Section 53a-129a: „'personal identifying information' means any name, number or other information that may be used, alone or in conjunction with any other information, to identify a specific individual including, but not limited to, such individual's name, date of birth, mother's maiden name, motor vehicle operator's license number, Social Security number, employee identification number, employer or taxpayer identification number, alien registration number, government passport number, health insurance identification number, demand deposit account number, savings account number, credit card number, debit card number or unique biometric data such as fingerprint, voice print, retina or iris image, or other unique physical representation".

177 *UK Cabinet Office*, S. 9: „attributed identity, biometrical identity, biographical identity".

Personenkennzeichen. Biografische Identitätsdaten sollen solche Daten sein, die über einen längeren Zeitraum durch Interaktion mit der Gesellschaft aufgebaut werden, z. B. (schulische) Ausbildung, berufliche Tätigkeiten, Familienstand sowie der Erwerb von Grundeigentum.[178] Im Hinblick auf diese Untergliederung werden in der Literatur noch „selbstgewählte Identitäten" (*chosen identities*) als weitere Kategorie vorgeschlagen, um beispielsweise Pseudonyme in der virtuellen Welt abzudecken.[179]

Der UN-Wirtschafts- und Sozialrat (ECOSOC) hat im Rahmen einer rechtsvergleichenden Studie festgestellt, dass die Antwort auf die Frage, bei welchen Daten es sich um Identitätsdaten handelt, zu einem gewissen Grad von der jeweiligen Rechtskultur abhängig ist.[180] Im Wesentlichen herrscht jedoch Einigkeit darüber, dass die bereits angesprochenen Daten als Identitätsdaten anzusehen sind.

3. Einzelne Identitätsdaten

Identitätsdaten existieren in vielfältiger Form und lassen sich auf unterschiedliche Art und Weise kategorisieren.

Identitätsdaten lassen sich nach Personalien (Personendaten), Personenkennzeichen sowie körperlichen Merkmalen unterscheiden.[181] Bei dieser Untergliederung fehlen indes diejenigen Daten, die allein dem Identitätsinhaber bekannt sind, wie Passwörter, PIN oder Transaktionsnummern (TAN). Diese Daten haben für eine zweifelsfreie Identifizierung einer Person den höchsten Stellenwert und sind daher in der Regel Ziel kriminellen Handelns.

Eine weitere Kategorie von Identitätsdaten sollen nach *J. Meyer* „biografische und gesellschaftliche Daten"[182] sein. Diese Kategorie bezieht sich auf Daten, die eine Person innerhalb der Gesellschaft oder eines sozialen Kontextes identifizierbar machen.[183] Eine ähnliche Kategorisierung findet sich auch in der internationalen Diskussion. So wird die Ansicht vertreten, dass „ability" (Fähigkeit, Können) und „role" (Rolle, Position) oder andere biografische Daten einer Person Identitätsdaten

178 *UK Cabinet Office*, S. 9: „biographical identity, which builds up over time. This covers life events and how a person interacts with structured society, including: registration of birth; details of education/qualifications; electoral register entries; details of benefits claimed/taxes paid; employment history; registration of marriage; mortgage account information/property ownership; insurance policies; history of interaction with organisations such as banks, creditors, utilities, public authorities".

179 *Koops/Leenes/Meints/van der Meulen/Jaquet-Chiffelle*, Information, Communication & Society 2009, 4.

180 *UNODC*, Report Identity-related Crime Add., S. 6.

181 *J. Meyer*, S. 26 ff.

182 *J. Meyer*, S. 28 f.

183 Z. B. „Literaturnobelpreisträger des Jahres 2007", aber auch Spitznamen für Mitglieder eines Sportvereins (*J. Meyer*, S. 28 f.). Dabei ist ein Spitzname eher als Pseudonym anzusehen (vgl. hierzu oben, B.I.3.b)).

sein können.[184] In den Bereichen, in denen ein Täter unbefugt fremde Identitätsdaten verwendet, werden biografische Daten in der Regel jedoch nicht zur Identifizierung einer Person gebraucht, obwohl sie im Einzelfall hierzu geeignet wären. Aus diesem Grund sollen biografische und gesellschaftliche Daten im Folgenden ausgeblendet werden.

a) Personendaten

Die Personendaten sind die wichtigsten Identitätsdaten, da sie im Geschäftsverkehr am häufigsten verwendet werden.

Im deutschen Recht findet sich sowohl der Terminus der Personendaten als auch der Begriff der Personalien,[185] bisweilen sogar in derselben Norm (vgl. z.B. § 492 Abs. 2 S. 1 Nr. 1, 4a S. 1 StPO). Personendaten werden in § 1 Abs. 1 BKA-Daten-Verordnung (BKADVO)[186] zwar nicht abstrakt gesetzlich definiert, der Begriff umfasst nach dem Gesetz jedoch insgesamt 21 verschiedene Daten.[187] Nach der in § 5 Abs. 1 Nr. 1 Bundeszentralregister (BZRG) verwendeten Definition sind Personendaten der Geburtsname, ein hiervon abweichender Familienname, die Vornamen, das Geschlecht, Geburtsdatum und -ort, die Staatsangehörigkeit sowie die Anschrift.

Der Begriff „Personalien" ist hingegen nicht gesetzlich definiert. Aus dem Wortlaut von § 1 Abs. 1 Nr. 6 BKADVO sowie aus § 492 Abs. 4a S. 1 StPO ergibt sich, dass die Personalien eine Untergruppe der personenbezogenen Daten sind. Aus der Gesetzessystematik lässt sich dabei entnehmen, dass die Personalien nur den Vor- und Familiennamen, Geburtsnamen sowie Spitznamen umfassen. Die Wohnanschrift gehört demnach nicht zu den Personalien.

Ungeachtet dieser Systematik wird der Begriff der Personalien allgemein für personenbezogene Daten verwendet, die von Behörden registriert werden.[188] Die

184 *Anrig/Benoist/Jaquet-Chiffelle*, S. 3 f.

185 Vgl. z.B. für Personalien: §§ 163e Abs. 1, 463a Abs. 2, 492 Abs. 4a, StPO; 20i Abs. 1 BKAG; 10 Abs. 1 ZSHG; 78 Abs. 1 AufenthG; 39 Abs. 2, 3 StVG; für Personendaten: §§ 111e Abs. 4, 484 Abs. 1 Nr. 1, 492 Abs. 2 Nr. 1 StPO; 8 Abs. 1 Nr. 1 BKAG; 4 Abs. 6 AufenthV; 6 Abs. 1 Nr. 1 lit. h), 28 Abs. 6 StVG.

186 Verordnung über die Art der Daten, die nach den §§ 8 und 9 des Bundeskriminalamtgesetzes gespeichert werden dürfen, BGBl. I S. 716.

187 (1.) Familienname, (2.) Vornamen, (3.) Geburtsnamen, (4.) sonstige Namen wie Spitznamen, (5.) andere Namensschreibweisen, (6.) andere Personalien wie Alias-Personalien, (7.) Familienstand, (8.) akademischer Grad, (9.) erlernter Beruf, (10.) ausgeübte Tätigkeit, (11.) Schulabschluss, (12.) Geschlecht, (13.) Geburtsdatum, (14.) Geburtsort einschließlich Kreis, (15.) Geburtsstaat, (16.) Geburtsregion, (17.) Volkszugehörigkeit, (18.) aktuelle Staatsangehörigkeit und frühere Staatsangehörigkeiten, (19.) gegenwärtiger Aufenthaltsort und frühere Aufenthaltsorte, (20.) Wohnanschrift, (21.) Sterbedatum.

188 *Brockhaus*, Stichwort: Personalien; zur geschichtlichen Entwicklung der Registrierung von Personendaten siehe *Hansen/Meissner*, S. 38 ff.

wichtigsten staatlichen Register, in denen Personalien erfasst werden, sind das Melderegister, das Bundeszentralregister, das Personalausweisregister, das Passregister, die Personenstandsbücher, die Führerscheinkartei, das Bundeszentralregister, das Verkehrszentralregister und das Ausländerzentralregister.[189] Da die einzelnen Register jeweils die für ihren spezifischen Zweck wichtigen Daten erfassen, ergibt sich aus ihnen nicht, welche Daten im Einzelnen zu den Personalien zählen. Bei näherer Betrachtung haben die genannten Register jedoch die Erfassung folgender Daten gemein: bürgerlicher Name (d. h. Vor- und Familienname[190]), Ort und Tag der Geburt bzw. Alter und die Wohnanschrift.

Im Folgenden soll allein der Terminus der Personendaten verwendet werden, da dieser zum einen gesetzlich definiert wird und zum anderen im Hinblick auf Identitäts*daten* treffender ist.

b) Personenkennzeichen

Bürgerliche Namen treten in der Regel mehrfach auf, kaum ein Vor- und Nachname existiert in Kombination nur ein einziges Mal. Wenn staatliche und private Stellen einen Datensatz für Personen anlegen, werden den einzelnen Daten üblicherweise (alpha)numerische Kennzahlen zugewiesen, die jeweils nur einer einzigen Person zugeordnet sind. Diese Kennzahlen für Personen werden als Personenkennzeichen bezeichnet.[191] Personenkennzeichen sind Identitätsdaten, da mit ihnen eine Person eindeutig von anderen unterschieden werden kann.

Personenkennzeichen können beispielsweise aus dem bürgerlichen Namen in Verbindung mit einem weiteren Datum, z. B. dem Geburtsdatum, bestehen. Wenn Personenkennzeichen nicht dem wahren Namen entsprechen und diesen auch nicht erkennen lassen, ist eine Zuordnung zwischen Personenkennzeichen und Person nur möglich, wenn die Zuordnungsregel bekannt ist. Aus diesem Grund werden Personenkennzeichen zuweilen als Personenpseudonyme bezeichnet.[192] Die Personenkennzeichen stehen jedoch im Verhältnis zu demjenigen, der die Zuordnungsregel kennt, dem Namen gleich.[193] Als Personenkennzeichen kommen daher sowohl staatliche Registernummern als auch private Konten- und Kundennummern in Betracht.[194]

---

189 *Hansen/Meissner*, S. 76 f.

190 *Habermann*, in: Staudinger, 2004, BGB § 12 Rn. 23.

191 *Pfitzmann/Borcea-Pfitzmann*, in: Roßnagel, S. 83, 88; *J. Meyer*, S. 27; *Hansen/Meissner*, S. 73; *Hornung*, S. 55, 159 ff.

192 *Pfitzmann/Borcea-Pfitzmann*, in: Roßnagel, S. 83, 88; *Pfitzmann/Hansen*, S. 21 ff.

193 Vgl. *Hanau*, S. 17 ff., der die Ansicht vertritt, dass aus diesem Grund das Recht der Stellvertretung (§§ 164 ff. BGB) auch auf das Handeln unter fremder Nummer Anwendung findet.

194 *J. Meyer*, S. 29 f.

aa) Die Situation in Deutschland

Nach der Grundsatzentscheidung des Bundesverfassungsgerichts im Volkszählungsurteil von 1983 sind einheitliche Personenkennzeichen für sämtliche staatlichen Register und Dateien unzulässig.[195] Das Bundesverfassungsgericht sah in der Schaffung eines „einheitlichen, für alle Register und Dateien geltenden Personenkennzeichens" einen Verstoß gegen das Recht auf informationelle Selbstbestimmung aus Art. 2 Abs. 1 i. V. m. Art. 1 Abs. 1 GG, da die Verknüpfung von Daten unter einem einheitlichen Personenkennzeichen ein Schritt sei, „den einzelnen Bürger in seiner ganzen Persönlichkeit zu registrieren und zu katalogisieren".[196] Unter Verweis auf das Mikrozensus-Urteil bestätigte das Bundesverfassungsgericht, dass die Zusammenführung einzelner Lebens- und Personaldaten zur Erstellung von Persönlichkeitsprofilen unzulässig ist.[197]

Aus diesem Grund existiert in Deutschland eine Vielzahl unterschiedlicher staatlicher Personenkennzeichen, beispielsweise Personalausweis-, Sozialversicherungs- und Steuernummern. Vor dem Hintergrund der BVerfG-Entscheidung enthalten die jeweiligen Gesetze zudem Regelungen, die verhindern sollen, dass die genannten Kennzeichen für andere Zwecke verwendet werden.[198] Ob die Intention des BVerfG durch ein Verbot der einheitlichen Personenkennzeichen erzielt werden kann, dürfte angesichts moderner Datenverarbeitungstechnik fraglich sein, da sich auch ohne eine einheitliche Kennzeichnung durch den Abgleich von Name, Geburtsdatum und Anschrift personenbezogene Datensätze mit nur geringem Aufwand verketten lassen.[199]

In der ehemaligen Deutschen Demokratischen Republik (DDR) existierte dagegen die Personenkennzahl (PKZ), die jedem Bürger zugewiesen wurde und mit deren Hilfe der Staat Daten aus verschiedenen (staatlichen) Registern zusammenfasste.[200]

---

195 *BVerfG*, Urt. v. 15.12.1983 – 1 BvR 209/83, BVerfGE 65, 1 = NJW 1984, 419; vgl. hierzu auch Rechtsausschuss des Bundestages, der ein einheitliches Personenkennzeichen ebenfalls als verfassungswidrig abgelehnt hat, BT-Drucks. 7/5277; *Polenz*, in: Kilian/Heussen, 1. Abschn. Teil 13 Rn. 18 f.

196 *BVerfG*, Urt. v. 15.12.1983 – 1 BvR 209/83, BVerfGE 65, 1 = NJW 1984, 419, 425.

197 Vgl. hierzu auch *Hansen/Meissner*, S. 73; *Hornung*, S. 161.

198 Vgl. z. B. § 7 Abs. 8 PAuswG, wonach die Seriennummer keine Daten über die Person des Ausweisinhabers oder Hinweise auf solche Daten enthalten darf. Gemäß § 290 SGB V darf die Rentenversicherungsnummer nicht als Krankenversichertennummer verwendet werden. Nach § 139b Abs. 2 AO darf die am 1. Juli 2007 eingeführte Steueridentifikationsnummer nur von den Finanzbehörden benutzt werden (Abs. 2, S. 1), andere öffentliche und nichtöffentliche Stellen dürfen sie nur erheben und verwenden, wenn sie zur Kommunikation mit den Finanzbehörden benötigt wird (Abs. 2, S. 2). Die Steueridentifikationsnummer ist nach der Rechtsprechung des BFH verfassungsgemäß, vgl. *BFH*, Urt. v. 18.01.2012 – II R 49/10 = DStR 2012, 283.

199 *Hornung*, S. 161; *Polenz*, in: Kilian/Heussen, 1. Abschn. Teil 13, Verfassungsrechtliche Grundlagen Rn. 21; *Hansen/Meissner*, S. 73.

200 *Polenz*, in: Kilian/Heussen, 1. Abschn. Teil 13, Verfassungsrechtliche Grundlagen Rn. 20.

bb) Personenkennzeichen in anderen Rechtsordnungen

Während in Deutschland einheitliche Personenkennzeichen als verfassungswidrig angesehen werden, existieren derartige Nummern in vielen anderen Rechtsordnungen.

(1) Die Social Security Number in den USA

In den USA ist das einheitliche Personenkennzeichen die Social Security Number (SSN). Diese wurde bereits im Jahr 1936 eingeführt, um für die Sozialversicherungen die Löhne der Arbeiter zu erfassen. Zwar gilt die SSN auch heute noch nur für die Sozialversicherungsträger, aber faktisch ist sie – mangels anderer Ausweisdokumente – zu einem einheitlichen Personenkennzeichen geworden.[201] So wird die SSN für steuerliche Belange ebenso wie für den privatrechtlichen Bereich verwendet, z. B. bei Kreditanträgen oder beim Abschluss von Versicherungen.[202] Zum Teil gibt es für Private sogar eine gesetzliche Verpflichtung, SSN für Steuerzwecke zu erheben.[203]

Wegen ihrer weiten Verbreitung als Identitätsnachweis ist die SSN besonders relevant für den Identitätsdiebstahl.[204] Problematisch im Hinblick auf den Identitätsdiebstahl ist bei der SSN vor allem, dass die SSN nicht nur als Identitätsdatum, sondern die Kenntnis der SSN überdies vielfach zum Nachweis der eigenen Identität genutzt wird.[205] Um Identitätsdiebstahl zu bekämpfen, wird daher versucht, die Verwendung der SSN außerhalb des öffentlichen Sektors möglichst einzudämmen.[206] So wurde im Jahr 2000 der Social Security Number Confidentiality Act verabschiedet, um Dritten den Zugang zu fremden SSN zu erschweren.[207] Danach dürfen SSN nicht mehr auf ungeöffneten Briefen ablesbar sein.[208] Hintergrund war, dass das Ablesen der SSN keinen Straftatbestand erfüllte, solange der Brief hierfür nicht vom Täter geöffnet wurde. Auf diesem Wege konnten Täter an SSN gelangen und diese für missbräuchliche Zwecke einsetzen.

Eine häufige Begehungsweise des Identitätsdiebstahls ist die Eröffnung von Bankkonten unter fremdem Namen durch unbefugte Verwendung einer fremden SSN. Die Bankkonten können dann für Geldwäsche genutzt oder bis zu ihrem Kreditrahmen belastet werden. Insbesondere Letzteres hat schwerwiegende wirtschaftliche Folgen

---

201 *FTC*, SSN Report, S. 2.

202 *Hansen/Meissner*, S. 81; *CIPPIC*, Working Paper 3, S. 18; *Gercke*, in: UN Handbook Identity-related crime, S. 1, 13.

203 *FTC*, SSN Report, S. 2.

204 *Hoofnagle*, Harvard Journal of Law and Technology 2007, 98, 107; President's Task Force Identity Theft (2008), vii: „one of the most valuable commodities for identity thieves".

205 *FTC*, SSN Report, S. 2: „This dual use of the SSN as identifier and authenticator has created significant identity theft concerns"; *President's Task Force Identity Theft (2008), S. 23.*

206 *President's Task Force Identity Theft (2008)*, S. 6.

207 Social Security Number Confidentiality Act of 2000, abrufbar unter: http://www.gpo.gov/fdsys/pkg/PLAW-106publ433/pdf/PLAW-106publ433.pdf.

208 31 U.S.C. § 3327.

für das Opfer. Seine Bonität (*credit rating*) bei verschiedenen Kreditauskünften verschlechtert sich und es kann bisweilen Jahre dauern, bis eine Kreditaufnahme oder die Eröffnung von Bankkonten wieder möglich ist.[209]

(2) Personenkennzeichen in der Europäischen Union

In den skandinavischen Ländern existieren ebenfalls einheitliche Personenkennzeichen (*personnummer*) für alle Bürger.[210] Diese setzen sich aus dem Geburtsdatum und einer zufälligen Zahl zusammen, aus der jedoch das Geschlecht der Person ablesbar ist.[211] In Norwegen ist jedem Bürger eine Geburtsnummer (*Fødselsnummer*) zugeordnet, die zur Identifizierung gegenüber staatlichen und privaten Institutionen genutzt wird. Die Nummer wird im Melderegister (*Folkeregisteret*) erfasst, das ferner Informationen über den Namen, die Adresse, den Geburtsort und den Familienstand enthält und von Privatpersonen unter gewissen (geringen) Voraussetzungen eingesehen werden kann. Die Geburtsnummern werden überdies als Anmeldenamen für Onlinebanking verwendet, was Identitätsdiebstahl erleichtert.[212] Auch in Schweden kann das Personenkennzeichen im privatrechtlichen Verkehr genutzt werden.[213]

Im Vereinigten Königreich existieren demgegenüber keine einheitlichen Personenkennzeichen, ferner gibt es keine Ausweispflicht.[214] Es existiert jedoch eine Vielzahl unterschiedlicher Identitätsnachweise, wobei die gebräuchlichsten der Führschein und der Reisepass sind. Im Jahr 2005 wurde der Versuch unternommen, Ausweise im Vereinigten Königreich einzuführen.[215] Der entsprechende Identity Card Act wurde 2006 angenommen. Als Argument für die Einführung eines Ausweises wurde dabei stets die Bekämpfung von Identitätsdiebstahl angeführt.[216] Nach den Parlamentswahlen wurde das Gesetz durch den Identity Documents Act 2010 jedoch wieder aufgehoben, bevor eine signifikante Anzahl von Ausweisen ausgehändigt wurde. Obwohl im Vereinigten Königreich weder Ausweise noch einheitliche Personenkennzeichen existieren, weist das Land

209 *Hoofnagle*, Harvard Journal of Law and Technology 2007, 98.

210 *Hornung*, S. 161.

211 *Klingsheim/Hole*, in: Tsudik, S. 193; in Schweden z.B. erhalten Frauen ungerade und Männer gerade Nummern.

212 *Klingsheim/Hole*, in: Tsudik, S. 193.

213 *Burkert*, in: Roßnagel, Hdb. Datenschutzrecht, Kap. 2.3 Rn. 68, ebenso für Dänemark (Rn. 73) und Finnland (Rn. 75).

214 Cabinet Office, Identity Fraud, S. 20.

215 Identity Cards Bill v. 25.05.2005, abrufbar unter: http://www.publications.parliament.uk/pa/cm200506/cmbills/009/2006009.pdf.

216 Vgl. z.B. BBC News v. 25.05.2005, Blair defends identity card plan, abrufbar unter: http://news.bbc.co.uk/2/hi/uk_news/politics/4577087.stm.

die meisten identitätsbezogenen Straftaten in der Europäischen Union auf.[217] Das Innenministerium (*Home Office*) ging im Jahr 2011 von einem jährlichen Schaden von 1,9 Milliarden GBP und jährlich mehr als 1,8 Millionen Opfern von Identitätsdiebstahl aus.[218] Es lässt sich somit nicht feststellen, dass Identitätsdiebstahl durch den Verzicht auf Ausweise oder Personenkennzeichen bekämpft werden kann.

c) E-Mail-Adressen

Während es sich bei Personendaten und Personenkennzeichen eindeutig um Identitätsdaten handelt, ist dies bei E-Mail-Adressen nicht eindeutig. E-Mail-Adressen setzen sich stets aus einem Nutzernamen (vor dem @-Zeichen) und dem Host- oder Maildomainnamen (nach dem @-Zeichen) zusammen.[219] E-Mail-Adressen werden somit eindeutig vergeben; sie existieren nicht mehrmals.[220] Sie lassen sich jedoch beliebig neu erstellen und der Nutzername ist – soweit er noch nicht vergeben ist – frei wählbar. Eine Überprüfung oder zentrale Registrierung von E-Mail-Adressen existiert nicht.

Die Kommunikation via E-Mail hat sowohl im privaten als auch im geschäftlichen Bereich einen enormen Stellenwert erreicht. Willenserklärungen können unproblematisch per E-Mail abgegeben werden.[221] Täglich wird eine Vielzahl solcher rechtserheblicher E-Mails versendet.[222] Eine weitere wesentliche Funktion haben E-Mail-Adressen als (Personen-)Pseudonyme in der virtuellen Welt, unter denen natürliche Personen bei der Interaktion im Internet auftreten.[223]

Probleme tauchen vor allem bei der Frage des Beweiswertes von E-Mails in gerichtlichen Verfahren auf,[224] da die weit überwiegende Mehrzahl dieser E-Mails über gewöhnliche, nicht besonders zertifizierte E-Mail-Diensteanbieter (Provider) versendet wird. Die im Jahr 2011 eingeführte De-Mail und der E-Postbrief, durch die der Beweiswert und die Identifizierung des Absenders und Empfängers sichergestellt

---

217 *Fraud Prevention Expert Group*, S. 2, 8; Warwick-Ching, Britons at most risk of identity fraud, Financial Times, 5.10.2012, abrufbar unter: http://www.ft.com/cms/s/0/8423e214-0d4d-11e2-99a1-00144fe abdc0.html#axzz2K8C6gNzI.

218 *UK Home Office*, Annual Fraud Indicator 2011, S. 26.

219 Vgl. zu den technischen Details *Sieber*, S. 37 Fn. 100; *Federrath/Pfitzmann*, in: Moritz/Dreier, Teil A Rn. 38 ff.

220 *Schmitz*, in: Hoeren/Sieber, Teil 16.2 Rn. 86.

221 Vgl. *Härting*, Teil B Rn. 249 m.w.N.

222 *Tschoepe*, in: Heise Online-Recht, Kap. III Rn. 7; *Graf*, in: BeckOK StPO, Stand 01.06.2012, § 100a Rn. 26; *Mankowski*, NJW 2002, 2822.

223 *Hansen/Meissner*, S. 56; zu Pseudonymen bei der virtuellen Identität siehe oben, B.I.3.b).

224 Vgl. *Sosnitza/Gey*, K&R 2004, 465; *Geis*, in: Hoeren/Sieber, Teil 13.2 Rn. 11 ff.; *Roßnagel/Pfitzmann*, NJW 2003, 1209.

werden sollen, konnten sich bislang jedenfalls noch nicht durchsetzen.[225] Im Folgenden sollen daher nur solche E-Mail-Adressen auf ihre Eigenschaft als Identitätsdaten überprüft werden, die nicht über derartige qualifizierte Anbieter versandt werden. Unbeachtet bleiben soll im Folgenden ebenfalls, dass E-Mail-Adressen auch Personendaten, wie Namen, (Bestandteile vom) Geburtsdatum oder den Namen des Unternehmens, bei dem der Inhaber beschäftigt ist, enthalten können. Alle diese Daten sind bereits für sich genommen Identitätsdaten.

Zum Teil wird abgelehnt, dass es sich bei E-Mail-Adressen um Identitätsdaten handelt. Hierfür wird das Argument vorgebracht, die E-Mail-Adresse würde nur ein elektronisches Postfach und keine Person bezeichnen.[226] Dem lässt sich indes entgegenhalten, dass die normale Postanschrift ebenfalls keine Person bezeichnet, sondern nur die Lage eines Briefkastens und unter Umständen den Wohnsitz einer Person. Dennoch zählt die Anschrift einer Person zu den Personendaten und mithin zu den Identitätsdaten. Vorzugswürdig ist daher eine differenziertere Betrachtung.

So wird vertreten, dass es sich bei einer E-Mail-Adresse nur dann um ein Identitätsdatum handeln soll, wenn ihr Inhaber aus der Adresse als natürliche Person identifizierbar ist, und zudem erkennbar ist, dass der Provider Wert auf die Richtigkeit des Nutzernamens legt und diesen unter Umständen überprüft.[227] Dies ist typischerweise bei Unternehmen und Institutionen der Fall. Nach der Rechtsprechung sind E-Mail-Adressen, jedenfalls wenn sich aus ihnen der Name der Person und das Unternehmen ergeben, bei dem die Person beschäftigt ist, personenbezogene Daten im Sinne des BDSG.[228]

Bislang lehnen die Zivilgerichte bei der Frage des Vertragsschlusses jedoch E-Mails als Beweismittel ab, weil nicht sicher sei, dass die in der E-Mail enthaltene Erklärung vom Absender stamme.[229] In der Literatur ist es daher umstritten, ob E-Mails hinsichtlich des Absenders ein Anscheinsbeweis zukommt.[230] Dieser setzt nach allgemeiner Definition voraus, dass „ein typischer Geschehensablauf feststeht, bei dem nach der Lebenserfahrung aus einem bestimmten unstreitigen oder bewiesenen Sachverhalt

225 Vgl. zum De-Mail-Gesetz oben, B.III.1; der E-Postbrief ist ein Service der Deutschen Post AG, bei dem der Versand der E-Mail bzw. des E-Postbriefes kostenpflichtig ist. Eine Millionen Kunden sollen sich bis Dezember 2010 für den Service registriert haben, MMR-Aktuell 2010, 310598.

226 *J. Meyer*, S. 37.

227 *Schmitz*, in: Hoeren/Sieber, Teil 16.2 Rn. 86.

228 *OLG Bamberg*, Urt. v. 12.05.2005 – 1 U 143/04, MMR 2006, 481, 482; ebenso Gola/Schomerus, § 3 Rn. 3; *Schaffland/Wiltfang*, § 3 Rn. 5.

229 *AG Bonn*, Urt. v. 25. 10. 2001 – 3 C 193/01, NJW-RR 2002, 1363; ebenso *AG Erfurt*, Urt. v. 14.9.2001 – 28 C 2354/01, MMR 2002, 127; kritisch *Mankowski*, NJW 2002, 2822; *ders.*, NJW 2004, 1901.

230 *Mankowski*, NJW 2002, 2822; *Sosnitza/Gey*, K&R 2004, 465, 468; a.A. *Roßnagel/Pfitzmann*, NJW 2003, 1209; *Borges*, NJW 2005, 3313.

auf eine bestimmte Folge oder umgekehrt aus einem feststehenden Erfolg auf eine bestimmte Ursache zu schließen ist".[231]

Für die Frage des Identitätsdiebstahls kommt es indes weder auf die zivilrechtliche Beweiswürdigung noch darauf an, ob die Schwelle des zivilrechtlichen Anscheinsbeweises erreicht wird. Maßgeblich sollte vielmehr sein, inwieweit ein Vertrauen in die Kommunikation via E-Mail besteht. Insoweit lässt sich feststellen, dass das Vertrauen in E-Mails grundsätzlich sehr hoch und die Anzahl der E-Mails, die unter einer fremden E-Mail-Adresse versendet werden, gering ist, zumindest nach einem Herausfiltern offensichtlicher Spam-Mails.[232]

Im Ergebnis ist eine E-Mail-Adresse jedenfalls dann als Identitätsdatum anzusehen, wenn sich aus ihr ergibt, wer der wahrscheinliche Absender ist und dass dies vom Provider überprüft wurde.[233] Eine Prüfung kann dabei auf vertraglichem Wege erfolgen oder dadurch, dass es sich um eine geschäftliche E-Mail-Adresse handelt, die dem Inhaber vom Unternehmen zugewiesen wurde.

d) Qualifizierte elektronische Signaturen

Bei elektronischen Signaturen ist nach dem Signaturengesetz (SigG) zwischen drei verschiedenen Arten zu differenzieren: den (einfachen) elektronischen Signaturen, den fortgeschrittenen elektronischen Signaturen und den qualifizierten elektronischen Signaturen.

Einfache Signaturen sind Daten in elektronischer Form, die anderen elektronischen Daten beigefügt oder logisch mit ihnen verknüpft sind und die zur Authentifizierung dienen (§ 2 Nr. 1 SigG). Sie haben quasi keinen Sicherheitswert.[234]

Fortgeschrittene Signaturen sind einfache Signaturen im Sinne von § 2 Nr. 1 SigG, die ausschließlich dem Signaturschlüssel-Inhaber zugeordnet sind und eine Identifizierung des Signaturschlüssel-Inhabers ermöglichen. Sie müssen überdies mit Mitteln erzeugt werden, die der Signaturschlüssel-Inhaber unter seiner alleinigen Kontrolle halten kann, und mit den Daten, auf die sie sich beziehen, so verknüpft sein, dass eine nachträgliche Veränderung der Daten erkannt werden kann (§ 2 Nr. 2 SigG). Fortgeschrittene Signaturen haben zwar einen leicht erhöhten Sicherheitswert, werden jedoch vom Gesetz nicht als hinreichend sicher akzeptiert.[235]

---

231 *BGH*, Urt. v. 04.12. 2000 – II ZR 293/99, NJW 2001, 1140.

232 *Mankowski*, NJW 2002, 2822, 2823 f.

233 Im Ergebnis wohl ebenso *Buggisch*, NJW 2004, 3519, 3520, der eine E-Mail-Adresse als ein beweiserhebliches Datum i.S.d. § 267 StGB betrachtet; ebenso *Borges/Schwenk/Stuckenberg/Wegener*, S. 18, die eine E-Mail-Adresse als Identität ansehen, soweit ein Vertrag mit dem Provider besteht.

234 *Eisele*, in: MünchKomm BGB, Bd. 1, § 126a Rn. 8.

235 Einzige ersichtliche Ausnahme ist § 13 Abs. 1 Nr. 1 VOB/A; zur fortgeschrittenen elektronischen Signatur siehe *Roßnagel*, MMR 2003, 164.

Qualifizierte elektronische Signaturen müssen die Voraussetzungen der fortgeschrittenen Signatur erfüllen und zusätzlich auf einem zum Zeitpunkt ihrer Erzeugung gültigen qualifizierten Zertifikat beruhen sowie mit einer sicheren Signaturerstellungseinheit erzeugt werden (§ 2 Nr. 3 SigG). Allein die qualifizierte elektronische Signatur bietet einen vom Gesetzgeber anerkannten Schutz, weshalb ihr der höchste Wert eingeräumt wird.[236] Qualifizierte elektronische Signaturen sind Daten, die es erlauben, den Urheber von digitalen Informationen zu identifizieren und die Authentizität der elektronisch signierten Information zu verifizieren. Die qualifizierte elektronische Signatur ist aus diesem Grund mit der Unterschrift auf Papierdokumenten vergleichbar. Mangels hinreichender Verbreitung ist die qualifizierte elektronische Signatur praktisch jedoch von geringer Relevanz.[237]

Die technischen Aspekte elektronischer Signaturen sollen im Folgenden nicht näher beachtet,[238] sondern allein die Frage beantwortet werden, ob es sich bei der elektronischen Signatur um ein Identitätsdatum handelt.

Sowohl die fortgeschrittene als auch die qualifizierte elektronische Signatur müssen die Identifizierung des Signaturschlüssel-Inhabers ermöglichen (§ 2 Nr. 2 lit. b) SigG). Der Antragsteller muss sich für eine qualifizierte elektronische Signatur beim Zertifizierungsdienst identifizieren (§ 5 Abs. 1 S. 1 SigG i. V. m. § 3 Abs. 1 SigVO). Qualifizierte elektronische Signaturen sind jeweils einem einzigen Berechtigten zugewiesen und existieren jeweils nur einmal. Sie dienen dazu, den Berechtigten von möglichen Nichtberechtigten unterscheidbar zu machen. Die qualifizierte elektronische Signatur ist somit ein Identitätsdatum.

e) Benutzer- und Anmeldenamen

Benutzer- und Anmeldenamen sind klassische (Personen-)Pseudonyme im Rahmen der virtuellen Identität.[239] Je nach Ausgestaltung der Internetplattform dient entweder die E-Mail-Adresse oder ein vom Nutzer selbst festgelegter Nutzername als sein Pseudonym. Weniger gebräuchlich ist, dass der Nutzername vom Plattformbetreiber vergeben wird, z. B. Anmeldenamen für Onlinebanking. Auf jeder Plattform ist jeder Nutzername einzigartig. Um sicherzustellen, dass nur eine Person – oder zumindest nur eine begrenzte Anzahl von Personen – Zugriff auf ein Nutzerkonto hat, wird der Nutzername in der Regel mit einem Passwort kombiniert. Der Identitätstreuhänder verwaltet dabei Benutzernamen und Passwort und schafft so eine Vertrauensbasis für andere Nutzer.

---

236 Vgl. z. B. §§ 126a Abs. 1 BGB, 371a Abs. 1 ZPO, 41a Abs. 1 StPO.

237 *Wietzorek*, MMR 2007, 156, 158; *U. Müller*, in: BeckOK VwVfG, Stand 01.07.2012, § 3a Rn. 19; *Kitz*, in: Hoeren/Sieber, Teil 13.1 Rn. 157.

238 Zu den technischen Aspekten siehe *Hertel*, in: Staudinger, 2012, § 126a Rn. 4 ff.; *Eßer*, S. 60 ff.; zu den weiteren Voraussetzungen von fortgeschrittenen und qualifizierten elektronischen Signaturen siehe *Roßnagel*, NJW 2001, 1817.

239 Zum Begriff des Pseudonyms bei virtuellen Identitäten siehe oben, B.I.3.b).

Durch die Zuordnungsregel und Überprüfung des Fortbestandes der Zuordnung, z. B. durch ein Passwort, wird sichergestellt, dass es sich stets um dieselbe natürliche Person handelt. Demnach sind Pseudonyme mit Zuordnungsregel Identitätsdaten.[240] Die ohnehin sehr seltenen rein anonymen Pseudonyme, bei denen nur der Inhaber die Zuordnungsregel kennt, scheiden demgegenüber als Identitätsdaten aus. Zwar lässt sich auch mit ihnen in dem jeweiligen Moment der Nutzer von anderen Nutzern unterscheiden, da aber von dritter Seite nie sichergestellt werden kann, dass sich dieselbe natürliche Person hinter dem Pseudonym verbirgt, handelt es sich um ein wertloses beliebiges Datum.

Problematisch im Hinblick auf Identitätsdiebstahl sind Nutzernamen insbesondere dort, wo sich der Nutzer mit demselben Namen bei einer Vielzahl von unterschiedlichen Angeboten anmelden kann (*single sign-on*-Prinzip).[241] So kann ein Täter durch die Kenntnis von zwei Daten (Nutzername oder E-Mail-Adresse und Passwort) Zugriff auf eine Vielzahl von weiteren persönlichen Informationen erlangen und sich auf vielfältige Weise als der Identitätsinhaber ausgeben. Dienste mit single sign-on sind daher besonders attraktive Angriffsziele.[242]

f) Kennwörter/PIN

Kennwörter und persönliche Identifikationsnummern (PIN) dienen dazu, die Identität einer Person in einem bestimmten Zusammenhang aus der Ferne zu verifizieren.[243] Der Name, der Benutzername, die E-Mail-Adresse oder ein Personenkennzeichen kann einer beliebig großen Anzahl von Personen bekannt sein. Allein ein geheimes Kennwort, welches nur dem Identitätsinhaber bekannt ist, erlaubt es, sich als dieser auszuweisen. Kennwörter müssen – anders als Benutzernahmen oder Personenkennzeichen – nicht einzigartig sein. Bei den in der Regel lediglich vierstelligen PIN für Kredit- und EC-Karten sind identische PIN mathematisch vorgegeben. Benutzernamen und PIN stellen die häufigsten Zugangssicherungen zu Daten und Informationen dar.

Es ist daher fraglich, ob es sich bei Kennwörtern und PIN um Identitätsdaten handelt. Soweit der hier vertretenen Ansicht gefolgt wird, dass Identitätsdaten jede Art von Daten sein können, die es einem Dritten erlauben, eine einzelne natürliche Person als diese zu identifizieren, sind Kennwörter und PIN für sich genommen nicht geeignet. Andererseits werden diese Verifikationsdaten nicht allein verwendet, sondern

240 Ebenso *OECD*, Scoping Paper, S. 15; *Martins de Almeida*, in: UN Handbook on Identity-related Crime, S. 55, 70; *J. Meyer*, S. 36.

241 Z. B. Microsoft (Outlook, Hotmail, Skydrive) oder Google (Google, YouTube, Gmail, Picasa); siehe zum „single sign-on“ *Solove*, 54 Hastings L.J. 2002–2003, 1227, 1273; *Hornung*, S. 74.

242 *Borges/Schwenk/Stuckenberg/Wegener*, S. 146, 168.

243 Sie werden daher auch zum Teil als Transaktionspseudonyme bezeichnet, vgl. *Hansen/Meissner*, S. 165.

sind an (mindestens) ein weiteres Datum gekoppelt, z.B. einen Nutzernamen, eine Kreditkartennummer oder eine EC-Karte. Eine strikte Trennung von Kennung und Kennwort wäre künstlich. So kann der Täter einen Nutzer- oder Anmeldenamen nicht ohne das Kennwort zum Vor- oder zum Nachteil des Identitätsinhabers verwenden.[244] Andersherum würde – in dem rein theoretischen Fall – dem Täter die Kenntnis eines Passwortes keinen Zugang ermöglichen, wenn ihm lediglich der Nutzer- oder Anmeldename bekannt ist. Es wäre für den Täter ein sinnloses Datum. So ist im Datenschutzrecht anerkannt, dass selbstgewählte Kennwörter zu den personenbezogenen Daten im Sinne von § 3 Abs. 1 BDSG gehören, wenn sie im jeweiligen Kontext, also gemeinsam mit der dazugehörigen Kennung, verwendet werden.[245]

Wie sich aus einer rechtsvergleichenden Studie des *UN Wirtschafts- und Sozialrates* ergibt, sind Kennwörter in den ausländischen Rechtsordnungen und PIN als Identitätsdaten anerkannt.[246] Diejenigen Rechtsordnungen, welche die Beschaffung und Verwendung von fremden Identitätsdaten ausdrücklich gesondert bestrafen, differenzieren nicht zwischen Identitätsdaten und Identitätsnachweisen. Insbesondere in den USA wird indes nicht zwischen Identitätsdaten und Identitätsnachweisen unterschieden, sondern für beides der Begriff „means of identity" verwendet, was sich als „Mittel zum Identitätsnachweis" übersetzen lässt. Bei Kennwörtern und PIN handelt es sich zweifelsfrei um Identitätsnachweise.

g) Einmalige Verifikationskennungen (TAN, mTAN, iTan, eTAN, eTAN+)

Einmalige Verifikationskennungen bzw. Transaktionsnummern (TAN, mTAN, iTAN, eTAN, eTAN+) finden insbesondere im Bereich des Onlinebankings Verwendung.[247] Der Vorteil einmaliger Transaktionskennungen ist, dass der Täter – anders als bei einem Passwort oder einer PIN – bei Kenntnis einer Kennung nur eine Transaktion ausführen kann. Der mögliche Schaden wird dadurch begrenzt.

Bei dem ursprünglichen TAN-Verfahren, welches mittlerweile in dieser Form praktisch keine Verwendung mehr findet, konnte der Verwender eine beliebige TAN von seiner Liste auswählen. Bei diesem Verfahren genügte die Kenntnis einer beliebigen TAN zur Ausführung einer unbefugten Transaktion.[248] Um dies zu

---

244 A.A. *Bitkom*, Leitfaden, S. 19, wonach zwischen Nutzernamen und Kennwort zu trennen ist.

245 *Dammann*, in: Simitis, § 3 Rn. 10.

246 *UNODC*, Report Identity-related Crime Add., S. 6.

247 Zu den technischen Einzelheiten der jeweiligen TAN-Verfahren siehe *Maihold*, in: Schimansky/Bunte/Lwowski, § 55 Rn. 10 ff.; *Borges/Schwenk/Stuckenberg/Wegener*, S. 36 ff., 46 f.

248 *Maihold*, in: Schimansky/Bunte/Lwowski, § 55 Rn. 11.

vermeiden, wird bei dem neueren iTAN-Verfahren eine bestimmte, zuvor auf einer Liste indizierte TAN (iTAN) abgefragt.[249]

Die Kenntnis von einzelnen beliebigen TAN ohne die entsprechende Zuordnungsnummer genügt nicht mehr, um Transaktionen auszuführen. Dies erschwert unbefugte Transaktionen erheblich.[250] Nachteil dieses Verfahrens für den Bankkunden ist, dass er stets die iTAN-Liste benötigt, um eine Transaktion durchzuführen. Bei dem TAN-Verfahren reichte es aus, wenn der Kunde sich eine TAN merkte oder aufschrieb, die er dann für eine Transaktion verwenden konnte, wenn er zum Zeitpunkt der Transaktion keinen Zugriff auf die TAN-Liste hatte.[251]

Beim mTAN-Verfahren wird dem Verwender die TAN erst kurz vor der Transaktion über sein Mobiltelefon mitgeteilt. Bei modernen mTAN-Verfahren werden zusammen mit der TAN das Zielkonto sowie das Transaktionsvolumen mitübertragen, sodass der Verwender eine Kontrollmöglichkeit hat.[252] Das mTAN-Verfahren hat den Vorteil, dass eine physische TAN-Liste nicht mehr erforderlich ist und diese überdies nicht von Dritten auf dem Postweg abgefangen, entwendet oder kopiert werden kann. Zudem werden für Anmeldekennungen und TAN unterschiedliche Übertragungswege verwendet, was bedeutet, dass ein Täter beide Wege infiltrieren muss, um die Transaktion zu beeinflussen. Das mTAN-Verfahren ist daher das sicherste der derzeit in Deutschland gebräuchlichen Verfahren,[253] allerdings existieren auch bei diesem Verfahren Möglichkeiten, die verwendeten Daten zu erlangen.[254]

Ein weiteres TAN-Verfahren mit noch höherer Sicherheit als das mTAN-Verfahren ist das Verfahren unter Verwendung eines TAN-Generators.[255] Während dies in anderen europäischen Ländern weiter verbreitet ist, konnte es sich bislang in Deutschland nur sehr vereinzelt durchsetzen. Bei diesem Verfahren wird für jede Transaktion mittels eines TAN-Generators eine eigene TAN elektronisch generiert (eTAN), welcher etwa die Form eines kleinen Taschenrechners hat. Während internetfähige Mobiltelefone mit Schadsoftware infiziert werden können, ist dies bei den TAN-Generatoren, die keine externen Anschlüsse besitzen, nicht möglich. Eine weitere Sicherheitsstufe ist, dass bei Erstellung der eTAN zusätzlich die Transaktionsdaten berücksichtigt werden (eTAN+). Bei diesem Verfahren ist es selbst durch Einsatz von Schadsoftware auf

249 Z. B. beim iTAN-Verfahren, vgl. *D. Hansen*, S. 9 f.

250 *Borges/Schwenk/Stuckenberg/ Wegener*, S. 40 f.

251 *D. Hansen*, S. 9 f.

252 Zum mTAN-Verfahren siehe auch *Borges/Schwenk/Stuckenberg/Wegener*, S. 47 f.; *Maihold*, in: Schimansky/Bunte/Lwowski, § 55 Rn. 14.

253 *D. Hansen*, S. 10; *Borges/Schwenk/Stuckenberg/Wegener*, S. 48.

254 *Maihold*, in: Schimansky/Bunte/Lwowski, § 55 Rn. 37.

255 Nach *Borges/Schwenk/Stuckenberg/Wegener*, S. 47, ist derzeit kein Angriff gegen ein ordnungsgemäß durchgeführtes eTAN+-Verfahren bekannt; zum optimierten eTAN-Verfahren siehe auch *Maihold*, in: Schimansky/Bunte/Lwowski, § 55 Rn. 19 f.

dem Computer des Anwenders nicht möglich, die Transaktionsdaten im Hintergrund unbemerkt auszuwechseln, da die Bank die eTAN mit den Daten abgleichen kann.

Im Rahmen der Identitätsdiskussion werden einmalige Transaktionskennungen auch als Transaktionspseudonyme[256] oder als Einmal-Identitäten[257] bezeichnet, da sie einer natürlichen Person für eine einmalige Verwendung zugewiesen sind.

Zur Beantwortung der Frage, ob es sich bei einmaligen Verifikationskennungen um Identitätsdaten handelt, lässt sich – wie bei den Kennwörtern – auf das BDSG verweisen. Für sich allein ist eine TAN eine bloße Abfolge von Ziffern, die keinen Rückschluss auf eine natürliche Person zulässt. Im Verwendungskontext einer Überweisung handelt es sich jedoch um ein personenbezogenes Datum im Sinne von § 3 Abs. 1 BDSG.[258] Damit handelt sich bei einmaligen Verifikationskennungen um Identitätsdaten, soweit sie im jeweiligen Kontext mit dem dazugehörigen Anmeldenamen verwendet werden.

h) Biometrische Daten

Weitere Identitätsdaten sind biometrische Daten, die sich auf körperliche Merkmale oder physische Eigenschaften einer natürlichen Person beziehen.[259] Natürliche Personen unterscheiden sich durch ihre körperlichen Eigenschaften.[260] Aufgrund der Einzigartigkeit von körperlichen Eigenschaften, z. B. der DNA, wären entsprechende biometrische Daten zur Verwendung als Personenkennzeichen geeignet.[261] Dabei ist im Hinblick auf Identitätsdaten der Begriff der biometrischen Daten dem der körperlichen Merkmale vorzuziehen, da körperliche Merkmale für sich genommen keine (numerischen) Daten sind.[262]

Die körperlichen Eigenschaften selbst erlauben jedoch keine Identifizierung oder Verifizierung, sondern müssen mit technischen Hilfsmitteln in Daten umgewandelt werden, die dann mit einem Datenbestand verglichen werden können.[263] Die biometrische Identifizierung setzt dabei hinsichtlich der körperlichen Merkmale vier Kriterien voraus, die möglichst erfüllt sein sollen: Erstens muss das Merkmal messbar sein; zweitens muss das Merkmal universell, d. h. möglichst bei jedem Menschen zu finden sein; drittens muss der jeweilige Messwert des Merkmals möglichst einmalig

---

256 *Hansen*, in: Roßnagel, Hdb. Datenschutzrecht, Abschn. 3.3 Rn. 58.
257 *Borges/Schwenk/Stuckenberg/Wegener*, S. 21.
258 *Dammann*, in: Simitis, § 3 Rn. 10.
259 *J. Meyer*, S. 29 f.: „*körperliche Merkmale*"; *Kent/Millett*, S. 47: „*physical identity*".
260 Vgl. z. B. § 16a PassG – Identitätsüberprüfung anhand biometrischer Daten.
261 *Golembiewski/Probst*, S. 28 f.
262 Der Begriff Biometrie stammt aus dem Griechischen von „*bios*" (Leben) und „*metron*" (Maß oder Maßstab) und meint die Vermessung von Lebewesen, vgl. *Hornung*, S. 75; *Dotzler*, S. 3.
263 Zum Prinzip der biometrischen Identifizierung siehe *Hansen/Meissner*, S. 148; *Hornung*, S. 78 f.

sein und das Merkmal muss viertens konstant sein, darf sich also über die Zeit nicht verändern.[264] Biometrische Merkmale werden nach konditionierten, genotypischen und randotypischen Merkmalen unterschieden.[265] Konditionierte Merkmale eignet sich der Mensch im Laufe seines Lebens an und behält sie bei.[266] Genotypische und randotypische Merkmale sind genetisch bedingt.[267] Eine eindeutige Zuweisung ist jedoch nicht immer möglich, da beispielsweise die Stimme genetisch vorgegeben ist, sich aber im Laufe des Lebens bewusst oder unbewusst verändern kann. Eine andere Unterscheidung lässt sich nach dynamischen und statischen Verifikationsverfahren vornehmen.[268] Bei dynamischen Verfahren ist, anders als bei den statischen Verfahren, eine aktive Mitwirkung des zu Identifizierenden erforderlich.[269] Dynamische Verfahren verwenden daher zumeist konditionierte Merkmale, während statische Verfahren auf genotypischen oder randotypischen Merkmalen aufbauen.

Nach Art. 4 Nr. 11 des Vorschlages für eine Datenschutz-Grundverordnung (DS-GrundVO-E)[270] sind biometrische Daten „Daten zu den physischen, physiologischen oder verhaltenstypischen Merkmalen eines Menschen, die dessen eindeutige Identifizierung ermöglichen". Als Beispiele werden Gesichtsbilder und daktyloskopische Daten genannt. § 1 Abs. 2 BKA-Daten-VO nennt als Beispiele für zur Identifizierung geeignete Merkmale Gestalt, Größe unter Angabe der Art ihrer Feststellung, Gewicht, scheinbares Alter, äußere Erscheinung, Schuhgröße, sonstige besondere körperliche Merkmale, Stimm- und Sprachmerkmale wie eine Mundart und Handschriften. Neben den bereits genannten biometrischen Daten kommen noch Fingerabdrücke (Daktyloskopie[271]), Handgeometrie, Irisscans, Retinascans und Gesichtsgeometrie[272] sowie DNA-Analysen in Betracht.[273] Weitere Merkmale sind Sitzverhalten, Gang- und Tippverhalten an der Tastatur.[274]

Da biometrische Daten zur Verifikation der Identität mit einem bestehenden Datensatz verglichen werden müssen, können sie – wie andere Daten – von Tätern

---

264 *Lachenicht*, S. 6.
265 *Dotzler*, S. 3 f.; zum Teil auch als aktive und passive Merkmale bezeichnet, vgl. *Nolde*, in: Nolde/Leger, S. 21.
266 Beispiele hierfür sind Handschrift, Gang, Stimmmuster, vgl. *J. Meyer*, S. 44.
267 Genotypische Merkmale beruhen allein auf der genetischen Veranlagung des Einzelnen, z.B. Blutgruppe, DNA, während randotypische Merkmale zudem auf Zufällen und Umwelteinflüssen basieren, z.B. Fingerabdruck, Iris, Retina, vgl. hierzu *Dotzler*, S. 4.
268 Entgegen *J. Meyer*, S. 44, die Merkmale als statisch und dynamisch bezeichnet.
269 *Dotzler*, S. 4 f.
270 KOM (2012) 11 endg.
271 Griechisch, wörtlich übersetzt: „Fingerschau"; siehe hierzu auch *Gruner*, S. 24 ff.
272 Zu den Einzelheiten der Gesichtsgeometrie siehe *Fritz*, S. 25 ff.; *Gruner*, S. 34 ff.; *Graf*, in: MünchKomm StGB, Bd. 4, 1. Aufl., § 202a Rn. 40.
273 *Schröder*, Kap. 3 Nr. 10; *Borges/Schwenk/Stuckenberg/Wegener*, S. 51; *J. Meyer*, S. 44; *Golembiewski/Probst*, S. 12 f.
274 *Golembiewski/Probst*, S. 13.

für die Zwecke des Identitätsdiebstahls verwendet werden.[275] Die biometrischen Daten müssen mittels technischer Vorrichtungen, wie Finger- oder Irisscanner, eingegeben, in ein Datenformat umgewandelt und anschließend übermittelt werden. Im Rahmen dieser Übermittlung kann der Täter diese Daten abgreifen und mittels dieser Daten die Datenverarbeitung manipulieren.[276]

4. Identitätsnachweise und Identitätsschutz

Identitätsnachweise und Identitätsschutz gehören zusammen. Der Nachweis dient dem Schutz der Identität. Identität kann durch Besitz, Wissen und Sein nachgewiesen werden.[277] Besitz bezieht sich dabei auf körperliche Gegenstände, von denen Daten ab- oder ausgelesen werden können, wie Personalausweise, Chipkarten oder Token für Onlinebanking. Im deutschen Recht werden Ausweise als „Identitätspapiere" bezeichnet (vgl. §§ 1617 Abs. 3 BGB, 48 Abs. 3 AufenthG). Das Sein bezieht sich auf biometrische Daten, die durch technische Einrichtungen, wie Fingerabdruckscanner, für die Identitätsüberprüfung eingelesen werden.[278]

Problematischer ist die „Wissenskategorie". Das Wissen bezieht sich auf Daten, die nur dem Identitätsberechtigten und demjenigen bekannt sind, der die Identifizierung vornimmt.[279] Beispiel hierfür sind PIN oder Kennwörter. Der Begriff des Wissens in diesem Zusammenhang ist jedoch irreführend. Denn Wissen bedeutet nicht, dass das jeweilige Datum dem Identitätsinhaber bekannt sein muss. Zur Wissenskategorie gehören nach allgemeiner Ansicht ferner die einmaligen Verifikationskennungen. *Borges/Schwenk/Stuckenberg/Wegener* vertreten demgegenüber eine differenzierende Ansicht und ordnen das TAN- und iTAN-Verfahren der Wissenskategorie[280] und die eTAN-, eTAN+- und mTAN-Verfahren der Besitzkategorie zu.[281] Begründet wird dies damit, dass bei TAN- und iTAN-Verfahren die TAN schon vor Durchführung der Identitätsüberprüfung feststünden, während sie für die anderen Verfahren speziell für den jeweiligen Überprüfungsvorgang generiert werden und dem Inhaber auf einem gesonderten Gerät, z. B. Hardware-Token oder Mobiltelefon, mitgeteilt werden müssten. Dem ist jedoch entgegenzuhalten, dass bei lebensnaher Betrachtung der Identitätsinhaber sich TAN und iTAN nicht merkt, sondern für die jeweilige Transaktion von einer Liste abliest. Somit ließen sich diese ebenfalls der Besitzkategorie zuordnen. Die Unterscheidung zwischen Wissen und

---

275 Zu Biometrie und Identitätsdiebstahl vgl. *Busch*, DuD 2009, 317.

276 Siehe zu unterschiedlichen Verfahren *Borges/Schwenk/Stuckenberg/Wegener*, S 52 f.

277 *Anrig/Benoist/Jaquet-Chiffelle*, S. 3; *Hornung*, S. 29; *Dotzler*, S. 7; *J. Meyer*, S. 43; vgl. auch Reg.-Begr. zum Gesetzesentwurf für ein Gesetz über Personalausweise und den elektronischen Identitätsnachweis, BT-Drucks. 16/10489, S. 33.

278 Zu den biometrischen Daten siehe oben, B.III.3.h).

279 *Hornung*, S. 29; siehe hierzu oben, B.III.3.f).

280 *Borges/Schwenk/Stuckenberg/Wegener*, S. 36 ff.

281 *Borges/Schwenk/Stuckenberg/Wegener*, S. 41, 46 ff.

Besitz ist daher im Einzelfall schwierig. Abhilfe könnte insoweit eine Einordnung als „geheim“ schaffen, denn eben dieses Merkmal ist entscheidend.

Biometrische Identifikations- und Verifikationssysteme bieten viele Vorteile gegenüber anderen Systemen. Schlüssel, Chipkarten und Token können verloren gehen oder gestohlen werden, PIN und Passwörter werden vergessen. Die Identifikation mit dem eigenen Körper ist jedoch in der Regel immer möglich. Trotzdem sind biometrische Verfahren in der Privatwirtschaft kaum verbreitet, was zum einen an den hohen Fehlerraten der derzeitig gebräuchlichen Verfahren liegt.[282] Zum anderen besteht auch eine (berechtigte) Skepsis seitens der Verbraucher, da der Identitätsinhaber seine biometrischen Daten – anders als bei den meisten anderen Identitätsdaten –nicht wechseln oder verändern kann. Würde sich beispielsweise der Fingerabdruck als Identifizierungsmechanismus durchsetzen und ein Täter diese biometrischen Daten erlangen, bestünde für das Opfer kaum eine Möglichkeit, unbefugten Verhalten Einhalt zu gebieten. Anders als die Kreditkarte ließe sich der Abdruck nicht sperren und ersetzen. Da biometrische Daten dauerhaft mit dem Identitätsinhaber verknüpft sind, ist die Verwendung biometrischer Daten im Rahmen der Strafverfolgung demgegenüber deutlich weiter verbreitet.[283]

Der Identitätsschutz wird umso besser, je mehr unterschiedliche Nachweise miteinander kombiniert werden. Am weitesten verbreitet ist die „Zwei-Faktoren-Autorisierung“.[284] Beispielsweise muss der Bankkunde seine Karte in den Geldautomaten einführen (Besitz) und seine geheime PIN (Wissen) eingeben, um Geld abzuheben. Noch sicherer, aber zugleich technisch aufwendiger, sind Drei-Faktoren-Autorisierungen, bei denen z. B. zusätzlich zu Chipkarte und PIN der Fingerabdruck überprüft wird. Die unterschiedlichen Nachweise können in beliebiger Kombination auftreten.[285]

IV. Zwischenergebnis

Identität im Sinne eines Straftatbestandes des Identitätsdiebstahls muss Identifizierbarkeit bedeuten. Unscharfe Begriffe, wie den der sozialen Identität, gilt es, vor dem Hintergrund des Bestimmtheitsgebots in Art. 103 Abs. 2 GG (*nullum crimen sine lege*), zu vermeiden. Das Bestimmtheitsgebot sieht vor, dass die Merkmale eines Straftatbestandes hinreichend konkret umschrieben werden müssen, sodass der

---

282 *Borges/Schwenk/Stuckenberg/Wegener*, S. 52; *J. Meyer*, S. 44.

283 Ende des Jahres 2012 befanden sich in der DNA-Analyse-Datei des Bundeskriminalamtes 998.661 Datensätze. Seit Errichtung der DNA-Analyse-Datei wurden für die Aufklärung von Straftaten 145.932 Treffer erzielt (31.12.2012), vgl. http://www.bka.de/DE/ThemenABisZ/ DnaAnalyse/Statistik/dnaStatistik__node.html.

284 *BITKOM*, Leitfaden, S. 9.

285 *Hornung*, S. 29.

„Anwendungsbereich der Straftatbestände zu erkennen ist und sich durch Auslegung ermitteln lässt".[286]

Der Schutz der sozialen Identität wäre – zumindest im Hinblick auf das soziale Ansehen einer Person – ohnehin ein Reflex des Schutzes der numerischen Identität, da die glaubhafte Vortäuschung einer fremden Identität durch den Täter in aller Regel die Verwendung von korrekten Identitätsdaten des Opfers voraussetzt. Wird Identitätsschutz als Persönlichkeitsschutz angesehen, ist es erforderlich, dass die hinter einer Identität stehende natürliche Person zumindest auf irgendeine Art und Weise identifizierbar ist. Dies ist nur im Rahmen der numerischen und des hiesigen Verständnisses der virtuellen (numerischen) Identität der Fall.

Identität eignet sich hingegen selbst nicht als strafrechtliches Tatbestandsmerkmal, da es sich hierbei um ein rein philosophisches Gebilde handelt. Allenfalls ließe sich Identität als Teilidentität[287] verstehen, wobei sich dann die Frage stellen würde, welche Daten eine Teilidentität ausmachen sollen, was je nach Verwendungskontext unterschiedlich sein dürfte. Aufgrund der zahlreichen Unschärfen erscheint es daher sinnvoll, nicht den Begriff der Identität, sondern den der Identitätsdaten als strafrechtliches Tatbestandsmerkmal zu verwenden. Dies hätte verschiedene Vorteile: Zum einen findet sich der Datenbegriff bereits als Tatbestandsmerkmal im Strafgesetzbuch.[288] Die Anknüpfung an schon existierende Tatbestandsmerkmale würde die Subsumtion erleichtern. Zum anderen lässt sich feststellen, bei welchen Daten es sich um Identitätsdaten handelt.[289] Zudem stellen die meisten ausländischen Rechtsordnungen, die den Identitätsdiebstahl explizit unter Strafe stellen, ebenso auf die Verwendung von Identitätsdaten ab.[290]

Identitätsdaten sollten jedoch nur dann dem strafrechtlichen Schutz unterfallen, wenn sie einer real existierenden natürlichen Person zugeordnet werden können.[291] Soweit Identitätsdaten von nicht real existenten Personen geschaffen oder sich verschafft werden, fehlt es an einem schützenswerten Rechtsgut, da es kein Opfer des Identitätsdiebstahls gibt. Delikte, insbesondere Betrugsstraftaten, die unter Verwendung solcher Identitäten begangen werden, sind durch die bestehenden Straftatbestände bereits hinreichend abgedeckt.

---

286 BVerfG, Beschl. v. 26.02.1969 – 2 BvL 15/68, 2 BvL 23/68, BVerfGE 25, 269 = NJW 1969, 1059, 1061.

287 Zum Begriff „Teilidentität" siehe oben, B.I.1.c).

288 Vgl. z. B. §§ 202a, 202b, 202c StGB.

289 Zu den einzelnen Identitätsdaten siehe oben, B.III.2.

290 Siehe hierzu im Einzelnen unten, C.I.3.

291 Auch fiktive Personen können über Identitätsdaten verfügen, vgl. *Borges/Schwenk/Stuckenberg/Wegener*, S. 18.

C. Identitätsdiebstahl und Identitätsmissbrauch

Die Begriffe des Identitätsdiebstahls und des Identitätsmissbrauchs sind dem deutschen Recht fremd. Soweit sie überhaupt verwendet werden, weichen die beschriebenen Handlungen stark voneinander ab. Dies erschwert die wissenschaftliche Diskussion über die Straftaten mit Identitätsbezug erheblich.

Im alltäglichen Sprachgebrauch – vor allem in den Medien – werden die Begriffe Identitätsdiebstahl und Identitätsmissbrauch häufig synonym verwendet.[292] Dies hängt damit zusammen, dass – auch international – die Begriffe nicht einheitlich definiert sind.[293] Im Folgenden sollen die Verwendung dieser Termini und die derzeit existierenden Definitionen im Allgemeinen sowie im deutschen Recht näher betrachtet werden. Darüber hinaus soll die Situation in anderen Rechtsordnungen, welche zum Teil bereits über strafrechtliche Regelungen zum Identitätsdiebstahl verfügen, dargestellt werden. Schließlich soll auf dieser Grundlage ein eigener Identitätsdiebstahlsbegriff für das deutsche Recht entwickelt werden.

I. Identitätsdiebstahl

1. Der Begriff des Identitätsdiebstahls im Allgemeinen

Der Begriff des Identitätsdiebstahls stammt vermutlich aus dem US-amerikanischen Recht (*identity theft*). Unabhängig von einer genauen Definition des Identitätsdiebstahls ist der Begriff aus Sicht des deutschen Strafrechts in mehrfacher Hinsicht unglücklich.[294]

Probleme ergeben sich bereits im Hinblick auf das Rechtsgut. Nach der überwiegenden Ansicht schützt der Diebstahl im Sinne von § 242 StGB allein das Eigentum.[295] Eigentum meint die Befugnis, mit der Sache nach Belieben zu verfahren und andere von jeder Einwirkung auszuschließen, soweit dem nicht das Gesetz oder Rechte Dritter entgegenstehen (vgl. § 903 BGB). Nach der von der Rechtsprechung

---

292 Vgl. z.B. *Tina Groll*, Die Zeit v. 8.01.2011, „Meine Identität gehört mir!" (Fn. 3); siehe auch *Borges/Schwenk/Stuckenberg/Wegener*, S. 23 f.; *Newman/McNally*, S. 1: „have come to be used interchangeably in popular usage".

293 *OECD*, Online Identity Theft, S. 9; *Van der Sloot*, S. 27 ff.; *Fraud Prevention Expert Group*, S. 7.

294 *J. Meyer*, S. 39; *Koops/Leenes*, DuD 2006, 553, 556: *„rather awkward term"*.

295 *Fischer*, § 242 Rn. 2; *Wittig*, in: BeckOK StGB, § 242 Rn. 1; *Kindhäuser*, in: Kindhäuser/Neumann/Paeffgen, Vorb. zu §§ 242 bis 248c, Rn. 1; *Schmitz*, in: MünchKomm StGB, Bd. 3, § 242 Rn. 8; *Eser/Bosch*, in: Schönke/Schröder, § 242 Rn. 1/2; *Rönnau*, JuS 2009, 1088.

und Teilen der Literatur vertretenen Ansicht wird ferner der Gewahrsam von § 242 StGB geschützt.[296] Bei einem Diebstahl wird die Sache dem Eigentümer (bzw. Berechtigten) entzogen, sodass er aufgrund der rein tatsächlichen Gegebenheiten weder den Gewahrsam innehat noch die mit dem Eigentum verbundenen Befugnisse ausüben kann.

Hierin besteht der wesentliche Unterschied zum Identitätsdiebstahl.[297] Beim Identitätsdiebstahl ist der wahre Berechtigte, also der Identitätsinhaber, nicht von der Verwendung der Daten ausgeschlossen.[298] Sowohl er als auch der Täter können über die Identitätsdaten „verfügen" und mit ihnen wie der „Berechtigte" umgehen.

Eine Ausnahme von diesem Grundsatz stellen einmalige Verifikationskennungen (z. B. TAN) dar, da diese nur ein einziges Mal verwendet werden können und danach ihre Gültigkeit verlieren.[299] Weitere Ausnahme sind Daten, die nur an einer Stelle körperlich fixiert sind und die der Berechtigte nicht kennt. Dies sind beispielsweise Daten, die auf dem Magnetstreifen einer Kreditkarte gespeichert sind. Durch die Wegnahme der Karte hat das Opfer keinen Zugriff mehr auf seine Identitätsdaten. Dass das Opfer – abgesehen von den genannten Ausnahmen – seine Daten auch nach dem Identitätsdiebstahl weiterverwenden kann, führt dazu, dass die Tat bisweilen erst lange nach ihrer Begehung bemerkt wird. Beim „Diebstahl" von Kreditkartendaten erfährt das Opfer dies beispielsweise erst, wenn es die Abrechnungen erhält (und kontrolliert). Beim Diebstahl einer körperlichen Sache dauert es häufig nicht so lange, bis das Opfer den Verlust entdeckt. Der lange Zeitraum zwischen Begehung und Entdeckung beim Identitätsdiebstahl erschwert die Aufklärung der Tat.

Ein weiterer wesentlicher Unterschied zwischen Diebstahl und Identitätsdiebstahl liegt in der Natur des Tatobjekts. Diebstahl im Sinne von § 242 StGB ist die Wegnahme einer fremden beweglichen Sache mit Zueignungsabsicht. Sachen sind alle körperlichen Gegenstände. Ob sich das Tatbestandsmerkmal der Sache nach § 90 BGB bestimmt oder ein originär strafrechtlicher Sachenbegriff gilt, ist umstritten,[300] kann aber für die hiesige Untersuchung dahinstehen. Daten sind nach allgemeiner Auffassung jedenfalls keine Sachen im Sinne des § 242 StGB, da es ihnen an der physischen Substanz fehlt.[301] Selbst durch eine Speicherung der Daten

---

296 *BGH*, Beschl. v. 25.09.1957 – 4 StR 367/57, BGHSt 11, 7 = NJW 1957, 1934; *Lackner/Kühl*, § 242 Rn. 1.

297 *Borges/Schwenk/Stuckenberg/Wegener*, S. 202.

298 *Koops/Leenes*, DuD 2006, 553, 556.

299 Siehe hierzu oben, B.III.3.g).

300 Für einen eigenen öffentlich-rechtlichen Begriff im Strafrecht: *Fischer*, § 242 Rn. 3; *Graul*, JuS 2000, 215; für einen einheitlichen Begriff, der sich an §§ 90 BGB orientiert: *Lackner/Kühl*, § 242 Rn. 2; *Schmitz*, in: MünchKomm StGB, Bd. 3, § 242 Rn. 20.

301 *Kindhäuser*, in: Kindhäuser/Neumann/Paeffgen, § 242 Rn. 10; *Fischer*, § 242 Rn. 3; *Stresemann*, in: MünchKomm BGB, Bd. 1, § 90 Rn. 25; bei Standardsoftware, die auf einem Datenträger gespeichert ist, wird von der Rechtsprechung angenommen,

auf einem Datenträger werden die Daten nicht zu einer Sache.[302] Ebenso kann eine Identität selbst, unabhängig davon, wie dieser Begriff definiert wird, nicht Tatobjekt eines Diebstahls sein.[303] Auch die für den Diebstahl notwendige Wegnahme, also die Aufhebung des fremden Gewahrsams durch Bruch, findet beim Identitätsdiebstahl nicht statt. Fraglich ist bereits, ob ein Gewahrsam an Daten überhaupt möglich ist.

Gegen den Begriff des Identitätsdiebstahls spricht zudem, dass – wenn schon der Diebstahls als Wortbestandteil verwendet werden soll – der Begriff des Identitätsdatendiebstahls jedenfalls im Hinblick auf das Tatobjekt vorzugswürdig wäre. Tatsächlich findet sich dieser Terminus in der aktuellen Diskussion bislang jedoch an keiner Stelle. Um weitere Verwirrungen aufgrund immer neuer Begriffe zu vermeiden, soll er auch hier nicht gebraucht werden.

Für die Verwendung des Begriffs „Identitätsdiebstahl" spricht hingegen, dass er sich in Deutschland für hier infrage stehende Handlungen zumindest in der öffentlichen Diskussion einzubürgern scheint.[304] Im allgemeinen Sprachgebrauch findet sich zudem häufig der Begriff des Datendiebstahls oder des Diebstahls geistigen Eigentums,[305] wenngleich diese Begriffe mangels Sachqualität des Tatobjekts ebenfalls juristisch nicht korrekt sind. Selbst in der strafrechtlichen Literatur wird bisweilen davon gesprochen, dass Daten entwendet werden.[306] Auch die deutschen Gerichte verwenden zuweilen die Bezeichnung Identitätsdiebstahl[307] und in den offiziellen Übersetzungen der Mitteilungen der Europäischen Kommission findet sich der Begriff ebenfalls.[308] International ist der Begriff „identity theft" oder „vol d'identité" mittlerweile Standard für Straftaten mit Identitätsbezug.

---

dass es sich um ein „verkörpertes Programm" handelt, vgl. *BGH*, Urt. v. 14.07.1993 – VIII ZR 147/92, NJW 1993, 2436, 2438.

302 *Jickeli/Stieper*, in: Staudinger, 2011, § 90 Rn. 12.

303 *Borges/Schwenk/Stuckenberg/Wegener*, S. 202; vgl. auch *J. Meyer*, S. 39, die den Begriff des Identitätsdiebstahls ebenfalls wegen seiner „strafrechtliche[n] Konnotation" ablehnt und ausschließlich den Begriff Identitätsmissbrauch verwendet.

304 Siehe z. B. *Knocke*, Identitätsdiebstahl für Anfänger, Artikel vom 26.10.2010, abrufbar unter: http://www.spiegel.de/netzwelt/web/netzwelt-ticker-identitaetsdiebstahl-fuer-anfaenger-a-725405.html; *McAffee*, Was Sie über Identitätsdiebstahl wissen müssen, abrufbar unter: http://www.dell.com/html/emea/dell-security-center/German/Uploads/PDF/IDTheftGuide.pdf; auch die Schufa Holding AG bietet als neue Dienstleistung zum Schutz vor Identitätsdiebstahl „Schufa-Ident-Safe" an, siehe: https://www.schufa-identsafe.de; *J. Meyer*, S. 39.

305 *Götting*, GRUR 2006, 353.

306 Vgl. *Weidemann*, in: BeckOK StGB, Lexikon des Strafrechts, Computerkriminalität, Rn. 9.

307 Vgl. *OLG Brandenburg*, Urt. v. 16.11.2005 – 4 U 5/05, MMR 2006, 107, 108; *Hans. OLG*, Urt. v. 02.07.2008 – 5 U 73/07, NJOZ 2008, 4927, 4955; *FG Berlin-Brandenburg*, Urt. v. 22.08.2008 – 2 K 5017/04 B.

308 Vgl. KOM (2012) 596 endg., S. 16; SWD (2012) 136 final v, S. 4; KOM (2008) 359 endg., S. 16.

Zudem existiert im deutschen Recht kein alternativer Begriff für das, was allgemein als Identitätsdiebstahl bezeichnet wird. Eine Umschreibung des Begriffs käme einer Definition gleich und wäre weniger praktikabel. *Borges/Schwenk/Stuckenberg/Wegener* plädieren daher für eine Verwendung des Begriffs Identitätsdiebstahl als „Metapher".[309] Dieser Gebrauch des Begriffs des Identitätsdiebstahls ist überzeugend und soll – trotz der genannten Gründe – im Folgenden Verwendung finden.

2. Der Begriff des Identitätsdiebstahls im deutschen Recht

Im deutschen Rechtsraum finden sich bislang kaum Versuche, den Begriff des Identitätsdiebstahls zu definieren. Zudem weisen die derzeit verwendeten Definitionen bei näherer Betrachtung zum Teil erhebliche Unterschiede auf. Zusammenfassend lässt sich jedoch feststellen, dass Identitätsdiebstahl im Wesentlichen auf folgende unterschiedliche Arten definiert wird:

Nach einer Ansicht soll Identitätsdiebstahl den unbefugten Gebrauch fremder Identitätsdaten beschreiben. Nach anderer Ansicht soll ein Identitätsdiebstahl vorliegen, wenn der Täter die Kontrolle über fremde Identitätsdaten erlangt hat. Nach wiederum anderer Ansicht soll unter dem Begriff des Identitätsdiebstahls nur das Beschaffen von Identitätsdaten verstanden werden. Der zweite und dritte Definitionsansatz lassen sich jedoch nur schwer voneinander abgrenzen.

Der ersten Ansicht folgt anscheinend das Finanzgericht Berlin-Brandenburg, welches – soweit ersichtlich – als bislang einziges deutsches Gericht den Begriff des Identitätsdiebstahls überhaupt in einem Urteil verwendet hat, wenngleich nur in Anführungszeichen. Das FG Berlin-Brandenburg definiert Identitätsdiebstahl als die „kriminelle Benutzung einer fremden Identität".[310] *Hansen/Meissner* bezeichnen Identitätsdiebstahl als „Auftreten eines Dritten unter dem Namen und den Adressen des Betroffenen, ohne dass dieser es so wollte" und stellen mithin ebenfalls auf die Verwendung von Identitätsdaten ab.[311]

Nicht eindeutig zuordnen lässt sich die Definition von *Kempa*. Dieser führt einerseits aus, dass Identitätsdiebstahl „die missbräuchliche Nutzung personenbezogener Daten einer natürlichen Person durch Dritte" bezeichnen soll. Unmittelbar im Anschluss an diese Definition äußert *Kempa* jedoch andererseits, dass „bei einem Identitätsdiebstahl [...] persönliche Daten, wie beispielsweise Geburtsdatum, Anschrift, Führerschein- oder Sozialversicherungsnummern, Bankkonten oder Kreditkartennummern, entwendet [werden], um eine rechtsverbindliche Identitätsfeststellung zu umgehen oder zu verfälschen."[312] Während sich die erste Definition mithin auf ein unbefugtes Gebrauchen bezieht, scheint die zweite Ausführung auf das Beschaffen zum Zweck einer späteren Verwendung abzustellen.

309 *Borges/Schwenk/Stuckenberg/Wegener*, S. 202.
310 FG Berlin-Brandenburg, Urt. v. 22.08.2008 – 2 K 5017/04 B, Rn. 45.
311 *Hansen/Meissner*, S. 26.
312 *Kempa*, Fn. 729.

Busch vertritt hingegen die Auffassung, dass Identitätsdiebstahl „mindestens die Kontrolle über einen umfangreichen oder vollständigen strukturierten Satz von Identitätsattributen" ist.[313] Diese Definition ist schwierig einzuordnen, da die Kontrolle über Daten deren Verschaffung nachgelagert ist, andererseits Kontrolle nicht automatisch eine missbräuchliche Verwendung bedeuten muss. *Widder* vertritt in seiner Dissertation zu den technischen Aspekten des Identitätsdiebstahls im Bereich des Onlinebankings die Ansicht, dass Identitätsdiebstahl das „unberechtigte Annehmen einer fremden Identität zum Zweck des Durchführens betrügerischer Handlungen" sei.[314] Was unter dem Merkmal des „unberechtigten Annehmens" zu verstehen ist, wird jedoch nicht näher erläutert. Es ist davon auszugehen, dass mit „Kontrolle" bzw. „Annehmen" fremder Identitätsdaten das Verschaffen von Identitätsdaten gemeint sein soll, denn die Verwendung der Daten muss jedenfalls nur beabsichtigt und noch nicht geschehen sein.[315]

Borges/Schwenk/Stuckenberg/Wegener definieren Identitätsdiebstahl als das „unbefugte Sich-Verschaffen einer Identität" und führen diesbezüglich weiter aus, dass ein Identitätsdiebstahl vorliege, „wenn der Täter sich die Identität einer Person, also eine Menge an Daten verschafft, durch die die betreffende Person in einem bestimmten Zusammenhang eindeutig bezeichnet wird".[316] Reichen die Daten hingegen nicht für eine Identifizierung aus, soll kein Identitätsdiebstahl vorliegen. Tatobjekt eines Identitätsdiebstahls sind demnach Identitätsdaten, die es erlauben, eine Person zu identifizieren, wobei eine allgemeine Identifizierbarkeit nicht notwendig sein soll, sondern der jeweilige Identifizierungskontext maßgeblich ist. Tathandlung ist das Sich-Verschaffen, welches auf beliebigem Wege erfolgen kann, aber unbefugt geschehen muss. Wie in diesem Zusammenhang das Tatbestandsmerkmal „unbefugt" zu verstehen ist, wird von *Borges/Schwenk/Stuckenberg/Wegener* nicht näher dargelegt.

Diese Ansicht wird von *Bruns* geteilt, wonach bei einem Identitätsdiebstahl „persönliche Daten wie Passwörter oder Geburtsdatum, Anschrift, Führerschein- oder Sozialversicherungsnummern, Bankkonten- oder Kreditkartennummern ‚entwendet' [werden], um eine rechtsverbindliche Identitätsfeststellung zu umgehen oder zu verfälschen."[317] Ziel des Täters kann dabei sein, sich einen Vermögensvorteil zu verschaffen, die Daten weiterzuverkaufen oder den Ruf des Identitätsinhabers zu schädigen.[318]

313 *Busch*, DuD 2009, 317.

314 *Widder*, S. 20.

315 *Busch*, DuD 2009, 317: „Nutzung des Identitätsdiebstahls zum Schaden der betroffenen Person".

316 *Borges/Schwenk/Stuckenberg/Wegener*, S. 24.

317 *Bruns*, Stellungnahme 41. StrÄndG, S. 9.

318 *Bruns*, Stellungnahme 41. StrÄndG, S. 9.

3. Die Definition des Identitätsdiebstahls im internationalen Recht

Während der Begriff des Identitätsdiebstahls in der deutschen juristischen Literatur kaum verwendet wird, ist er in anderen Rechtsordnungen wesentlich weiter verbreitet. Auch in der internationalen juristischen Fachliteratur werden der Begriff und seine Definition intensiver diskutiert.[319] In ausländischen Medien und der öffentlichen Diskussion in anderen Ländern ist der Begriff ebenfalls deutlich präsenter als in Deutschland, wenngleich sich auch die deutschen Medien zunehmend mit diesem Thema beschäftigen. Die deutlich stärkere Anerkennung des Identitätsdiebstahls als gesellschaftliches Problem zeigt sich ferner daran, dass in den USA, aber auch im Vereinigten Königreich von Seiten des Staates mehrere Informationskampagnen existieren, um Bürger auf die Gefahren von Identitätsdiebstahl aufmerksam zu machen.[320]

Im Folgenden sollen die strafrechtlichen Regelungen und Definition des Identitätsdiebstahls in anderen Rechtsordnungen und internationalen Organisationen und Staatenverbunden dargestellt werden.

a) USA

Den USA kommt eine Vorreiterrolle bei der Bekämpfung von Identitätsdiebstahl zu. Grund hierfür dürfte sein, dass in keinem anderen Land so viele Delikte unter Verwendung fremder Identitätsdaten begangen werden wie in den USA.[321] Untersuchungen zufolge sollen 11,1 Millionen erwachsene US-Bürger im Jahr 2009 Opfer von Identitätsdiebstahl geworden sein.[322] Der hierdurch verursachte Gesamtschaden wurde auf 54 Milliarden USD geschätzt.[323] Aus diesem Grund wurde eigens die *President's Identity Theft Task Force* gegründet und das amerikanische Justizministerium (*US Department of Justice*) hat eine eigene Internetseite zur Aufklärung über Identitätsdiebstahl eingerichtet.[324] Zusätzlich gründeten viele Bundesstaaten eigene *Task Forces* zur Bekämpfung von Identitätsdiebstahl.[325]

---

319 Vgl. *Van der Sloot*, S. 27 ff.

320 Eine Übersicht über öffentliche Aufklärungskampagnen findet sich bei *The Presidents Identity Theft Task Force (2008)*, S. 17 ff.

321 *Shoudt*, 52 AM. U.L. REV. 339, 341 (2002): *„a national crises"*; *Stephan/Pennington/Krishnamurth/Reidy*, 13 Tex. Rev. L. & Pol. 2008–2009, 401, 402: „an epedemic".

322 Artikel der Wochenzeitung „Die Zeit", „Wehe, wenn der Geldesel kommt", abrufbar unter http://www.zeit.de/2011/19/Kreditkarten-Cybermafia.

323 *US Dept. of Justice*, Identity-related Crime, S. 3.

324 http://www.idtheft.gov.

325 *Newman/McNally*, S. 51 ff.

Der erste Straftatbestand für Identitätsdiebstahl in den USA wurde bereits im Jahr 1996 im Bundesstaat Arizona eingeführt.[326] Im Jahr 1998 wurde auf föderaler Ebene der Identity Theft and Assumption Deterrence Act 1998 erlassen, da Identitätsdiebstahl zu einem wachsenden, die Bundesstaatsgrenzen überschreitenden Problem geworden war.[327] Zwar existierten zu diesem Zeitpunkt bereits 216 Straftatbestände auf föderaler Ebene, die Straftaten im Zusammenhang mit der Verwendung von Identitätsdaten abdeckten,[328] dennoch wurde ein Bedürfnis für die Schaffung eines neuen Straftatbestandes gesehen. Hintergrund war überdies, dass nach den bestehenden Straftatbeständen nur die Betrugsopfer als Opfer des Identitätsdiebstahls bzw. -missbrauchs angesehen wurden, nicht jedoch die Identitätsinhaber.[329]

Der durch den Identity Theft and Assumption Deterrence Act geänderte 18. Titel des Code of Laws of the United States of America (18. U.S.C.) sieht vor, dass derjenige, der wissentlich Identitätsdaten (*means of identification*[330]) eines Dritten unbefugt in der Absicht überträgt, besitzt oder nutzt, um ein Verbrechen zu begehen, oder zu einem Verbrechen Beihilfe zu leisten oder anzustiften, mit Geldstrafe oder einer Freiheitsstrafe bestraft wird (18 U.S.C. § 1028(a)(7)).[331] In einem anderen Titel des U.S.C. wird der Begriff „identity theft“ als versuchter oder begangener Betrug unter unbefugter Verwendung von Identitätsdaten einer anderen Person definiert.[332]

Das Gesetz hat seit seiner Einführung im Jahr 1998 zwei Änderungen erfahren. Durch den Identity Theft Penalty Enhancement Act[333] wurde im Jahr 2004 das Strafmaß für Identitätsdiebstahl erhöht. Die Strafandrohung für identity theft im Sinne von 18 U.S.C. § 1028(a)(7) reicht jetzt von Geldstrafe und einer Freiheitsstrafe

---

326 *Pastrikos*, 67 Alb. L. Rev. 2003–2004, 1137, 1138; eine detaillierte Übersicht über sämtliche US-amerikanischen Gesetze im Bereich des Identitätsdiebstahls und Identitätsmissbrauchs findet sich bei *CIPPIC*, Working Paper 3B.

327 Eine Übersicht über das Gesetzgebungsverfahren zum *Identity Theft and Assumption Deterrence Act of 1998* findet sich bei *Sabol*, 11 Loy. Consumer L. Rev. 1998–1999, 165, 168 f.; siehe hierzu auch *Saunders/Zucker*, 8 Cornell Journal of Law and Public Policy 1999, 661; *Finklea*, S. 3 ff.

328 *United States Sentencing Commission*, Identity Theft, Final Report, S. 9; siehe auch Appendix C hierzu, in dem die 216 Strafnormen genannt werden.

329 *United States Sentencing Commission*, Identity Theft, Final Report, Fn. 15.

330 Siehe zu den „*means of identification*“ oben, B.III.2.

331 18 U.S.C. § 1028(a)(7): „Whoever [...] knowingly transfers, possesses, or uses, without lawful authority, a means of identification of another person with the intent to commit, or to aid or abet, or in connection with, any unlawful activity that constitutes a violation of Federal law, or that constitutes a felony under any applicable State or local law [...] shall be punished [with] a fine [...] or imprisonment [...]“.

332 15 U.S.C. 1681a (q)(3): „The term 'identity theft' means a fraud committed or attempted using the identifying information of another person without lawful authority“.

333 *Identity Theft Penalty Enhancement Act of 2004.*

von bis zu 5 Jahren, wenn keine staatlichen Urkunden verwendet werden,[334] bis zu einer Freiheitsstrafe von bis zu 30 Jahren bei Identitätsdiebstahl im Zusammenhang mit terroristischen Straftaten.[335] Die Strafzumessung folgt dabei einem komplexen System, welches bei der Bestimmung der Strafe von sogenannten „Levels" ausgeht, auf die je nach Höhe des Schadens und Anzahl der Opfer Aufschläge vorgenommen werden.[336] Dabei werden für Identitätsdiebstahl höhere Levels angesetzt als für gewöhnliche Betrugstaten.[337] Die erhöhte Strafandrohung wird mit den immateriellen Schäden begründet, die das Opfer erleidet. Weiterer Grund soll sein, dass der Identitätsdiebstahl vom Opfer häufig erst eine gewisse Zeit nach seiner Begehung bemerkt wird.[338] Derselbe Strafrahmen gilt zudem für Versuch und Verabredung zu einem Verbrechen.[339] Im Jahr 2008 wurde ferner der Identity Theft Enforcement and Restitution Act[340] erlassen, der auf die Empfehlungen der *President's Task Force* zurückgeht und die Strafverfolgung bei Online-Identitätsdiebstahls erleichtern und es den Opfern erlauben soll, Ersatz für ihre Schäden und ihren Aufwand infolge des Identitätsdiebstahls zu erhalten.[341]

Die Straftatbestände im U.S.C. beziehen sich bei der Tathandlung, trotz der *Bezeichnung „identity theft"*, *nicht* auf die Beschaffung von Identitätsdaten, sondern auf deren Übertragung, Besitz oder Verwendung (*transfers, possesses, or uses*).[342] Dies ist schon deswegen bemerkenswert, da auch im amerikanischen Strafrecht der Begriff des Diebstahls (*theft*) die Wegnahme eines körperlichen Gegenstandes fordert.[343] Soweit ersichtlich, wird diese Unstimmigkeit in der US-amerikanischen Literatur jedoch nicht weiter diskutiert. Des Weiteren fällt auf, dass es sich bei den Identitätsdaten um solche einer real existierenden Person handeln muss. Der

334 18 U.S.C. § 1028 (b)(2).

335 18 U.S.C. § 1028 (b)(4).

336 Vgl. 2010 Federal Sentencing Guidelines Manual, abrufbar unter: http://www.ussc.gov/Guidelines/2010_guidelines/Manual_HTML/2b1_1.htm; *Hoar*, 80 Or. L. Rev. 2001, 1423, 1430 f.; *Borges/Schwenk/Stuckenberg/Wegener*, S. 339; eine Übersicht über die *Levels* und die korrespondierenden Freiheitsstrafen findet sich bei *Dubber*, S. 26;

337 So muss der Betrug zu einem Schaden von 30.000 USD führen, um dem *Level* eines einfachen Identitätsdiebstahls (*Level 12*) zu entsprechen, vgl. *Hoar*, 80 Or. L. Rev. 2001, 1423, 1431.

338 *Hoar*, 80 Or. L. Rev. 2001, 1423, 1431; *Borges/Schwenk/Stuckenberg/Wegener*, S. 339.

339 18 U.S.C. § 1028 (f): „Attempt and Conspiracy. – Any person who attempts or conspires to commit any offense under this section shall be subject to the same penalties as those prescribed for the offense, the commission of which was the object of the attempt or conspiracy".

340 Identity Theft Enforcement and Restitution Act of 2008.

341 18 U.S.C. § 3663(b)(6): „pay an amount equal to the value of the time reasonably spent by the victim in an attempt to remediate the intended or actual harm incurred by the victim from the offense"; *The President's Identity Theft Task Force (2008)*, S. 27; *Winn/Govern*, 28 Temple Journal of Sci., Tech & Envtl. Law 49 2009, 60 f.

342 *Borges/Schwenk/Stuckenberg/Wegener*, S. 338.

343 Vgl. Penal Code California Sec. 484–502.9(a).

18 U.S.C. § 1028(a)(7) betrifft keine Fälle, in denen der Täter fiktive Identitätsdaten überträgt, besitzt oder verwendet. In diesen Fällen greifen die normalen Betrugstatbestände. Im Gegensatz zu den deutschen Definitionen enthalten die Tatbestände zudem mit dem Tatbestandsmerkmal der Absicht, eine Straftat zu begehen, eine überschießende Innentendenz. Hierdurch wird der Anwendungsbereich der Norm eingeengt, da nicht jedes beliebige Sammeln und Verwenden von Daten für die Erfüllung des Tatbestandes ausreicht.

Daneben verfügen mittlerweile alle 50 Bundesstaaten über eigene Straftatbestände für identity theft.[344] Jede der bundesstaatlichen Regelungen ist dabei unterschiedlich, sowohl im Hinblick auf ihren Tatbestand als auch im Hinblick darauf, ob die Tat als Vergehen (*misdemeanour*) oder Verbrechen (*felony*) bestraft wird.[345] Weitere Unterschiede bestehen im Hinblick auf Strafmaß, Verjährung und die Möglichkeit für das Opfer, Register und Datenbanken säubern zu lassen.[346] Diese Straftatbestände sind besonders wichtig, da die Strafverfolgung in diesem Bereich häufig auf bundesstaatlicher Ebene stattfindet.[347] Anders als im U.S.C. erfassen die bundesstaatlichen Regelungen neben der Übertragung, dem Besitz und der Nutzung ferner die Beschaffung von Identitätsdaten (*obtain*).[348] Die einzelnen Tatbestände enthalten darüber hinaus unterschiedliche Definitionen dazu, welche Daten als Identitätsdaten anzusehen sind.[349]

Die amerikanischen Definitionen sind sehr weit gefasst. Die *President's Identity Theft Task Force* definiert den Begriff wie 15 U.S.C. § 1681(q)(3) als den Missbrauch von Identitätsdaten zur Betrugsbegehung.[350] Nach der Task Force lässt sich die

344 *CIPPIC*, Working Paper 3, S. 13; eine detaillierte Beschreibung der Straftatbestände in den Staaten Arizona, Kalifornien, New York findet sich bei *Pastrikos*, 67 Alb. L. Rev. 2003–2004, 1137; für eine Übersicht über die einzelnen Paragraphen (Stand 2004) siehe *Towle*, Rutgers Computer and Technology Law Journal 2004, 237–325; eine aktuelle Übersicht findet sich unter: http://www.ftc.gov/bcp/edu/microsites/idtheft/reference-desk/state-criminal-law.html.

345 *Newman/McNally*, S. 64; *White/Fisher*, Criminal Justice Policy Review 2008, 3, 6; zu den Begriffen *misdemeanor* und *felony* siehe *Dubber*, S. 5 f.

346 *White/Fisher*, Criminal Justice Policy Review 2008, 3, 6 f.

347 *CIPPIC*, Working Paper 3, S. 13.

348 Vgl. z.B. California Penal Code, Section 530.50: „Every person who willfully obtains personal information [...] of another person without the authorization of that person, and uses that information for any unlawful purpose, including [...]“; Texas Penal Code, Section 32.51(b): „A person commits an offense if the person, with the intent to harm or defraud another, obtains, possesses, transfers, or uses an item of: (1) identifying information of another person without the other person's consent“; *Davis*, 33 McGeorge L. Rev. 2001, 231, 233 f.

349 Vgl. hierzu oben, B.III.2.

350 *The President's Identity Theft Task Force (2007)*, S. 2: „Although identity theft is defined in many different ways, it is, fundamentally, the misuse of another individual's personal information to commit fraud“.

Tathandlung eines identity theft in drei Abschnitte aufspalten: die Erlangung von Identitätsdaten, den Versuch der Verwendung oder den Weiterverkauf der Daten und die Vollendung der Tat, wenn der Täter den angestrebten Vorteil erhalten hat.[351] Da Identitätsdiebstahl nach dieser Definition mehrere selbstständige Handlungen umfasst, wird es als ein „all-encompassing or overarching megacrime" angesehen.[352]

In der US-amerikanischen Literatur wird überwiegend die Ansicht vertreten, dass identity theft die Beschaffung und Verwendung der Identitätsdaten voraussetzt.[353] So ist *Finklea* im Hinblick auf die amerikanischen Strafgesetze der Auffassung, dass der Identitätsbetrug (*identity fraud*) jede Betrugshandlung unter Verwendung von fremden, fiktiven oder realen Identitätsdaten ist, während identity theft nur bei Daten von tatsächlich existierenden Personen gegeben sei.[354] In Abgrenzung zum Kreditkartenbetrug wird angeführt, dass identity theft deswegen ein schweres Delikt sei, da der Dieb die Daten auf verschiedene Art und Weise verwende, um sich als der Identitätsinhaber zu gerieren.[355] Teilweise wird die Meinung vertreten, dass zwischen dem Beschaffen der Identitätsdaten und deren Verwendung zu trennen sei, da es sich um zwei unterschiedliche Delikte handele, bei denen die Beschaffung die Verwendung teilweise erst ermögliche.[356] Vielfach wird zudem konstatiert, dass die Definition des Identitätsdiebstahls in 18 U.S.C. § 1028(a)(7) zu weit gefasst sei.[357]

b) Kanada

In Kanada ist die Anzahl der Straftaten, bei denen der Täter fremde Identitätsdaten verwendet, in den vergangenen Jahren stetig angestiegen. Zuweilen wurde Identitätsdiebstahl in der kanadischen Literatur als am schnellsten wachsendes Delikt bezeichnet.[358] Schätzungen der Regierung zufolge hat Identitätsdiebstahl

---

351 *The President's Identity Theft Task Force (2007)*, S. 2 ff.

352 *Collins*, S. 8.

353 *Saunders/Zucker*, 8 Cornell Journal of Law and Public Policy 1999, 661: „Identity theft is the illicit use of another individual's identifying facts to perpetrate an economic fraud"; *Solove*, 54 Hastings L.J. 2002–2003, 1227, 1243: „Identity theft or identity fraud generally involves 'stealing' another person's personal identifying information [...] and then using that information to fraudulently establish credit, run up debt, or take over existing financial accounts"; *Koops/Leenes*, DuD 2006, 556: „Identity theft is fraud or another unlawful activity where the identity of an existing person is used as a target or principal tool without that person's consent".

354 *Finklea*, S. 3; ebenso *Koops/Leenes*, DuD 2006, 553, 556; *Hoofnagle*, Harvard Journal of Law and Technology, 2007, 98, 100; *Collins*, Journal of Forensic Accounting 2003, 303.

355 *Solove*, 54 Hastings L.J. 2002–2003, 1227, 1243.

356 *Collins*, S. 13: „The theft and the crime are two different offences, each with its own structure of penalties and fines".

357 *Van der Meulen*, S. 2; *Stephan/Pennington/Krishnamurth/Reidy*, 13 Tex. Rev. L. & Pol. 2008–2009, 401.

358 *Zaidi*, 19 Loy. Consumer L. Rev. 2006–2007, 99.

im Zeitraum von 2002 bis 2003 zu einem Schaden von ungefähr 2,5 Milliarden CAD geführt.[359] Im Jahr 2006 wurde der Gesamtschaden auf bis zu 15 Milliarden CAD geschätzt.[360] Diese Umstände waren Auslöser dafür, dass sich das kanadische Parlament dazu entschloss, einen eigenen Identitätsdiebstahlstatbestand zu schaffen.

Ein Problem war, dass der kanadische Diebstahlstatbestand – wie im deutschen Recht – nur die Wegnahme körperlicher Gegenstände abdeckte und nicht das Sich-Verschaffen von Identitätsdaten.[361] Daneben existieren zahlreiche andere Straftatbestände, die den Identitätsdiebstahl teilweise abdecken, wie (Computer-) Betrug und Urkunden- sowie Ausweisfälschung.[362] Ferner bestehen Straftatbestände, die den §§ 202–206 StGB entsprechen.[363] Die Rechtslage war mithin vergleichbar mit der aktuellen Rechtslage in Deutschland.[364] Zudem kannte das kanadische Strafrecht schon die „vorsätzliche Nachahmung einer anderen Person" (*personation with intent*).[365] Die genannten Tatbestände im kanadischen Recht betrafen jedoch nur die Verwendung fremder Identitätsdaten. Die Beschaffung der Daten wurde nicht bestraft,[366] mit Ausnahme von Kreditkartendaten und Computerpasswörtern.[367] Aus diesem Grund wurde von Politik und Wirtschaftsverbänden die Einführung eines neuen Straftatbestandes speziell für Identitätsdiebstahl gefordert.[368]

Nachdem bereits im Jahr 2007 ein erstes Gesetzesvorhaben in das Parlament eingebracht worden war (Bill C-27), wurde im Jahr 2009 die Bill S-4 verabschiedet.[369] Die

---

359 *US Dept. of Justice*, Identity-related Crime, S. 3.

360 House of Commons Debates (Hansard), 2nd Session, 40th Parliament, Volume 144, Issue 76, 16.06.2009, S. 4685.

361 *CIPPIC*, Working Paper 3A, S. 1; dies., Working Paper 3, S. 2 f.: „fraud (s.380), forgery (s.366), uttering a forged document (s.368), theft, forgery etc. of a credit/ debit card (s. 342), unauthorized use of a computer (s. 342.1), personation (s. 403), forgery of or uttering a forged passport (s. 57), theft (s. 322), possession of property obtained by crime (s. 354) and conspiracy to commit an indictable offence (s. 465(1)(c))".

362 *CIPPIC*, Working Paper 3A, S. 1 ff.

363 *CIPPIC*, Working Paper 3A, S. 2.

364 Siehe hierzu unten, D.

365 Sec. 403 Criminal Code: „Every one who fraudulently personates any person, living or dead, (a) with intent to gain advantage for himself or another person, (b) with intent to obtain any property or an interest in any property, or (c) with intent to cause disadvantage to the person whom he personates or another person, is guilty of an indictable offence and liable to imprisonment for a term not exceeding ten years or an offence punishable on summary conviction".

366 *CIPPIC*, Working Paper 3, S. 3.

367 *Borges/Schwenk/Stuckenberg/Wegener*, S. 341.

368 *Holmes/Valiquet*, S. 13; *Zaidi*, 19 Loy. Consumer L. Rev. 2006–2007, 99, 144.

369 House of Commons Debates, Vol. 144, No. 096, October 20, 2009, S. 5902; die im Wesentlichen identische Bill C-27 war durch die Auflösung des Parlaments am 7. September 2008 verfallen, vgl. *Nancy/Holmes*, Fn. 1.

neuen Regelungen in Sec. 402.1–403 des kanadischen Strafgesetzbuches (*Criminal Code*) traten unter der Überschrift „Identity Theft and Identity Fraud" am 8. Januar 2010 in Kraft. In systematischer Hinsicht wurden Identitätsdiebstahl und Identitätsbetrug den Betrugstaten zugeordnet.[370]

Gemäß Sec. 402.2(1) Criminal Code macht sich wegen Identitätsdiebstahl strafbar, wer wissentlich die Identitätsdaten (*identity information*) einer anderen Person unter Umständen, die berechtigte Annahme begründet *(giving rise to a reasonable interference*), dass die Daten dazu verwendet werden sollen, eine strafbare Handlung zu begehen, beschafft oder besitzt und dadurch, welche Betrug, arglistige Täuschung oder Lüge als Teil der Tat beinhaltet.[371] Keine Voraussetzung ist, dass der Täter des Identitätsdiebstahls zugleich Täter der Nachtat ist. Identity information wird gesetzlich in Sec. 402.1 Criminal Code für die in Sec. 402 Criminal Code enthaltenen Identitätsdelikte definiert und umfasst eine Vielzahl unterschiedlicher Identitätsdaten, die allein oder zusammen mit anderen dazu geeignet sind, eine Person zu identifizieren.[372] Das vom kanadischen Justizministerium herausgegebene legal summary zur Bill S-4 stellt insofern klar, dass gewisse Identitätsdaten (z. B. der Name) nur in Kombination mit anderen Daten eine Identifizierung ermöglichen, während andere Identitätsdaten (z.B. SSN, Fingerabdruck oder DNA) einzigartig sind.[373] Zur Erfüllung des Tatbestandsmerkmals sind daher die jeweiligen Identitätsdaten zu betrachten und zu bewerten.

In Sec. 402.2(2) Criminal Code wird der Verkauf oder die Zurverfügungstellung von Identitätsdaten (*trafficking in identity information*) bestraft, wenn der Verkäufer wusste oder hätte wissen müssen, dass die Daten zur Begehung einer der in Sec. 402.2(3) Criminal Code aufgelisteten Straftaten verwendet werden.[374] Diese umfassen größtenteils Betrugsdelikte.

Sowohl der Identitätsdiebstahl als auch der Handel mit Identitätsdaten können mit Freiheitsstrafe von bis zu fünf Jahren bestraft werden.[375] Alternativ kann eine

---

370 Criminal Code Part X Fraudulent Transactions Relating to Contracts and Trade.

371 Section 402.2(1) Criminal Code: „Everyone commits an offence who knowingly obtains or possesses another person's identity information in circumstances giving rise to a reasonable inference that the information is intended to be used to commit an indictable offence that includes fraud, deceit or falsehood as an element of the offence".

372 Vgl. zur kanadischen Regelung oben, Fn. 173.

373 *Holmes/Valiquet*, S. 8 f.

374 Section 402.2(1) Criminal Code: „Everyone commits an offence who transmits, makes available, distributes, sells or offers for sale another person's identity information, or has it in their possession for any of those purposes, knowing that or being reckless as to whether the information will be used to commit an indictable offence that includes fraud, deceit or falsehood as an element of the offence".

375 Sec. 402.2(5) Criminal Code.

„summary conviction" verhängt werden, welche nur für Fälle mit einer Höchststrafe von 6 Monaten Freiheitsentzug vorgesehen ist.[376]

Der kanadische Identitätsdiebstahlstatbestand in Sec. 402.2(1) Criminal Code enthält im subjektiven Tatbestand keine überschießende Innentendenz nach dem deutschen Verständnis. Eine überschießende Innentendenz ist eine Absicht auf einen Erfolg, die keinen Bezugspunkt im objektiven Tatbestand hat.[377] Es handelt sich um ein „generell tatbezogenes Merkmal".[378] Sec. 402.2(1) Criminal Code objektiviert eine spätere Betrugsbegehungsabsicht und fordert Umstände, die eine berechtigte Annahme begründen (*giving rise to a reasonable interference*), dass die Daten zu einer Betrugsstraftat verwendet werden sollen. Im deutschen Strafrecht finden sich derartige Formulierungen nicht. Die Bewertung von Umständen im Hinblick auf die Elemente des subjektiven Tatbestandes ist jedoch eine der zentralen Aufgaben des Tatrichters. Denn für die zur Urteilsfindung notwendige richterliche Überzeugung bedarf es der persönlichen Gewissheit des Richters anhand objektiver Grundlagen.[379] Im Hinblick auf die überschießende Innentendenz gilt dabei dasselbe wie bei der Feststellung des Vorsatzes:[380] Das äußere Erscheinungsbild der Tat schafft die Indizien für den subjektiven Tatbestand.[381] Damit entspricht im Ergebnis die „berechtigte Annahme" des Sec. 402.2(1) Criminal Code einer überschießenden Innentendenz im deutschen Recht.

Zusammen mit dem neuen Straftatbestand des Identitätsdiebstahls wurde der Identitätsbetrug (*identity fraud*) als Sec. 403 anstelle der früheren „vorsätzlichen Nachahmung" (*personation with intent*) neu eingefügt.[382]

c) Frankreich

Frankreich hat als bislang einziges europäisches Land einen eigenen Straftatbestand des Identitätsdiebstahls eingeführt.[383]

376 Sec. 787(1) Criminal Code.

377 *Roxin*, Bd. I, § 10 Rn. 84; *von Heintschel-Heinegg*, in: BeckOK StGB, Lexikon des Strafrechts, Teil F Rn. 14.

378 *BGH*, Beschl. v. 14.07.2010 – 2 StR 104/10, BGHSt 55, 229 = NJW 2010, 3669 f.; *Joecks*, in: MünchKomm StGB, Bd. 1, § 28 Rn. 36.

379 *BGH*, Beschl. v. 26.09.1994 – 5 StR 453/94, StV 1995, 453.

380 *Ambos*, in: Dölling/Duttge/Rössner, § 22 Rn. 14.

381 *Roxin*, Bd. II, § 29 Rn. 88 ff.

382 Zur Definition des Identitätsmissbrauchs/-betrugs siehe unten, C.II.

383 *OECD*, Scoping Paper, S. 13 f.; zudem verfügt das Vereinigte Königreich über den „*Fraud Act 2006*", wonach sich derjenige eines Betrugs strafbar macht, der Dritten gegenüber vorspiegelt, eine andere Person zu sein, um sich zu bereichern. Damit wird vom englischen Betrugstatbestand auch das Phishing erfasst, vgl. *Savirimuthu/Savirimuthu*, SCRIPTed 2007, 436, 439.

Der Schaffung des neuen Straftatbestandes war eine lang andauernde Diskussion vorausgegangen.[384] Im Jahr 2006 hatte das französische Finanzministerium in Bezug auf einen Gesetzesvorschlag aus dem Jahr 2005[385] angegeben, dass es zwar keinen Identitätsdiebstahlstatbestand an sich gäbe, aber die unterschiedlichen Begehungsweisen des Identitätsdiebstahls hinreichend abgedeckt seien und die bestehenden Straftatbestände ausreichen würden.[386] Ebenfalls mit derselben Begründung lehnte zu dieser Zeit das französische Justizministerium die Schaffung eines neuen Straftatbestandes ab.[387]

Im Jahr 2009 hat die französische Regierung durch die damalige Innenministerin *Michèle Alliot-Marie* einen Gesetzesentwurf eingebracht, der demjenigen aus dem Jahr 2005 weitgehend entsprach.[388] Der Gesetzesentwurf bezog sich dabei allein auf den Bereich der Computerkriminalität (*Lutte contre la cybercriminalité*). Nach dem neu zu schaffenden Art. 222-16-1 Code pénal wird mit Freiheitsstrafe von bis zu einem Jahr und Geldstrafe von 15.000 EUR bestraft, wer wiederholt im Rahmen elektronischer Kommunikation die Identität eines Dritten oder dessen Identitätsdaten gebraucht, um diesen oder eine andere Person zu stören.[389] Ebenso sollte nach dem Entwurf bestraft werden, wer über ein elektronisches Kommunikationsnetz die Identität oder Identitätsdaten eines Dritten verwendet, um dessen Ehre oder Ansehen zu verletzen.[390] Unklar ist nach dem Gesetzeswortlaut, ob insoweit ebenfalls eine wiederholte Verwendung notwendig ist.[391]

---

384 Für einen Überblick über die Entstehungsgeschichte und frühere Vorhaben siehe *Borges/Schwenk/Stuckenberg/Wegener*, S. 349.

385 Proposition de loi tendant à la pénalisation de l'usurpation d'identité numérique sur les réseaux informatiques, présentée par M. Michel Dreyfus-Schmidt, N° 452 v. 04.06.2005; abrufbar unter: http://www.senat.fr/leg/ppl04-452.html.

386 *Owen/Keats/Gill*, S. 17: „A law on identity theft by itself does not exist but it exists in many different ways – the law is enough".

387 *Borges/Schwenk/Stuckenberg/Wegener*, S. 349.

388 Project de d'orientation et de programmation pour la performance de la sécurité intérieure, N° 1697 v. 27.05.2009, abrufbar unter: http://www.assemblee-nationale.fr/13/projets/pl1697.asp; vgl. auch *Borges/Schwenk/Stuckenberg/Wegener*, S. 349 f.

389 Eigene Übersetzung; eine etwas abweichende Übersetzung findet sich bei *Borges/Schwenk/Stuckenberg/Wegener*, S. 350: „wer wiederholt die elektronische Identität oder personenbezogenen Daten eines anderen gebraucht in einer Weise, die diese Person stört oder belästigt"; Original: „Le fait d'utiliser, de manière réitérée, sur un réseau de communication électronique l'identité d'un tiers ou des données qui lui sont personnelles, en vue de troubler la tranquillité de cette personne ou d'autrui, est puni d'un an d'emprisonnement et de 15 000 € d'amende.
Est puni de la même peine le fait d'utiliser, sur un réseau de communication électronique, l'identité d'un tiers ou des données qui lui sont personnelles, en vue de porter atteinte à son honneur ou à sa considération".

390 Vgl. auch die Übersetzung bei *Borges/Schwenk/Stuckenberg/Wegener*, S. 350.

391 Für eine einmalige Verwendung: *Borges/Schwenk/Stuckenberg/Wegener*, S. 350.

Nach den ersten Lesungen in der Nationalversammlung und im Senat legte der Rechtsausschuss des Senats (*Commission des lois*) folgende Änderungsvorschläge vor:[392] Die Nutzung fremder personenbezogener Daten (*faire usage*) sollte durch die widerrechtliche Aneignung (*usurper*) ersetzt werden.[393] Zugleich sollte ein zweiter Absatz eingefügt werden, der klarstellt, dass die Aneignung von Identitätsdaten in öffentlichen Onlinekommunikationsnetzen ebenfalls strafbar ist. Ferner sollte der Anwendungsbereich auf sämtliche Lebensbereiche und nicht nur auf die Verwendung von Daten im Internet erweitert werden. Systematisch sollte der neue Tatbestand im zweiten Buch des Code pénal (Verbrechen und Vergehen gegen Personen[394]) im zweiten Titel (Angriffe gegen Menschen[395]) im sechsten Kapitel (Verletzungen der Persönlichkeit[396]) in Section 1 (Verletzungen der Privatsphäre[397]) und damit systematisch im Bereich der Straftaten gegen die Person und das Persönlichkeitsrecht eingefügt werden.

In der anschließenden Diskussion im Senat wurde die Schaffung eines neuen Straftatbestandes unter Verweis auf bestehende Betrugstatbestände teilweise abgelehnt.[398] Ferner wurde kritisiert, dass die Regelung zu weitgehend sei und beispielsweise harmlose Späße unter Schülern kriminalisiere und überdies die Meinungsfreiheit im Internet zu stark beschränke. Es wurde daher gefordert, den ursprünglich vorgeschlagenen Anwendungsbereich beizubehalten, um so vor allem das Phishing abzudecken.[399] Letztlich konnten sich diese Einwände jedoch nicht durchsetzen.

Durch Gesetz vom 14. März 2011[400] wurde der neue Art. 226-4-1 in das französische Strafgesetzbuch (Code pénal) eingeführt und trat einen Tag später, am 15. März 2011, in Kraft. Inhaltlich entspricht es dem Entwurf des Rechtsausschusses. In der deutschen Übersetzung lautet der neue Art. 226-4-1 Code pénal:

> „Wer sich unbefugt die Identität einer anderen Person aneignet oder einzelne oder mehrere Daten beliebiger Art, die es erlauben die Person zu identifizieren, in der Absicht gebraucht, diese oder eine andere Person zu stören oder ihre Ehre oder Achtung zu verletzen, wird mit Freiheitsstrafe von bis zu einem Jahr oder einer Geldstrafe von bis zu 15.000 € bestraft.

392 *Comission des Lois (Jean-Patrick Courtois)*, Projet de loi n° 292 (2009–2010), N° 73.
393 *J. Meyer* übersetzt „usurper“ mit „Anmaßung“, S. 40.
394 *Bauknecht/Lüdicke*, Original: „Des crimes et délits contre les personnes“.
395 *Bauknecht/Lüdicke*, Orginal: „Des atteintes à la personne humaine“.
396 *Bauknecht/Lüdicke*, Original: „Des atteintes à la personnalité“.
397 *Bauknecht/Lüdicke*, Original: „De l'atteinte à la vie privée“.
398 Sitzung des französischen Senats v. 8.09.2010 (Sen. M. Alain Anziani).
399 Sitzung des französischen Senats v. 8.09.2010 (Sen. Mme Marie-Agnès Labarre).
400 Loi n° 2011–267 du 14 mars 2011 d'orientation et de programmation pour la performance de la sécurité intérieure.

Ebenso wird bestraft, wer die Tat in einem öffentlichen Kommunikationsnetzwerk im Internet begeht."[401]

Frankreich hat damit einen Straftatbestand geschaffen, der vor allem dem Schutz der Persönlichkeit dient. Dies ergibt sich aus dem Verweis auf die Ehre und Achtung der Person sowie auf die Darstellung der Person im Internet und in sozialen Netzwerken. Unklar bleibt jedoch, ob Art. 226-4-1 Code pénal auch das reine Verschaffen der Identitätsdaten für ein späteres missbräuchliches Verhalten erfasst. Die Tathandlung „usurper l'identité d'un tiers" lässt sich am besten mit der (unbefugten) Aneignung der Identität eines Dritten übersetzten. Im Deutschen meint das Fremdwort der Usurpation, etwas widerrechtlich an sich zu reißen. Im deutschen Zivilrecht existiert im Zusammenhang mit § 1004 BGB eine von *Picker* entwickelte Usurpationstheorie, welche den widerrechtlichen Rechtsentzug betrifft.[402] Wie die Annahme der fremden Identität geschehen soll, erklärt das französische Gesetz nicht. Nach dem Wortlaut scheint die Norm daher eher auf den unbefugten Gebrauch als die Verschaffung der Daten abzustellen.

Art. 226-4-1 Code pénal bezieht sich – anders als das US-amerikanische oder kanadische Strafrecht – nicht auf finanzielle Schäden.[403] Die „gesellschaftliche Ruhestörung" (*troubler sa tranquillité*) könnte jedoch die Abwehr unberechtigter Forderungen aufgrund von Identitätsmissbrauch mitumfassen. Schätzungen zufolge ist bei einem umfassenden und fortdauernden Identitätsmissbrauch von einem Aufwand von rund 400 Arbeitsstunden auszugehen, um sich gegen vermeintliche Forderung zur Wehr zu setzen.[404] Unklar ist überdies, auf wen sich die Absicht bezieht. Begeht ein Täter den Identitätsdiebstahl, damit ein Dritter ehrverletzende Handlungen vornehmen kann, so scheint der Tatbestand ihn nicht zu erfassen. Die Absicht, die Daten in der Kenntnis weiterzugeben oder zu verkaufen, dass ein Dritter mit diesen missbräuchlich umgeht, ist vom Wortlaut von Art. 226-4-1 Code pénal nicht gedeckt.

Bei Art. 226-4-1 Code pénal handelt es sich ferner um einen modernen Straftatbestand, der ausweislich des Absatzes 2 auch Handlungen bei sozialen Netzwerken im Internet, wie z. B. Facebook, abdecken soll. Das gesamte Gesetzesvorhaben betraf die Bekämpfung der Internetkriminalität. Jedenfalls mit einem deutschen Rechtsverständnis ließen sich solche Handlungen jedoch bereits unter den Absatz 1 subsumieren, sodass der Absatz 2 primär eine deskriptive Funktion zu haben scheint.

---

401 Eigene Übersetzung, Original: „Le fait d'usurper l'identité d'un tiers ou de faire usage d'une ou plusieurs données de toute nature permettant de l'identifier en vue de troubler sa tranquillité ou celle d'autrui, ou à son honneur ou à sa considération, est puni d'un an d'emprisonnement et de 15 000 € d'amende.
Cette infraction est punie des mêmes peines lorsqu'elle est commise sur un réseau de communication au public en ligne".

402 *Baldus*, in: MünchKomm BGB, Bd. 6, § 1004 Rn. 78 ff.

403 *Borges/Schwenk/Stuckenberg/Wegener*, S. 350.

404 *Tina Groll*, Die Zeit v. 8.01.2011, „Meine Identität gehört mir!" (Fn. 3).

d) *England*

Das Vereinigte Königreich ist mit steigender Tendenz das Land mit den meisten identitätsbezogenen Straftaten in der Europäischen Union.[405]

Das englische Recht[406] verfügt über keinen eigenen Straftatbestand des Identitätsdiebstahls.[407] Wie im deutschen Recht existieren Betrugs- und Diebstahlstraftatbestände.[408] Der Fraud Act 2006, mit welchem erstmals ein einheitlicher Betrugstatbestand geschaffen wurde,[409] trat erst im Jahr 2007 in Kraft.[410] Davor waren einzelne Begehungsweisen des Betrugs in unterschiedlichen Gesetzen verstreut oder im Common Law anerkannt.[411] Die Verwendung fremder Identitätsdaten zum eigenen Vermögensvorteil oder zum -nachteil eines Dritten wird vom Fraud Act 2006 weitgehend abgedeckt. Nicht erfasst ist hingegen die Beschaffung fremder Identitätsdaten.

Ähnlichen dem Bundesdatenschutzgesetz enthält der englische Data Protection Act 1998, welcher der Umsetzung der EU-Datenschutzrichtlinie (RL 95/46/EG) dient, eine Strafvorschrift. Nach Sec. 55 Data Protection Act 1998 (*unlawful obtaining etc. of personal data*) macht sich strafbar, wer ohne das Einverständnis des „data controller" personenbezogene Daten erlangt, weitergibt oder verkauft.[412] Strafbar ist zudem bereits das Anbieten von personenbezogenen Daten zum Verkauf, wenn die Daten illegal erlangt wurden.[413] Personenbezogene Daten im englischen Recht meint Daten, die sich auf eine lebende Person beziehen, die identifizierbar ist.[414] Data

405 *Fraud Prevention Expert Group*, S. 2, 8; im Jahr 2012 wurde der Verlust durch Identitätsbetrug auf landesweit 1,2 Milliarden GBP geschätzt, *UK Home Office*, Annual Fraud Indicator 2012, S. 10; *EU Komm.*, Eurobarometer 390, S. 48.

406 Das Vereinigte Königreich von Großbritannien und Nordirland (UK) besteht aus den vier Teilstaaten England, Wales, Schottland und Nordirland. Jeder Teilstaat verfügt über sein eigenes Strafrecht, vgl. *Sieber/Brüner/Satzger/von Heintschel-Heinegg*, in: Sieber/Brüner/Satzger/von Heintschel-Heinegg, Einf. Rn. 93; im Rahmen dieses Abschnittes soll nur das englische Strafrecht betrachtet werden.

407 *Borges/Schwenk/Stuckenberg/Wegener*, S. 347.

408 Vgl. Theft Act 1968, Fraud Act 2006; siehe auch *Ashworth*, S. 376 ff.

409 *Borges/Schwenk/Stuckenberg/Wegener*, S. 347.

410 The Fraud Act 2006 (Commencement) Order 2006.

411 *Ashworth*, S. 417 f.

412 Sec. 55 (1), (4) Data Protection Act 1998: „(1) A person must not knowingly or recklessly, without the consent of the data controller (a)obtain or disclose personal data or the information contained in personal data, or (b)procure the disclosure to another person of the information contained in personal data. [...] (4) A person who sells personal data is guilty of an offence if he has obtained the data in contravention of subsection (1)0".

413 Sec. 55 (5)(a) Data Protection Act 1998: „A person who offers to sell personal data is guilty of an offence if (a) he has obtained the data in contravention of subsection".

414 Sec. 1 (1) Data Protection Act 1998: „'personal data' means data which relate to a living individual who can be identified".

controller entspricht der verantwortlichen Stelle im Sinne von § 3 Abs. 7 BDSG und ist eine Person oder eine Personenmehrheit, die darüber entscheidet, wie personenbezogene Daten verarbeitet werden.[415] Im Ergebnis umfasst Sec. 55 Data Protection Act 1998 damit Begehungsweisen wie Hacking, Einsatz von Schadsoftware oder den Diebstahl körperlich fixierter Daten.[416]

Anders als nach den deutschen Strafnormen im Bundesdatenschutzgesetz (§ 44 BDSG i. V. m. § 43 BDSG) muss die Tat nicht notwendigerweise gegen Entgelt oder in der Absicht begangen worden sein, sich oder einen anderen zu bereichern oder einen anderen zu schädigen. Im Ergebnis fristet Sec. 55 Data Protection Act 1998 jedoch ein ähnliches Nischendasein wie §§ 44, 43 BDSG.[417]

e) Europäische Union

Identitätsdiebstahl ist ein Phänomen, welches alle Bürger in den Mitgliedsstaaten der Europäischen Union (EU) betrifft. In einer Umfrage der Europäischen Kommission gaben 8 % der Internetnutzer an, bereits Opfer eines Identitätsdiebstahls gewesen zu sein.[418] Zudem sind 61 % der europäischen Internetnutzer besorgt, Opfer eines Identitätsdiebstahls zu werden.[419] Identitätsdiebstahl wurde für die deutsche Umfrage beschrieben als „jemand stiehlt Ihre persönlichen Daten und gibt sich als Sie aus, z. B. beim Einkaufen unter Ihrem Namen".[420]

Die europäischen Institutionen verwenden zwar den Begriff Identitätsdiebstahl (*identity theft, vol d'identité*) in Mitteilungen, Ausschreibungen und Presseerklärungen, eine einheitliche Definition des Identitätsdiebstahls auf EU-Ebene existiert jedoch nicht.[421] In europäischen Richtlinien oder Verordnungen findet der Begriff bislang keine Verwendung. Die EU-Institutionen beschäftigen sich seit dem Jahr 2003 mit dem Thema Identitätsdiebstahl und Identitätsmissbrauch.[422] Bei näherer Untersuchung der Veröffentlichungen zeigen sich unterschiedliche Definitionsansätze.

Im Jahr 2003 veröffentlichte die Gemeinsame Forschungsstelle der Europäischen Kommission (*Joint Research Centre, JRC*) eine Studie zu Sicherheit und Privatsphäre

---

415 Sec. 1 (1) Data Protection Act 1998: „'data controller' means, subject to subsection (4), a person who (either alone or jointly or in common with other persons) determines the purposes for which and the manner in which any personal data are, or are to be, processed".

416 *CIPPIC*, Working Paper 2, S. 4.

417 Siehe hierzu unten, D.VI.7.

418 *EU Komm.*, Eurobarometer 390, S. 5, 48.

419 *EU Komm.*, Eurobarometer 390, S. 49.

420 *EU Komm.*, Eurobarometer 390 Fact Sheet Deutschland, S. 4.

421 *EU-Rat*, Pressemitteilung 3.12.2010, S. 3.

422 Für einen Überblick siehe auch *Muñoz de Morales Romero*, Cahiers de Défense Sociale 2009–2010, 51, 52.

von Personen nach den Anschlägen vom 11. September 2001 auf das World Trade Center in New York.[423] In der Studie wird der Begriff „identity theft" erstmals in einer Veröffentlichung der EU definiert als der Diebstahl von Identitätsdaten eines Dritten, um sich zum eigenen Vorteil als dieser auszugeben.[424] Danach soll anscheinend nur der Akt der Beschaffung der Identitätsdaten unter die Definition fallen.

Ganz anders definiert die Europäische Kommission den Identitätsdiebstahl in einer Mitteilung aus dem Jahr 2004 als „den Missbrauch personenbezogener Daten einer anderen Person ohne deren Zustimmung, der normalerweise in der missbräuchlichen Nutzung der Bank- und sonstigen Zahlungskonten des Opfers besteht."[425] Anders als in der Studie des *JRC* bezieht sich diese Beschreibung allein auf die Verwendung der Identitätsdaten. In der Mitteilung wird die Bekämpfung von Identitätsdiebstahl ferner als Ziel vorgegeben. Hierfür wurde von der Kommission eine unabhängige *Fraud Prevention Expert Group* eingerichtet.[426]

Im Jahr 2006 hat sich die EU mit dem Problem des Identitätsdiebstahls im Rahmen einer „Konferenz über Identitätsdiebstahl und Zahlungsbetrug" befasst.[427] Identitätsdiebstahl war ferner Thema eines von der Kommission organisierten Expertentreffens zur Cyberkriminalität.[428] Hieran anschließend stellt die *Fraud Prevention Expert Group* 2007 eine Studie zum Identitätsdiebstahl und Identitätsbetrug vor.[429] Diese Studie skizziert die seinerzeit international verwendeten, unterschiedlichen Definitionen, auf eine eigene Definition wurde seitens der Expertengruppe jedoch verzichtet. In der Studie wird stattdessen der Begriff „identity theft/fraud" verwendet.[430]

In einer späteren Mitteilung aus dem Jahr 2007 wird Identitätsdiebstahl wiederum als „der Diebstahl und die Verwendung von personenbezogenen Daten (Beispiel: Kreditkartennummer) zur Begehung einer anderen Straftat"[431] verstanden. Dies entspricht der ersten Definition des *JRC* aus dem Jahr 2003. Außerdem werden sowohl Identitäten von natürlichen als auch solche von juristischen Personen erfasst.

---

423 *JRC*, Security and Privacy for the Citizen in the Post-September 11 Digital Age: A Prospective Overview.

424 *JRC*, S. 31: „Identity theft refers to the act of stealing someone's identity information in order to misrepresent him or her, for the thief's benefit".

425 KOM (2004) 679 endg., S. 4 Fn. 6.

426 KOM (2004) 679 endg., S. 9.

427 *EU Komm.*, Pressemitteilung v. 21.11.2006, Kriminalitätsverhütung: Kommission organisiert hochrangige Konferenz über Identitätsdiebstahl und Zahlungsbetrug, IP/06/1594.

428 *EU Komm.*, Pressemitteilung v. 16.11.2007, Europäische Kommission startet weitgreifende Reflexion über grenzübergreifende operative Zusammenarbeit gegen Internetkriminalität, IP/07/1706.

429 *Fraud Prevention Expert Group*, Report on Identity Theft/Fraud.

430 *Fraud Prevention Expert Group*, S. 8.

431 KOM (2007) 267 endg., S. 9.

In der EU existiert derzeit ein Vorhaben, Identitätsdiebstahl in allen Mitgliedsstaaten unter Strafe zu stellen.[432] Mit Art. 83 des Vertrages über die Arbeitsweise der Europäischen Union (AEUV) wurden der EU nun erstmals originäre Strafrechtskompetenzen übertragen.[433] Gemäß Art. 83 Abs. 1 AEUV, welcher am 1. September 2009 den EG-Vertrag abgelöst hat, können das Europäische Parlament und der Rat gemäß dem ordentlichen Gesetzgebungsverfahren durch Richtlinien Mindestvorschriften zur Festlegung von Straftaten und Strafen in Bereichen besonders schwerer Kriminalität festlegen, die aufgrund der Art oder der Auswirkungen der Straftaten oder wegen einer besonderen Notwendigkeit, sie auf einer gemeinsamen Grundlage zu bekämpfen, eine grenzüberschreitende Dimension haben. Mindestvorschriften meint, dass keine „abschließende Regelung“[434] geschaffen werden darf, sondern die einzelnen Mitgliedsstaaten darüber hinausgehende Regelungen treffen dürfen. Zu den Bereichen besonders schwerer Kriminalität gehören ausweislich Art. 83 Abs. 1 Unterabs. 2 AEUV die Computerkriminalität und die Internetkriminalität. Die Internetkriminalität erfasst nach Ansicht der Europäischen Kommission wohl ferner den Identitätsdiebstahl, da „Tatort“ zumeist das Internet ist. Eine grenzüberschreitende Dimension im Sinne von Art. 83 Abs. 1 AEUV soll vorliegen, wenn Taten „gemäß ihrer Definition oder Natur oder auch nur nach ihrem typischen modus operandi grenzüberschreitend begangen werden“.[435]

In der Mitteilung zur Umsetzung des Stockholmer Programms[436] aus dem Jahr 2010 hat die Europäische Kommission zudem eine „europäische Strategie zu Identitätsmanagement einschließlich Legislativvorschläge zur Strafbarkeit von Identitätsdiebstahl“ angekündigt.[437] Die Umsetzung sollte ursprünglich im Dezember 2012 erfolgen, wozu es jedoch nicht kam. Zur Vorbereitung der Gesetzesinitiative führte die Europäische Kommission eine Studie zur Folgenabschätzung (*Impact Assessment*) für eine mögliche neue Regelung zu Identitätsdiebstahl auf EU-Ebene durch, deren Ergebnisse bislang noch nicht veröffentlicht wurden.[438] Hintergrund der Initiative ist laut Europäischer Kommission, dass es bislang an einer einheitlichen EU-weiten Definition des Identitätsdiebstahls fehlt. Zudem werde Identitätsdiebstahl zu selten aufgeklärt und bestraft. Die Kommission erwägt daher, diesen Umstand zu ändern und einzugreifen, bevor schwerwiegende Straftaten mit den erlangten Identitätsdaten begangen werden.[439]

---

432 *EU Komm.*, Roadmap.

433 *Rosenau/Peters*, in: Vedder/Heintschel von Heinegg, Art. 83 Rn. 7.

434 *Suhr*, in: Calliess/Ruffert, Art. 83 Rn. 8.

435 *Vogel*, in: Grabitz/Hilf/Nettesheim, Art. 83 Rn. 42; ähnlich *Rosenau/Peters*, in: Vedder/Heintschel von Heinegg, Art. 83 Rn. 11.

436 Das Stockholmer Programm – ein offenes und sicheres Europa im Dienste und zum Schutz der Bürger (2010/C 115/01), ABl. Nr. C 115, S. 1.

437 KOM (2010) 171 endg., S. 40.

438 *EU Komm.*, Roadmap.

439 *EU Komm.*, Roadmap.

Am 4. Juli 2013 hat das Europäische Parlament die von der Europäischen Kommission vorgeschlagene Richtlinie zur Abänderung des derzeitigen Rahmenbeschlusses des Europäischen Rates über Angriffe auf Informationssysteme[440] angenommen. Eine wesentliche Änderung im Hinblick auf den Identitätsdiebstahl enthält Art. 9 Nr. 5 RL-Entwurf. Danach müssen die Mitgliedsstaaten die erforderlichen Maßnahmen treffen, um sicherzustellen, dass der Missbrauch der personenbezogenen Daten einer anderen Person mit dem Ziel, das Vertrauen eines Dritten zu gewinnen, wodurch dem rechtmäßigen Identitätseigentümer ein Schaden zugefügt wird, im Einklang mit dem nationalen Recht als erschwerender Umstand eingestuft werden kann, soweit der betreffende Umstand nicht bereits eine andere Straftat im Sinne des nationalen Rechts darstellt.

Erstaunlich ist, dass sich Art. 9 Nr. 5 RL-Entwurf nur auf Straftaten nach Art. 4 und 5 RL-Entwurf bezieht. Diese betreffen den rechtswidrigen Systemeingriff im Sinne einer schweren Behinderung oder Störung von Informationssystemen sowie den rechtswidrigen Eingriff in Daten selbst. Im deutschen Recht wurden diese Begehungsweisen bereits in den §§ 303a, 303b StGB umgesetzt. Art. 9 Nr. 5 RL-Entwurf bezieht sich indes nicht auf Art. 3 RL-Entwurf, der den unbefugten Zugriff auf Daten betrifft und im deutschen Recht § 202a StGB entspricht. Dieser ist jedoch für den Identitätsdiebstahl durch Hacking besonders relevant, da er das unbefugte Verschaffen von Zugang zu Daten, die nicht für den Täter bestimmt und gegen unberechtigten Zugang besonders gesichert sind, unter Überwindung der Zugangssicherung erfasst.[441] Ein Anwendungsfall des Identitätsdiebstahls bei Handlungen nach Art. 4, 5 RL-Entwurf bzw. §§ 303a, 303b StGB ist hingegen nur schwer vorstellbar. Der durch das Parlament geänderte Entwurf der Europäischen Kommission muss noch vom EU-Rat angenommen werden. Anschließend sind die Mitgliedsstaaten verpflichtet, die Richtlinie in nationales Recht umzusetzen.

In der durch das Europäische Parlament geänderten Fassung des Rahmenbeschlussentwurfs wurde überdies als weiterer Erwägungsgrund hinzugefügt, dass die Einführung wirksamer Maßnahmen gegen Identitätsdiebstahl und andere identitätsbezogene Straftaten eine wichtige Komponente des Vorgehens gegen die Cyberkriminalität bildet. Zudem regt das Parlament an, zu prüfen, ob es einer europaweit einheitlichen Strafvorschrift gegen Identitätsdiebstahl bedarf. Es bleibt abzuwarten, welche Schritte die Europäische Kommission unternehmen und ob sie von ihrer neuen Kompetenz aus Art. 83 AEUV Gebrauch machen wird.

f) Organisation für wirtschaftliche Zusammenarbeit und Entwicklung

Die Organisation für wirtschaftliche Zusammenarbeit und Entwicklung (OECD) hat sich in insgesamt drei Veröffentlichungen mit dem Thema Identitätsdiebstahl

440 ABl. EU Nr. L 69/67 v. 16.3.2005.
441 Siehe hierzu unten, D.I.

und Identitätsmissbrauch befasst.[442] Im Jahr 2006 erklärte sich das *Committee on Consumer Policy* (CCP) bereit, eine Studie zum Thema „Online Identity Theft" zur Unterstützung des OECD's Committee for Information, Computer, and Communications Policy durchzuführen.[443] Die Studie, welche als „Scoping Paper on Online Identity Theft" veröffentlicht wurde, diente als Grundlage für ein Ministertreffen im Jahr 2008. Nach dem OECD-Ministertreffen im Juni 2008 wurde die „OECD Policy Guidance on Online Identity Theft"[444] ausgegeben, in der Vorschläge gemacht wurden, wie sich Online-Identitätsdiebstahl auf internationaler Ebene bekämpfen ließe. Im Jahr 2009 wurde ein Buch mit dem Titel „Online Identity Theft" herausgegeben, welches auf den früheren Publikationen aufbaut und diese weiter vertieft.[445]

In den Veröffentlichungen wird die uneinheitliche Definition von Identitätsdiebstahl als eine der wesentlichen Herausforderungen benannt.[446] So würden einige OECD-Mitgliedsstaaten die Verschaffung von fremden Identitätsdaten, um diese missbräuchlich zu verwenden, als Straftat ansehen, während andere sie lediglich als Vorbereitungshandlung einordneten. Nach der OECD soll Identitätsdiebstahl vorliegen, wenn eine Person Daten einer natürlichen oder juristischen Person in der Absicht oder im Zusammenhang der Begehung eines Betrugs oder einer anderen Straftat erlangt, weitergibt, besitzt oder verwendet.[447] Die Definition ist somit sehr weitgehend, da sowohl natürliche als auch juristische Personen geschützt werden. Zudem zählt neben der Beschaffung fremder Identitätsdaten die Verwendung von Identitätsdaten zu den Tathandlungen. Die Definition bezieht sich überdies auf eine Vorbereitungshandlung, wie sich aus der überschießenden Innentendenz ergibt.

g) *Vereinte Nationen*

Im Jahr 2007 veröffentlichten die Vereinten Nationen (UN) eine Studie über Betrug und den kriminellen Missbrauch und die Fälschung von Identitäten, welche vom Büro der Vereinten Nationen für Drogen- und Verbrechensbekämpfung (*United Nations Office on Drugs and Crime*, UNODC) erstellt wurde.[448] Hierfür wurden Fragebögen an alle Mitgliedsstaaten versandt, welche bis zum Abschluss der Studie am 31. Dezember 2006 von 46 Staaten beantwortet wurden.[449]

---

442 *Borges/Schwenk/Stuckenberg/Wegener*, S. 330.
443 *OECD*, Scoping Paper, S. 3.
444 *OECD*, Policy Guidance.
445 *OECD*, Online Identity Theft.
446 *OECD*, Scoping Paper, S. 3; *OECD*, Online Identity Theft, S. 10.
447 *OECD*, Scoping Paper, S. 3, sowie *OECD*, Online Identity Theft, S. 16: „ID theft occurs when a party acquires, transfers, possesses, or uses personal information of a natural or legal person in an unauthorised manner, with the intent to commit, or in connection with, fraud or other crimes".
448 *UN*, Report Identity-related Crime; zum Hintergrund der Studie siehe *Borges/Schwenk/Stuckenberg/Wegener*, S. 326 f.
449 *UN*, Report Identity-related Crime, S. 2.

Zu Beginn der Studie hatten sich die Experten darauf geeinigt, den Begriff „identity fraud“ zu verwenden. Bei der Durchführung der Studie und der Auswertung der Fragebögen stellte sich indes heraus, dass die Begriffe „identity fraud“ und „identity theft“ nicht einheitlich verwendet wurden. Aus diesem Grund wurde später entschieden, den Oberbegriff „identity-related crime“ zu verwenden.[450]

Dennoch wird in den Veröffentlichungen der UN der Begriff des Identitätsdiebstahls definiert. Nach der Auffassung des UNODC soll Identitätsdiebstahl vorliegen, wenn Daten, die im Zusammenhang mit Identitäten stehen, vom Täter in einer Weise an sich gebracht werden, die analog Diebstahl oder Betrug ist.[451] Die Mitglieder des UNODC gehen mithin von einem mehraktigen Geschehensablauf aus. Bei der Beschaffung der Identitätsdaten soll es sich um Identitätsdiebstahl handeln, die spätere Verwendung der fremden Identitätsdaten im Rahmen einer Straftat soll als Identitätsbetrug bezeichnet werden.

Gercke hat als Mitglied der UN-Expertengruppe den Ablauf von identity-related crime in vier Phasen unterteilt: erstens die Vorbereitung, zweitens die Beschaffung, drittens die Übermittlung und viertens die mögliche Verwendung der Identitätsdaten zur Begehung weiterer Straftaten.[452] Nach der Ansicht anderer Experten kommen als weitere Handlungen die Manipulation von Identitätsdaten und -dokumenten und deren Weitergabe in Betracht. Identitätsdiebstahl soll dabei nur die Erlangung von Identitätsdaten sein, unabhängig von der Art der Erlangung (online oder offline) oder der Quelle der Daten (staatlich oder privat).[453] Bemerkenswert bei beiden Ansichten ist, dass die Beschaffung der Identitätsdaten nicht selbst zur Vorbereitungshandlung gehört, sondern einen eigenen Abschnitt in der Tatbegehung markiert. Aus diesem Grund wurden Zweifel dahingehend geäußert, ob ein einheitlicher Straftatbestand geeignet sei, diese Handlungen insgesamt abzudecken.[454]

Im Jahr 2011 wurde seitens der UN das „Handbook on Identity-related crime“ veröffentlicht, welches eigenständige Beiträge von verschiedenen Mitgliedern der

---

450 *UN*, Report Identity-related Crime, S. 5.

451 *UN*, Report Identity-related Crime Add., S. 4: „The term ‘identity theft’ generally refers to occurrences in which information related to identity, which may include basic identification information and, in some cases, other personal information, is actually taken in a manner analogous to theft or fraud, including theft of tangible documents and intangible information, the taking of documents or information that have been abandoned or are freely available, and deceptively persuading individuals to surrender documents or information voluntarily“; ebenso *UN*, E/CN.15/2009/15, S. 7.

452 *UN*, E/CN.15/2009/CRP.12, S. 3: „Preparation; Obtaining of identity information; Transfer of the identity information; and Eventual use of the identity information to commit further offences“.

453 *UN*, E/CN.15/2009/CRP.12, S. 5: „Acquisition of identity, involving both cyber and non-cyber acts, as well as from public and private (theft) sources“.

454 *UN*, E/CN.15/2009/CRP.12, S. 4.

UN-Expertengruppe zusammenfasst. In diesem werden die bestehenden unterschiedlichen Ansätze für die Definition von Identitätsdiebstahl zusammengetragen.[455] Nach Auffassung von *Gercke* sind die meisten Definitionen zu weit und unpräzise.[456] Von einer neuen Definition wurde jedoch abgesehen.

In dem Handbook wird bei der Betrachtung der Opfer eines Identitätsdiebstahls zwischen Opfern ersten Grades (*primary* victim) und Opfern zweiten Graden (*secondary victim*) differenziert. Primary victim soll diejenige Person sein, deren Identitätsdaten missbräuchlich verwendet werden. Secondary victims sind Personen und Institutionen, die aufgrund des Gebrauchs der fremden Identitätsdaten durch den Täter einen – meist finanziellen – Schaden erleiden.[457] Diese Unterscheidung nach den verschiedenen Opfergraden bei derselben Straftat ist indes nur aufgrund der verwendeten weiten Definition notwendig, die sowohl die Beschaffung als auch die Verwendung erfasst. Im deutschen Strafrecht existiert kein Straftatbestand, der mehrere Opfer im Hinblick auf unterschiedliche Schutzgüter erfasst. So schützt der Betrug gemäß § 263 StGB allein den Vermögensträger.[458] Dies gilt bei der betrügerischen Vortäuschung einer falschen Identität ebenso für den wahren Identitätsinhaber, der infolge des Betrugs möglicherweise unberechtigte Forderungen abwehren muss, selbst wenn dies für das Opfer mit Aufwand und mittelbaren Vermögenseinbußen verbunden ist.

II. Identitätsmissbrauch und Identitätsbetrug

Der Begriff des Identitätsmissbrauchs ist ebenso unbestimmt wie der des Identitätsdiebstahls. In anderen Rechtsordnungen findet sich anstelle des Identitätsmissbrauchs der Begriff des Identitätsbetrugs.[459]

Im deutschen Recht existieren beide Begriffe nicht. Das *Landgericht Bonn* hat in einer Entscheidung Identitätsmissbrauch mit den Begriffen Phishing und Pharming gleichgesetzt.[460] Phishing und Pharming dienen jedoch der Beschaffung von fremden Identitätsdaten und beschreiben nicht deren Verwendung,[461] was wiederum die Problematik der fehlenden einheitlichen Definitionen verdeutlicht.

---

455 *Gercke*, in: UN Handbook Identity-related crime, S. 1, 25 ff.

456 *Gercke*, in: UN Handbook Identity-related crime, S. 1, 29.

457 *Philippa Lawson*, in: UN Handbook Identity-related crime, S. 107, 113.

458 *Hefendehl*, in: MünchKomm StGB, Bd. 4, 1. Aufl. § 263 Rn. 1; *Lacker/Kühl*, § 263 Rn. 2; *Cramer/Perron*, in: Schönke/Schröder, § 263 Rn. 3 f.

459 Vgl. Sec. 403 kanadisches Strafgesetzbuch (siehe Fn. 365); § 5-37-227 Arkansa's Code (financial identity fraud); *Koops/Leenes*, DuD 2006, 553; *Fraud Prevention Expert Group*, Report on Identity Theft/Fraud; *Sproule/Archer*, S. 6 f.; *Binder/Gill*, Identity Theft and Fraud; *Saunders/Zucker*, 8 Cornell Journal of Law and Public Policy 1999, 661.

460 *LG Bonn*, Urt. v. 29.12.2006 – 3 O 236/06, MMR 2007, 462, 464.

461 Siehe zu den Begehungsweisen unten, C.IV.1.a)aa) bzw. C.IV.1.a)cc).

In der Literatur wird der Begriff des Identitätsmissbrauchs unterschiedlich definiert, wobei im Wesentlichen zwei Ansichten vertreten werden. Nach der überwiegend vertretenen Ansicht soll unter Identitätsmissbrauch, entsprechend dem natürlichen Wortsinn, die missbräuchliche Verwendung von Identitätsdaten verstanden werden. *Busch* definiert Identitätsmissbrauch als die „Nutzung des Identitätsdiebstahls zum Schaden der betroffenen Person".[462] Nach *Borges/Schwenk/Stuckenberg/Wegener* soll Identitätsmissbrauch das „unbefugte Agieren unter einer Identität" sein und damit nahezu alle Fallgruppen des missbräuchlichen Handelns unter Verwendung einer bestimmten Identität abdecken.[463] Erfasst werden soll hiervon ferner das Handeln unter der eigenen (Teil-)Identität, wenn die Teilidentität in dem Verwendungskontext nicht zugelassen ist, jedoch nicht der Handel mit Identitäten.[464] *J. Meyer* versteht Identitätsmissbrauch ebenfalls als rechtsgeschäftliches und nicht rechtsgeschäftliches „Handeln unter fremdem Namen".[465] Nach anderer Ansicht ist Identitätsmissbrauch als die Beschaffung von Identitätsdaten zu verstehen. So vertritt *Rihaczek* die Auffassung, dass Identitätsmissbrauch bereits das Ausspähen fremder Daten zur späteren Verwendung ist.[466] *Biallaß* beschreibt Identitätsmissbrauch als „Phishing und die Erbeutung der geheimen Authentifizierungsdaten von Internetnutzern".[467]

Im kanadischen Strafrecht wurde gemeinsam mit dem Tatbestand des Identitätsdiebstahls zeitgleich ein neuer Straftatbestand des Identitätsbetrugs (*identity fraud*) eingeführt.[468] Nach Sec. 403 Criminal Code macht sich strafbar, wer sich als eine lebende oder verstorbene Person ausgibt, um für sich oder einen anderen einen Vorteil zu erlangen, eine Sache in seinen Besitz zu bringen, der Person einen Nachteil zuzufügen oder sich der Strafverfolgung zu entziehen.[469] Die Höchststrafe für identity fraud beträgt zehn Jahre Freiheitsstrafe und übertrifft damit deutlich den gewöhnlichen Betrug.[470] Das kanadische Strafrecht differenziert somit – anders als die Regelungen in den USA – zwischen der Beschaffung der Identitätsdaten und deren Verwendung.

---

462 *Busch*, DuD 2009, 317.

463 *Borges/Schwenk/Stuckenberg/Wegener*, S. 22 f.; anders jedoch *Borges*, NJW 2005, 3313, der Identitätsmissbrauch mit Phishing gleichsetzt.

464 *Borges/Schwenk/Stuckenberg/Wegener*, S. 23.

465 *J. Meyer*, S. 40.

466 *Rihaczek*, DuD 2004, 649.

467 *Biallaß*, MMR 2007, 462, 463; ähnlichlich *Borges*, NJW 2005, 3313.

468 Zum Identitätsdiebstahl im kanadischen Recht siehe oben, C.I.3.b).

469 Section 402.3 (1) Criminal Code: „Everyone commits an offence who fraudulently personates another person, living or dead, (a) with intent to gain advantage for themselves or another person; (b) with intent to obtain any property or an interest in any property; (c) with intent to cause disadvantage to the person being personated or another person; or (d) with intent to avoid arrest or prosecution or to obstruct, pervert or defeat the course of justice".

470 Sec. 403(3) Criminal Code.

Die Expertengruppe der Vereinten Nationen will demgegenüber identity fraud annehmen, wenn Identitätsdaten verwendet werden, um eine Straftat zu begehen oder die Entdeckung oder Verfolgung einer Straftat zu verhindern.[471] Das englische *Cabinet Office* bezeichnet als identity fraud, wenn der Name einer anderen oder fiktiven Person ohne deren Zustimmung angenommen wird.[472] Identity fraud soll damit der Überbegriff für Straftaten mit Identitätsbezug, wie Identitätsdiebstahl, sein.[473] *Gordon/Willox* definieren den Begriff „identity fraud" als die Verwendung falscher Identitätsdaten, gefälschter Dokumente oder gestohlener Identitäten bei der Begehung einer Straftat.[474]

Nach Ansicht von *Koops/Leenes* ist *identity fraud* ein Betrug, bei dem das Ziel oder das Tatwerkzeug eine fremde Identität ist.[475] *Binder/Gill* definieren *identity fraud* als die Verwendung einer sich widerrechtlich angeeigneten Identität bei einer Straftat oder um Güter und Dienstleistungen durch Täuschung zu erlangen.[476] Dies soll jedoch nur für fiktive Identitäten gelten.[477]

Zusammenfassend lässt sich damit feststellen, dass auch beim Begriff des Identitätsmissbrauchs weder national noch international ein einheitliches Verständnis des Begriffs existiert.

III. Unterscheidung zwischen Identitätsdiebstahl und Identitätsmissbrauch

Bei Betrachtung der derzeit verwendeten unterschiedlichen Definitionen von Identitätsdiebstahl und Identitätsmissbrauch fällt auf, dass eine Vielzahl von grundsätzlich verschiedenen Definitionsansätzen besteht. Dies erschwert die Diskussion und eine grenzüberschreitende kriminologische Untersuchung des Ausmaßes von Identitätsdiebstahl und Identitätsmissbrauch.[478] Trennung und Definition der

---

471 *UN*, Report Identity-related Crime Add., S. 4: „The term 'identity fraud' generally refers to the use of identification or identity information to commit other crimes or avoid detection and prosecution in some way".

472 *UK Cabinet Office*, 2002, S. 11: *„ID fraud arises when someone takes over a totally fictitious name or adopts the name of another person with or without their consent".*

473 *Koops/Leenes*, DuD 2006, 553; *Gordon/Willox*, S. 7.

474 *Gordon/Willox*, S. 7.

475 *Koops/Leenes*, DuD 2006, 553, 555: „Identity fraud is fraud committed with identity as a target or principal tool".

476 *Binder/Gill*, S. 8: „Identity Fraud – is the use of a misappropriated identity in criminal activity, to obtain goods or services by deception"; ähnlich *Koops/Leenes*, DuD 2006, 553, 555.

477 Kritisch insoweit *van der Meulen*, S. 3; *Kshirsagar*, S. 6.

478 *UK Home Office*, Annual Fraud Indicator 2012, S. 26.

Begrifflichkeiten sind daher in der internationalen Diskussion das Kernstück vieler Veröffentlichungen.[479]

Aufgrund der Unterschiede in den nationalen Jurisdiktionen und um die unterschiedliche Verwendung der Begriffe in der Fachliteratur zu überwinden, wird im internationalen Kontext häufig auf die Begriffe „identity-related crime"[480] oder „identity crime"[481] zurückgegriffen, die jede Art von Straftaten im Zusammenhang mit fremden Identitätsdaten, also auch Identitätsdiebstahl, erfassen sollen. Der Begriff „identity-related crime"findet sich vor allem in den Veröffentlichungen der UN. Hintergrund für dessen Verwendung waren Überlegungen zum Thema Phishing. Dieses wird teilweise als Identitätsdiebstahl angesehen, da es auf die Erlangung von Identitätsdaten gerichtet ist. Nach anderer Ansicht innerhalb der Expertengruppe sollte es sich jedoch um Identitätsbetrug handeln, da Identitätsdaten durch Täuschung erlangt werden.[482]

In der internationalen Literatur zum Thema Identitätsdiebstahl und Identitätsmissbrauch existieren unterschiedliche Auffassungen darüber, wie die beiden Begriffe zu definieren sind und wie sie zueinander stehen. Die international vertretenen Ansichten lassen sich im Wesentlichen in zwei Gruppen einordnen.

1. Identitätsdiebstahl und Identitätsmissbrauch in einem Über-/Unterordnungsverhältnis

Zum einen wird die Auffassung vertreten, Identitätsdiebstahl sei ein Unterfall des Identitätsmissbrauchs (*identity fraud*). Insbesondere im US-amerikanischen Recht wird im Hinblick auf den Identitätsdiebstahl der „Diebstahl" häufig als „Verwenden" und nicht im Sinne von „Erlangen" verstanden.[483] *Koops/Leenes* vertreten daher

479 Vgl. z.B. für eine Zusammenstellung unterschiedlicher Definitionen *Sproule/Archer*, S. 7 ff.; *van der Meulen*, S. 2 ff.; *Koops/Leenes*, DuD 2006, 553; *Kshirsagar*, S. 4 ff.; *CIPPIC*, Working Paper 1, S. 15 ff.; *Cheney*, Identity Theft: Do Definitions Still Matter?; *Binder/Gill*, S. 7 ff.; *Stephan/Pennington/Krishnamurth/Reidy*, 13 Tex. Rev. L. & Pol. 2008–2009, 401, 403 ff.; *Gercke*, S. 10 ff.

480 *EU-Rat*, Pressemitteilugn 3.12.2010, Fn. 1: „The concept of 'identity-related crimes', also used at UN level (UN ISPAC working group), is considered broad enough to encompass all kind of offences related to identity (including identity theft and identity fraud) and makes it possible to avoid further discussions on definitions"; *UN*, Handbook Identity-related Crime; *UN*, Report Identity-related Crime; *US Dept. of Justice*, Identity-related Crime: A Threat Assessment; *Koops/Leenes/Meints/van der Meulen/Jaquet-Chiffelle*, Information, Communication & Society 2009, A Typology of Identity-Related Crime; *Koops/Leenes*, DuD 2006, 553, 556.

481 *UN*, Report Identity-related Crime Add, S. 4; *Sproule/Archer*, S. 7.

482 *UN*, E/CN.15/2009/CRP.12, S. 4.

483 *Gercke*, UN Handbook Identity-related crime, S. 82: „'Theft' may be used in the sense of use, rather than in the sense of obtaining." *Koops/Leenes*, DuD 2006, 553; zum Begriff des Identitätsdiebstahl in den USA siehe oben, C.I.3.a).

die Ansicht, dass Identitätsbetrug der Überbegriff für Identitätsdiebstahl ist.[484] Nur wenn der Identitätsbetrug ohne oder gegen den Willen des wahren Identitätsinhabers geschieht, soll es sich um Identitätsdiebstahl handeln. Wenngleich *Koops/Leenes* erkennen, dass der Begriff des Identitätsdiebstahls im Hinblick auf den Wortteil „Diebstahl" unglücklich ist, sind sie dennoch der Meinung, dass die Verwendung von fremden Identitätsdaten ebenfalls unter diesen Begriff fallen sollte. Sie schlagen daher vor, das Wort „theft" in Anführungszeichen zu setzen, also statt „identity theft" den Begriff „identity ‚theft'".[485] Viele andere Autoren orientieren sich ebenfalls am Identity Theft and Assumption Deterrence Act, welcher als Tathandlung für identity theft das unbefugte Übertragen, Besitzen oder Nutzen fremder Identitätsdaten vorsieht. Sie gehen daher von einem Über-/ Unterordnungsverhältnis aus.[486]

Eine hiervon abweichende Auffassung, bei der Identitätsdiebstahl und Identitätsmissbrauch jedoch ebenfalls in einem Über-/Unterordnungsverhältnis stehen, wird in der englischen *Garlik*-Studie vertreten. So soll Identitätsdiebstahl die Annahme der Identität einer anderen lebenden oder verstorbenen Person sein, während Identitätsbetrug die nur vorübergehende oder teilweise Annahme einer anderen Identität ist.[487] Demnach wäre Identitätsdiebstahl als Überbegriff für Identitätsbetrug anzusehen.

Eine weitere Differenzierung wird dahingehend vorgenommen, ob Identitätsdaten einer real existierenden Person verwendet werden müssen.[488] Ausgangspunkt ist, dass der Täter fremde Identitätsdaten verwenden muss. Nach *Lacey/Cuganesan* soll es sich nur dann um Identitätsdiebstahl handeln, wenn der Täter Identitätsdaten einer natürlichen Person verwendet, beim Identitätsbetrug soll es dagegen keine Rolle spielen, ob die Identitätsdaten zu einer fiktiven oder realen Person gehören.[489]

---

484 *Koops/Leenes*, DuD 2006, 553, 556: „We have indicated that what is usually called 'identity theft' is part of the larger issue of 'identity fraud'. This, in turn, is a subset of the umbrella term 'identityrelated crime'".

485 *Koops/Leenes*, DuD 2006, 553, 556.

486 Vgl. z. B. *Hoofnagle*, Harvard Journal of Law and Technology, 2007, 98, 100; *Collins*, Journal of Forensic Accounting 2003, 303; *Finklea*, S. 3.

487 *Garlik*, S. 5: „Identity theft is the assumption of the identity of another person, living or dead, irrespective of the motivation underlying this course of action. [...] By contrast, identity fraud is the transient or partial assumption of another's identity"; ebenso *Rand Europe*, S. 22.

488 Vgl. hierzu auch *van der Meulen*, S. 6.

489 *Lacey/Cuganesan*, 38 J. Consumer Aff. 2004, 244, 245: „Identity theft involves an individual falsely representing him- or herself as another real person for some unlawful activity. In contrast, identity fraud comprises both the use of a real person's identity (identity theft) as well as that of a fictitious identity. Thus, identity theft is a narrower subset of identity fraud"; ebenso *Gordon/Willox*, S. 7: „Identity fraud is broader than identity theft in that identity fraud refers to the fraudulent use of any identity, real or fictitious, while identity theft is limited to the theft of a real person's identity".

Zur Begründung wird insoweit nur auf den amerikanischen Identity Theft and Assumption Deterrence Act verwiesen, der lediglich Fälle erfasst, bei denen Identitätsdaten real existierender Personen verwendet werden.[490]

Dieselbe Differenzierung zwischen realen und fiktiven Identitäten findet sich ebenso bei *Binder/Gill*, jedoch mit dem Unterschied, dass Identitätsdiebstahl nur bei real existierenden und Identitätsbetrug nur bei fiktiven Personen vorliegt.[491] Demnach soll es sich um zwei verschiedene Delikte handeln.

2. Identitätsdiebstahl und Identitätsmissbrauch als eigenständige Straftatbestände

Nach der in Europa und Kanada vorherrschenden Auffassung soll Identitätsdiebstahl die „Vortat" zum Identitätsbetrug sein.[492] Die Differenzierung findet mithin auf zeitlicher Ebene statt. Identitätsdiebstahl und Identitätsmissbrauch beschreiben eigenständige Begehungsweisen, die in keinem Subordinationsverhältnis zueinander stehen.

Die jährlich durchgeführten *Javelin*-Studien zum Ausmaß von Identitätsdiebstahl und Identitätsmissbrauch in den USA gehen – anders als das US-amerikanische Recht – davon aus, dass Identitätsdiebstahl und Identitätsbetrug zwei unterschiedliche Handlungen betreffen und dass beide Taten unabhängig voneinander begangen werden können.[493] Identitätsdiebstahl soll die Beschaffung fremder Identitätsdaten und Identitätsbetrug deren unberechtigte Verwendung im Rahmen einer Betrugstat sein.[494] *Collins* folgt dieser Auffassung und sieht Identitätsdiebstahl und Identitätsmissbrauch als unterschiedliche Straftaten mit eigener Struktur an.[495] Eine Begründung, weshalb es sich um getrennte Straftatbestände handeln soll, fehlt indes. *Moir/Weir* nehmen ebenfalls eine „klare Trennung" zwischen Identitätsdiebstahl und

490 Siehe hierzu oben, C.I.3.a).

491 *Binder/Gill*, S. 8: „[...] identity theft involves the taking over and misuse of someone else's identity, and applies to a variety of offences, and identity fraud as the adoption of a fictitious identity".

492 Vgl. *OECD*, Scoping Paper, S. 3, 12; das französische Recht betrifft hingegen allein die missbräuchliche bzw. schädigende Verwendung fremder Identitätsdaten, zum französischen Art. 226-4-1 Code pénal siehe oben, C.I.3.c).

493 *Javelin*, Report 2006, S. 11 f.: „Identity theft – the unauthorized access to personal information. Identity theft can occur without identity fraud. [...] Identity fraud – the unauthorized use of another's personal information to achieve illicit financial gain. Identity fraud can occur without identity theft".

494 *Javelin*, Report 2006, S. 11 f.; *Javelin*, Report 2009, S. 6; *Javelin*, Report 2012, S. 8.

495 *Collins*, S. 8: „Identity theft, however, is to be distinguished from identity crimes – those offenses committed using the stolen personal or business identifying information – or 'identities.' Thus, the conceptual relationship between identity theft and identity crime is that the former facilitates the later".

Identitätsbetrug vor und begründen dies im Hinblick auf die übliche Unterscheidung zwischen Diebstahl und Betrug im englischen Strafrecht.[496]

Im Gesetzesvorhaben zum neuen kanadischen Identitätsdiebstahlstatbestand wurde ausgeführt, dass sich der Identitätsdiebstahl nur auf die vorbereitende Handlung der Beschaffung von Identitätsdaten bezieht und eine Trennung zum nachfolgenden Identitätsbetrug stattfinden sollte.[497]

Die deutsche Literatur folgt großteils dieser Ansicht.[498] Nach *Busch* setzt der Identitätsmissbrauch einen Identitätsdiebstahl stets voraus.[499] Dass Identitätsdiebstahl und Identitätsmissbrauch zusammenhängende Straftaten sind, wird zu Recht mit dem Argument abgelehnt, dass Identitätsmissbrauch auch ohne Identitätsdiebstahl möglich sein muss, etwa wenn dem Täter die Identitätsdaten bekannt wurden und er zu diesem Zeitpunkt noch nicht beabsichtigte, sie später zu missbrauchen. *Borges/Schwenk/Stuckenberg/Wegener* sehen den Identitätsdiebstahl als Verschaffen von Identitätsdaten an, die später zu einem Identitätsmissbrauch verwendet werden können.[500] Laut *Bruns* erfolgt der Identitätsdiebstahl, d. h. die „Wegnahme" fremder Identitätsdaten, um eine rechtsverbindliche Identitätsfeststellung zu umgehen oder zu verfälschen.[501]

3. Stellungnahme

Im Ergebnis vermag allein die Auffassung, nach welcher der Identitätsdiebstahl die Vortat zu einem späteren Identitätsmissbrauch ist, zu überzeugen. Eine strikte Trennung der Begriffe Identitätsdiebstahl und Identitätsmissbrauch bietet sich an, da die Vermengung der unterschiedlichen Handlungen, geschützten Rechtsgüter und Opfer zu Verwirrungen führt. Eben diese Unklarheit wird in vielen internationalen Veröffentlichungen kritisiert.

---

496 *Moir/Weir*, International Journal of Electronic Security and Digital Forensics 2009, 92, 93: „There is a clear distinction between two related but separate acts – identity theft and identity fraud".

497 Debates of the Senate of Canada (Hansard), 2nd Session, 40th Parliament, Volume 146, Issue 25 v. 2.04.2009 (*Sen. Wallace*): „It is these preparatory steps that we refer to as 'identity theft.' The bill will also clarify the personation offence, which I have already spoken of, and, in particular, will rename it 'identity fraud' in order to highlight its importance and applicability to these cases and to contrast it with the preparatory stages of 'identity theft"; *Nancy/Holmes*, S. 2: „Under its provisions, identity theft refers to the preliminary steps [...] and identity fraud constitutes the subsequent deceptive use of such information in connection with crimes like personation, fraud or abuse of credit card data".

498 Vgl. zu den deutschen Defintionen von Identitätsdiebstahl oben, C.I.2.

499 *Busch*, DuD 2009, 317; wohl ebenso *Gercke*, CR 2005, 606, 607.

500 *Borges/Schwenk/Stuckenberg/Wegener*, S. 22 ff.

501 *Bruns*, Stellungnahme 41. StrÄndG, S. 9.

Ferner spricht der natürliche Wortlaut der Begriffe für eine klare Trennung. Die Verwendung des Wortes „Missbrauch" im allgemeinen Sprachgebrauch und dessen Wortstamm („Gebrauch") sprechen dafür, diesen nur auf die Verwendung, aber nicht auf die Beschaffung von Identitätsdaten zu beziehen. Demgegenüber meint Diebstahl im nichtjuristischen allgemeinen Sprachgebrauch das Sich-Verschaffen, selbst wenn es sich um nicht körperliche Gegenstände handelt (z.B. „Diebstahl geistigen Eigentums"[502]). Auch in ausländischen Rechtsordnungen wird der Begriff des Diebstahls (theft) nicht im Sinne von Verwenden eines fremden körperlichen oder immateriellen Gegenstandes verstanden.[503]

Überzeugen kann ebenfalls nicht, dass die Identitätsdaten zum Teil auf betrügerischem Wege vom Opfer erlangt werden, das Opfer die Daten also täuschungsbedingt freiwillig an den Täter herausgibt. Zum Teil wird hieraus geschlussfolgert, dass die zutreffende Terminologie Identitätsbetrug sein müsste.[504] Zwar mag es sinnvoll sein, den Unrechtsgehalt bestimmter Handlungsweisen bei der Beschaffung fremder Identitätsdaten bei der Bezeichnung der Tat herauszustellen, besonders im Hinblick auf den Betrug führt dies jedoch dazu, dass nicht erkennbar ist, ob die Identitätsdaten Ziel oder Mittel des Betrugs sind.

Bezüglich der Begriffe Identitätsbetrug und Identitätsmissbrauch spricht im Ergebnis zumindest im Hinblick auf das deutsche Recht viel dafür, den Begriff des Identitätsbetrugs nicht zu verwenden. Einerseits ließe sich unter dem Begriff die Begehung eines Betrugs im Sinne von § 263 StGB unter Verwendung fremder oder fiktiver Identitätsdaten verstehen. Andererseits ließe sich im Hinblick auf den Begriff Identitätsdiebstahl mit dem Begriff des Identitätsbetrugs die Erlangung fremder Identitätsdaten durch Täuschung beschreiben, infolge derer der Identitätsinhaber seine Identitätsdaten irrtumsbedingt dem Täter übergibt oder übermittelt.[505] Im Hinblick auf die ohnehin uneinheitlichen Begrifflichkeiten und die international verwendeten Definitionen wäre eine weitere Untergliederung kontraproduktiv. Sinnvoll scheint vielmehr die Verwendung des Begriffs Identitätsmissbrauch für sämtliche Fälle, in denen fremde Identitätsdaten zum Zwecke der Begehung einer Straftat verwendet werden. Für die Zwecke der Untersuchung soll daher allein zwischen Identitätsmissbrauch und Identitätsdiebstahl differenziert werden.

Zusammenfassend lässt sich somit feststellen, dass sowohl in der nationalen als auch in der internationalen Literatur eine Vielzahl möglicher Definitionen für die Begriffe des Identitätsdiebstahls und Identitätsmissbrauchs existieren,

---

502 Vgl. hierzu *Götting*, GRUR 2006, 353.

503 Vgl. z.B. den englischen Theft Act 1968, wonach „theft" begeht, wer „dishonestly appropriates apoperty belonging to another with the intention of permanently depriving the other of it"; ähnlich Penal Code California Sec. 484–502.9(a).

504 *UN*, E/CN.15/2009/CRP.12, S. 4.

505 So beispielsweise *Koops/Leenes*, DuD 2006, 553, 556: „'Identity fraud' is fraud committed with identity as a target or principal tool"

wobei eine Trennung zwischen den Begriffen nicht immer vorgenommen wird. Überzeugend ist jedoch die Differenzierung, wonach Identitätsdiebstahl das Verschaffen von fremden Identitätsdaten in der Absicht, sich selbst oder einen Dritten zu bereichern oder dem wahren Identitätsinhaber zu schaden, darstellt. Identitätsmissbrauch soll hingegen den zeitlich nachgelagerten illegalen Gebrauch fremder Identitätsdaten bezeichnen.

IV. Typische Begehungsweisen des Identitätsdiebstahls

Im Folgenden sollen typische Begehungsweisen dargestellt werden, mithilfe derer Täter unbefugt an Identitätsdaten gelangen können. Eine rechtliche Bewertung soll hierbei jedoch nicht vorgenommen werden. Bei den Begehungsweisen soll zwischen solchen Tathandlungen im Internet und im Wege der elektronischen Kommunikation, die beim Identitätsdiebstahl am häufigsten anzutreffen sind, und den sonstigen Begehungsweisen unterschieden werden.

1. Begehungsweisen im Bereich des Internets

Identitätsdiebstahl findet vielfach im Internet statt, da Täter sich dort eine umfangreiche Anzahl von Identitätsdaten ohne größeren Aufwand verschaffen können. Die Täter sind dabei nicht auf ihr Umfeld beschränkt, sondern können weltweit agieren. Auf keinem anderen Kommunikationsweg lassen sich relevante Identitätsdaten, die Zugang zu persönlichen Informationen und Konten ermöglichen, so einfach beschaffen wie über das Internet.

Für Täter ist die Tatbegehung über das Internet zudem besonders attraktiv, da hier die Aufklärungsrate der Straftaten besonders gering ist.[506] Dies hängt auch damit zusammen, dass die Taten häufig grenzüberschreitend verübt werden.

a) Identitätsdiebstahl mittels Spoofing

Spoofing (Täuschung, Manipulation) ist der Oberbegriff für alle Handlungen, die dazu dienen, die Identität des Täters zu verdecken und hierdurch das Opfer zu bewegen, vertrauliche Daten preiszugeben.[507] Im Bereich des Internets kann sich Spoofing dabei auf jedes erdenkliche Element beziehen, welches zur Identifizierung von Personen und Organisationen geeignet ist.[508] Praktisch bezieht sich die

---

506 Bei der Computerkriminalität wurde im Jahr 2010 ein Anstieg um 12,6 % registriert, insbesondere das Ausspähen und Abfangen von Daten stieg um 32,2 %. Die Aufklärungsquote sank im Vergleich zu 2009 von 37,5 % auf 35,8 % im Jahr 2010, vgl. *BKA*, PKS 2012, S. 248.

507 *Lynch*, 20 Berkeley Tech. L.J. 2005, 259, 267; *Borges/Schwenk/Stuckenberg/Wegener*, S. 30.

508 Z. B. IP-Adresse, MAC-Adresse, DHCP-Server, vgl. *Borges/Schwenk/Stuckenberg/Wegener*, S. 32 ff.

Manipulation jedoch zumeist auf Webseiten und E-Mails. Spoofing umfasst damit das Phishing in allen möglichen Varianten.[509]

aa) Klassisches Phishing

Der Begriff Phishing ist eine künstliche Wortschöpfung.[510] Er beschreibt den Versuch, online Zugangsdaten und somit Identitätsdaten zu erlangen, um diese zu einem späteren Zeitpunkt missbräuchlich zu verwenden.[511] Neben Zugangsdaten für Banken und andere Zahlungsanbieter, z.B. PayPal, zielen die Täter auch auf Zugangsdaten für andere Unternehmen ab, z.B. eBay.[512]

Das klassische Phishing lässt sich in drei unterschiedliche Phasen unterteilen.[513] Üblicherweise wird zunächst eine möglichst große Anzahl von E-Mails (Spam-Mails) versandt, in denen ein Unternehmen – zumeist eine Bank – Kunden dazu auffordert, ihre Konto- oder Zugangsdaten zu bestätigen.[514] Um das Opfer zur Preisgabe seiner Daten zu bewegen und die „Anfrage" plausibel zu machen, wird als Vorwand für die Datenabfrage in der Regel angegeben, es sei ein Systemfehler aufgetreten, die Eingabe der Daten sei nach Softwareaktualisierung notwendig oder das Konto / der Account müsse aus einem sonstigen Grund bestätigt werden. Hierzu enthält die E-Mail eine Verknüpfung zu einer Webseite, auf welcher der „Kunde" die Eingaben tätigen soll. Soweit dem Täter der zur E-Mail-Adresse gehörige Name bekannt ist oder sich dieser aus der Adresse selbst ableiten lässt, wird versucht, diesen automatisch in die Anrede der E-Mail einzufügen, um dem Opfer vorzuspiegeln, dass es sich um eine individuell an ihn gerichtete E-Mail handele.[515]

Zweiter Schritt des Phishing ist der Besuch einer vom Täter präparierten Webseite, auf der das Opfer aufgefordert wird, seine Anmeldedaten und zudem oft mehrere

---

509 *Borges/Schwenk/Stuckenberg/Wegener*, S. 239; *Maihold*, in: Schimansky/Bunte/Lwowski, § 55 Rn. 30.

510 Zum Teil wird die Ansicht vertreten, dass Phishing eine Zusammensetzung der englischen Wörter *password* und *fishing* sei, vgl. *Hilgendorf/Frank/Valerius*, Rn. 760; *Popp*, NJW 2004, 3517; *Bunte*, Rn. 27; nach a.A. soll es sich nur um das englische Wort „fishing" handeln, bei dem der Buchstabe „f" – wie in Hackerkreisen üblich – durch ein „ph" ersetzt wurde, vgl. *D. Hansen*, S. 12; *Gercke*, in: Gercke/Brunst, Rn. 239.

511 *Weidemann*, in: BeckOK StGB, Lexikon des Strafrechts, Computerkriminalität, Rn. 9; *Cornelius*, in: Leupold/Glossner, Rn. 231; *CIPPIC*, Working Paper 2, S. 13 ff.

512 *Borges*, NJW 2005, 3313.

513 Zur Begehungsweise vgl. *D. Hansen*, S. 13 f.; *Reich*, in: Wabnitz/Janovsky, 5. Kap. Rn. 86; *Popp*, MMR 2006, 84; *ders.*, NJW 2004, 3517; *Borges*, NJW 2005, 3313; *J. Meyer*, S. 45.

514 Ein Beispiel einer solchen E-Mail ist bei *D. Hansen*, S. 1 abgeduckt; ein Archiv von Phishing-*Mails* findet sich auf der Webseite der Arbeitsgruppe Identitätsschutz im Internet unter https://www.a-i3.org/content/category/5/36/216/.

515 *D. Hansen*, S. 14; *J. Meyer*, Fn. 155 m.w.N.

TAN einzugeben.[516] Die Webseite entspricht im Hinblick auf das Design und die verwendeten Logos sowie Schriftart und -farbe einer Webseite des Unternehmens, welches Absender der Phishing-Mail sein soll.[517] Die Qualität der nachgebildeten Webseiten schwankt, sodass teilweise offensichtlich ist, dass es sich nicht um eine offizielle Webseite des Unternehmens handeln kann. Es existieren allerdings auch Webseiten, bei denen selbst versierte Internetnutzer häufig nicht in der Lage sind, die Fälschung zu entdecken.[518]

Die Daten werden dann an den Täter weitergeleitet und dazu verwendet, sich Zugang zum Nutzerkonto des Kunden zu verschaffen und unberechtigte Transaktionen auszuführen. Empfänger der Transaktion sind oft Dritte, die nicht unmittelbar am Versand der E-Mail und der Erstellung der Webseite beteiligt sind, sondern nur die Weiterleitung des Geldes übernehmen.[519]

Mit der Einführung der modernen TAN-Verfahren ist das klassische Phishing im Bankenbereich immer mehr auf dem Rückzug, da die Kenntnis einzelner, beliebiger TAN oftmals nicht ausreicht, um Transaktionen durchzuführen.[520] Noch im Jahr 2004 wurde geschätzt, dass monatlich drei Milliarden Phishing-E-Mails versendet und diese von ca. 1,78 Millionen US-Amerikanern beantwortet wurden.[521] Im dritten Quartal 2012 stellte die *Anti-Phishing Working Group* 46.895 Webseiten für Phishing fest,[522] von denen sich die meisten an US-Amerikaner richteten. Nur 1,58 % der gefälschten Webseiten wendeten sich an Deutsche.[523] Insgesamt ist die Zahl der Phishing-Seiten seit 2009 jedoch rückläufig.[524]

---

516 Zum Teil bis zu zehn TAN, vgl. *BGH*, Urt. v. 24.4. 2012 – XI ZR 96/11, NJW 2012, 2422.

517 Die Verwendung dieser Merkmale führt in der Regel zu einer Strafbarkeit nach § 269 StGB, da im Falle der Wahrnehmung der E-Mail eine unechte Urkunde vorläge, vgl. *Stuckenberg*, Stellungnahme 41. StrÄndG, S. 10; *Gercke*, CR 2005, 606, 608 f., krit. *Graf*, NStZ 2007, 129, 131 f. Die Verwendung geschützter Kennzeichen auf der gefälschten Webseite oder in der E-Mail ist ferner relevant für eine mögliche Strafbarkeit nach § 143 Abs. 1 Nr. 1 MarkenG i. V. m. § 14 Abs. 2 Nr. 1 oder Nr. 2 MarkenG oder bei Verwendung ähnlicher Kennzeichen nach § 143 Abs. 1 Nr. 5 MarkenG i. V. m. § 15 Abs. 2 MarkenG, vgl. hierzu *D. Hansen*, S. 124 ff.; a.A. *Kusnik*, S. 206.

518 Einer Untersuchung zurfolge konnten 90 % der Personen die Täuschung nicht erkennen, wenn es sich um eine sorgfältig gestaltete Phishing-Webseite handelte, vgl. *Dhamija/Tygar/Hearst*, S. 1; *Borges*, NJW 2005, 3313.

519 Zur Strafbarkeit von „Finanzagenten" nach § 261 StGB vgl. *Heghmanns*, wistra 2007, 167; *Neuhäuser*, NStZ 2008, 492.

520 *Borges*, Stellungnahme 41. StrÄndG, S. 6; Beck-Mitteilung v. 25.04.2012, becklink 1019996, Phishing wird zum Auslaufmodell: Betrüger rüsten auf.

521 *CIPPIC*, Working Paper 2, S. 14.

522 *APWG* Report 3Q 2012, S. 3.

523 *APWG*, Report 3Q 2012, S. 7.

524 *APWG*, Report 3Q 2012, S. 2.

bb) Man-in-the-Middle-Angriffe

Neben dem klassischen Phishing existieren weitere typische Begehungsweisen des Identitätsdiebstahls, die den aktuellen Verifikationsverfahren im Onlinebanking Rechnung tragen.

Das aktuelle Problem für den Täter besteht häufig darin, dass die Kenntnis einer oder mehrerer TAN nicht ausreicht, um eine Transaktion durchzuführen, sondern dass seitens der Bank eine bestimmte TAN verlangt wird (so beim iTAN-Verfahren[525]). Zur Überwindung dieser zusätzlichen Sicherheitsmaßnahmen versuchen die Täter, sich in die Kommunikation zwischen Nutzer und Unternehmen einzuschalten, um die TAN abzufangen oder Eingaben des Nutzers unbemerkt im Hintergrund zu manipulieren. Diese Vorgehensweise wird technisch als *Man-in-the-Middle*-Angriff bezeichnet.[526] Man-in-the-Middle-Angriffe fallen ebenfalls unter die Kategorie des Phishing.[527]

Grundlage für jeden Man-in-the-Middle-Angriff ist die Installation einer Schadsoftware auf dem PC oder einem sonstigen Gerät des Nutzers.[528] Beim Einsatz der Schadsoftware lässt sich zwischen zwei unterschiedlichen Verfahren unterscheiden.[529] Bei der ersten Variante speichert die Schadsoftware die vom Nutzer eingegebenen Zugangsdaten sowie die TAN und gibt sie an den Täter weiter, damit sich dieser später als Nutzer ausgeben kann. Beim Onlinebanking ruft der Nutzer zunächst die Webseite seiner Bank auf, was von der Software registriert wird. Die Daten, mit denen sich der Nutzer auf der Seite anmeldet, werden vom Programm gespeichert. Will der Nutzer eine Überweisung ausführen, wird diesem von der Software eine äußerlich identische Eingabemaske angezeigt. Die Eingaben einschließlich der TAN werden gespeichert, die Daten jedoch nicht an die Bank übermittelt. Der Nutzer erhält stattdessen eine Fehlermeldung und wird erneut zur Eingabe aufgefordert. Bei dieser Transaktion werden die Daten weitergeleitet. Die TAN des ersten Transaktionsversuchs kann später vom Täter verwendet werden.[530]

In der zweiten Variante werden für den Nutzer unbemerkt im Hintergrund die Transaktionsdaten zeitgleich abgeändert, also Zahlungsempfänger und Betrag

525 Zum iTAN-Verfahren siehe oben, B.III.3.g).

526 Vgl. z. B. *Borges/Schwenk/Stuckenberg/Wegener*, S. 58; *Borges*, NJW 2005, 3313, 3314; *Werner*, in: Hoeren/Sieber, Teil 13.5 Rn. 60; *Maihold*, in: Schimansky/Bunte/Lwowski, § 55 Rn. 32 ff.; *J. Meyer*, S. 47 f.

527 *D. Hansen*, S. 21.

528 *Maihold*, in: Schimansky/Bunte/Lwowski, § 55 Rn. 33; *OECD*, Scoping Paper, S. 19; eine Ausnahme hiervon sind Angriffe, die über bestehende Netzwerke durchgeführt werden, bei denen der Täter auf Netzwerkebene auf die Daten zugreift, sie umleitet und ggf. manipuliert. Diese Vorgehensweise ist jedoch vergleichsweise selten anzutreffen, vgl. *Borges/Schwenk/Stuckenberg/Wegener*, S. 58.

529 Vgl. zu beiden unterschiedlichen Vorgehensweisen *Borges*, NJW 2005, 3313, 3314.

530 Diese Variante wird von *Borges* als „passiver Angriff" bezeichnet, vgl. *Borges*, NJW 2005, 3313, 3314.

ausgetauscht.[531] Diese Daten werden an die Bank übermittelt. Die Bank fragt anschließend beim Nutzer die TAN zur Bestätigung der Transaktion ab, wobei dem Nutzer von der Software jedoch wiederum die von ihm angegebenen Transaktionsdaten angezeigt werden. Der Nutzer gibt die angeforderte TAN ein, welche an die Bank weitergeleitet wird, und gibt damit selbst die manipulierte Transaktion frei.[532]

Man-in-the-Middle-Angriffe scheitern jedoch bei den modernen Verschlüsselungsverfahren, wie sie die meisten Banken mittlerweile verwenden, da der Datenverkehr bei diesen nicht mehr manipuliert werden kann.[533] Möglich bleibt gleichwohl ein Eingriff, während der Nutzer die jeweilige Webseite in seinem Webbrowser aufruft, also bevor die Verschlüsselung stattfindet (*Man-in-the-Browser*-Angriffe). Dabei verändert eine Software die Darstellung der Webseite für den Nutzer. An die Bank werden dann nicht die vom Nutzer eingegebenen Daten, sondern die vom Täter gewollten Daten weitergegeben. So wird der Betrag erhöht und die Kontonummer des Empfängers mit der eines Finanzagenten ausgetauscht, der das Geld dann an den Täter weiterleitet.[534]

Schwieriger ist der Eingriff in Verifikationsverfahren unter Einsatz von mTAN, also solcher TAN, die für den Nutzer erst kurz vor Abschluss der Transaktion erstellt und via Kurznachricht auf sein Mobiltelefon gesandt werden.[535] Da hier zwei Kommunikationswege verwendet werden, muss der Täter in beide eingreifen, um die notwendigen Daten zu erlangen. Derartige Vorgehensweisen, die nur eine Abwandlung des Man-in-the-Middle-Angriffes darstellen, werden aufgrund des Einsatzes von Mobiltelefonen als *Man-in-the-Mobile*-Angriff bezeichnet.[536]

Bei modernen mTAN-Verfahren werden die Transaktionsdaten (Empfängerkonto und Betrag) dem Nutzer zusammen mit der TAN auf dessen Mobiltelefon versandt, so dass eine Veränderung im Hintergrund für den Nutzer erkennbar wäre. Beim Man-in-the-Mobile-Angriff wird daher auf unterschiedlichem Wege das internetfähige Mobiltelefon mit einer Schadsoftware infiziert, welche direkt oder indirekt die Transaktion durchführen oder beeinflussen kann.[537]

---

531 *Maihold*, in: Schimansky/Bunte/Lwowski, § 55 Rn. 36.

532 *Borges*, NJW 2005, 3313, 3314.

533 Beck-Mitteilung v. 25.04.2012, becklink 1019996, Phishing wird zum Auslaufmodell: Betrüger rüsten auf.

534 *Maihold*, in: Schimansky/Bunte/Lwowski, § 55 Rn. 36; *Borges/Schwenk/Stuckenberg/Wegener*, S. 61.

535 Zum mTAN-Verfahrren siehe oben, B.III.3.g).

536 *Maihold*, in: Schimansky/Bunte/Lwowski, § 55 Rn. 37.

537 Siehe hierzu im Einzelnen *Maihold*, in: Schimansky/Bunte/Lwowski, § 55 Rn. 37; *Borges/Schwenk/Stuckenberg/Wegener*, S. 48.

cc) Pharming

Pharming beschreibt eine auf die Erlangung von Identitätsdaten gerichtete Angriffsmethode, die ebenfalls durch eine Täuschung des Nutzers verübt wird.[538] Anders als beim klassischen Phishing gibt es beim Pharming jedoch für den Nutzer häufig keinen Anhaltspunkt für die Weitergabe seiner Daten an den Täter. Das Pharming wird ganz überwiegend als eine Variante des Phishing angesehen.[539]

Beim Pharming muss der PC des Nutzers mit einer Schadsoftware (Redirector[540]) infiziert werden. Die Infizierung kann dabei auf beliebigem Wege stattfinden. Früher erfolgte die Installation der Schadsoftware durch Versendung von E-Mail-Anhängen,[541] während heute bereits der Besuch einer Webseite genügt (Drive-by-Infizierung).[542] Die Software ändert auf dem PC des Nutzers die Hosts-Datei ab, was dazu führt, dass der Nutzer bei Eingabe der Internetseite seiner Bank unter Umgehung des Domain Name System (DNS) auf eine vom Täter gestaltete Webseite umgeleitet wird, ohne dass dies für den Nutzer erkennbar ist.[543] Diese Webseite gleicht dabei im Hinblick auf Design, Logos, Schriftart und -farbe dem Internetauftritt der Bank. Auf dieser Webseite gibt der Nutzer seine Anmeldedaten sowie TAN ein, die an den Täter weitergeleitet werden. Der Täter kann diese Identitätsdaten anschließend für seine Zwecke nutzen.

Eine weitere Möglichkeit des Pharming ist die unmittelbare Manipulation eines DNS-Servers. Auf diese Weise werden Anfragen von sämtlichen Nutzern auf die vom Täter präparierte Webseite umgeleitet.[544]

---

538 Zur Vorgehensweise beim Pharming vgl. auch *Maihold*, in: Schimansky/Bunte/Lwowski, § 55 Rn. 31; *Wehner*, in: Heise Online-Recht, Kap. IV B. I. 7.; *Weidemann*, in: BeckOK StGB, Lexikon des Strafrechts, Computerkriminaltität, Rn. 10; *Cornelius*, in: Leupold/Glossner, Rn. 235; *Popp*, MMR 2006, 84.

539 *Maihold*, in: Schimansky/Bunte/Lwowski, § 55 Rn. 31; *D. Hansen*, S. 22: „technisches Phishing"; *J. Meyer*, S. 45.

540 *McAfee*, S. 7.

541 Für ein Beispiel einer solchen E-Mail siehe *D. Hansen*, S. 24 f.

542 *Javelin*, Report 2012, S. 9; *Borges/Schwenk/Stuckenberg/Wegener*, S. 41, 99.

543 Bei Abruf einer Internetseite wird die vom Nutzer angegebene Adresse (Hostname) in eine IP-Adresse aufgelöst. Dies geschieht über das Domain Name System (DNS) durch Anfrage bei einem DNS-Server. Vor der Anfrage bei einem DNS-Server greift das Betriebssystem jedoch auf eine lokal gespeicherte Hosts-Datei (bzw. bei neueren Versionen des Betriebssystems Microsoft Windows der Windows-Name-Server-Dienst) zu. Die Schadsoftware sorgt dafür, dass die aufgerufene Webseite der Bank in der Hosts-Datei gelistet wird. Das System leitet die Anfrage in diesem Fall an die dort ebenfalls von der Schadsoftware hinterlegte IP-Adresse weiter und fragt diese daher nicht wie üblich von einem DNS-Server ab. Aus diesem Grund wird Pharming teilweise auch als DNS-Spoofing bezeichnet, vgl. *Bunte*, 6. A. VII. 2. Rn. 29; *Borges*, NJW 2005, 3313, 3314.

544 *Bunte*, 6. A. VII. 2. Rn. 30; *Maihold*, in: Schimansky/Bunte/Lwowski, § 55 Rn. 31; *J. Meyer*, S. 45.

b) Identitätsdiebstahl mittels des Einsatzes von Keyloggern und sonstiger Schadsoftware

Eine weitere Möglichkeit des Identitätsdiebstahls ist die Verwendung von Schadsoftware (*malware*). Wie beim Pharming besteht die wesentliche Herausforderung für den Täter darin, die Schadsoftware auf dem Computer des Opfers zu installieren.

Mittels eines auf dem infizierten Computer installierten Keyloggers können alle Eingaben des Nutzers auf einem Computer einschließlich Nutzernamen und Kennwörter protokolliert und an den Täter weitergeleitet werden.[545] Derartige Programme können zudem über Erweiterungen verfügen, sodass etwa eingegebene TAN nicht versandt werden.[546] Keylogger sind häufig Bestandteil von anderer Schadsoftware, die für Man-in-the-Middle-Angriffe verwendet wird.[547] Der Einsatz von Keyloggern wird zum Teil dem Phishing oder Spoofing zugerechnet.[548] Der Unterschied hierzu liegt jedoch darin, dass der Nutzer nicht durch gefälschte Webseiten getäuscht wird.

Des Weiteren existieren neben Software-Keyloggern auch Hardware-Keylogger, die zwischen Tastatur oder anderen Eingabegeräten und dem PC zwischengeschaltet werden können und auf einem internen Chip die Anschläge auf der Tastatur speichern.[549] Solche Adapter sind für den nichtversierten Nutzer nur schwer erkennbar.[550] Auch Antivirenprogramme können derartige Angriffe nicht erkennen, da keine Software auf dem PC installiert ist. Ein weiterer Vorteil für den Täter ist, dass selbst aufwendige Verschlüsselungstechniken keinen Schutz bieten, da das Signal von der Tastatur zum PC in aller Regel unverschlüsselt ist. Wesentlicher Nachteil ist jedoch, dass der Täter den Hardware-Keylogger physisch am PC des Opfers anbringen und zum Auslesen der Daten wieder an sich nehmen muss.[551] Durch den Einsatz von Hardware-Keyloggern in Internetcafés oder Bibliotheken kann in kurzer Zeit eine Vielzahl von Nutzernamen und Passwörtern erlangt werden.

Da beim Einsatz von Keyloggern alle Tastaturanschläge protokolliert werden, drohen die für den Täter „interessanten" Identitätsdaten in der Masse der aufgezeichneten Daten unterzugehen. Neuere Software-Keyloggern erkennen daher, wenn Zugangsdaten eingegeben werden, und protokollieren nur diese oder markieren diese gesondert, um dem Täter die Auswertung zu erleichtern.[552]

Ein weiterer Einsatz von Software zur Erlangung fremder Identitätsdaten ist das *Sniffing*. Als Sniffing wird das Mitlesen unverschlüsselter oder nur schwach

---

545 *Borges/Schwenk/Stuckenberg/Wegener*, S. 37; *Dietrich*, S. 116.
546 *Borges*, NJW 2005, 3313, 3314; *Bunte*, 6. A. VII. 2. Rn. 30.
547 *Borges/Schwenk/Stuckenberg/Wegener*, S. 39.
548 *Borges*, NJW 2005, 3313, 3314; *D. Hansen*, S. 12.
549 *Dietrich*, S. 116.
550 *Widder*, S. 24.
551 Mittlerweile existieren jedoch auch *Hardware-Keylogger* mit Funkverbindungen, vgl. *Borges/Schwenk/Stuckenberg/Wegener*, S. 65.
552 *Borges/Schwenk/Stuckenberg/Wegener*, S. 102.

verschlüsselter Kommunikation über Netzwerke mittels entsprechender Software bezeichnet.[553] Eine neuere Variante des Sniffing ist das *Wardriving*,[554] bei dem während einer Fahrt durch Gebiete mit möglichst hoher Bevölkerungsdichte nach nur unzureichend oder unverschlüsselten Funknetzwerken gesucht wird, um über dieses Netzwerk Zugriff auf Identitätsdaten zu erlangen.[555]

c) Identitätsdiebstahl mittels Hacking

Identitätsdiebstahl ist ferner durch den unerlaubten Zugriff auf Computersysteme und Datenbanken über eine Internetverbindung möglich (*Hacking*). Hacking bezeichnet das unbefugte Eindringen in ein fremdes Computersystem unter Überwindung der vorhandenen Sicherheitsmechanismen, zumeist über ein Netzwerk oder das Internet.[556] Sobald der Täter in ein Computersystem oder eine Datenbank eingedrungen ist, kann er die Identitätsdaten auslesen und für seine Zwecke missbrauchen. Da Hacking ein individueller Angriff auf ein bestimmtes System ist, sind Datenbanken ein besonders beliebtes Ziel bei Tätern, da so große Mengen an Identitätsdaten erlangt werden können.[557]

Eine andere Variante des Hacking, bei dem nicht unter Überwindung von Sicherheitsmechanismen in fremde Computersysteme eingedrungen werden muss, um Identitätsdaten zu erlangen, ist das sog. Google-Hacking. Dabei wird versucht, über

---

553 *Borges/Schwenk/Stuckenberg/Wegener*, S. 247; *The President's Identity Theft Task Force*, Strategic Plan, S. 17.

554 Der Begriff setzt sich zusammen aus den Begriffen „wireless-access-revolution" und „drive", vgl. *Bär*, MMR 2005, 434, 435.

555 In den USA versuchten Täter auf die zentrale Kundenkreditkartendatei einer Baumarktkette zuzugreifen, indem sie sich über das unverschlüsselte Funknetzwerk einer Filliale einwählten, welches sie mittels *Wardriving* entdeckt hatten. Noch vor Vollendung der Tat wurden sie vom FBI gefasst. Der Haupttäter wurde zu einer Freiheitsstrafe von neun Jahren verurteilt, vgl. *CIPPIC*, Working Paper 2, S. 18 f.; *Kern*, 21 Santa Clara Computer & High Tech. L.J. 2004, 101. Der Zugriff auf ein unverschlüsseltes Funknetzwerk ist in Deutschland nicht strafbar, vgl. *LG Wuppertal*, Beschl. v. 19.10.2010 – 25 Qs-10 Js 1977/08-177/10, ZUM 2011, 190; *Bär*, MMR 2005, 434.

556 Zum Begriff des *Hacking* siehe Vetter, S. 119 ff.; Ernst, NJW 2003, 3233; *Schnabl* wistra 2004, 211, 212; *Weidemann*, in: BeckOK StGB, Lexikon des Strafrechts, Computerkriminalität, Rn. 7; *Wehner*, in: Heise Online-Recht, C.IV.B.I.2.; *Graf*, in: MünchKomm StGB, Bd. 4, 2. Aufl., § 202a Rn. 50; *Kargl*, in: Kindhäuser/Neumann/Paeffgen, § 202a Rn. 12.

557 So wurden beispielsweise bei der angloamerikanischen Kaufhaus-Kette TJX über Jahre hinweg insgesamt 45,7 Millionen Kreditkartennummern gestohlen, vgl. Spiegel Online v. 29.03.2007, abrufbar unter: http://www.spiegel.de/netzwelt/web/daten-diebstahl-45-7-millionen-kreditkartennummern-gestohlen-a-474626.html.

den Internetsuchanbieter Google versteckte Dokumente zu finden, die aufgrund der fehlerhaften Konfiguration oder Erstellung einer Webseite online abrufbar sind.[558]

2. Sonstige Begehungsweisen

Die typischen Begehungsweisen des Identitätsdiebstahls außerhalb des Onlinebereichs lassen sich in folgende Kategorien aufteilen.

a) Identitätsdiebstahl durch Ansichbringen von körperlichen Gegenständen

Eine Möglichkeit des Identitätsdiebstahls ist das Ansichbringen einer Sache, auf der Identitätsdaten schriftlich oder elektronisch fixiert sind. Dies kann auch unter Anwendung von Drohung oder Gewalt geschehen. In Betracht kommen dabei insbesondere Ausweisdokumente, Mobiltelefone, Laptops, Kredit- und Geldkarten sowie Datenträger, wie USB-Sticks, CDs oder Papierdokumente.[559] Der Täter kann zudem vergessene Quittungen von Kartenzahlungen an sich bringen, um die Kartennummer abzulesen.[560]

Eine weitere verbreitete Methode ist die Wegnahme von Briefen und anderen Postsendungen, bevor diese den Empfänger erreichen.[561] Dabei sehen es die Täter insbesondere auf Briefe von Banken ab, die vertrauliche Identitätsdaten wie PIN und TAN enthalten.[562] Schreiben, mit denen auf teilweise vorausgefüllten Formularen „bereits genehmigte" Kredite angeboten werden, sind ebenfalls ein beliebtes Angriffsziel.[563]

In diese Kategorie gehört auch das *dumpster diving*[564] oder *bin raiding*.[565] Dies bezeichnet das Durchsuchen von Abfallbehältern und Papierkörben von Privathaushalten und Unternehmen nach vertraulichen Dokumenten mit Identitätsdaten. Insbesondere Papierkörbe in Vorräumen von Banken sind betroffen, da Kunden zum

---

558 *CIPPIC*, Working Paper 2, S. 17; *Gercke*, UN Handbook Identity-related crime, S. 19; zur Vorgehensweise beim Google Hacking siehe *Borges/Schwenk/Stuckenberg/Wegener*, S. 113 ff.

559 *McAfee*, S. 14.

560 *CIPPIC*, Working Paper 2, S. 5.

561 *Holmes/Valiquet*, S. 2, 11 ff.; *CIPPIC*, Working Paper 2, S. 6 f.; *Borges/Schwenk/Stuckenberg/Wegener*, S. 25.

562 Vor dem Jahr 2000 wurde die Social Security Number (siehe hierzu oben, B.III.3.b) bb)(1)) teilweise im Adressfeld angegeben. Identitätsdiebe konnten sie somit von den Briefen ablesen, ohne diese zu öffnen. Seit der Einführung des Social Security Number Confidentiality Act ist es nicht mehr erlaubt die SSN auf dem Brief anzugeben.

563 *CIPPIC*, Working Paper 2, S. 7.

564 *Stewart/Tittel/Chappl*, S. 601; *CIPPIC*, Working Paper 2, S. 5.

565 *OECD*, Scoping Paper, S. 16; *Fraud Prevention Expert Group*, S. 26.

Teil fehlerhaft ausgefüllte Überweisungsträger wegwerfen, ohne diese zu vernichten.[566] Der Täter kann so Namen, Kontonummern und Bankleitzahlen erfahren. Weitere Unternehmen, die besonders von dumpster diving betroffen sind, sind Hotels, Autovermietungen und andere Unternehmen, die als Sicherheit Kreditkartendaten ihrer Kunden aufnehmen. Dabei werden die Karten nicht belastet, wenn der Kunde mit der ihm überlassenen Sache vertragsgemäß umgeht. Werden die Kreditkartendaten vor der Entsorgung nicht vernichtet, kann ein Täter diese an sich bringen.[567]

b) Identitätsdiebstahl durch Täuschung

Ein Täter kann durch die Vorspiegelung unwahrer und die Verfälschung wahrer Tatsachen an fremde Identitätsdaten gelangen.

aa) Täuschung Dritter

Eine weitverbreitete Methode ist das Umleiten von Postsendungen. Hierzu wird einem Unternehmen unter dem Namen des Opfers eine „neue Adresse" mitgeteilt, an die in Zukunft sämtliche Sendungen adressiert werden sollen. Zudem können ohne Kontrollen Nachsendeanträge bei der Post gestellt werden, sodass sämtliche Postsendungen zum Täter umgeleitet werden.[568] Dies hat für den Täter im Vergleich zum Diebstahl den wesentlichen Vorteil, dass es in der Regel eine gewisse Zeit dauert, bevor das Opfer bemerkt, dass es Postsendungen nicht erhalten hat. Dies gibt dem Täter mehr Zeit, die so erlangten Identitätsdaten missbräuchlich zu verwenden.[569] Stellt der Täter im Namen des Opfers Nachsendeanträge, erhält das Opfer auch Kreditkartenabrechnungen nicht und kann damit nicht ohne Weiteres nachvollziehen, dass seine Kreditkartendaten missbraucht wurden.[570]

Unternehmen können ferner dadurch getäuscht werden, dass der Täter unter Angabe eines Vorwandes telefonisch oder schriftlich auffordert, ihm Passwörter oder Zugangsdaten mitzuteilen, und hierfür eine falsche Adresse angibt oder die Daten direkt telefonisch erfragt. Unternehmen versuchen, dies dadurch zu unterbinden, dass bei der telefonischen Kommunikation beispielsweise Geburtsdatum oder Adresse zur Identitätsfeststellung abgefragt werden. Diese Identitätsdaten lassen sich für den Täter jedoch relativ leicht beschaffen. Sicherer ist die Abfrage eines Kundenkennwortes.

Um der eigenen Entdeckung beim Identitätsmissbrauch vorzubeugen, binden Täter regelmäßig sogenannte Finanzagenten ein. Dies erfolgt häufig ohne deren Wissen ebenfalls durch Identitätsdiebstahl. Die Täter schalten in der Regel Stellenanzeigen für „Nebenverdienstmöglichkeiten". Für eine geringe monatliche

566 *Borges/Schwenk/Stuckenberg/Wegener*, S. 25 f.
567 *CIPPIC*, Working Paper 2, S. 5 f.
568 *Borges/Schwenk/Stuckenberg/Wegener*, S. 26.
569 *CIPPIC*, Working Paper 2, S. 6.
570 *Borges/Schwenk/Stuckenberg/Wegener*, S. 26.

Entlohnung oder eine prozentuale Provision solle der „Arbeitnehmer" ein Konto auf seinen Namen eröffnen. Je nach Ausgestaltung nimmt der Finanzagent selbst Weiterüberweisungen vor oder er gibt sämtliche Zugangs- und Transaktionsdaten an den Täter weiter. Der Täter erlangt damit die Identitätsdaten des Finanzagenten und begeht somit einen Identitätsdiebstahl durch Täuschung. Mithilfe der Daten hat der Täter die alleinige Kontrolle über das Konto und kann eingehende Zahlungen aus Phishing-, Betrugstaten oder sonstigen Straftaten ins Ausland weitertransferieren.[571] Das Opfer des Identitätsdiebstahls, d. h. der Finanzagent, macht sich selbst der leichtfertigen Geldwäsche nach § 261 Abs. 1 und 5 StGB[572] und – sofern das Opfer für die Tätigkeit ein Entgelt erhält – nach § 31 Zahlungsdienstaufsichtsgesetz (ZAG) strafbar, da die Erbringung derartiger Finanzdienstleistungen der Erlaubnis durch die Bundesanstalt für Finanzdienstleistungsaufsicht bedarf (vgl. § 8 Abs. 1 S. 1 ZAG).[573] Darüber hinaus kann der Finanzagent zivilrechtlich vom Betrugsopfer auf Schadensersatz in Anspruch genommen werden.[574]

bb) Social Engineering

Was im Bereich des Internets als Spoofing bezeichnet wird, entspricht im Offlinebereich dem „Social Engineering".[575] Social Engineering meint die künstliche Schaffung eines typischen Lebenssachverhaltes in der Absicht, dass das Opfer die Täuschung nicht erkennt und aufgrund des erregten Irrtums vertrauliche Daten von sich aus preisgibt.

Eine in den USA verbreitete Methode zur Erlangung fremder Identitätsdaten mittels Social Engineering ist die Verwendung von gefälschten behördlichen Formularen.

---

571 Zu dieser Methode siehe Pressemitteilung der BaFin v. 23.11.2011 „BaFin warnt erneut vor einer Tätigkeit als ‚Finanzagent'"; *Neuheuser*, NStZ 2008, 492.

572 Zur Frage der Strafbarkeit des Opfers des Identitätsdiebstahls nach § 261 StGB siehe *OLG Karlsruhe*, Beschl. v. 21.11.2008 – 3 Ss 100/08, NStZ 2009, 269; LG Darmstadt, Urt. v. 13.06.2006 – 7 Ns 360 Js 33848/05; *Altenhain*, in: Kindhäuser/Neumann/Paeffgen, § 261 Rn. 130b; eine Strafbarkeit wegen Beihilfe zum (Computer-)Betrug scheitert zumeist an dem für die Beihilfe erforderlichen doppelten Vorsatz im Hinblick auf die Haupttat, vgl. *Neuheuser*, NStZ 2008, 492, 494; *Biallaß*, ZUM 2006, 876; *Gercke*, ZUM 2007, 282, 288 f.

573 *Werner*, in: Hoeren/Sieber, Teil 13.5 Rn. 67 ff.; *OLG Karlsruhe*, Beschl. v. 21.11.2008 – 3 Ss 100/08.

574 *LG Köln*, Urt. v. 05.12.2007 – 9 S 195/07, MMR 2008, 259; *AG Hamburg-Bergedorf*, Urt. v. 29.09.2010 – 410A C 121/10; *AG Wuppertal*, Urt. v. 24.04.2006 – 86 LS 512/06; *AG Tiergarten*, Urt. v. 08.05.2006 – 233 Ds 735/05; noch zum KWG a.F. *AG Überlingen*, Strafbefehl v. 01.06.2006 – Cs 60 Js 26466/05 AK 183/06; a.A. *LG Itzehoe*, Urt. v. 04.11.2010 – 7 O 16/10, welches eine Leichtfertigkeit im Sinne von § 261 Abs. 5 StGB ablehnt.

575 *D. Hansen*, S. 16; *Ernst*, DS 2007, 335, 337; nach a.A. soll *Social Engineering* auch das Phishing umfassen, vgl. *Borges/Schwenk/Stuckenberg/Wegener*, S. 103; *Kargl*, in: Kindhäuser/Neumann/Paeffgen, Bd. 2, 3. Aufl. 2010, § 202c Rn. 4.

Hierzu wird dem Opfer ein offiziell anmutendes Formular gefaxt oder per E-Mail mit der Aufforderung übersandt, dieses ausgefüllt zurückzusenden. Um das Opfer zur Preisgabe seiner Daten zu bewegen, wird angegeben, dass ihm ansonsten Steuervorteile entgingen.[576] Entsprechende Vorgehensweisen, die sich als „Offline Phishing" bezeichnen lassen, sind aus Deutschland bislang jedoch nicht bekannt.

Eine weitere Form des Identitätsdiebstahls ist Bestandteil von Vorkassebetrugstaten, bei denen das Opfer in Vorkasse geht und die Ware oder Dienstleistung nicht erhält. Um zusätzliche Seriosität vorzuspiegeln und damit das Opfer nicht davor zurückschreckt, Geld an einen „Unbekannten" zu überweisen, übersendet der Täter eine Ausweiskopie und fordert das Opfer auf, ihm ebenfalls zur Sicherheit eine Ausweiskopie zuzusenden. Bei der Ausweiskopie des Täters handelt es sich jedoch um die Ausweiskopie eines früheren Opfers. Die Ausweiskopie des jetzigen Opfers wird wiederum für spätere Betrugsversuche verwendet.[577] Dies hat neben dem finanziellen Schaden zur Folge, dass sich das erste Opfer zusätzlich gegen spätere Betrugsvorwürfe wehren muss.

cc) Vishing

Eine andere Methode des Identitätsdiebstahls ist das *Vishing*,[578] eine nicht-internetbasierte Variante des Phishing, bei der versucht wird, auf telefonischem Weg an Identitätsdaten zu gelangen.

Am weitesten verbreitet ist das Vishing unter Verwendung von Internettelefonie (Voice over IP). Internettelefonie hat für den Täter mehrere entscheidende Vorteile: Zum einen ist sie sehr kostengünstig, und computerbasierte Wählprogramme (War Dialer) können leicht eingesetzt werden, zum anderen können die Telefonanrufe von einem beliebigen Ort aus weltweit durchgeführt werden. Ferner lassen sich die Anrufe über Internet schwerer zurückverfolgen als gewöhnliche Telefonate.[579] Schließlich ist es möglich, die Rufnummernanzeige zu manipulieren, sodass die Rufnummer einer Bank auf dem Display des Angerufenen erscheint.

Wie das klassische Phishing besteht auch das Vishing aus mehreren Phasen. Die erste Kontaktaufnahme mit den potenziellen Opfern erfolgt dabei in der Regel telefonisch durch automatisierte Wählprogramme oder per E-Mail, um mit einem möglichst geringen Aufwand eine Vielzahl von Personen zu erreichen. Der

---

576 *McAfee*, S. 8.

577 Besonders auf dem Mietwohnungsmarkt in Ballungszentren findet sich diese Betrugsform immer häufiger. Die Täter geben an, sich im Ausland aufzuhalten, und verlangen die Zahlung einer Sicherheit. Im Gegenzu soll der Interessent den Schlüssel erhalten, um die Wohnung selbst besichtigen zu können. Hierfür werden zuvor über E-Mail Passkopien ausgetauscht.

578 Das Wort ist eine Zusammensetzung der englischen Wörter „voice" und „phishing".

579 *FinCEN*, S. 17; *The President's Identity Theft Task Force*, Strategic Plan, S. 16.

anschließende Ablauf der Täuschung kann unterschiedlich ausgestaltet sein. So kann das Opfer unter einem Vorwand, etwa eines möglichen Kreditkartenmissbrauchs, um Rückruf einer bestimmten Nummer gebeten werden. Im Rahmen dieses Telefonats wird das Opfer entweder von einem Programm oder einer Person dazu aufgefordert, sich zu identifizieren. Hierzu werden Name, Zugangs- und gegebenenfalls weitere Daten abgefragt.[580] In anderen Fällen werden die Identitätsdaten unter einem Vorwand direkt beim ersten Anruf abgefragt.

Vishing ist noch nicht sehr weit verbreitet und macht in den USA ca. 1 % der Identitätsdiebstähle aus. Der durchschnittliche finanzielle Schaden pro Tat war indes der dritthöchste.[581] Dies mag damit zusammenhängen, dass die Nutzer von Onlinebankingdiensten über das Risiko von Phishing relativ gut aufgeklärt wurden und daher Identitätsdaten nicht mehr ohne Weiteres in Onlineformulare eingeben. Dass vertrauliche Identitätsdaten durch Vishing erlangt werden können, ist demgegenüber weit weniger bekannt.[582]

c) Identitätsdiebstahl durch Einsatz technischer Mittel (Skimming)

Fremde Identitätsdaten lassen sich zudem durch technische Mittel erlangen.

Eine Methode ist das *Skimming* (Abschöpfen) von Kredit- und Scheckkarten.[583] Hierzu wird ein Kartenleser oftmals nur für kurze Zeit technisch manipuliert, sodass der Magnetstreifen der Karte ausgelesen und gespeichert wird.[584] Es kann sich dabei um einen Geldautomaten oder um Point-of-Sale-Terminals an Kassen, Selbstbedienungstankstellen oder Kartenleser zu Bankvorräumen[585] handeln. Zusätzlich wird entweder durch eine technische Manipulation des Eingabefeldes oder mittels versteckter Kamera versucht, die zur Karte gehörige PIN in Erfahrung zu bringen. Zum Teil ist die Manipulation des Kartenlesers äußerlich nicht oder nur sehr schwer erkennbar. Mit den so gesammelten Daten werden neue gefälschte Karten erstellt

580 *Holmes/Valiquet*, S. 2; *Gössmann/Bredenkamp*, in: FS Nobbe, 2009, S. 93, 95; *OECD*, Online Identity Theft, S. 25 f.; *Widder*, S. 26.

581 *Javelin*, Report 2010, S. 48.

582 *OECD*, Online Identity Theft, S. 25 f.

583 Zum Skimming vgl. *CIPPIC*, Working Paper 2, S. 9 f.; *Cornelius*, in: Leupold/Glossner, Teil 10 Rn. 251 ff.; *Weidemann*, in: BeckOK StGB, Lexikon des Strafrechts, Computerkriminalität, Rn. 13; *Maihold*, in: Schimansky/Bunte/Lwowski, § 54 Rn. 120 ff.; *Eisele*, CR 2011, 131; *Bachmann/ Goeck*, JR 2011, 425.

584 *BKA*, Zahlungskartenkriminalität, S. 7.

585 Diese Variante scheint stark rückläufig zu sein, vgl. *Seidl*, ZIS 2012, 415; *BKA*, Zahlungskartenkriminalität, S. 7.

(white plastics[586], Dubletten[587]), welche dann in der Regel zum Geldabheben im Ausland verwendet werden.[588] Die Verbreitung des Skimming ist nach einem starken Anstieg seit dem Jahr 2011 in Deutschland wieder rückläufig.[589] Im Ausland hingegen scheint die Zahl der Skimming-Taten weiter anzusteigen.[590]

V. Nutzung der entwendeten Identitätsdaten

Folgt man den Definitionen des Identitätsdiebstahls, die zwischen der Beschaffung und der Verwendung der Identitätsdaten differenzieren,[591] so haben diese Definitionen in der Regel gemein, dass der Identitätsdiebstahl zeitlich dem Identitätsmissbrauch vorgelagert sein muss. Aus diesem Grund sieht der kanadische Straftatbestand[592] vor, dass der Identitätsdiebstahl eine berechtigte Annahme begründet, dass die Identitätsdaten für eine Straftat verwendet werden. Im Folgenden sollen deswegen typische Verwendungszwecke entwendeter Identitätsdaten dargestellt werden, welche die Motivation zum Identitätsdiebstahl begründen.[593]

Es kann davon ausgegangen werden, dass die meisten entwendeten Identitätsdaten im Ergebnis für Betrugstaten genutzt werden.[594] Im Jahr 2002 geben 42 % der Opfer gegenüber der amerikanischen *Federal Trade Commission* (FTC) an, dass ihre Daten für Kreditkartenbetrug verwendet worden seien.[595] Ob der Täter des Identitätsdiebstahls zugleich der Täter des Betrugs ist, oder ob die Daten zuvor weitergegeben oder -verkauft wurden, lässt sich dabei häufig nicht feststellen. Es kann jedoch davon ausgegangen werden, dass im Bereich der organisierten Kriminalität ein arbeitsteiliges Vorgehen herrscht, bei dem sich einige Täter nur auf die Beschaffung und den Weiterverkauf von Identitätsdaten (insbesondere Kreditkartendaten) spezialisiert haben.[596]

---

586 *Kempa*, S. 52; *BKA*, Zahlungskartenkriminalität, S. 8; *Tyszkiewicz*, HRRS 2010, 207, 211. Der Begriff wird verwendet, weil die entwendeten Daten auf kostengünstige weiße Blankokarten mit Magnetstreifen kopiert werden. Da diese Karten jedoch nur zum Geldabheben verwendet werden, ist das äußere Erscheinungsbild der Karten nicht wichtig.

587 *Cornelius*, in: Leupold/Glossner, Teil 10 Rn. 251.

588 *Maihold*, in: Schimansky/Bunte/Lwowski, § 54 Rn. 122.

589 Für 2011 verzeichnete das BKA einen Rückgang von 56 %, vgl. *BKA*, Zahlungskartenkriminalität, S. 7; *Maihold*, in: Schimansky/Bunte/Lwowski, § 54 Rn. 121.

590 *BKA*, Zahlungskartenkriminalität, S. 10.

591 Siehe hierzu oben, C.III.3.

592 Siehe hierzu oben, C.I.3.b).

593 Eine Übersicht heirzu findet sich bei *Sproule/Archer*, S. 19; *UN*, Report Identity-related Crime Add, S. 8 ff.

594 *UN*, Report Identity-related Crime Add, S. 8 ff.

595 *FTC*, Identity Theft: the FTC'S Response; *Gordon/Willox*, S. 11.

596 *Gercke*, Internet-related Identity Theft, S. 17.

Bei den Betrugstaten sind es zumeist Kreditkarten-, Waren- und Bestellungsbetrug sowie der unberechtigte Zugriff auf fremde Bankkonten oder die Einrichtung neuer Bankkonten unter falschem Namen.[597] Bei der Erhebung der FTC lag in 13 % der Fälle *bank fraud* vor, bei dem auf ein Bankkonto des Opfers zugegriffen wurde, z. B. durch Ausstellung gefälschter Schecks (47 %), Abhebungen auf elektronischem Wege (15 %), oder ein neues Bankkonto im Namen des Opfers eröffnet wurde (20 %).[598]

Eine weitere Verwendungsmöglichkeit für fremde Identitätsdaten ist die Herstellung unechter Dokumente, wie Pässe, Ausweise, Visa und Krankenkassenkarten. Diese Delikte sind eng verknüpft mit den Straftaten im Bereich der illegalen Einwanderung und der rechtswidrigen Erlangung von staatlichen Leistungen.[599]

Fremde Identitätsdaten können ferner zum Verbergen der eigenen Identität, zur Erschwerung der Strafverfolgung[600] oder zur Geldwäsche[601] genutzt werden. Nach dem Geldwäschegesetz ist daher die Hauptpflicht des Geldempfängers die Identifizierung des Vertragspartners (§§ 3 Abs. 1 Nr. 1, 4 GwG).[602]

Bei der Vorbereitung und dem Vertuschen von Delikten im Zusammenhang mit dem internationalen Terrorismus spielen falsche Identitäten ebenfalls eine wichtige Rolle.[603] Zur Verhinderung terroristischer Anschläge überwachen Länder wie die Vereinigten Staaten den Einreiseverkehr und Reiserouten durch den Abgleich von Passagierlisten mit eigenen Datenbeständen,[604] aber auch internationale Geldtransfers werden von den Geheimdiensten überwacht. Das deutsche Geldwäschegesetz dient daher, neben der Verhinderung der Nutzbarmachung von Gewinnen aus schweren Straftaten, der Bekämpfung der Terrorismusfinanzierung.[605]

Abgesehen von den Delikten, bei denen die Identitätsdaten dazu verwendet werden, die wahre Identität des Täters zu verschleiern, lassen sich Identitätsdaten dazu gebrauchen, den wahren Identitätsinhaber zu schädigen oder zu belästigen. Beispiel hierfür ist insbesondere die Übernahme fremder Profile bei sozialen Onlinenetzwerken wie Facebook.[606]

---

597 *UN*, Report Identity-related Crime Add, S. 10.

598 *FTC*, Identity Theft: the FTC's Response.

599 Nach dem Bericht der *FTC* war dies 2002 bei 6 % der gemeldeten Identitätsdiebstähle der Fall, *FTC*, Identity Theft: the FTC's Response.

600 *UN*, Report Identity-related Crime Add, S. 10; *Gercke*, Internet-related Identity Theft, S. 18.

601 *UN*, Report Identity-related Crime Add, S. 12; *Gordon/Willox*, S. 14 f.

602 *Warius*, in: *Herzog*, Geldwäschegesetz, § 4 Rn. 1.

603 *UN*, Report Identity-related Crime Add, S. 11 f.; *Gordon/Willox*, S. 13.

604 Vgl. hierzu *Tamm*, VuR 2010, 215.

605 *Herzog*, in: *Herzog*, Geldwäschegesetz, Einl. Rn. 105 ff.; *Häberle*, in: Erbs/Kohlhaas, 190 EGL. 2012, GwG, Vorb. Rn. 2.

606 *J. Meyer*, S. 130 f.

Die besondere Gefahr von Identitätsdiebstahl besteht darin, dass einmal beschaffte Identitätsdaten von beliebig vielen Tätern nahezu beliebig oft verwendet werden können.[607] Nach der Erhebung der FTC wurden in 20 % der gemeldeten Fälle die Identitätsdaten mehrfach und für unterschiedliche Delikte eingesetzt.[608]

Im Hinblick auf das deutsche Strafrecht werden die typischen Begehungsformen des Identitätsmissbrauchs weitgehend durch die Betrugs- und Urkundendelikte abgedeckt.[609] Die Taten, auf die sich der neu geschaffene französische Straftatbestand des Identitätsdiebstahls in erster Linie bezieht, betreffen den Bereich der Nachstellung im Sinne von § 238 StGB oder der Beleidigung im Sinne von § 185 StGB.[610]

607 Für Identitätsdaten wie Personendaten (vgl. oben, B.III.3.a)) und Personenkennzeichen (vgl. oben, B.III.3.b)) gilt dies nahezu unbegrenzt. Für andere Daten wie Kreditkartendaten und Kennwörter gilt dies so lange, bis diese gesperrt oder geändert wurden.

608 *FTC*, Identity Theft: the FTC's Response.

609 *Borges/Schwenk/Stuckenberg/Wegener*, S. 327.

610 *Fischer*, S. 185 Rn. 9.

D. Strafbarkeit von Identitätsdiebstahl in Deutschland *de lege lata*

Im Folgenden sollen die derzeit bestehenden Straftatbestände im deutschen Recht daraufhin geprüft werden, inwieweit sie die dargestellten typischen Begehungsweisen des Identitätsdiebstahls abdecken. Da die meisten Taten „online" begangen werden, soll der Schwerpunkt auf den Computerdelikten (§§ 202a, 202b und 202c StGB) liegen. Hinsichtlich der sonstigen möglichen Begehungsweisen kommt eine Strafbarkeit nach den Eigentumsdelikten und nach Betrug in Betracht. Im Nebenstrafrecht ist zudem die Strafvorschrift aus dem BDSG (§ 44 Abs. 1 i. V. m. § 43 Abs. 2 BDSG) von besonderer Relevanz.

I. § 202a StGB

Gemäß § 202a Abs. 1 StGB wird mit Freiheitsstrafe bis zu drei Jahren oder mit Geldstrafe bestraft, wer sich oder einem anderen unbefugt Zugang zu Daten, die nicht für ihn bestimmt und die gegen unberechtigten Zugang besonders gesichert sind, unter Überwindung der Zugangssicherung verschafft.

Die Vorschrift wurde bereits im Jahr 1986 durch das 2. Gesetz zur Bekämpfung der Wirtschaftskriminalität (2. WiKG) in das StGB eingefügt.[611] Mit § 202a StGB sollte der „gestiegenen Bedeutung des Wertes von Informationen"[612] Rechnung getragen werden. Vor Einführung des § 202a StGB existierte im Bundesdatenschutzgesetz (§ 41 BDSG a.F.) bereits ein Straftatbestand, der jedoch nur personenbezogene Daten erfasste. Diese Strafbarkeitslücke sollte mit dem § 202a StGB geschlossen werden. Nach der ursprünglichen Fassung machte sich strafbar, wer sich unbefugt Daten verschaffte. In der Beschlussempfehlung und dem Bericht des Rechtsausschusses sollte das Hacking, also das reine – wenngleich unbefugte – Eindringen in ein Computersystem zum Aufzeigen von Schwachstellen ohne die Beschaffung von Daten, bewusst nicht strafbar sein. Begründet wurde dies damit, dass einer „Überkriminalisierung" vorgebeugt werden und das Strafrecht erst dann eingreifen solle, wenn ein Schaden oder eine Rechtsgutbeeinträchtigung vorliegt.[613] Dieses gesetzgeberische „Idealbild" des Hackers, den allein sein Ehrgeiz antreibt, Schwachstellen in Sicherheitssystemen zu finden, wurde von der Literatur als realitätsfern kritisiert.[614]

Mit Wirkung zum 11. August 2007 wurde § 202a Abs. 1 StGB durch das 41. Strafrechtsänderungsgesetz zur Bekämpfung der Computerkriminalität (41. StrÄndG)

611 BGBl. I 1986, 721.

612 Beschlussempfehlung und Bericht des Rechtsausschusses, BT-Drucks. 10/5058, S. 28.

613 BT-Drucks. 10/5058, S. 28.

614 *Graf*, Stellungnahme 41. StrÄndG, S. 2; *Kudlich*, Stellungnahme 41. StrÄndG, S. 3.

neu gefasst.[615] Die Gesetzesänderung diente der Umsetzung des von der Bundesrepublik Deutschland im Jahr 2001 unterzeichneten und am 9. März 2009 ratifizierten Übereinkommens des Europarates über Computerkriminalität („Cyber Crime Convention")[616] und des Rahmenbeschlusses des Europäischen Rates über Angriffe auf Informationssysteme („Rahmenbeschluss").[617] Mit der Neufassung wurde, in Abkehr von der vom Gesetzgeber des 2. WiKG vertretenen Auffassung, bereits der bloße unbefugte Zugang zu besonders gesicherten Daten unter Überwindung einer Zugangssicherung strafbar.[618] Eine tatsächliche Verschaffung der Daten ist seitdem nicht mehr erforderlich.[619] Grund hierfür ist, dass der Rahmenbeschluss nicht auf die Verschaffung von Daten, sondern auf den Zugang als maßgebliche Tathandlung abstellt.[620] Aus diesem Grund wird § 202a StGB zuweilen als „elektronischer Hausfriedensbruch" bezeichnet.[621]

Mit dem am 4. Juli 2013 vom Europäischen Parlament angenommenen Vorschlag zur Änderung des derzeitigen Rahmenbeschlusses[622] („RL-Entwurf") sind für § 202a StGB keine Änderungen zu erwarten. Art. 3 des Entwurfs entspricht Art. 2 des Rahmenbeschlusses, welcher die Grundlage für § 202a StGB bildet. Einziger Unterschied ist, dass eine Handlung nur geahndet werden soll, sofern sie durch eine Verletzung von Sicherheitsmaßnahmen erfolgt. Im aktuellen Rahmenbeschluss ist den Mitgliedsstaaten noch freigestellt, auf dieses Tatbestandsmerkmal zu verzichten. Hiervon hat Deutschland bei § 202a StGB bereits Gebrauch gemacht. Nach Art. 9 Nr. 1 RL-Entwurf müssen die Mitgliedsstaaten sicherstellen, dass eine entsprechende Tat mit Freiheitsstrafen im Höchstmaß von mindestens zwei Jahren geahndet werden. Der Rahmenbeschluss sieht derzeit noch eine Freiheitsstrafe im Höchstmaß von mindestens einem Jahr vor. Straftaten nach § 202a StGB werden indes ohnehin mit einer Freiheitsstrafe von bis zu drei Jahren sanktioniert.

---

615 BGBl. I 2007, 1786; vgl. hierzu *Schumann*, NStZ 2007, 675; *Gröseling/Höfinger*, MMR 2007, 540 ff. und 626 ff.; *Ernst*, NJW 2007, 2661; *Borges/Stuckenberg/Wegner*, DuD 2007, 275.

616 BGBl. II 2008, 242.

617 ABl. EU Nr. L 69/67 v. 16.3.2005.

618 Reg.-Begr. BT-Drucks. 16/3656, S. 7; zur Umgestaltung von § 202a StGB zu einem „Zugangsdelikt" siehe *Gröseling/Höfinger*, MMR 2007, 549; zur Umsetzung der *Cyber Crime Convention* im deutschen StGB siehe *Gercke*, MMR 2004, 728; *ders.*, ZUM 2005, 615; *Ernst*, NJW 2007, 2661; *Schumann*, NStZ 2007, 675, 676.

619 *Cornelius*, in: Kilian/Heussen, Strafrecht BT Rn. 5; aber auch nach der alten Rechtslage war das Hacking in den meisten Fällen von § 202a StGB erfasst, da ein Verschaffen der Daten auch dann angenommen wurde, wenn diese auf dem Bildschirm des Täters angezeigt wurden und dieser sie erfassen konnte, vgl. BT-Drucks. 16/3656; *Gercke*, MMR 2004, 728.

620 Vgl. Art. 2 Abs. 1 Rahmenbeschluss.

621 *Eckhardt*, DuD 2008, 330, 332; *Kargl*, in: Kindhäuser/Neumann/Paeffgen, § 202a Rn. 1; *Ernst* NJW 2007, 2661.

622 Siehe hierzu oben, C.I.3.e).

1. Geschütztes Rechtsgut

Welches Rechtsgut von § 202a StGB geschützt wird, ist umstritten. Die Bestimmung des Rechtsguts ist jedoch für die Auslegung der Tatbestandsmerkmale sowie die nach § 205 StGB für § 202a StGB relevanten Strafantragsberechtigung und die Konkurrenzen von Bedeutung.[623] Für § 202a StGB kommen vier unterschiedliche Rechtsgüter in Betracht: das formelle Geheimhaltungsinteresse hinsichtlich der Daten, das materielle Geheimhaltungsinteresse hinsichtlich des Informationsgehaltes der Daten, das Vermögen sowie die Integrität von Computersystemen.

Wenngleich die mittlerweile ganz herrschende Meinung das formelle Geheimhaltungsinteresse als alleiniges geschütztes Rechtsgut von § 202a StGB ansieht, bleibt der Meinungsstreit aktuell.[624] So wird erst seit der Neufassung durch das 41. StrÄndG vor dem Hintergrund der Umsetzung des EU-Rahmenbeschlusses die Auffassung vertreten, dass auch die Integrität von Computersystemen geschützt sei.[625] Zudem hat die Frage des Rechtsguts Auswirkungen darauf, inwieweit § 202a StGB den Identitätsdiebstahl erfasst, sodass die vertretenen Ansichten im Folgenden dargestellt werden.

a) Formelles Geheimhaltungsinteresse

Nach der herrschenden Ansicht schützt § 202a StGB das formelle Geheimhaltungsinteresse.[626]

Das formelle Geheimhaltungsinteresse ist Ausfluss des verfassungsrechtlich geschützten Rechts auf informationelle Selbstbestimmung[627] und meint die Berechtigung des Verfügungsinhabers, Dritte vom Informationsgehalt der Daten nach freiem Ermessen auszuschließen. Wird der Zugriff auf eine Information verwehrt, so ist diese formell geheim. Auf den Inhalt der Information kommt es nicht an, sodass Daten, deren Informationsgehalt anderen Personen oder sogar allgemein bekannt ist, formell geheim sein können, wenn es der Verfügungsberechtigte so beabsichtigt.

Da es sich beim Geheimhaltungsinteresse um ein rein formelles handelt, wird zu seiner Bestimmung nur auf objektive Umstände, also das äußere Erscheinungsbild, abgestellt. Damit der Tatbestand von § 202a StGB erfüllt ist, müssen die Daten gegen Zugriff besonders gesichert sein. Durch die besondere Sicherung dokumentiert der

623 *Suhr*, JA 1990, 303; *Krutisch*, S. 71; *Schmid*, S. 27.

624 Siehe z. B. *Krutisch*, S. 71 ff.; *Dietrich*, S. 30 ff.; *Heghmanns*, ZIS 2007, 49.

625 *Kusnik*, S. 58 ff.

626 *Hoyer*, in: SK-StGB, 119. EGL 2009, § 202a Rn. 1; *Fischer*, § 202a Rn. 2; *Lenckner/Eisele*, in: Schönke/Schröder, § 202a Rn. 1; *Graf*, in: MünchKomm StGB, Bd. 3, 2. § 202a Rn. 2; *Weidemann*, in: BeckOK StGB, § 202a Rn. 2; *Kargl*, in: Kindhäuser/Neumann/Paeffgen, § 202a Rn. 3; *Rengier*, Strafrecht BT/II § 31 Rn. 24; *Hilgendorf/Frank/Valerius*, Rn. 654; *Ernst*, NJW 2007, 2661; *Samson/Langrock*, wistra 2010, 201, 202; *Schumann*, NStZ 2007, 675, 676; *Gercke/Brunst*, Rn. 89.

627 Vgl. hierzu *BVerfG*, Urt. v. 15.12.1983 – 1 BvR 209/83, BVerfGE 65, 1 = NJW 1984, 419.

Verfügungsberechtigte sein formelles Geheimhaltungsinteresse und bringt zugleich seinen Herrschaftswillen über die Daten zum Ausdruck.[628] Damit spricht der Wortlaut der Norm für das formelle Geheimhaltungsinteresse als Rechtsgut.

In der Gesetzesbegründung zu § 202a StGB a.F. wurde das formelle Geheimhaltungsinteresse nicht als Rechtsgut explizit erwähnt. Der Gesetzgeber wollte aber solche Daten vor Ausspähung schützen, bei denen der Verfügungsberechtigte „sein Interesse an der ‚Geheimhaltung' dokumentiert",[629] und stellte auf rein objektive Umstände ab. In der Gesetzesbegründung zum 41. StrÄndG wies der Gesetzgeber hingegen ausdrücklich darauf hin, dass § 202a StGB das formelle Geheimhaltungsinteresse schütze.[630]

Die besondere Zugangssicherung erlaubt es demjenigen, der den „Schlüssel" hat, sein Verfügungsrecht über die Daten auszuüben. Der formelle Verfügungsberechtigte kann mithin entscheiden, welche Daten überhaupt dem strafrechtlichen Schutz unterfallen. Unerheblich ist hingegen, welchen realen Lebenssachverhalt die Daten betreffen oder ihr Inhalt, wie sie gespeichert sind oder wer Eigentümer des Datenträgers ist. Unerheblich ist darüber hinaus, wer Betroffener ist, also wen die Informationen inhaltlich betreffen.[631]

b) Materielles Geheimhaltungsinteresse

Über das formelle Geheimhaltungsinteresse hinaus ließe sich annehmen, dass § 202a StGB einen über das formelle Geheimhaltungsinteresse hinausgehenden Schutzzweck hinsichtlich des Interesses der Geheimhaltung besonderer persönlicher Daten (materielles Geheimhaltungsinteresse) verfolgt.[632] Das materielle Geheimhaltungsinteresse bezieht sich auch auf den Informationsgehalt der Daten, während das formelle Geheimhaltungsinteresse allein auf das „äußere Erscheinungsbild" der Daten abstellt. Das materielle Geheimnis ist eine Information, die nur einem begrenzten Personenkreis bekannt ist und an deren Geheimhaltung seitens des Betroffenen oder des Geheimnisträgers ein besonderes Interesse besteht.[633] Anders als beim formellen Geheimnis können allgemein oder weitgehend bekannte Informationen kein materielles Geheimnis darstellen. Diese Auffassung lässt sich auf die Gesetzessystematik stützen, da § 202a StGB vom Gesetzgeber in den fünfzehnten Abschnitt des Besonderen Teils eingefügt wurde, welcher die Verletzung des persönlichen Lebens- und Geheimbereichs betrifft.

Dass § 202a StGB einem über das formelle Geheimhaltungsinteresse hinausgehenden Schutz dient, widerspricht allerdings sowohl dem Wortlaut, der – anders als etwa

628 *Kargl*, in: Kindhäuser/Neumann/Paeffgen, § 202a Rn. 3; *Hoyer*, in: SK-StGB, 119. EGL 2009, § 202a Rn. 1; *Krutisch*, S. 73.

629 BT-Drucks. 10/5058, S. 28.

630 BT-Drucks. 16/3656, S. 9, 11.

631 Zur Frage, wer Rechtsgutsträger bei § 202a StGB ist, siehe unten, D.I.2.a)bb).

632 Vgl. *Dietrich*, S. 54 ff.; ablehnend *Krutisch*, S. 71 f.

633 *Jessen*, S. 36.

§ 201 StGB – kein materielles Geheimnis enthält, als auch der Gesetzeshistorie. Der Wortlaut von § 202a StGB knüpft an die „besonders gesicherten" Daten und somit an ein formelles, objektives Kriterium an. Anhand des Wortlautes ließe sich mithin nicht bestimmen, ob die Daten ein materielles Geheimnis beinhalten. Wenn die Strafvorschrift keine besondere Art von Information bezeichnet, die geheim sein soll, kann die Information und mithin das materielle Geheimnis nicht Rechtsgut sein.[634]

Der Schutz des materiellen Geheimhaltungsinteresses, wie ihn beispielsweise § 203 StGB für den persönlichen Lebensbereich oder Betriebs- oder Geschäftsgeheimnisse vorsieht, würde der Intention des Gesetzgebers widersprechen. In der Gesetzesbegründung heißt es ausdrücklich, dass eine Strafbarkeit nach § 202a StGB „nicht eine Verletzung des persönlichen Lebens- oder Geheimbereichs voraussetzt".[635] Im Hinblick auf persönliche Geheimnisse verwies bereits die Gesetzesbegründung zu § 202a StGB a.F. auf die Strafnormen im Bundesdatenschutzgesetz. Hinsichtlich der Gesetzessystematik, auf welche sich diese Ansicht zu stützen vermag, hat der Gesetzgeber angegeben, dass der Straftatbestand allein aufgrund „des engen Zusammenhangs mit den §§ 201, 202 StGB" an dieser Stelle eingefügt wurde.[636] Daraus folgt jedoch nicht zwangsläufig der Schutz des materiellen Geheimnisses, sondern der Schutz von Geheimnissen im Allgemeinen.

c) Vermögen

Nach der im Wesentlichen von *Haft* vertretenen Auffassung soll § 202a StGB dem Vermögensschutz dienen.[637] Das Vermögen sollte dabei nicht nur als Reflex geschützt werden, sondern eigentliches Rechtsgut von § 202a StGB sein. Hierzu wird vorgebracht, dass es sich bei § 202a StGB letztlich um „Datendiebstahl" handele. Übersehen wird insoweit, dass bereits der Diebstahl gemäß § 242 StGB nicht das Vermögen, sondern das Eigentum schützt.[638] Die Ansicht stützt sich überdies auf die Gesetzesbegründung zu § 202a StGB a.F. Danach sollte der neue Straftatbestand unter anderem dem strafrechtlichen Schutz gegen Computerspionage dienen. Zudem verweist die Gesetzesbegründung auf die „gestiegene Bedeutung des Wertes von Informationen."[639]

Nach der Gesetzesbegründung sollte mit der Einführung des § 202a StGB überdies eine Strafbarkeitslücke für nicht personenbezogene Daten geschlossen werden.[640] *Haft* leitet hieraus im Umkehrschluss ab, dass der neu geschaffene § 202a StGB damit

634 *Dietrich*, S. 39.
635 BT-Drucks. 10/5058, S. 28.
636 BT-Drucks. 10/5058, S. 28.
637 *Haft*, NStZ 1987, 6, 9; ebenso *Bühler*, MDR 1987, 448, 452; unklar *Fischer*, § 202a Rn. 2, der auch „das (meist auch wirtschaftliche) Interesse des Berechtigten" als vom Schutz erfasst ansieht.
638 *Dietrich*, S. 41.
639 BT-Drucks. 10/5058, S. 28.
640 BT-Drucks. 10/5058, S. 28.

Unternehmensdaten schützen solle, denen ein wirtschaftlicher Wert zukomme.[641] Haft*Haft Bühler*, der ebenfalls das Vermögen als Rechtsgut von § 202a StGB ansieht, beschreibt aus diesem Grund das formelle Geheimhaltungsinteresse als eine „bloße Hülse", die letztlich den hinter einer Information stehenden wirtschaftlichen Wert verberge.[642] Die Auffassung von *Haft* hätte zur Folge, dass Daten zunächst daraufhin geprüft werden müssten, ob ihnen ein wirtschaftlicher Wert zukommt, und solche ohne wirtschaftlichen Wert aus dem Schutzbereich herausfallen würden.

Die von *Haft* vertretene Ansicht ist indes aus mehreren Gründen abzulehnen: Zum einen kann sich diese Auffassung schon nicht auf den Wortlaut von § 202a StGB berufen, da sich aus diesem nämlich nicht ergibt, dass es sich um werthaltige Daten handeln muss. Auch sonstige typische Tatbestandsmerkmale von Vermögens- oder Eigentumsdelikten, wie eine Bereicherungs- oder Zueignungsabsicht fehlen.[643] Seit der Neufassung von § 202a StGB durch das 41. StrÄndG muss sich der Täter zudem nicht einmal mehr die Daten selbst, sondern nur den Zugang zu diesen verschaffen. Der von *Haft* propagierte Begriff des „Datendiebstahls" ist damit jedenfalls weniger stimmig als zuvor. Soweit den ausgespähten Daten ein Vermögenswert zukommt, ist dessen Schutz allenfalls Reflex des formellen Geheimhaltungsinteresses.[644] Dass es sich beim formellen Geheimhaltungsinteresse um eine „bloße Hülse" handelt, wie *Bühler* argumentiert, ist zwar zutreffend; dass diese „Hülse" nur Informationen mit einem wirtschaftlich anerkannten Wert schützt, folgt daraus indes nicht.

In der Gesetzeshistorie findet diese Auffassung ebenfalls keinen Widerhall. Soweit sich der Gesetzgeber auf den Wert von Informationen bezieht, ergibt sich hieraus nicht zwangsläufig, dass § 202a StGB vermögensschützend ist. Für den Gesetzgeber ist der „Wert" einer Information nicht unbedingt gleichbedeutend mit einem „wirtschaftlichen Wert".[645] Das Argument, aus der Gesetzesbegründung ergebe sich im Umkehrschluss, dass der Gesetzgeber vor allem unternehmensbezogene und damit werthaltige Daten schützen wolle,[646] vermag nicht zu überzeugen. Zwar wollte der Gesetzgeber mit der Schaffung von § 202a StGB eine Strafbarkeitslücke für solche Daten schließen, die kein materielles Geheimnis betreffen. Hieraus ergibt sich jedoch nicht zwangsläufig, dass es sich insoweit nicht um private Daten ohne wirtschaftlichen Wert handeln kann. Zudem schützt § 17 Abs. 2 Nr. 2 UWG ausdrücklich Betriebs- und Geschäftsgeheimnisse als materielle Geheimnisse, sodass insofern keine Strafbarkeitslücke existiert.

---

641 *Haft*, NStZ 1987, 6, 9.

642 *Bühler*, MDR 1987, 448, 452.

643 *Krutisch*, S. 72 f.

644 *Hilgendorf/Frank/Valerius*, Rn. 654; *Lenckner/Eisele*, in: Schönke/Schröder, § 202a Rn. 1.

645 *Dietrich*, S. 40.

646 *Haft*, NStZ 1987, 6, 9.

Überdies spricht die systematische Einordnung der Norm gegen die Einordnung als Vermögensdelikt.[647] Dass § 202a StGB nicht das Vermögen schützt, folgt ferner aus § 205 Abs. 1 S. 1 HS 2 StGB, wonach das Strafantragsrecht in den Fällen des §§ 202a und 202b StGB nicht auf den Erben übergeht.[648] Würde § 202a StGB tatsächlich das Vermögen schützen, würde dies eine Ausnahme vom allgemeinen Grundsatz der Universalsukzession darstellen, für die es keinen ersichtlichen Grund gibt.

d) Integrität von Computersystemen

Seit der Neufassung des § 202a StGB durch das 41. StrÄndG ist ein weiteres mögliches Rechtsgut hinzugekommen: die Integrität von Computersystemen. Diese Auffassung lässt sich auf die Vorgaben der Cybercrime Convention sowie des Rahmenbeschlusses stützen.[649] Die Intention der Cybercrime Convention war es, „Handlungen gegen die Vertraulichkeit, Unversehrtheit und Verfügbarkeit von Computersystemen" zu verhindern.[650] Vertreten wird daher die Ansicht, § 202a StGB sei entsprechend den europäischen Vorgaben des Rahmenbeschlusses auszulegen, wenngleich dies keinen Rückhalt im Wortlaut findet.[651] Mit dem unbefugten Verschaffen des Zugangs zu Daten, welche in einem Computersystem gespeichert sind, wird überdies auch immer die Integrität des Systems verletzt. Seit der Rechtsprechung des Bundesverfassungsgerichts zu Onlinedurchsuchungen existiert ferner ein Grundrecht auf Gewährleistung der Vertraulichkeit und Integrität informationstechnischer Systeme.[652]

Ein weiteres Argument, welches von Vertretern dieser Ansicht vorgebracht wird, lautet, dass § 202a StGB eine Art „virtuelles Hausrecht" schaffe.[653] Analog zum Hausfriedensbruch gemäß § 123 StGB, dessen Rechtsgut das individuelle Hausrecht ist,[654] und dessen Schutzbereich sich auf die gesamten Räumlichkeiten erstreckt, soll § 202a StGB nicht nur auf einzelne Daten eines infiltrierten Systems beschränkt sein, sondern sich ebenfalls auf das gesamte Computersystem erstrecken. Die Folge wäre, dass der Tatbestand bei einem nicht geschützten Computersystem erfüllt wäre, selbst wenn der Täter sich keinen Zugang zu besonders geschützten Daten verschaffen würde. Soweit das Computersystem selbst bereits vor unberechtigtem

---

647 *Kargl*, in: Kindhäuser/Neumann/Paeffgen, § 202a Rn. 3; *Graf*, in: MünchKomm StGB, Bd. 4, 2. Aufl., § 202a Rn. 2; *Jessen*, S. 38 f.; *Krutisch*, S. 72 f.; *D. Hansen*, S. 96.

648 So selbst *Haft*, NStZ 1987, 6, 10.

649 *Kusnik* S. 61; ähnlich *Gröseling/Höfinger*, MMR 2007, 549, 551, welche einen „mittelbaren" Schutz annehmen wollen.

650 ABl. EU Nr. L 69/67 v. 16.3.2005.

651 *Kusnik*, S. 63.

652 *BVerfG*, Urt. v. 27.02.2008 – 1 BvR 370/07, 1 BvR 595/07, BVerfGE 120, 274 = NJW 2008, 822.

653 *Kusnik*, S. 61.

654 *Schäfer*, in: MünchKomm StGB, Bd. 3, § 123 Rn. 1; *Fischer*, § 123 Rn. 2.

Zugriff besonders gesichert ist, beispielsweise durch eine Firewall, liegt nach beiden Ansichten eine strafbare Rechtsgutbeeinträchtigung vor.

Dass § 202a StGB die Integrität der Computersysteme an sich schützt, ist abzulehnen.[655] Zwar wird die Integrität mit dem Verschaffen des Zugangs verletzt, aber dieser Auffassung steht der eindeutige Wortlaut von § 202a StGB entgegen, der sich allein auf Daten bezieht. Im Strafrecht ist eine rahmenbeschlusskonforme Auslegung aufgrund des Bestimmtheitsgebotes gemäß Art. 103 Abs. 2 GG jedenfalls zulasten des Beschuldigten nicht möglich,[656] denn inhaltlich eindeutige nationale Vorgaben dürfen nicht im Wege der Auslegung durch das Gemeinschaftsrecht ersetzt werden.[657]

Ein gewichtiges Gegenargument ist ferner, dass nach § 202a Abs. 2 StGB auch Daten im Übertragungsstadium zwischen zwei getrennten Computersystemen geschützt werden. Bei einem Eingriff in den Übertragungsvorgang wird allein dessen Sicherheit kompromittiert, aber nicht die Integrität des einzelnen Computersystems. Das geschützte Rechtsgut der Computerintegrität wäre in diesem Fall gar nicht betroffen.

e) Zwischenergebnis

Im Ergebnis ist der von der herrschenden Meinung vertretenen Auffassung zu folgen, nach der das Rechtsgut von § 202a StGB das formelle Geheimhaltungsinteresse ist. Sie deckt sich als einzige der vertretenen Ansichten mit dem Wortlaut der Norm, welcher auch für die Bestimmung des Rechtsguts die Grenze der Auslegung darstellt. Zudem entspricht sie der gesetzgeberischen Intention und dem Telos von § 202a StGB.

§ 202a StGB verfolgt mithin einen anderen Schutzzweck als sämtliche der vorgestellten Identitätsdiebstahlsstraftatbestände. Letztere schützen allein den von den Dateninhalten Betroffenen, unabhängig davon, wer „Herr der Daten“[658] ist. Identitätsdiebstahl dient als strafrechtlicher Identitätsschutz dem Schutz des Individuums, also derjenigen Person, auf die sich die Daten inhaltlich beziehen (Betroffener). Der Betroffene ist nach herrschender Meinung jedoch nicht Rechtsgutsträger von § 202a StGB.[659]

Dennoch können typische Begehungsweisen des Identitätsdiebstahls von § 202a Abs. 1 StGB erfasst werden, wenn Identitätsdaten durch den Verfügungsberechtigten vor unberechtigtem Zugriff Dritter besonders geschützt wurden.

---

655 *Gercke/Brunst*, Rn. 89.
656 *Satzger*, in: Sieber/Brüner/Satzger/von Heintschel-Heinegg, § 9 Rn. 55 ff.
657 *Hassemer/ Kargl*, in: Kindhäuser/Neumann/Paeffgen, § 1 Rn. 111c.
658 *Cornelius*, in: Leupold/Glossner, Teil 10 Rn. 74; *Krutisch*, S. 73.
659 Zur Frage, wer Rechtsgutsträger von § 202a StGB ist, siehe unten, D.I.2.a)bb).

2. Tatobjekt

a) Der Datenbegriff des § 202a Abs. 1 StGB

Tatobjekt des § 202a Abs. 1 StGB sind für den Täter nicht bestimmte und gegen unberechtigten Zugang besonders gesicherte Daten. Daten im Sinne des Absatzes 1 sind gemäß dem Absatz 2 ferner nur solche, die elektronisch, magnetisch oder sonst nicht unmittelbar wahrnehmbar gespeichert sind oder übermittelt werden.

aa) Der Datenbegriff im Allgemeinen

Es existiert kein einheitlicher Datenbegriff oder eine gesetzliche Definition des Begriffs im deutschen Recht.[660] Die Auffassung, welche in Absatz 2 eine (eingeschränkte) Legaldefinition erkennen will,[661] ist abzulehnen. Absatz 2 definiert nicht den Begriff des Datums, sondern setzt diesen vielmehr voraus und ist mithin als Definition untauglich. Es handelt sich bei Absatz 2 daher nicht um eine Legaldefinition, sondern vielmehr um eine (zweifache)[662] Einschränkung eines nicht näher definierten Datenbegriffs.[663]

Vielfach wird wegen des technischen Ursprungs des Datenbegriffs auf die inzwischen abgelöste technische DIN-Norm 44300 Nr. 19 (bzw. ab 1985 Teil 2-2:1.13, Informationsverarbeitung)[664] verwiesen, welche Daten als „Zeichen oder kontinuierliche Funktionen auf Grund bekannter oder unterstellter Abmachungen zum Zwecke der Verarbeitung dargestellte Informationen“ definiert.[665] Für die strafrechtliche Definition soll jedoch kein Verarbeitungszweck erforderlich sein, da andernfalls die Ergebnisse eines Datenverarbeitungsvorgangs selbst nicht unter den Datenbegriff fallen würden.[666]

---

660 Siehe hierzu und zu möglichen unterschiedlichen Definitionsansätzen ausführlich *Krutisch*, S. 75.

661 *Lenckner/Eisele*, in: Schönke/Schröder, § 202a Rn. 2; *Tag*, Dölling/Duttge/Rössner, § 202a Rn. 4; *Gercke*, in: Spindler/Schuster, § 202a Rn. 2.

662 *Hilgendorf/Frank/Valerius*, Rn. 655.

663 *Cornelius*, in: Kilian/Heussen, Strafrecht BT Rn. 15; *Graf*, in: MünchKomm StGB, Bd. 4, 2. Aufl., § 202a Rn. 8; *Hoyer*, in: SK-StGB, 119. EGL 2009, § 202a Rn. 3; *Hilgendorf/Frank/Valerius*, Rn. 654 f.; *Hilgendorf*, JuS 1996, 509, 511; *Haft*, NStZ 1987, 6, 9; *Krutisch*, S. 75; *D. Hansen*, S. 95.

664 Die aktuelle internationale ISO/IEC 2382-1 definiert ein Datum als „a reinterpretable representation of information in a formalized manner, suitable for communication, interpretation, or processing“.

665 So beispielsweise *Lackner/Kühl*, § 263a Rn. 3; *Kargl*, in: Kindhäuser/Neumann/Paeffgen, § 202a Rn. 4; *Graf*, in: MünchKomm StGB, Bd. 4, 2. Aufl., § 202a Rn. 10; *Cornelius*, in: Kilian/Heussen, Strafrecht BT Rn. 12; *Borges/Schwenk/Stuckenberg/Wegener*, S. 239; *Jessen*, S. 47; *D. Hansen*, S. 95 f.; *Krutisch*, S. 76.

666 *Kargl*, in: Kindhäuser/Neumann/Paeffgen, § 202a Rn. 4; *Graf*, in: MünchKomm StGB, Bd. 4, 2. Aufl., § 202a Rn. 10; *Weidemann*, in: BeckOK StGB, § 202a Rn. 3; *Cornelius*, in: Kilian/Heussen, Strafrecht BT Rn. 13; *Hilgendorf/Frank/Valerius*, Rn. 655;

Das Bundesdatenschutzgesetz definiert personenbezogene Daten in § 3 Abs. 1 BDSG als „Einzelangaben über persönliche oder sachliche Verhältnisse einer bestimmten oder bestimmbaren natürlichen Person". „Einzelangaben" meint dabei Informationen, die sich auf eine bestimmte natürliche Person beziehen.[667] Die EG-Datenschutzrichtlinie (RL 95/46/EG)[668] definiert personenbezogene Daten als „Informationen über eine bestimmte oder bestimmbare natürliche Person" (Art. 2 lit. a) RL 95/46/EG). Kern des Datenbegriffs ist somit die Information über eine außerhalb des Datensystems liegende Tatsache.[669]

Nach herrschender strafrechtlicher Definition sind Daten codierte, für eine Datenverarbeitungsanlage erkennbare Informationen unabhängig davon, ob und in welcher Form sie verarbeitet werden.[670] Weit überwiegend anerkannt ist ferner, dass auch das einzelne Datum durch die Norm geschützt ist, obwohl der Wortlaut von § 202a StGB nur Daten erfasst.[671] Praktisch ist dies ohnehin von geringer Relevanz, da bei den heutzutage verwendeten binären Datensystemen ein Datum nur 0 oder 1 sein kann. Werden Buchstaben oder Zahlen größer als 1 verwendet, liegen stets Daten vor, da diese vom System in eine Reihe von 0 und 1 übersetzt werden.[672] Die Frage ist daher allenfalls von theoretischer Relevanz.

bb) Nicht für den Täter bestimmte Daten

Nach dem Wortlaut des § 202a Abs. 1 StGB müssen die Daten nicht für den Täter bestimmt sein. Hierbei handelt es sich um ein den objektiven Tatbestand ausschließendes negatives Tatbestandsmerkmal, welches § 202a StGB zu einem negativem Sonderdelikt macht.[673] Derjenige, für den die Daten bestimmt sind, ist der Rechtsgutsträger.

Nach herrschender Meinung ist bei der Frage, für wen die Daten bestimmt sind, auf den (formellen) Verfügungsberechtigten abzustellen.[674] Hierbei soll es sich um

---

Möhrenschlager, wistra 1986, 128, 132; *Krutisch*, S. 76; dasselbe Problem stellt sich beim Merkmal der gespeicherten Daten im Sinne von § 202a Abs. 2 StGB.

667 *Gola/Schomerus*, § 3 Rn. 3.

668 ABl. EG Nr. L 281 S. 31 v. 23.11.1995.

669 Ähnlich *Haft*, NStZ 1987, 6, 8.

670 Ähnlich *Weidemann*, in: BeckOK StGB, § 202a Rn. 3; *Fischer*, § 268 Rn. 6; *Hoyer*, in: SK-StGB, 119. EGL 2009, § 202a Rn. 3; *Kargl*, in: Kindhäuser/Neumann/Paeffgen, § 202a Rn. 4; *Haft*, NStZ 1987, 6, 8; *Popp*, JuS 2011, 385, 386.

671 *Graf*, in: MünchKomm StGB, Bd. 4, 2. Aufl., § 202a Rn. 10; *Scheffler*, in: Kilian/Heussen, Teil 10 Rn. 23; *Hilgendorf*, JuS 1996, 509; *Jessen*, S. 46 f.; *Krutisch*, S. 83; a.A. *Schmid*, S. 58.

672 *Scheffler*, in: Kilian/Heussen, Teil 10 Rn. 21 ff.; *Krutisch*, S. 83; *Schmid*, S. 58.

673 *Fischer*, § 202a Rn. 7.

674 *Lenckner/Eisele*, in: Schönke/Schröder, § 202a Rn. 7; *Kargl*, in: Kindhäuser/Neumann/Paeffgen, § 202a Rn. 7; *Fischer*, § 202a Rn. 7a; *Lenckner/Eisele*, in: Schönke/Schröder, § 202a Rn. 6; *Cornelius*, in: Kilian/Heussen, Strafrecht BT Rn. 19; *Gercke/Brunst*, Rn. 93; *Krutisch*, S. 94; *Dietrich*, S. 70.

denjenigen handeln, der den sogenennten Skripturakt, die Abspeicherung der Daten, vorgenommen hat.[675] Dieser trifft die Entscheidung darüber, für wen die Daten bestimmt sind.[676] Zudem lässt sich eine Parallele zu den §§ 267 ff. StGB ziehen, bei denen der Aussteller einer Urkunde der Rechtsgutsträger ist. Übertragen auf Daten wäre dies der Skribent.

Bei der Schaffung von § 202a StGB wurde teilweise die Auffassung vertreten, dass die Norm den „Datenbesitzer" schütze.[677] Hiergegen ist einzuwenden, dass kein Besitz an Daten möglich ist und die Konstruktion des Datenbesitzes zu weiteren Folgeproblemen führt, etwa bei Kopier- und Vervielfältigungsvorgängen. Da Daten keine körperlichen Sachen im Sinne des Strafrechts oder des § 90 BGB sind, existiert kein (sachenrechtlicher) Eigentümer. Eine Möglichkeit wäre jedoch, den Besitzer oder Eigentümer des Datenträgers oder der Datenverarbeitungsanlage, auf dem oder der die Daten gespeichert sind, als Rechtsgutsträger anzusehen. Dies wird zu Recht von der herrschenden Meinung abgelehnt.[678] In Zeiten großer Rechenzentren und des Cloud-Computings, bei dem Daten nicht mehr lokal auf dem Rechner desjenigen gespeichert werden, der den Skripturakt vorgenommen hat, sondern auf Servern im Internet,[679] wäre ist nicht sinnvoll, auf den Eigentümer des Speichers abzustellen. Dessen Interessen wären bei einem unbefugten Eindringen nicht berührt. Den sachenrechtlichen Eigentumsverhältnissen kann jedoch im Einzelfall eine Indizwirkung zukommen.[680]

Nach anderer Ansicht soll überdies der vom Dateninhalt Betroffene Rechtsgutsträger von § 202a StGB sein. So soll nach Meinung von *Kühl* dieser mitgeschützt sein, wenn er ein Recht auf Wahrung der Vertraulichkeit gegenüber dem Berechtigten hat.[681] Dass auch der Betroffene mitgeschützt sein soll, erscheint auf den ersten Blick verständlich, da er häufig ein berechtigtes Interesse an der Geheimhaltung der eigenen Daten hat. Dem steht jedoch das formelle Geheimhaltungsinteresse als Rechtsgut von § 202a StGB entgegen. Dieses beruht auf dem rein objektiven Kriterium der besonderen Sicherung und stellt gerade nicht auf den Dateninhalt ab. Dessen Prüfung wollte der Gesetzgeber vermeiden. Der Betroffene hat ferner keinen Einfluss darauf, wie Daten über ihn abgespeichert werden. Er kann sie mithin nicht selbst dem Schutz von § 202a StGB unterstellen. Für die Erweiterung des Kreises der Rechtsgutsträger besteht überdies kein Anlass, da das Geheimhaltungsinteresse im Hinblick auf personenbezogene Daten umfassend durch die Straftatbestände

---

675 *Graf*, in: MünchKomm StGB, Bd. 4, 2. Aufl., § 202a Rn. 19; *Kargl*, in: Kindhäuser/Neumann/Paeffgen, § 202a Rn. 7; *Fischer*, § 202a Rn. 7a.

676 *Fischer*, § 202a Rn. 7a.

677 *Samson*, in: SK-StGB, § 202a a.F. Rn. 1.

678 *Lenckner/Eisele*, in: Schönke/Schröder, § 202a Rn. 6; *Kargl*, in: Kindhäuser/Neumann/Paeffgen, § 202a Rn. 7; *Fischer*, § 202a Rn. 7a; a.A. noch *Samson*, in: SK-StGB, 2002, § 303a Rn. 14; *Dietrich*, S. 67.

679 *Hilgendorf*, JuS 1996, 890, 893.

680 *Graf*, in: MünchKomm StGB, Bd. 4, 2. Aufl., § 202a Rn. 19.

681 *Lackner/Kühl*, § 202a Rn. 1.

im BDSG geschützt wird.[682] Die von *Kühl* vorgenommene Einschränkung durch das „Recht auf Wahrung der Vertraulichkeit" vermag hieran nichts zu ändern, da insoweit die Regelungen des BDSG ebenfalls vorrangig sind. Darüber hinaus findet die Ansicht im Wortlaut oder in der Gesetzesbegründung keinen Rückhalt. Im Ergebnis ist sie damit abzulehnen,[683] was dazu führt, dass auch der Täter, der unberechtigt auf ihn betreffende Daten zugreift, sich nach § 202a StGB strafbar macht.

Der herrschenden Auffassung ist zu folgen. Zum einen muss der Berechtigte nicht notwendigerweise die Verfügungsmacht innehaben. Ebenso muss derjenige, der tatsächlich über die Daten verfügen kann, nicht notwendigerweise dazu berechtigt sein. Dass der Wille des formellem Verfügungsberechtigten entscheidend ist, entspricht überdies dem von § 202a StGB geschützten Rechtsgut. Das formelle Geheimhaltungsinteresse bezieht sich allein auf den Willen des Berechtigten, der durch eine besondere Sicherung der Daten diese dem Schutz des § 202a StGB unterstellt.[684] Daher ist es unerheblich, auf wen oder was sich Daten beziehen.

Zwar ist der Berechtigte grundsätzlich derjenige, der die Erstabspeicherung der Daten vorgenommen hat,[685] jedoch nur solange er seine Verfügungsberechtigung nicht an einen anderen übertragen hat. Die Übertragung der Verfügungsberechtigung sowie deren Ausweitung auf mehrere Personen sind grundsätzlich möglich.[686] Wurde eine Berechtigung erteilt, etwa indem ein Passwort vergeben wurde, wird durch diese Berechtigung der Dritte selbst Berechtigter. Dies gilt selbst dann, wenn die Berechtigung versehentlich oder täuschungsbedingt erteilt oder nachträglich nicht zurückgenommen wurde.[687] Die Berechtigung bleibt bis zu ihrer Rücknahme bestehen. Die Rücknahme setzt den tatsächlichen Ausschluss des Dritten vom Zugang zu den Daten voraus. Die Erklärung, der Dritte dürfe auf die Daten nicht mehr zugreifen, genügt hingegen nicht, da es dann an dem für das formelle Geheimhaltungsinteresse notwendigen Dokumentationsakt fehlt.[688]

Ebenso nicht unter den Tatbestand von § 202a StGB fällt, wenn Daten vertragswidrig abgerufen oder verwendet werden, soweit eine formelle Berechtigung

---

682 Siehe hierzu unten, D.V.

683 *Graf*, in: MünchKomm StGB, Bd. 4, 2. Aufl., *§ 202a* Rn. 2, 19; *Lenckner/Eisele*, in: Schönke/Schröder, § 202a Rn. 6; *Kargl*, in: Kindhäuser/Neumann/Paeffgen, § 202a Rn. 7; *Krutisch*, S. 74; *Dauster/Braun*, NJW 2000, 313, 315.

684 Vgl. hierzu oben, D.I.1.

685 *Graf*, in: MünchKomm StGB, Bd. 4, 2. Aufl., § 202a Rn. 19; *Fischer*, § 202a Rn. 7a; *Schönke/Schröder*, § 202a Rn. 6; *Gercke*, in: Spindler/Schuster, § 202a Rn. 3.

686 *Graf*, in: MünchKomm StGB, Bd. 4, 2. Aufl., § *202a* Rn. 19; *Fischer*, § 202a Rn. 7a; *Dietrich*, S. 66 f.

687 *Lackner/Kühl*, § 263a Rn. 3; *Goeckenjan*, wistra 2009, 47, 50.

688 *Weidemann*, in: BeckOK StGB, § 202a Rn. 10; *Ernst*, NJW 2003, 3233, 3236; a.A. *Gercke/Brunst*, Rn. 93.

vorliegt.[689] Nicht ausreichend ist indes, wenn einem Dritten lediglich gestattet wird, ein Programm zu nutzen. Erforderlich ist vielmehr, dass dieser ebenfalls die dem Programm zugrunde liegenden Daten nutzen und auf diese zugreifen darf. Daher ist der Inhaber einer codierten Scheck- oder Kreditkarte nicht Verfügungsberechtigter hinsichtlich der auf dem Magnetstreifen gespeicherten Daten.[690] Verfügungsberechtigter ist das die Karte ausstellende Kreditinstitut. Dies hat zur Folge, dass ein (täuschungsbedingtes) Einverständnis des Karteninhabers zum Auslesen der Daten nicht tatbestandsausschließend wirkt.[691]

cc) Gegen unberechtigten Zugang besonders gesicherte Daten

Weitere Voraussetzung ist, dass die Daten gegen unberechtigten Zugang besonders gesichert sein müssen.

(1) Unberechtigter Zugang

Das Tatbestandsmerkmal des Zugangs zu Daten wird weit verstanden[692] und meint jede denkbare Möglichkeit der Einwirkung auf die Daten sowie den physischen Zugang zur Datenverarbeitungsanlage.[693] Insbesondere vor dem Hintergrund stetiger technischer Entwicklungen bietet sich diese weite Definition an, welche alle Zugriffswege auf Daten erfasst.

Wann ein Zugang unberechtigt ist, ist dagegen umstritten. Vertreten wird einerseits die Meinung, dass überhaupt eine irgendwie geartete Zugangssicherung bestehen muss,[694] womit das Tatbestandsmerkmal „unberechtigt" im Ergebnis ohne eigene Bedeutung wäre, da die Zugangssicherung selbst ein eigenes Tatbestandsmerkmal darstellt.[695] Nach anderer Ansicht muss die Zugangssicherung jedem entgegenstehen, der nicht Verfügungsberechtigter ist.[696] Dies wird damit begründet, dass eine Zugangssicherung für sich bereits dem Ausschluss von Personen dient. Das Merkmal „unberechtigt" stelle demzufolge eine zusätzliche Einschränkung auf die berechtigten Personen dar. Diese Ansicht findet jedoch keinen Rückhalt im Wortlaut

---

689 *Kargl*, in: Kindhäuser/Neumann/Paeffgen, § 202a Rn. 8; *Lackner/Kühl*, § 263a Rn. 3; *Lenckner/Eisele*, in: Schönke/Schröder, § 202a Rn. 6.

690 So für EC-Karten *BGH*, Urt. v. 10.05.2005 – 3 StR 425/04, NStZ 2005, 566; *Graf*, in: MünchKomm StGB, Bd. 4, 2. Aufl., § 202a Rn. 19; *Fischer*, § 202a Rn. 7a; *Kargl*, in: Kindhäuser/Neumann/Paeffgen, § 202a Rn. 7.

691 Die allgemeinen Grundsätze zum Einverständnis finden insoweit auf § 202a StGB entsprechend Anwendung, da die Bestimmung den Tatbestand ausschließt, vgl. *Kargl*, in: Kindhäuser/Neumann/Paeffgen, § 202a Rn. 8; *Cornelius*, in: Kilian/Heussen, Strafrecht BT Rn. 21; *Lenckner/Eisele*, in: Schönke/Schröder, § 202a Rn. 6.

692 *Graf*, in: MünchKomm StGB, Bd. 4, 2. Aufl., § 202a Rn. 33.

693 *Fischer*, § 202a Rn. 8; *Weidemann*, in: BeckOK StGB, § 202a Rn. 12.

694 *Hilgendorf*, JuS 1996, 702, 704.

695 *Jessen*, S. 141.

696 *Lenckner/Eisele*, in: Schönke/Schröder, § 202a Rn. 9.

von § 202a StGB und ist bereits aus diesem Grunde abzulehnen. Sie würde überdies den Schutzbereich stark einengen. Aufgrund des weiten Zugangsbegriffs dürfte niemand außer dem Berechtigten Zugang zu den Daten haben, damit sie dem Schutz des § 202a StGB unterfallen. Insbesondere Daten bei großen Rechenzentren und Servern, die von einer Vielzahl von Personen verwaltet werden, die ihrerseits jedoch nicht alle Verfügungsberechtigte sind, wären damit nicht von § 202a StGB geschützt. Um die Daten dem Schutz zu unterstellen, wären dann umfangreiche Sicherheitsmaßnahmen erforderlich bzw. müssten die beschäftigten Personen Zugangsberechtigungen erhalten, obwohl dies dem Willen des Datenerstellers widerspräche.[697]

Vorzugswürdig ist daher die von der herrschenden Meinung vertretene differenzierende Auffassung, wonach sich die Sicherung gerade gegen den Täter richten muss (z. B. Betriebsexterne), auch wenn andere Dritte existieren, die zwar ihrerseits keine Berechtigung aufweisen können, denen gegenüber aber keine Sicherung besteht (z. B. Betriebszugehörige).[698] Die Ansicht korrespondiert mit der gesetzgeberischen Intention, Daten vor dem Zugriff Dritter zu schützen, ohne dass hierfür umfangreiche Anstrengungen unternommen werden müssen. Es soll für das formelle Geheimhaltungsinteresse genügen, dass äußerlich deutlich wird, dass dem Täter der Zugang zu den Daten verwehrt werden soll.

(2) Besondere Sicherung

Die Sicherung gegen unberechtigten Zugang ist erforderlich, damit die Daten überhaupt dem Schutz von § 202a StGB unterfallen. Sie bezeugt den Willen des Verfügungsberechtigten, Dritte von der Kenntnisnahme der Daten auszuschließen. Nur in diesem Fall ist das formelle Geheimhaltungsinteresse betroffen.[699]

Der Wortlaut „besondere Sicherung" lässt vermuten, dass der Gesetzgeber einen erhöhten Sicherungsgrad im Vergleich zu einer allgemeinen oder normalen Sicherung voraussetzen wollte. Was hingegen unter einer normalen Sicherung zu verstehen ist und inwieweit sich diese von einer besonderen Sicherung unterscheidet, ist unklar und lässt sich nicht pauschal beantworten[700] Dem Merkmal „besondere" kommt daher in der Literatur keine wesentliche Bedeutung zu.[701] Es stellt sich vielmehr die Frage, was im Hinblick auf unkörperliche Daten überhaupt als Sicherung angesehen werden kann. Aus dem Wortlaut lässt sich mithin keine Definition ableiten.

---

697 So selbst *Lenckner/Eisele*, in: Schönke/Schröder, § 202a Rn. 9; *Schmid*, S. 90 f.

698 *Fischer*, § 202a Rn. 8; *Weidemann*, in: BeckOK StGB, § 202a Rn. 14; *Graf*, in: MünchKomm StGB, Bd. 4, 2. Aufl., § 202a Rn. 34; *Kargl*, in: Kindhäuser/Neumann/Paeffgen, § 202a Rn. 11; *Cornelius*, in: Kilian/Heussen, Strafrecht BT Rn. 29; zur Frage, für wen die Daten bestimmt sind, siehe oben, D.I.2.a)bb).

699 Zum Schutzgut von § 202a StGB siehe oben, D.I.1; zum Erfordernis der besonderen Sicherung in strafrechtsdogmatischer, -politischer und viktimodogmatischer Hinsicht siehe *Dietrich*, S. 160 ff.

700 *Kusnik* S. 72 f.

701 *Ernst*, NJW 2003, 3233, 3236.

Eine Definition findet sich ferner auch nicht in den Gesetzesbegründungen. In der Gesetzesbegründung zum 41. Strafrechtsänderungsgesetz zur Bekämpfung der Computerkriminalität wird lediglich klargestellt, dass § 202a StGB nur solches Verhalten erfassen soll, „bei dem das Verschaffen unter Überwindung einer Zugangssicherung erfolgt".[702] Hieraus lässt sich indes nicht ableiten, welche Merkmale eine „besondere Sicherung" auszeichnen. In der früheren Begründung zum 2. WiKG wird bezüglich des Tatbestandsmerkmals der besonderen Sicherung auf § 202 Abs. 2 StGB und § 243 Abs. 1 S. 2 Nr. 2 StGB verwiesen.[703] Diese Straftatbestände betreffen jedoch nur die Sicherung körperlicher Gegenstände und sind daher nur bedingt auf unkörperliche Daten übertragbar.[704]

Dem Verweis auf die anderen Normen im StGB lässt sich entnehmen, dass sich der Gesetzgeber eine einheitliche systematische Auslegung des Merkmals vorgestellt hat. Nach der Rechtsprechung zu § 243 Abs. 1 S. 2 Nr. 2 StGB ist eine besondere Sicherung bei einfachsten Sicherungsmechanismen, die eine Wegnahme nicht wesentlich erschweren, zu verneinen.[705] So ist im Rahmen von § 243 Abs. 1 S. 2 Nr. 2 StGB anerkannt, dass ein verschlossener Briefumschlag keine besondere Sicherung darstellt.[706] Bei einem verklebten Paket in einem verschlossenen Postsack soll dagegen eine besondere Sicherung vorliegen.[707] In der Literatur zu § 243 Abs. 1 S. 2 Nr. 2 StGB finden sich unterschiedliche Ansätze dazu, wie das Merkmal der besonderen Sicherung allgemein zu definieren ist. Verlangt wird eine „gegenüber dem einfachen Diebstahl erhöhte Energie hinsichtlich der Gewahrsamsaufhebung",[708] welche die Wertschätzung der Sache durch den Gewahrsamsinhaber indiziert.[709]

Übertragen auf die besondere Sicherung von Daten muss dies bedeuten, dass eine Sicherung entsprechend dem jeweiligen aktuellen Stand der Technik nicht notwendig ist.[710] Es muss sich jedoch um einen wirksamen Schutz handeln.[711] Wie beim besonders schweren Fall des Diebstahls liegt eine besondere Sicherung selbst dann vor, wenn es einem „Laien" möglich ist, unter Verwendung des entsprechenden Werkzeuges die Sicherung zu durchbrechen, soweit er gewisse Anstrengungen unternimmt. Ebenso wenig wie für die Überwindung einer besonderen Sicherung im Sinne von § 243 Abs. 2 S. 2 Nr. 2 StGB ein „Meisterdieb" erforderlich

702 BT-Drucks. 16/3656, S. 10.

703 BT-Drucks. 10/5058, S. 29.

704 *Graf*, in: MünchKomm StGB, Bd. 4, 2. Aufl., § 202a Rn. 35.

705 *Schmitz*, in: MünchKomm StGB, Bd. 4, 2. Aufl., § 243 Rn. 36; *Eser/Bosch*, in: Schönke/Schröder, § 243 Rn. 24.

706 *Schmitz*, in: MünchKomm StGB, Bd. 4, 2. Aufl., § 243 Rn. 36.

707 *OLG Hamm*, Urt. v. 14.10.1977 – 3 Ss 588/77, NJW 1978, 769.

708 *Schmitz*, in: MünchKomm StGB, Bd. 4, 2. Aufl., § 243 Rn. 32; ähnlich *Eser/Bosch*, in: Schönke/Schröder, § 243 Rn. 25: „größere deliktische Energie".

709 *Kindhäuser*, in: Kindhäuser/Neumann/Paeffgen, § 243 Rn. 20.

710 *Jessen*, S. 119 ff.

711 *Lackner/Kühl*, § 202a Rn. 4.

ist, muss es sich beim Täter des § 202a StGB um einen versierten Computerexperten oder Hacker handeln.[712] Selbst vergleichsweise einfache Passwörter und Verschlüsselungstechniken dürften somit ausreichend sein, da ihre Überwindung bereits eine erhöhte kriminelle Energie voraussetzt.[713]

Für § 202a StGB kann damit festgestellt werden, dass eine besondere Sicherung dazu dienen muss, den Zugang Dritter zu den Daten zu verhindern oder zumindest erheblich zu erschweren und dem Täter zudem eine erhöhte kriminelle Energie abzuverlangen.[714] Ferner muss die Maßnahme objektiv dem Schutz der Daten vor unberechtigtem Zugriff dienen; sie darf nicht bloß Nebeneffekt einer Maßnahme sein.[715]

Fraglich ist des Weiteren, ob die Sicherung für den Täter erkennbar sein muss. Vor dem Hintergrund, dass der Verfügungsberechtigte sein Geheimhaltungsinteresse durch den besonderen Schutz dokumentiert, wird teilweise gefordert, dass der Täter den Schutzmechanismus als solches erkennen muss.[716] Dem lässt sich entgegenhalten, dass sich aus dem Wortlaut der Norm nicht ergibt, dass die Sicherung für den Täter erkennbar sein muss.[717] Überdies lässt sich einwenden, dass die Dokumentierung nicht für den jeweiligen Täter erfolgt. Durch das Einrichten eines Sicherheitsmechanismus dokumentiert der Berechtigte sein Geheimhaltungsinteresse. Dass der Sicherungsmechanismus nicht für den Täter erkennbar sein muss, zeigt folgendes Beispiel: Erlangt ein Hacker Zugriff auf Daten, nachdem er ein Schadprogramm auf einen fremden Rechner eingeschleust hat, erfährt er nicht, ob das Schadprogramm von einer Antivirensoftware nicht erkannt wurde oder ob der Computer ungeschützt war. Schadsoftware wird vor allem dann nicht erkannt, wenn sie neu ist. Der professionelle Hacker, der mit der neuesten Schadsoftware arbeitet, wäre demnach nicht nach § 202a StGB zu bestrafen. Da der Täter zudem nur mit Eventualvorsatz die Sicherungsvorrichtung überwinden muss, genügt es, Software zu verwenden, die hierzu in der Lage ist. Dem Hacker ist angesichts der Verbreitung von Antivirensoftware bewusst, dass er möglicherweise eine Zugangssicherung überwindet, sodass sich auch im Hinblick auf den subjektiven Tatbestand kein Problem ergibt, wenn eine Erkennbarkeit abgelehnt wird. Folglich muss die Sicherung nicht für den Täter erkennbar sein.[718]

---

712 *Hilgendorf/Frank/Valerius*, Rn. 660; *Krutisch*, S. 106; *Schmid*, S. 82.

713 *Ernst*, NJW 2003, 3233, 3236, will selbst einfache Passwörter wie den eigenen Namen ausreichen lassen.

714 *BGH*, Beschl. v. 06.07.2010 – 4 StR 555/09, NStZ 2011, 154; *Graf*, in: MünchKomm StGB, Bd. 4, 2. Aufl., § 202a Rn. 35; *Fischer*, § 202a Rn. 8; *Cornelius*, in: Kilian/Heussen, Strafrecht BT Rn. 28; *Tag*, in: Dölling/Duttge/Rössner, § 202a Rn. 7.

715 *Gercke/Brunst*, Rn. 94; *Graf*, in: MünchKomm StGB, Bd. 4, 2. Aufl., § 202a Rn. 35.

716 *Leicht*, IuR 1987, 45, 48 f.

717 *Graf*, in: MünchKomm StGB, Bd. 4, 2. Aufl., § 202a Rn. 32.

718 *Graf*, in: MünchKomm StGB, Bd. 4, 2. Aufl., § 202a Rn. 32; *Kargl*, in: Kindhäuser/Neumann/Paeffgen, § 202a Rn. 9; *D. Hansen*, S. 142; a.A. *Krutisch*, S. 108.

(3) Einzelne Sicherungsmechanismen

Mögliche Sicherungsmechanismen sind vielfältig. So kann der physische Zugriff auf die Daten durch bauliche, technische und andere Maßnahmen verhindert werden.[719] Entsprechend den bereits beschriebenen Identitätsnachweisen durch Besitz, Wissen und Sein lassen sich auch die Sicherungsmechanismen kategorisieren.[720] Daten können dadurch geschützt werden, dass auf sie nur von Personen zugegriffen werden kann, die sich im Besitz bestimmter Gegenstände wie Chip- und Magnetstreifenkarten, *Dongles* oder *Token* befinden. Ferner können Daten durch die Kenntnis (Wissen) geheimer Daten, wie Passwörter und Verifikationskennungen, geschützt werden. Schließlich können Schutzmechanismen an die Person des Berechtigten und seine körperlichen Eigenschaften anknüpfen (Sein). Hierbei handelt es sich um die biometrischen Verfahren.[721]

Ein Sonderproblem betrifft die Frage, ob die Verschlüsselung von Daten eine besondere Sicherung im Sinne von § 202a Abs. 1 StGB darstellt. Zunächst ist dabei festzuhalten, dass die verschlüsselten Daten selbst Daten im Sinne der Norm sind, aber der Täter ihren Informationsgehalt nicht wahrnehmen kann. Aus diesem Grund wurde vor allem vor der Neufassung von § 202a StGB vertreten, dass die Verschlüsselung keine besondere Sicherung darstellt.[722] Hierfür wird angeführt, dass das Gesetz nicht nach dem Informationsgehalt differenziere und mithin auch verschlüsselte und somit für den Täter inhaltslose Daten erfasse. Dies deckt sich jedoch nicht mit der gesetzgeberischen Intention, die – wenngleich die Information selbst nicht von § 202a StGB geschützt ist – beim formellen Geheimnis ebenfalls einen Informationsgehalt voraussetzt.[723] Nach der überwiegenden Ansicht erlangt der Täter die Daten erst mit deren Entschlüsselung.[724] Bei § 202a StGB a.F. führte dies beim Abfangen von übermittelten Daten und deren späterer Entschlüsselung zu einem Verstoß gegen das Simultanitätsprinzip.[725] Seit der Neufassung genügt jedoch, dass sich der Täter Zugang zu den Daten verschafft, was diese Problematik beseitigt.[726] Mit dem 41. StrÄndG entfällt überdies das Argument, die Verschlüsselung dürfe als gebräuchlichster Sicherungsmechanismus nicht aus dem Anwendungsbereich von § 202a StGB ausgeschlossen werden.[727] Mit Einführung von § 202b StGB werden

---

719 *Graf*, in: MünchKomm StGB, Bd. 4, 2. Aufl., § 202a Rn. 37; hierzu zählen beispielsweise auch durch Verschlüsselung geschützte WLAN-Netzwerke, vgl. *Lenckner/Eisele*, in: Schönke/Schröder, § 202a Rn. 8; *Weidemann*, in: BeckOK StGB, § 202a Rn. 13.

720 Siehe hierzu oben, B.III.4.

721 Vgl. hierzu ausführlich *Krutisch*, S. 112 ff.; *Graf*, in: MünchKomm StGB, Bd. 4, 2. Aufl., § 202a Rn. 37.

722 *Schmid*, S. 103.

723 *Graf*, in: MünchKomm StGB, Bd. 4, 2. Aufl., § 202a Rn. 46; *Lenckner/Eisele*, in: Schönke/Schröder, § 202a Rn. 8.

724 *Kargl*, in: Kindhäuser/Neumann/Paeffgen, § 202a Rn. 10; *Gröseling/Höfinger*, MMR 2007, 549, 551 f.

725 *Schmid*, S. 104.

726 *Kargl*, in: Kindhäuser/Neumann/Paeffgen, § 202a Rn. 10; *Kusnik*, S. 81.

727 So z. B. *Graf*, in: MünchKomm StGB, Bd. 4, 2. Aufl., § 202a Rn. 46.

Daten im Übertragungsstadium unabhängig von einer besonderen Sicherung geschützt.[728] Im Ergebnis ist die Verschlüsselung dennoch als besondere Sicherung anzuerkennen, da sie objektiv dem Schutz der verschlüsselten Daten dient, auf die sich das formelle Geheimnis erstreckt.

Keine besondere Sicherung sind hingegen organisatorische Maßnahmen und Zugriffsregistrierungen, da diese den Zugriff auf die Daten durch den Täter nicht behindern, sondern diesen allenfalls dokumentieren.[729] Vertragliche Verbote oder (betriebliche) Anweisungen stellen ebenso keine Sicherung dar, sondern dienen nur der nachträglichen Sanktionierung.[730] Das Verbot ergibt sich zudem bereits aus der fehlenden Berechtigung.[731] Eine besondere Sicherung liegt ferner nicht deshalb vor, weil die Daten nicht unmittelbar wahrnehmbar sind. Dies ist vielmehr eine Voraussetzung nach § 202a Abs. 2 StGB.[732] Das Auslesen und Kopieren von Kredit- und EC-Karten (Skimming)[733] fällt daher nicht unter § 202a StGB, weil die Speicherung auf einem Magnetstreifen keine besondere Sicherung darstellt.[734] Kopierschutzmaßnahmen sind ebenfalls keine besondere Sicherung, da sie allein die Vervielfältigung der Daten verhindern sollen, nicht aber den Zugriff als solchen.[735]

dd) Einschränkungen durch § 202a Abs. 2 StGB

Gemäß § 202a Abs. 2 StGB müssen die Daten elektronisch, magnetisch oder sonst nicht unmittelbar wahrnehmbar sein und entweder gespeichert sein (Var. 1) oder übermittelt werden (Var. 2). Absatz 2 stellt somit eine weitere Einschränkung des allgemeinen Datenbegriffs auf. Grund für die Einschränkung ist nach der Gesetzesbegründung, dass unmittelbar wahrnehmbare Daten „u. a. durch die §§ 201, 202 StGB ausreichend geschützt“ sind.[736]

(1) Nicht unmittelbar wahrnehmbare Daten

Nicht unmittelbar wahrnehmbar sind allein solche Daten, die erst nach einer Umwandlung mittels eines technischen Hilfsmittels der sinnlichen Wahrnehmung

---

728 *Schumann*, NStZ 2007, 675, 676.

729 *Cornelius*, in: Kilian/Heussen, Strafrecht BT Rn. 26.

730 *Kargl*, in: Kindhäuser/Neumann/Paeffgen, § 202a Rn. 9; *Lenckner/Eisele*, in: Schönke/Schröder, § 202a Rn. 8.

731 *Schmid*, S. 72.

732 *BGH*, Beschl. v. 06.07.2010 – 4 StR 555/09, NStZ 2011, 154; *Popp*, Jus 2011, 385, 387.

733 Siehe hierzu oben, C.IV.2.c).

734 *BGH*, Beschl. v. 06.07.2010 – 4 StR 555/09, NStZ 2011, 154; *BGH*, Beschl. v. 14.01.2010 – 4 StR 93/09, NStZ 2010, 275; a.A. noch *BGH*, Urt. v. 10.05.2005 – 3 StR 425/04, NStZ 2005, 566.

735 *Fischer*, § 202a Rn. 8a; *Gercke/Brunst*, Rn. 94.

736 BT-Drucks. 10/5058, S. 28.

zugänglich sind.[737] Maßgeblich ist dabei allein die Wahrnehmbarkeit der Daten (syntaktische Ebene). Die Information, die durch die Daten festgehalten wird (semantische Ebene), muss für den Täter nicht wahrnehmbar sein.[738] So fallen verschlüsselte Texte[739] oder fremdsprachliche Texte, die der Täter nicht versteht, aber auch Strichcodes[740] nicht unter den Datenbegriff gemäß § 202a Abs. 2 StGB. Da bis auf eine immer geringer werdende Anzahl von Ausnahmen heutzutage die meisten Daten digitalisiert werden, hat die Einschränkung in § 202a Abs. 2 StGB praktisch an Bedeutung verloren.[741]

Nicht unmittelbar wahrnehmbar sind damit alle Daten, die magnetisch oder elektronisch auf Scheck- und Kreditkarten, Chips, Festplatten aller Art und sonstigen Speicherkarten gespeichert sind.[742] Ferner nicht unmittelbar wahrnehmbar sind Daten auf optischen Speichermedien wie CDs, DVDs oder Blu-ray-Discs.[743] Wenngleich Computerdaten praktisch wohl den weitüberwiegenden Teil der für § 202a StGB relevanten Daten ausmachen, ist die Norm somit nicht allein auf diese Daten beschränkt.[744]

(2) Gespeicherte oder übermittelte Daten

Zweite Einschränkung nach § 202a Abs. 2 StGB für die Daten im Sinne von § 202a Abs. 1 StGB ist, dass diese gespeichert oder übermittelt werden.

(a) Gespeicherte Daten

Speichern meint das Erfassen, Aufnehmen und Aufbewahren von Daten (vgl. auch § 3 Abs. 4 Nr. 3 BDSG).[745] Nicht unter den Datenbegriff des § 202a StGB fallen mithin

---

737 *Hoyer*, in: SK-StGB, 119. EGL 2009, § 202a Rn. 4; *Weidemann*, in: BeckOK StGB, § 202a Rn. 4; *Fischer*, § 202a Rn. 4; *Lenckner/Eisele*, in: Schönke/Schröder, § 202a Rn. 4; *Rengier*, Strafrecht BT/II, § 31 Rn. 25; *Hilgendorf/Frank/Valerius*, Rn. 655; *Goeckenjan*, wistra 2009, 47, 49; *Krutisch*, S. 84 f.; *D. Hansen*, S. 98.

738 *Kargl*, in: Kindhäuser/Neumann/Paeffgen, § 202a Rn. 5; *Cornelius*, in: Kilian/Heussen, Strafrecht BT Rn. 16.

739 *Schmid*, S. 59.

740 *Graf*, in: MünchKomm StGB, Bd. 4, 2. Aufl., § 202a Rn. 17.

741 *Gercke/Brunst*, Rn. 92; vgl. zur wohl nicht mehr relevanten Problematik der Lochkarten *Graf*, in: MünchKomm StGB, Bd. 4, 2. Aufl., § 202a Rn. 14; zu den heute fast nicht mehr verwendeten Mikrofilmen siehe *Kargl*, in: Kindhäuser/Neumann/Paeffgen, § 202a Rn. 5.

742 *Graf*, in: MünchKomm StGB, Bd. 4, 2. Aufl., § 202a Rn. 15.

743 *Graf*, in: MünchKomm StGB, Bd. 4, 2. Aufl., § 202a Rn. 16.

744 BT-Drucks. 10/5058, S. 29; BT-Drucks. 16/3656, S. 10; *Weidemann*, in: BeckOK StGB, § 202a Rn. 4.

745 *Graf*, in: MünchKomm StGB, Bd. 4, 2. Aufl., § 202a Rn. 18; *Kargl*, in: Kindhäuser/Neumann/Paeffgen, § 202a Rn. 6; *Lenckner/Eisele*, in: Schönke/Schröder, § 202a Rn. 4; *Weidemann*, in: BeckOK StGB, § 202a Rn. 5; *Fischer*, § 202a Rn. 5; *Lackner/Kühl*, § 202a Rn. 2.

vor- und nachgelagerte Bereiche der Datenverarbeitung, also bei denen Daten noch nicht eingegeben wurden oder nach einer Verarbeitung in körperlicher Form ausgegeben wurden (z.B. durch Ausdrucken).[746] Ob darüber hinaus entsprechend der Definition in § 3 Abs. 4 Nr. 3 BDSG auch im Rahmen von § 202a StGB ein Nutzungs- oder Verarbeitungszweck erforderlich ist, ist umstritten. Die Definitionen in der Kommentarliteratur zu § 202a StGB sehen häufig unter Verweis auf das BDSG einen Nutzungs- oder Verarbeitungszweck vor.[747] Andererseits wird in denselben Kommentierungen im Rahmen des geschützten Rechtsguts darauf verwiesen, dass für den strafrechtlichen Datenbegriff – anders als im BDSG – kein Verarbeitungszweck erforderlich sein soll.[748] Der Verzicht auf ein Nutzungs- oder Verarbeitungserfordernis ist richtig, da andernfalls die Ergebnisse eines Datenverarbeitungsvorgangs selbst nicht unter den Datenbegriff fallen würden.[749] Zudem schützt § 202a StGB das formelle Geheimhaltungsinteresse an Daten, unabhängig von einer möglichen Motivation des Verfügungsberechtigten.[750]

Von praktischer Relevanz ist ferner, ob auch kurzzeitig gespeicherte Daten, vor allem solche im Arbeitsspeicher eines Computers, als gespeicherte Daten im Sinne von § 202 Abs. 2 Var. 1 StGB anzusehen sind. Der Arbeitsspeicher ist ein Kurzzeitspeicher, der sich durch kürzere Zugriffszeiten als bei Festplatten auszeichnet. Er wird vom jeweiligen Computersystem automatisch mit den benötigten Daten gefüllt, um Anwendungen schneller ausführen zu können. Auch werden Tastatureingaben im Arbeitsspeicher zwischengespeichert. Werden Daten nicht mehr benötigt, ist die Kapazität des Arbeitsspeichers erschöpft oder wird ein Neustart durchgeführt, werden die im Arbeitsspeicher gesicherten Daten vom System gelöscht. Der Computernutzer nimmt in der Regel keinen direkten Einfluss darauf, welche Daten sich im Arbeitsspeicher befinden. In der strafrechtlichen Literatur zu § 202a StGB herrscht Uneinigkeit darüber, ob die nur im Arbeitsspeicher gesicherten Daten ein taugliches Tatobjekt darstellen.

Nach einer Ansicht sollen nur solche Daten als gespeichert im Sinne des § 202a Abs. 2 Var. 1 StGB anzusehen sein, die dauerhaft auf einem Datenträger gesichert wurden.[751] Hierfür wird vorgebracht, dass andernfalls jedes Datum von § 202a StGB geschützt wäre, was der gesetzgeberischen Intention widerspräche, den Datenbegriff

746 *Gercke/Brunst*, Rn. 92.

747 Vgl. z.B. *Fischer*, § 202a Rn. 5; *Lenckner/Eisele*, in: Schönke/Schröder, § 202a Rn. 4; *Kargl*, in: Kindhäuser/Neumann/Paeffgen, § 202a Rn. 6; *Graf*, in: MünchKomm StGB, Bd. 4, 2. Aufl., § 202a Rn. 18; auch die DIN-Norm 44300 Nr. 19 setzt in ihrer Datendefinition einen Verarbeitungszweck voraus, vgl. oben D.I.2.a)aa).

748 *Weidemann*, in: BeckOK StGB, § 202a Rn. 3; *Lenckner/Eisele*, in: Schönke/Schröder, § 202a Rn. 3; *Kargl*, in: Kindhäuser/Neumann/Paeffgen, § 202a Rn. 4.

749 *Möhrenschlager*, wistra 1986, 128, 132; *Jessen*, S. 47.

750 *Schmid*, S. 61 f.; *Krutisch*, S. 87.

751 *Hilgendorf/Frank/Valerius*, Rn. 657; *Brandt*, S. 77 ff.; Schmitz, JA 1995, 478, 480.

durch § 202a Abs. 2 StGB einzuschränken.[752] Dem ist jedoch entgegenzuhalten, dass durch das Erfordernis der „besonderen Sicherung" bereits eine erhebliche Einschränkung vorliegt. Nach überwiegender Auffassung sollen Ort und Dauer der Speicherung für § 202a Abs. 2 StGB keine Rolle spielen.[753] Das zentrale Argument hierfür ist, dass der Wortlaut keine besonderen Anforderungen an die Speicherung der Daten stellt.[754] Auch in der Gesetzesbegründung findet sich kein Hinweis darauf, dass der Gesetzgeber nur kurzzeitig gespeicherte Daten nicht dem Schutz von § 202a StGB unterstellen wollte.[755] Auf Daten im Arbeitsspeicher kann quasi sofort zugegriffen werden, was die Gefährdung der Daten zusätzlich erhöht.[756] Überdies wollte der Gesetzgeber Daten im Übermittlungsstadium schützen, bei denen ebenfalls keine Dauerhaftigkeit vorliegt.[757] Soweit eine dauerhafte Speicherung verlang wird, führen die Vertreter dieser Ansicht nicht aus, ab wann eine Dauerhaftigkeit vorliegt. Im Arbeitsspeicher können Daten für eine gewisse Dauer gespeichert sein, soweit der Computer beispielsweise nicht ausgeschaltet wird.[758]

(b) Übermittelte Daten

Der Begriff des Übermittelns von Daten wird in § 3 Abs. 4 S. 2 Nr. 3 BDSG definiert als das Bekanntgeben gespeicherter oder durch Datenverarbeitung gewonnener Daten an einen Dritten in der Weise, dass die Daten an den Dritten weitergegeben werden oder der Dritte zur Einsicht oder zum Abruf bereitgehaltene Daten einsieht oder abruft. Damit erfasst § 202a Abs. 1 StGB auch das „Anzapfen"[759] von Datenübertragungswegen.[760]

Die Definition des „Übermittelns" im BDSG wirft im Hinblick auf das Strafrecht gleich mehrere Fragen auf. Zum einen stellt sich die Frage, ob beim Bereithalten zum Abruf der Abruf durch den Dritten tatsächlich erfolgen muss oder ob das reine

752 *Brandt*, S. 78; *Jessen*, S. 53.

753 *Graf*, in: MünchKomm StGB, Bd. 4, 2. Aufl., § 202a Rn. 18; *Cornelius*, in: Kilian/Heussen, Strafrecht BT Rn. 17; *Kargl*, in: Kindhäuser/Neumann/Paeffgen, § 202a Rn. 6; *Gercke/Brunst*, Rn. 92; *Krutisch*, S. 87; *Schmid*, S. 62 f.; *Jessen*, S. 53; *D. Hansen*, S. 98.

754 *Cornelius*, in: Kilian/Heussen, Strafrecht BT Rn. 17.

755 Vgl. BT-Drucks. 10/5058, S. 27 f.

756 *Schmid*, S. 63; dem wird jedoch zu Recht entgegengehalten, dass sich die Zugriffszeiten zwischen Arbeitsspeicher und neueren Festplatten (insbesondere bei sog. solid state drives) immer weiter annähern, sodass der Unterschied nicht mehr spürbar ist, vgl. *Brandt*, S. 78.

757 *Gercke/Brunst*, Rn. 92.

758 *Graf*, in: MünchKomm StGB, Bd. 4, 2. Aufl., § 202a Rn. 18; *Cornelius*, in: Kilian/Heussen, Strafrecht BT Rn. 17.

759 BT-Drucks. 10/5058, S. 28.

760 *Hoyer*, in: SK-StGB, 119. EGL 2009, § 202a Rn. 4; *Lenckner/Eisele*, in: Schönke/Schröder, § 202a Rn. 4; zur Begehungsweise des Identitätsdiebstahls durch Sniffing siehe oben, C.IV.1.b).

Bereithalten ausreicht.[761] Gegen Letzteres spricht der Wortlaut von § 202a Abs. 2 Var. 2 StGB. Übermitteln meint die Weitergabe von Daten von einem (Arbeits-) Speicher zu einem anderen. Für ein Übermitteln im Sinne des BDSG ist zudem erforderlich, dass mindestens zwei Personen an dem Übermittlungsvorgang beteiligt sind.[762] Für den strafrechtlichen Übermittlungsbegriff wird zu Recht die Auffassung vertreten, dass das „Anzapfen" der Übermittlung innerhalb derselben Datenspeicherungsanlage den Tatbestand erfüllen sollte.[763]

Des Weiteren ist unklar, ob auch die Weitergabe des physischen Datenträgers den Tatbestand von § 202a Abs. 2 StGB erfüllt. Für § 3 Abs. 4 S. 2 Nr. 3 BDSG ist anerkannt, dass auch die Weitergabe des Datenträgers ein Übermitteln darstellt.[764] Nach der in der strafrechtlichen Literatur überwiegend vertretenen Ansicht soll dies nicht der Fall sein, sodass nur die Daten, die auf elektromagnetischem Wege übermittelt werden, in den Schutzbereich von § 202a StGB fallen. Argument hierfür ist, dass die Weitergabe des Datenträgers bereits von § 202a Abs. 2 Var. 1 StGB („gespeicherte Daten") erfasst ist.[765] Die Auffassung überzeugt, da so eine klare Trennung zwischen den beiden Alternativen in § 202a Abs. 2 StGB geschaffen wird. Aus diesem Grunde lässt sich die Definition aus § 3 Abs. 4 S. 2 Nr. 3 BDSG nicht auf § 202a Abs. 2 Var. 2 StGB übertragen.[766]

Eine weitere praxisrelevante Problematik im Zusammenhang mit der Auslegung des Merkmals „übermittelte Daten" betrifft die Frage, ob die Übermittlung zwischen zwei Speichern erfolgen muss. Dies ist zwar häufig der Fall, blendet aber die Übermittlung von Daten zwischen Eingabegeräten (Tastatur, Computermaus, Kartenlesegerät) und dem Computer aus. Eine typische Begehungsweise stellt jedoch das „Anzapfen" dieser Leitungen oder die Aufzeichnung der Eingaben mittels Keyloggern dar.[767] Um Strafbarkeitslücken zu vermeiden, erscheint es sinnvoll, auch die Daten während des Übermittlungsvorgang zwischen Eingabegerät und Speicher unter den Datenbegriff von § 202a Abs. 2 Var. 2 StGB zu fassen.[768] Weiteren Rückhalt findet diese Ansicht in der Gesetzesbegründung, die mit dem Merkmal „Übermitteln" das „Anzapfen" von Datenübertragungsleitungen unter Strafe stellen wollte.

---

761 Für Letzteres anscheinend *Lenckner/Eisele*, in: Schönke/Schröder, § 202a Rn. 4.

762 *Dammann*, in: Simitis, § 3 Rn. 156.

763 *Krutisch*, S. 88.

764 *Ambs*, in: Erbs/Kohlhaas, § 3 BDSG Rn. 24.

765 *Fischer*, § 202a Rn. 6; *Lenckner/Eisele*, in: Schönke/Schröder, § 202a Rn. 4; *Graf*, in: MünchKomm StGB, Bd. 4, 2. Aufl., § 202a Rn. 18; *Schmid*, S. 64; *Krutisch*, S. 88.

766 *Fischer*, § 202a Rn. 6; *Lenckner/Eisele*, in: Schönke/Schröder, § 202a Rn. 4; *Schmid*, S. 64; *Krutisch*, S. 88; a.A. wohl *Kargl*, in: Kindhäuser/Neumann/Paeffgen, § 202a Rn. 6; *Graf*, in: MünchKomm StGB, Bd. 4, 2. Aufl., § 202a Rn. 18.

767 Zu *Keyloggern* siehe oben, C.IV.1.b).

768 *Weidemann*, in: BeckOK StGB, § 202a Rn. 6; *Graf*, in: MünchKomm StGB, Bd. 4, 2. Aufl., § 202a Rn. 18; *Kusnik*, S. 66 f.; *dies.*, MMR 2011, 720, 721; a.A. wohl *Cornelius*, in: Kilian/Heussen, Strafrecht BT Rn. 17; *Borges/Schwenk/Stuckenberg/Wegener*, S. 247.

Der Gesetzgeber differenziert nicht danach, ob die Daten dabei aus einem Speicher oder einem Eingabegerät stammen.

Für § 202a StGB lässt sich Übermitteln mithin als jeder unkörperliche Transport von Daten definieren. Der Transport kann dabei sowohl elektronisch, per Funk als auch in sonstiger technischer Weise erfolgen.

3. Tathandlung

Tathandlung bei § 202a Abs. 1 StGB ist das Verschaffen des Zugangs zu Daten unter Überwindung einer Zugangssicherung.

Mit dem 41. StrÄndG zur Bekämpfung der Computerkriminalität[769] wurde die Tathandlung angepasst. Nach § 202a Abs. 1 StGB musste sich der Täter die Daten verschaffen, um Hacker, die aus rein ideellem Interesse in fremde Computersysteme eindringen, nicht zu kriminalisieren.[770] Dies führte jedoch zu der viel diskutierten Frage, ob ein Eindringen in fremde Computersysteme überhaupt möglich ist, ohne sich Daten zu verschaffen. Der Erfolg beim Hacking liegt gerade darin, geschützte Daten abzurufen. Zuweilen wurde überdies vorgebracht, dass Hacking ohne die Übertragung von Daten technisch überhaupt nicht möglich sei.[771] Strittig war insofern, ob ein Lesen der Daten, ohne dass eine Kopie erstellt wird, bereits ein Abrufen im Sinne der Vorschrift darstellt.[772]

Mit der Neufassung im Jahr 2007 wurde dieser Streit hinfällig. Sowohl Art. 2 der Cybercrime Convention[773] als auch Art. 2 des Rahmenbeschlusses über Angriffe auf Informationssysteme[774], welche mit dem 41. StrÄndG umgesetzt wurden, sahen vor, dass bereits das Verschaffen des Zugangs zu Daten unter Strafe gestellt werden sollte. Die Erfassung des Hacking wird mit der „generellen Gefährlichkeit und Schädlichkeit von Hacking-Angriffen“ begründet, weshalb an einer „Strafwürdigkeit und -bedürftigkeit keine Zweifel“ bestünden.[775] Dies widerspricht der früheren Gesetzesbegründung zu § 202a StGB a.F., die beim reinen Eindringen in ein fremdes Computersystem noch keine Rechtsgutsverletzung erkennen wollte, sondern erst mit dem Verschaffen.[776] In der Begründung zur Neufassung wird dagegen ausdrücklich klargestellt, dass ein Verschaffen von Daten für eine Strafbarkeit nicht mehr

---

769 BGBl. I, 2007, S. 1786.
770 BT-Drucks. 10/5058, S. 28; vgl. hierzu bereits oben, D.I.
771 *Schmid*, S. 122 ff.; *Krutisch*, S. 130 ff.
772 Vgl. hierzu BT-Drucks. 16/3656, S. 10; *Hilgendorf/Frank/Valerius*, Rn. 687 ff.; so die wohl h.M., vgl. *Kargl*, in: Kindhäuser/Neumann/Paeffgen, § 202a Rn. 12; *Lenckner/Eisele*, in: Schönke/Schröder, § 202a Rn. 10; *Fischer*, § 202a Rn. 10a; *Ernst*, NJW 2003, 3233, 3236; *Krutisch*, S. 140.
773 BGBl. II 2008, 1242.
774 ABl. EU Nr. L 69/67 v. 16.3.2005.
775 BT-Drucks. 16/3656, S. 10.
776 BT-Drucks. 10/5058, S. 28.

notwendig ist.[777] Die Neufassung von § 202a StGB führte mithin zu einer Vorverlagerung der Strafbarkeit.

a) Sich oder einem Dritten Zugang verschaffen

Der Täter muss sich oder einem Dritten Zugang zum Tatobjekt verschaffen. Tatobjekt sind für den Täter nicht bestimmte und gegen unberechtigten Zugang besonders gesicherte Daten. Der Begriff des Zugangs findet sich somit bereits beim Tatobjekt. Im Rahmen der Tathandlung ist Zugang zu Daten als jede denkbare Möglichkeit der Einwirkung auf Daten zu verstehen.[778] In § 96 StGB, der die Verschaffung von Staatsgeheimnissen betrifft und auf welchen zudem die Gesetzesbegründung verweist, wird das Verschaffen von nichtkörperlichen Geheimnissen als Kenntnisnahme vom Inhalt des Geheimnisses definiert.[779] Diese Definition lässt sich auf § 202a StGB übertragen, sodass das Verschaffen von Zugang die Erlangung der Herrschaft über Daten ist und damit eine Kenntnisnahme von deren Inhalt erlaubt.

Beim Verschaffen des Zugangs für einen Dritten muss dieser die Herrschaft über die Daten erlangen oder von ihnen Kenntnis nehmen. Ob die Drittverschaffung im Tatbestand überhaupt notwendig ist, darf bezweifelt werden. Der Täter muss in jedem Fall die besondere Zugangssicherung überwinden. Folgt man der wohl herrschenden Ansicht zu § 202a StGB a.F., ist ein Verschaffen des Zugangs ohne die Kenntnisnahme von Daten überhaupt nicht möglich,[780] sodass sich der Täter für die Überwindung der Zugangssicherung die Daten selbst verschaffen muss. In diesem Fall macht sich der Täter auch ohne Fremdnützigkeit nach § 202a StGB strafbar. Die Weitergabe des Zugang an einen anderen ist in diesem Fall eine mitbestrafte Nachtat.[781]

Das Verschaffen des Zugangs zu Daten geschieht – abhängig von der jeweilig vertretenen Ansicht – in zeitlicher Hinsicht vor oder gleichzeitig mit der Verschaffung von Daten.[782] Während es nach teilweise vertretener Ansicht zu § 202a StGB a.F. erforderlich war, dass sich der Täter die Daten verschaffte, indem er sie selbst abspeicherte oder verwendete,[783] reicht mit der Neufassung bereits die Möglichkeit der Datenverschaffung für die Strafbarkeit aus.

---

777 BT-Drucks. 16/3656, S. 9.

778 Vgl. z.B. *Fischer*, § 202a Rn. 8; *Weidemann*, in: BeckOK StGB, § 202a Rn. 12; *Graf*, in: MünchKomm StGB, Bd. 4, 2. Aufl., § 202a Rn. 33, 56.

779 *Kühl*, § 96 Rn. 3; *Lampe/Hegmann*, in: MünchKomm StGB, Bd. 3, § 96 Rn. 3.

780 *Kargl*, in: Kindhäuser/Neumann/Paeffgen, § 202a Rn. 12; *Lenckner/Eisele*, in: Schönke/Schröder, § 202a Rn. 10; *Fischer*, § 202a Rn. 10a.

781 *Kargl*, in: Kindhäuser/Neumann/Paeffgen, § 202a Rn. 14; *Graf*, in: MünchKomm StGB, Bd. 4, 2. Aufl., § 202a Rn. 54; *Schmid*, S. 106.

782 *Cornelius*, in: Kilian/Heussen, Strafrecht BT Rn. 32.

783 Zu den vertretenen Ansichten siehe *Schmid*, S. 122 ff.

b) Unter Überwindung einer Zugangssicherung

Die Verschaffung des Zugangs muss unter Überwindung einer Zugangssicherung erfolgen.

Der Gesetzgeber hat dieses Merkmal ebenfalls erst mit der Neufassung des § 202a StGB durch das 41. StrÄndG eingefügt und damit von der Einschränkungsmöglichkeit in Art. 2 S. 2 der Cybercrime Convention[784] und Art. 2 des Rahmenbeschlusses über Angriffe auf Informationssysteme[785] Gebrauch gemacht. Dass sich der Täter die gegen unberechtigten Zugang besonders gesicherten Daten unter Überwindung dieser Zugangssicherung verschaffen muss, soll eine klarstellende Funktion haben.[786] Teilweise wird die Meinung vertreten, dass dieses Erfordernis überflüssig ist, da es sich bereits aus der besonderen Sicherung der Daten ergibt.[787] Dass eine Überwindung der Zugangssicherung für die Erfüllung des Tatbestandes erforderlich ist, war hingegen von Teilen der Literatur für § 202a StGB a.F. gefordert worden, um Handlungen auszuschließen, bei denen Daten auf anderem Wege erlangt wurden.[788] Ferner wollte der Gesetzgeber „Bagatellfälle" aus dem Anwendungsbereich des § 202a StGB herausnehmen.[789]

Dem natürlichen Wortsinn nach meint Überwinden eine Kraftanstrengung, mit der ein Hindernis hinter sich gelassen oder durchbrochen wird. Fraglich ist daher, ob auch das Umgehen von Sicherungen vom Tatbestand des § 202a Abs. 1 StGB erfasst wird. Ein Umgehen zeichnet sich im Gegensatz zu einem Überwinden dadurch aus, dass keine Konfrontation mit dem Hindernis erfolgt, sondern diesem ausgewichen wird und es seine abwehrende Wirkung nicht entfalten kann. Letzteres ist geradezu typisch für das Hacking, bei dem versucht wird, an Daten zu gelangen, ohne Sicherheitsmechanismen zu passieren. Mithin ist das Umgehen einer Sicherung vom Überwinden erfasst.[790] Überwinden im Sinne von § 202a Abs. 1 StGB bedeutet damit das Umgehen oder Außerkraftsetzen der Sicherung.[791]

Die Überwindung der Zugangssicherung muss nach der Gesetzesbegründung einen nicht unerheblichen zeitlichen oder technischen Aufwand vom Täter erfordern.[792] Diese Ausführung des Gesetzgebers ist im Hinblick auf die herrschende Meinung zur Frage, wann eine besondere Sicherung von Daten vorliegt,[793] unglücklich gewählt, da sie zu hohe Anforderungen an den Nutzer stellt. Zudem hängt der Auf-

---

784 BGBl. II 2008, 1242.
785 ABl. EU Nr. L 69/67 v. 16.3.2005.
786 BT-Drucks. 16/3656, S. 10.
787 *Graf*, in: MünchKomm StGB, Bd. 4, 2. Aufl., § 202a Rn. 55.
788 *Kargl*, in: Kindhäuser/Neumann/Paeffgen, § 202a Rn. 17 m.w.N.
789 BT-Drucks. 16/3656, S. 10.
790 *Kargl*, in: Kindhäuser/Neumann/Paeffgen, § 202a Rn. 14; *Kusnik*, S. 84 f.
791 *Weidemann*, in: BeckOK StGB, § 202a Rn. 17.
792 BT-Drucks. 16/3656, S. 10.
793 Siehe hierzu oben, D.I.2.a)cc)(2).

wand vom Geschick und von den Kenntnissen des Täters ab. Ein versierter Hacker, der sich ohne besonderen Aufwand Zugang zu Computersystemen verschaffen kann, würde demnach straffrei bleiben, während ein Laie, dem die Überwindung nur unter großen Anstrengungen gelingt, strafbar wäre. Die Anforderungen an die Sicherheit sind daher nicht zu überspannen.[794]

Wenn mehrere hintereinandergeschaltete Zugangssicherungen vorliegen, erfüllt bereits das erste Überwinden einer Zugangssicherung den Tatbestand des § 202a Abs. 1 StGB, da der Täter damit weiter ins System vordringt und sich dabei automatisch Zugang zu weiteren für ihn nicht bestimmten Daten verschafft. Hinsichtlich der nachfolgenden Zugangssicherungen liegt Tateinheit (§ 52 Abs. 1 StGB) vor.[795]

Das Verschaffen des Zugangs zu Daten kann auf unterschiedliche Weise geschehen. Der Täter kann den Datenträger selbst in seine Verfügungsgewalt bringen oder die fremden Daten auf einen eigenen Datenträger kopieren. Ferner kann er sich den Zugang unkörperlich verschaffen, beispielsweise durch Verwendung von Schadsoftware oder Keyloggern, geschickte Überwindung von Passwort- und PIN-Abfragen oder sonstige Identifizierungsmechanismen.[796]

4. Subjektiver Tatbestand

Der Täter muss vorsätzlich handeln. Es genügt ein zumindest bedingter Vorsatz, der sich auf alle Merkmale des objektiven Tatbestandes beziehen muss.[797]

Der Täter muss wissen, dass es sich bei dem Tatobjekt um Daten im Sinne von § 202a Abs. 2 StGB handelt, die nicht für ihn bestimmt sind. Zudem muss er Kenntnis davon haben, dass diese Daten gegen unberechtigten Zugriff besonders gesichert sind. Hierfür muss der Täter lediglich wahrnehmen, dass ein Hindernis existiert, welches die Daten vor unberechtigtem Zugriff schützen soll. Genaue Kenntnisse über die Art und Weise der Sicherung sind hingegen nicht erforderlich.[798] Geht der Täter fälschlicherweise davon aus, dass die Daten für ihn bestimmt seien, liegt ein Tatbestandsirrtum im Sinne von § 16 Abs. 1 StGB vor, der dazu führt, dass der Vorsatz entfällt.[799] Eine fahrlässige Begehung von § 202a StGB ist nicht möglich.

---

794 *Weidemann*, in: BeckOK StGB, § 202a Rn. 17.1; *Kusnik*, S. 86; *Cornelius*, in: Kilian/Heussen, Strafrecht BT Rn. 27.

795 *Graf*, in: MünchKomm StGB, Bd. 4, 2. Aufl., § 202a Rn. 74.

796 *Lenckner/Eisele*, in: Schönke/Schröder, § 202a Rn. 10; *Graf*, in: MünchKomm StGB, Bd. 4, 2. Aufl., § 202a Rn. 57; *Kusnik*, S. 83.

797 *Kargl*, in: Kindhäuser/Neumann/Paeffgen, § 202a Rn. 15; *Cornelius*, in: Kilian/Heussen, Strafrecht BT Rn. 33; *Graf*, in: MünchKomm StGB, Bd. 4, 2. Aufl., § 202a Rn. 71; *Kühl*, § 202a Rn. 6; *Schmid*, S. 117.

798 *Graf*, in: MünchKomm StGB, Bd. 4, 2. Aufl., § 202a Rn. 71; *Schmid*, S. 117.

799 *Kargl*, in: Kindhäuser/Neumann/Paeffgen, § 202a Rn. 15; *Graf*, in: MünchKomm StGB, Bd. 4, 2. Aufl., § 202a Rn. 72; dasselbe gilt für den eher theoretischen Fall, dass der Täter annimmt, die Daten seien nicht gesichert.

Eine Absicht, die entwendeten Daten zu verwerten, sich mit ihnen zu bereichern oder sie zu gebrauchen, ist nicht notwendig.[800] Folgt man indes der von *Haft* vertretenen Auffassung, dass § 202a StGB zugleich dem Vermögensschutz dient,[801] müsste eine Bereicherungsabsicht vorliegen.

5. Rechtswidrigkeit / Das Merkmal „unbefugt“

Der Täter muss sich oder einem Dritten den Zugang zu den Daten unbefugt verschafft haben.

Die dogmatische Natur des Merkmals „unbefugt“ ist umstritten. Nach der unter anderem von *Graf* vertretenen Ansicht handelt es sich um ein doppelfunktionelles Merkmal. Waren die Daten für den Täter bestimmt, soll bereits die Tatbestandsmäßigkeit entfallen. In den anderen Fällen handelt es sich um eine Voraussetzung der Rechtswidrigkeit.[802] Hiergegen spricht indes, dass bei dieser Auslegung das Merkmal „nicht für den Täter bestimmt“ unnötig wäre. Nach überwiegender Ansicht ist das Merkmal „unbefugt“ nicht Teil des objektiven Tatbestandes, sondern allein Deliktsmerkmal der Rechtswidrigkeit, welches nur entfällt, wenn ein Rechtfertigungsgrund vorliegt.[803] Dies wird damit begründet, dass der objektive Tatbestand auch bei Ausblendung des Merkmals „unbefugt“ noch einen Unrechtsgehalt aufweist.[804]

Das Merkmal „unbefugt“ entfällt vor allem bei einer (mutmaßlichen) Einwilligung, wenn die Daten für einen Dritten, aber nicht für den Täter bestimmt sind und der Täter dem Dritten den Zugang verschafft.[805] Beispiel hierfür ist ein externer IT-Dienstleister, der im Rahmen einer Sicherheitsüberprüfung Zugriff auf Daten eines Unternehmens erlangt, die nicht für ihn bestimmt sind.[806] Eine durch Täuschung erlangte Einwilligung ist unwirksam, weshalb der Täter beim Phishing unbefugt handelt.[807] Eine Strafbarkeit des Täters nach § 202a StGB scheitert beim Phishing jedoch schon daran, dass die Daten vom Opfer täuschungsbedingt an den Täter herausgegeben werden und damit bereits kein Verschaffen unter Überwindung einer Zugangssicherung vorliegt.[808] Die Einwilligung kann grundsätzlich

---

800 *Kargl*, in: Kindhäuser/Neumann/Paeffgen, § 202a Rn. 15; *Cornelius*, in: Kilian/Heussen, Strafrecht BT Rn. 33.

801 *Haft*, NStZ 1987, 6, 9; *Bühler*, MDR 1987, 448, 452.

802 *Graf*, in: MünchKomm StGB, Bd. 4, 2. Aufl., § 202a Rn. 62; *Gercke/Brunst*, Rn. 100 f.; *Popp*, NJW 2004, 3517.

803 *Lenckner/Eisele*, in: Schönke/Schröder, § 202a Rn. 11; *Kargl*, in: Kindhäuser/Neumann/Paeffgen, § 202a Rn. 16; *Cornelius*, in: Kilian/Heussen, Strafrecht BT Rn. 34; *Kusnik*, S. 87; *Krutisch*, S. 126.

804 *Jessen*, S. 148; ; *Krutisch*, S. 126.

805 *Lenckner/Eisele*, in: Schönke/Schröder, § 202a Rn. 11.

806 *Kargl*, in: Kindhäuser/Neumann/Paeffgen, § 202a Rn. 16; *Cornelius*, in: Kilian/Heussen, Strafrecht BT Rn. 34.

807 *Popp*, NJW 2004, 3517; *Kusnik*, S. 87.

808 *Brandt*, S. 79 f.; *D. Hansen*, S. 97; zum klassischen Phishing siehe oben, C.IV.1.a)aa).

nur der formelle Verfügungsberechtigte erteilen. Derjenige, der nicht Verfügungsberechtigter ist, aber den die Daten bestreffen, kann dagegen nicht wirksam einwilligen, da § 202a StGB nicht seinem Schutz dient.[809] Nimmt der Täter nur an, dass eine Einwilligung vorliegt, befindet er sich in einem Verbotsirrtum im Sinne von § 17 StGB, welcher jedoch zumeist vermeidbar sein dürfte.[810]

Ferner lassen gesetzliche Befugnisse (z. B. §§ 94, 100a StPO) das Merkmal „unbefugt“ entfallen.[811] Derartige Befugnisse spielen jedoch im Bereich des Identitätsdiebstahls keine Rolle und sollen daher hier nicht weiter beachtet werden.

6. Keine Strafbarkeit des Versuchs

Der Versuch einer Tat nach § 202a Abs. 1 StGB ist nicht strafbar.

Der Gesetzgeber hat sich bewusst dagegen entschieden, den Versuch von § 202a StGB unter Strafe zu stellen, um der Gefahr einer Überkriminalisierung vorzubeugen.[812] Dies spiegelt die damalige Intention wider, das Hacking nicht unter Strafe zu stellen.[813] Die fehlende Versuchsstrafbarkeit findet ihre Entsprechung zudem in den § 202 StGB und § 41 BDSG, die ebenfalls keine Versuchsstrafbarkeit vorsehen. Auch bei der Neufassung von § 202a StGB, der jetzt das Hacking bewusst erfasst, hat sich der Gesetzgeber aufgrund der „geringen Schwelle zur Verwirklichung des Tatbestandes“ gegen die Versuchsstrafbarkeit entschieden und von der Möglichkeit in Art. 5 Abs. 3 des Rahmenbeschlusses Gebrauch gemacht.[814]

Die fehlende Versuchsstrafbarkeit wird in der Literatur als Wertungswiderspruch kritisiert, da nach § 202c StGB Vorbereitungshandlungen, die zeitlich noch vor dem Versuchsstadium liegen, sogar ohne einen entsprechenden Strafantrag nach § 205 StGB mit Strafe bedroht werden.[815] So ist das Sich-Verschaffen von Schadsoftware (*Hacking-Tools*) von § 202c StGB erfasst, während deren erfolglose Verwendung straflos ist. Ferner verweisen § 303a Abs. 3 und § 303b Abs. 5 StGB, die beide eine Versuchsstrafbarkeit vorsehen, bezüglich entsprechender Vorbereitungshandlungen auf § 202c StGB. Für eine Versuchsstrafbarkeit spräche ferner der Vergleich

---

809 Siehe hierzu oben, D.I.2.a)bb).

810 *Graf*, in: MünchKomm StGB, Bd. 4, 2. Aufl., § 202a Rn. 72; *Kargl*, in: Kindhäuser/Neumann/Paeffgen, § 202a Rn. 15; *Cornelius*, in: Kilian/Heussen, Strafrecht BT Rn. 34; *Schmid*, S. 119.

811 Siehe hierzu ausführlich *Kusnik*, S. 88 ff.

812 BT-Drucks. 10/5058, S. 28.

813 *Graf*, in: MünchKomm StGB, Bd. 4, 2. Aufl., § 202a Rn. 100.

814 BT-Drucks. 16/3656, S. 10.

815 *Lenckner/Eisele*, in: Schönke/Schröder, § 202a Rn. 12a; *Kargl*, in: Kindhäuser/Neumann/Paeffgen, § 202a Rn. 1a; *Graf*, in: MünchKomm StGB, Bd. 4, 2. Aufl., § 202a Rn. 100; *Cornelius*, in: Kilian/Heussen, Strafrecht BT Rn. 6; *Ernst*, NJW 2007, 2661, 2662; *Stuckenberg*, S. 2; zu § 202c StGB siehe unten, D.III.

mit § 149 StGB, der Vorbereitungshandlungen zur Geld- und Wertzeichenfälschung (§§ 146, 148 StGB) betrifft. Der Versuch von §§ 146, 148 StGB ist ebenfalls strafbar.[816]

Nicht zu überzeugen vermag hingegen das Argument, dass dem Täter die Rücktrittmöglichkeit fehle, wenn er nach Überwindung der Zugangssicherung davon absieht, auf die Daten zuzugreifen.[817] Seit der Neufassung kommt es auf die Kenntnisnahme der Daten nämlich nicht mehr an. Maßgeblich ist allein die Überwindung der Zugangssicherung. Für die vom Gesetzgeber gewählte Systematik spricht indes, dass mit dem Verschaffen von Hacker-Tools ein Unrecht vorliegt, das schwerer wiegt als der Versuch einer Tat nach § 202a StGB.[818]

7. Strafantragserfordernis gemäß § 205 StGB

Gemäß § 205 Abs. 1 StGB wird eine Tat nach § 202a StGB nur auf Antrag verfolgt, es sei denn, dass die Strafverfolgungsbehörde wegen des besonderen öffentlichen Interesses an der Strafverfolgung ein Einschreiten von Amts wegen für geboten hält. Die Verfolgung einer Tat nach § 202a StGB im Wege der Privatklage ist nicht möglich, da § 202a StGB nicht zu den in § 374 Abs. 1 StPO aufgeführten Straftatbeständen gehört. Strafantragsberechtigter im Sinne von § 77 Abs. 1 StGB ist der formelle Verfügungsberechtigte.[819]

Das Strafantragserfordernis ist Ausdruck der gesetzgeberischen Intention, den (jugendlichen) Hacker, der aus „sportlichem" Ehrgeiz in fremde Computersysteme einzudringen versucht, nicht zu kriminalisieren. Das Strafantragserfordernis sollte neben den §§ 153, 153 a StPO, 47 JGG als Filter zur Verhinderung von unnötigen Strafverfahren dienen.[820] Durch das 41. StrÄndG wurde eingefügt, dass die Tat bei besonderem öffentlichem Interesse an der Strafverfolgung von Amts wegen erfolgen kann (§ 205 Abs. 1 S. 2 StGB). Grund hierfür war, dass derjenige, den die Daten betreffen, der aber nicht zugleich Verfügungsberechtigter ist, nicht von § 202a StGB geschützt und somit nicht strafantragsberechtigt nach § 205 StGB ist. In Fällen, in denen der Verletzte keinen Strafantrag stellt, etwa weil er den mangelhaften Schutz seines Systems nicht öffentlich machen möchte, würde keine Strafverfolgung stattfinden, obwohl persönliche Daten von Dritten entwendet wurden.[821]

---

816 *Stuckenberg*, S. 2.
817 *Kargl*, in: Kindhäuser/Neumann/Paeffgen, § 202a Rn. 1a.
818 *Bruns*, Stellungnahme 41. StrÄndG, S. 6.
819 *OLG Köln*, Beschl. v. 23.04.2008 – 51 Zs 803/07; *Fischer*, § 205 Rn. 2.
820 BT-Drucks. 10/5058, S. 10.
821 BT-Drucks. 16/3656, S. 12.

8. Ergebnis zu § 202a StGB im Hinblick auf Identitätsdiebstahl

a) Identitätsdaten als Daten im Sinne von § 202a StGB

Identitätsdaten erfüllen – soweit sie elektronisch oder magnetisch gespeichert sind – den strafrechtlichen Datenbegriff, welcher die Grundlage für den Datenbegriff des § 202a StGB darstellt. Identitätsdaten, die körperlich fixiert sind, werden nicht von § 202a StGB geschützt. Daneben stellen § 202a Abs. 1 und Abs. 2 StGB noch weitere Anforderungen hinsichtlich der geschützten Daten auf.

Ob das jeweilige Identitätsdatum nicht für den Täter bestimmt ist, ist vom Einzelfall abhängig. Welche Daten für wen bestimmt sind, entscheidet der formelle Verfügungsberechtigte. Auf denjenigen, auf den sich der Informationsgehalt der Daten (semantische Ebene) bezieht, kommt es dagegen nicht an. Dies ist relevant für die Strafantragsberechtigung.[822] So ist beispielsweise bei einem Hacking-Angriff auf einen Onlinehändler, bei dem Kunden- und Kreditkartendaten entwendet werden, nicht der Kunde berechtigt Strafantrag zu stellen, sondern allein der Händler. Ferner vom Einzelfall abhängig ist, ob das Identitätsdatum gegen unberechtigten Zugriff besonders gesichert ist, wobei hier keine zu hohen Anforderungen zu stellen sind. Da § 202a StGB das formelle Geheimhaltungsinteresse schützt, unterfallen öffentliche Daten, wie Namen, bekannte E-Mail-Adressen, Onlinenutzernamen und zum Teil auch Personenkennzeichen nicht dem Schutz der Norm.

Geheime Identitätsdaten (z. B. Passwörter, TAN) zählen nach § 202a Abs. 1 StGB überdies nur dann zu den geschützten Daten, wenn sie besonders gesichert wurden und zudem elektronisch gespeichert sind oder übermittelt werden (§ 202a Abs. 2 StGB). Ob die Geheimhaltung dieser Identitätsdaten als besondere Sicherung ausreicht, ist dagegen problematisch, da die Geheimhaltung des Passwortes in erster Linie dem Schutz der Daten dient und nicht dem Schutz des Passwortes an sich. Passwort und Daten bilden jedoch eine Einheit, sodass eine Aufspaltung unnatürlich wäre. Ein kriminelles Interesse nur an der Kenntnis des Passwortes allein wird es nicht geben.[823] Eine Sicherung ist ferner zu bejahen, wenn Zugriffe auf den Arbeitsspeicher durch Software besonders gesichert sind (z. B. Antivirensoftware).[824]

Bei der Verwendung von Keyloggern werden Daten im Übertragungsstadium abgegriffen, sodass insoweit ein taugliches Tatobjekt vorliegt (vgl. § 202a Abs. 2 Var. 2 StGB), wenn der Zugriff auf den Computer besonders gesichert ist (z. B. durch eine Firewall).[825] Keine besondere Sicherung liegt in der Regel vor, wenn Daten bei der Übertragung zwischen Eingabegerät und Computer erlangt werden,

---

822 *D. Hansen*, S. 98 f.; siehe hierzu auch oben, D.I.7.

823 Ähnlich *Krutisch*, S. 130 f.

824 *D. Hansen*, S. 100, 139.

825 *Borges/Schwenk/Stuckenberg/Wegener*, S. 202; *Borges*, Stellungnahme 41. StrÄndG, S. 5.

beispielsweise durch Hardware-Keylogger, die zwischen Tastatur und Computer geschaltet werden.

Durch die doppelte Einschränkung des für § 202a Abs. 1 StGB maßgeblichen Datenbegriffs in § 202a Abs. 2 StGB fallen weitere Identitätsdaten in den Schutzbereich. Identitätsdaten, die nicht elektronisch gespeichert wurden, sondern unmittelbar wahrnehmbar sind, stellen keine tauglichen Tatobjekte dar. Hierunter fallen beispielsweise Daten, die von Ausweispapieren abgelesen werden (Personendaten und Personenkennzeichen). Ob sich Identitätsdaten unter den Datenbegriff des § 202a StGB subsumieren lassen, kann mithin nicht pauschal beantwortet werden, sondern ist vom jeweiligen Einzelfall abhängig.

b) Die Tathandlung des § 202a StGB als Identitätsdiebstahl

Für die Strafbarkeit eines Identitätsdiebstahls nach § 202a StGB muss der Täter sich oder einem Dritten die Identitätsdaten unter Überwindung der Zugangssicherung verschaffen.

Erfasst werden mithin sämtliche Begehungsweisen, die sich im weitesten Sinne als Hacking bezeichnen lassen, also das unerlaubte Eindringen in fremde Rechensysteme zum Zwecke der Betrachtung der dort gespeicherten Daten und Programme.[826] Hierunter fallen beispielsweise Software-Keylogger, die sämtliche Computereingaben aufzeichnen und an den Täter übermitteln, da sich der Täter mithilfe des Programms Zugang zu Identitätsdaten (z. B. Kreditkartennummern oder Passwörtern) verschafft.[827]

Ferner werden Begehungsweisen des Identitätsdiebstahls erfasst, die unter Verwendung von Schadsoftware begangen werden. Dies sind insbesondere die Man-in-the-Middle-Angriffe, bei denen Daten auf dem Weg zum Empfänger durch den Täter manipuliert werden, oder das Pharming, bei dem Verbindungsanfragen auf manipulierte Webseiten umgeleitet werden.[828] Weitere Schadsoftware, die einen Zugriff auf Daten erlaubt, sind Backdoor-Programme, mit denen ein Rechner unter Umgehung der computereigenen Zugriffssicherung ferngesteuert werden kann.[829] Je nach Ausgestaltung der Schadsoftware wird dabei auf den (Arbeits-)Speicher des infizierten Computers zugegriffen oder die Daten werden beim Übertragungsvorgang mit dem Server abgegriffen.

Bei Offlinebegehungsweisen (Social Engineering, Vishing), die auf Täuschung des Opfers beruhen, ist eine Strafbarkeit nach § 202a StGB im Hinblick auf die Beschaffung der Identitätsdaten und auf die Verwendung der Daten zu prüfen, wobei

---

826 *Vetter*, S. 121.

827 *Graf*, in: MünchKomm StGB, Bd. 4, 2. Aufl., § 202a Rn. 75; *Borges/Schwenk/Stuckenberg/Wegener*, S. 247.

828 *Borges/Schwenk/Stuckenberg/Wegener*, S. 239; *D. Hansen*, S. 148; zu Man-in-the-Middle-Angriffen und Pharming siehe oben C.IV.1.a)bb) bzw. C.IV.1.a)cc).

829 *Graf*, in: MünchKomm StGB, Bd. 4, 2. Aufl., § 202a Rn. 75.

Letzteres nach hiesiger Definition Identitätsmissbrauch und nicht Identitätsdiebstahl darstellt.[830] Außerdem liegt beim Offline-Identitätsdiebstahl kein Tatobjekt vor, da die Daten nicht elektronisch gespeichert und zudem unmittelbar wahrnehmbar sind. Bei der missbräuchlichen Verwendung der Daten für Onlinebankingdienste erlangt der Täter Zugriff auf Daten, die nicht für ihn bestimmt sind, z. B. den Kontostand des Opfers. Durch Eingabe von Nutzername bzw. Kontonummer und Passwort erhält der Täter jedoch wie ein Berechtigter Kenntnis von diesen Informationen, so dass es für eine Strafbarkeit nach § 202a StGB an der Überwindung einer Zugangssicherung fehlt. Überwinden verlangt jedoch das Umgehen oder Außerkraftsetzen der Sicherung.[831] Begehungsweisen, die auf Täuschung beruhen, scheiden folglich aus.[832]

Kein Überwinden einer Zugangssicherung ist ferner das bloße Auslesen von gespeicherten Daten auf Magnetstreifen von Zahlungskarten mit Garantiefunktion, um damit Dubletten herzustellen (Skimming).[833] Nach der Rechtsprechung des Bundesgerichtshofs fehlt den auf der Karte gespeicherten Daten die notwendige besondere Sicherung. Für das Auslesen genügen ein handelsübliches Lesegerät und eine im Handel erhältliche Software.[834]

Beim Zugriff auf in (Funk-)Netzwerken übertragene Daten kommt es darauf an, ob die Übertragung besonders gesichert ist. Eine besondere Sicherung ist jedenfalls dann anzunehmen, wenn die Übertragung verschlüsselt ist.[835] Werden E-Mails auf dem Weg zum Mail-Server abgefangen, kommt es darauf an, ob die Datenübertragung oder die E-Mail selbst verschlüsselt ist. Ist beides nicht der Fall, scheidet eine Strafbarkeit nach § 202a Abs. 1 StGB aus.[836] Keine Überwindung einer Zugangssicherung findet ferner bei der reinen Nutzung fremder unverschlüsselter WLAN-Netzwerke statt.[837]

Auch das Sniffing, bei dem mittels Software der Netzwerkverkehr abgefangen und protokolliert wird,[838] erfüllt den Tatbestand von § 202a Abs. 1 StGB, da der Täter

830 Siehe hierzu oben, C.III.3.
831 Siehe hierzu oben, D.I.3.b).
832 *Lenckner/Eisele*, in: Schönke/Schröder, § 202a Rn. 10a; *Graf*, in: MünchKomm StGB, Bd. 4, 2. Aufl., § 202a Rn. 74; *Borges/Schwenk/Stuckenberg/Wegener*, S. 242; *Graf*, NStZ 2007, 129, 131; zur Vorgehensweise beim klassischen Phishing siehe oben, C.IV.1.a)aa).
833 Siehe hierzu oben, C.IV.2.c).
834 *BGH*, Beschl. v. 06.07.2010 – 4 StR 555/09, NStZ 2011, 154; *BGH*, Beschl. v. 14.01.2010 – 4 StR 93/09, MMR 2010, 426; anders noch *BGH*, Urt. v. 10.05.2005 – 3 StR 425/04, NStZ 2005, 566.
835 *Kargl*, in: Kindhäuser/Neumann/Paeffgen, § 202a Rn. 10; *Lenckner/Eisele*, in: Schönke/Schröder, § 202a Rn. 8.
836 *Graf*, in: MünchKomm StGB, Bd. 4, 2. Aufl., § 202a Rn. 81.
837 *LG Wuppertal*, Beschl. v. 19.10.2010 – 25 Qs-10 Js 1977/08–177/10, ZUM 2011, 190; *Bär*, MMR 2005, 434, 435; *Kargl*, in: Kindhäuser/Neumann/Paeffgen, § 202a Rn. 10.
838 Siehe hierzu oben, C.IV.1.b).

sich so Zugang zu Daten verschafft, die nicht für ihn bestimmt sind.[839] Graf verneint allerdings eine Strafbarkeit beim Sniffing mit der Begründung, dass die Installation der Sniffing-Software ein nicht ordnungsgemäß abgesichertes Netzwerk oder Computersystem belege. Denn der Täter benötige für die Installation besondere Netzwerkrechte.[840] In dieser Allgemeingültigkeit widerspricht diese Aussage jedoch den Anforderungen an die besondere Sicherung, die nach allgemeiner Auffassung nicht unüberwindbar sein muss.[841] Der Umstand, dass Schadsoftware installiert werden kann, ist demnach kein Beleg für eine fehlende besondere Sicherung.

Mögliche Tathandlungen im Hinblick auf den Identitätsdiebstahl sind jedoch nicht auf Computer begrenzt. Mit der Verbreitung von Smartphones, die mittlerweile ähnliche Rechenleistungen wie Computer aufweisen, sind diese für Kriminelle attraktive Angriffsziele geworden. Immer häufiger finden sich auf diesen Geräten Identitätsdaten (z. B. Kontodaten, Kreditkartennummern, Passwörter zu sozialen Netzwerken). Der Zugriff eines Täters auf diese Identitätsdaten wird von § 202a StGB erfasst, wenn das Mobiltelefon durch eine PIN vor dem Zugriff durch Dritte gesichert ist.[842]

Obwohl § 202a StGB nicht den Identitätsinhaber, sondern den formelle Verfügungsberechtigten schützt, lässt sich im Ergebnis feststellen, dass viele der typischen Onlinebegehungsweisen des Identitätsdiebstahls von § 202a StGB erfasst werden. Nicht erfasst werden hingegen Begehungsarten außerhalb des elektronischen Datenverkehrs sowie Begehungsarten, bei denen Identitätsdaten durch Täuschung erlangt werden. Im Gegensatz zum Identitätsdiebstahl nach hiesiger Definition setzt § 202a StGB keine Schädigungs-, Missbrauchs- oder Vorteilsverschaffungsabsicht des Täters voraus. Für den Identitätsdiebstahl ist ferner von Relevanz, dass der Identitätsinhaber nicht notwendigerweise Strafantragsberechtigter im Sinne von § 205 StGB ist.

c) Strafbarkeit des klassischen Phishing nach § 202a StGB

Nach wie vor umstritten ist die Frage, ob das klassische Phishing, bei dem der Täter das Opfer unter einem Vorwand auffordert, ihm Onlinezugangsdaten zu Banken oder Onlinezahlungsdienstanbietern zu übermitteln, nach § 202a StGB strafbar ist.[843]

Die damalige Bundesregierung teilte auf eine Anfrage des Bundesrates seinerzeit mit, dass das klassische Phishing schon vor dem Inkrafttreten des 41. StrÄndG vom damaligen Strafrecht erfasst werde.[844] In einer Pressemitteilung des

839 *Schmid*, S. 177.
840 *Graf*, in: MünchKomm StGB, Bd. 4, 2. Aufl., § 202a Rn. 82.
841 So auch selbst *Graf*, in: MünchKomm StGB, Bd. 4, 2. Aufl., § 202a Rn. 32; siehe hierzu oben, D.I.2.a)cc)(2).
842 *Graf*, in: MünchKomm StGB, Bd. 4, 2. Aufl., § 202a Rn. 91.
843 Zur Begehungsweise des klassische Phishing siehe oben, C.IV.1.a)aa).
844 BT-Drucks. 16/3656, S. 19.

Bundesministeriums der Justiz aus dem Jahr 2006 wird ausgeführt, dass Phishing bereits nach geltendem Recht strafbar sei.[845] Verwiesen wird insoweit auf § 202a StGB. Der Auffassung der Bundesregierung haben sich Teile der Literatur angeschlossen.[846]

Eine Strafbarkeit nach § 202a StGB ist jedoch im Ergebnis sogar aus mehreren Gründen abzulehnen: Für das klassische Phishing ist bereits fraglich, ob Passwort und TAN, die der Nutzer dem Täter täuschungsbedingt übermittelt, überhaupt zu den geschützten Daten zählen. Nach den Geschäftsbedingungen der Banken zum Onlinebanking dürfen Passwort und TAN nicht auf dem Computer gespeichert werden.[847] Eine Speicherung der Daten erfolgt bei Eingabe jedoch automatisch im Arbeitsspeicher, was nach überwiegender Ansicht für eine elektronische Speicherung ausreicht.[848] Der Täter greift nicht selbst auf diesen Speicher zu, sondern lässt das Opfer die Daten auf einer präparierten Webseite übermitteln. Dieses Übermitteln der Daten vom Opfer an den Täger entspricht jedoch nicht dem Übermitteln im Sinne von § 202a Abs. 2 Var. 2 StGB.[849] Der Gesetzgeber hatte insoweit ein „Anzapfen" der Datenleitung im Sinn.[850] Beim Phishing ist der Täter dagegen der Empfänger der Übermittlung und greift nicht in diese ein. In dem Zeitpunkt, in dem sich der Täter PIN und TAN verschafft, sind diese nicht mehr besonders gesichert, sodass sie auch aus diesem Grund als taugliches Tatobjekt ausscheiden.[851]

Des Weiteren erfüllt der Täter nicht die Tathandlung von § 202a StGB. So fehlt es beim klassischen Phishing an der Überwindung einer besonderen Zugangssicherung. Eine Täuschung ist schon nach dem natürlichen Wortsinn kein Überwinden eines Hindernisses.[852]

Auf Ebene der Rechtswidrigkeit stellt sich zudem die Frage, ob der Täter nicht befugt war. Das Opfer hat als formell Verfügungsberechtigter die Daten willentlich an ihn übermittelt.[853] Die Übermittlung der Daten an den Täter könnte überdies als tatbestandsausschließendes Einverständnis anzusehen sein.[854] Dies beurteilt sich

---

845 Pressemitteilung BMJ v. 20.09.2006: Besserer Schutz vor Hackern, Datenklau und Computersabotage, MMR 2006, Heft 11, XIV.

846 Jedoch ohne nähere Begründung *Borges*, Stellungnahme 41. StrÄndG, S. 5; *Stuckenberg*, Stellungnahme 41. StrÄndG, S. 10; *Brandt*, S. 146.

847 *Borges/Schwenk/Stuckenberg/Wegener*, S. 242; *Popp*, MMR 2006, 84, 85; *Stuckenberg*, ZStW 118 (2006), 878, 884.

848 Siehe hierzu oben, D.I.2.a)dd)(2)(a).

849 *Graf*, NStZ 2007, 129; *Herrmann*, StRR 2008, 248, 249; a.A. *Kusnik*, S. 204.

850 BT-Drucks. 10/5058, S. 10; *Stuckenberg*, ZStW 118 (2006), 878, 884.

851 *Graf*, NStZ 2007, 129, 131; *Popp*, MMR 2006, 84, 85; *Fischer*, § 202a Rn. 9a; *Stuckenberg*, ZStW 118 (2006), 878, 884; *Herrmann*, StRR 2008, 248, 249.

852 *Leckner/Eisele*, in: Schönke/Schröder, § 202a Rn. 10a; *Herrmann*, StRR 2008, 248, 249; *Hilgendorf*, Stellungnahme 41. StrÄndG, S. 10; *D. Hansen*, S. 99.

853 *Graf*, NStZ 2007, 129, 131.

854 *D. Hansen*, S. 99; *Kusnik*, S. 205.

indes allein anhand von objektiven Kriterien und ist unabhängig von möglichen Willensmängeln wirksam.[855]

Beim späteren Einsatz der durch Phishing erlangten Identitätsdaten scheidet eine Strafbarkeit nach § 202a StGB ebenfalls aus. Zwar sind Kontostand und die sonstigen Angaben, die dem Täter beim Aufruf des Bankkontos des Nutzers angezeigt werden, Daten, es fehlt jedoch ebenfalls an der Überwindung einer besonderen Zugangssicherung, da sich der Täter wie ein Berechtigter anmeldet.[856] Insoweit gilt dasselbe wie bei Offlinebegehungsweisen (Social Engineering, Vishing), die auf einer Täuschung des Opfers beruhen. Zudem ist die Zugangssicherung zu diesem Zeitpunkt bereits faktisch aufgehoben.[857]

II. § 202b StGB

Nach § 202b StGB macht sich strafbar, wer unbefugt sich oder einem anderen unter Anwendung von technischen Mitteln nicht für ihn bestimmte Daten im Sinne von § 202a Abs. 2 aus einer nichtöffentlichen Datenübermittlung oder aus der elektromagnetischen Abstrahlung einer Datenverarbeitungsanlage verschafft. Die Verwirklichung des Straftatbestandes ist mit Freiheitsstrafe bis zu zwei Jahren oder mit Geldstrafe bedroht.

Mit dem am 11. August 2007 in Kraft getretenen 41. StrÄndG wurde § 202b StGB neu in das Strafgesetzbuch eingefügt.[858] Mit dem Beitritt zur Cybercrime Convention[859] bestand für die Bundesrepublik Deutschland die Verpflichtung, das mit technischen Hilfsmitteln bewirkte, unbefugte vorsätzliche Abfangen nichtöffentlicher Computerdatenübermittlungen an, aus oder innerhalb eines Computersystems einschließlich elektromagnetischer Abstrahlungen aus einem solchen unter Strafe zu stellen.[860] Der Entwurf des neuen Rahmenbeschlusses, welcher am 4. Juli 2013 vom Europäischen Parlament angenommen wurde,[861] enthält nun in Art. 6 ebenfalls diese in der Cybercrime Convention enthaltene Verpflichtung. Eine Notwendigkeit für Änderungen von § 202b StGB besteht damit aus deutscher Sicht nicht.

Nach der Gesetzesbegründung soll § 202b dem technischen Fortschritt Rechnung tragen. Die Kommunikation zwischen Personen ist nicht mehr auf Brief und Telefon beschränkt. § 202b stellt damit das elektronische Pendant zum Abhören und Aufzeichnen von Telefongesprächen gemäß § 201 StGB dar. Zudem sollte § 202b StGB

855 *Fischer*, vor § 32 Rn. 3b; *Wessels/Beulke*, Rn. 367.

856 *Graf*, NStZ 2007, 129, 131; *Bär*, Rn. 337.

857 *Leckner/Eisele*, in: Schönke/Schröder, § 202a Rn. 10a; *Popp*, MMR 2006, 84, 85; a.A. *Fischer*, § 202a Rn. 9a; *Gercke*, in: Gercke/Brunst, Rn. 98.

858 BGBl. I 2007, 1786.

859 BGBl. II 2008, 242.

860 BT-Drucks. 16/3656, S. 10; zur Umsetzung von Art. 3 Cybercrime Convention in das deutsche Recht siehe *Ernst*, NJW 2007, 2661, 2662.

861 Siehe hierzu oben, C.I.3.e).

eine Gesetzeslücke schließen, denn der Eingriff in die unverschlüsselte private elektronische Kommunikation war bis dahin straflos. Verschlüsselte Daten im Übermittlungsstadium wurden schon vor der Einführung von § 202b StGB von § 202a Abs. 2 Var. 2 StGB geschützt.[862] Ausnahme hiervon war das „Abhören" von Funknetzwerken (WLAN), welches schon vor Einführung von § 202b StGB nach § 148 Abs. 1 Nr. 1 TKG i. V. m. § 89 TKG strafbar war.[863] Straflos war hingegen das Abfangen von E-Mails oder sonstiger Kommunikation im Internet. Mit der Einführung von § 202b StGB wollte der Gesetzgeber zum Ausdruck bringen, dass er jede Art der nichtöffentlichen Kommunikationen als schutzwürdig ansieht.[864] Die Erweiterung des strafrechtlichen Schutzes auf die Kommunikation über das Internet wurde in der Literatur zu Recht als „für die Weiterentwicklung moderner Datennetze geradezu unverzichtbar" bewertet.[865]

1. Geschütztes Rechtsgut

Geschütztes Rechtsgut von § 202b StGB ist – wie bei § 202a StGB – das formelle Geheimhaltungsinteresse des Verfügungsberechtigten.[866]

Während bei § 202a StGB das formelle Geheimhaltungsinteresse durch die besondere Sicherung der Daten vor unberechtigtem Zugriff dokumentiert wird, stellt § 202b StGB keine entsprechende Anforderung auf. Nach herrschender Meinung ergibt sich das formelle Geheimhaltungsinteresse jedoch aus dem Recht auf Nichtöffentlichkeit privater Kommunikation,[867] das sich aus dem Grundrecht auf Gewährleistung der Vertraulichkeit und Integrität informationstechnischer Systeme als Bestandteil des Schutzbereiches von Art. 1 Abs. 1, Art. 2 Abs. 1 GG ableiten lässt.[868] Darüber hinaus fällt die private Kommunikation über E-Mail und das Internet, welche § 202b StGB in erster Linie schützt, auch in den Schutzbereich des Post- und Fernmeldegeheimnisses nach Art. 10 Abs. 1 GG.[869] Dabei gilt der Grundsatz, dass eine Kommunikation privat ist, es sei denn, die Teilnehmer machen deutlich, dass dies nicht der Fall ist.[870] Die Gesetzesbegründung führt zum Rechtsgut aus, dass

---

862 BT-Drucks. 16/3656, S. 11.

863 *Kargl*, in: Kindhäuser/Neumann/Paeffgen, § 202b Rn. 2; *Bär*, MMR 2005, 434, 440.

864 BT-Drucks. 16/3656, S. 11.

865 *Graf*, in: MünchKomm StGB, Bd. 4, 2. Aufl., Vorb. zu den §§ 201 ff. Rn. 6.

866 Siehe hierzu oben, D.I.1; *Gercke*, in: Spindler/Schuster, § 202b Rn. 1; *Cornelius*, in: Kilian/Heussen, Strafrecht BT Rn. 40; *Fischer*, § 202b Rn. 2; *Eisele*, in: Schönke/Schröder, § 202b Rn. 1; *Graf*, in: MünchKomm StGB, Bd. 4, 2. Aufl., § 202b Rn. 2.

867 *Cornelius*, in: Kilian/Heussen, Strafrecht BT Rn. 40; *Fischer*, § 202b Rn. 2; *Eisele*, in: Schönke/Schröder, § 202b Rn. 1.

868 *BVerfG*, Urt. v. 27.02.2008 – 1 BvR 370/07, 1 BvR 595/07, BVerfGE 120, 274 = NJW 2008, 822.

869 *BVerfG*, Urt. v. 27.07.2005 – 1 BvR 668/04, BVerfGE 113, 348 = NJW 2005, 2603, 2609; *Durner*, in: Maunz/Dürig, Art. 10 Rn. 82.

870 *Graf*, in: MünchKomm StGB, Bd. 4, 2. Aufl., § 202b Rn. 2.

nicht Art oder Inhalt der übertragenen Daten, sondern die Art des Übertragungsvorgangs maßgeblich dafür ist, ob Daten dem Schutz des § 202b StGB unterfallen.[871]

2. Tatobjekt

Tatobjekt von § 202b StGB sind nicht für den Täter bestimmte Daten im Sinne von § 202a Abs. 2 StGB, die aus einer nichtöffentlichen Datenübermittlung oder aus der elektromagnetischen Abstrahlung einer Datenverarbeitungsanlage stammen.

a) Nicht für den Täter bestimmte Daten im Sinne von § 202a Abs. 2 StGB

In § 202b StGB findet sich ein ausdrücklicher Verweis auf § 202a Abs. 2 StGB. Dieser enthält jedoch selbst keine Definition des Datenbegriffs, wie es der Verweis vermuten lassen würde, sondern vielmehr eine Einschränkung des nicht gesetzlich definierten strafrechtlichen Datenbegriffs. Nach allgemeiner Definition sind Daten codierte, für eine Datenverarbeitungsanlage erkennbare Informationen.[872]

Aufgrund des Verweises auf § 202a Abs. 2 StGB können nur solche Daten taugliches Tatobjekt von § 202b StGB sein, die elektronisch, magnetisch oder sonst nicht unmittelbar wahrnehmbar gespeichert sind oder übermittelt werden. Hinsichtlich der einzelnen Merkmale kann auf die Ausführungen zu § 202a Abs. 2 StGB verwiesen werden.[873] Zu beachten ist jedoch, dass § 202b StGB nach der Gesetzesbegründung keine gespeicherten Daten erfassen soll.[874] Der Verweis auf § 202a Abs. 2 StGB ist damit eingeschränkt.

Ebenso wie bei § 202a StGB dürften die Daten nicht für den Täter bestimmt sein, was wiederum zu der Frage führt, für wen sie bestimmt sind. Nach herrschender Auffassung ist dies bei § 202b StGB der formelle Verfügungsberechtigte.[875] Da bei § 202b StGB die Datenübermittlung im Vordergrund steht, ist sowohl der Sender als auch der von ihm beabsichtigte Empfänger als formeller Verfügungsberechtigter anzusehen. Nicht automatisch Verfügungsberechtigter ist derjenige, den die Daten betreffen.[876]

Nicht durchgesetzt hat sich der Vorschlag von *Graf*, nur personenbezogene Daten dem Schutz des § 202b StGB zu unterstellen.[877] Dadurch sollten nicht nur E-Mail, sondern ferner das Onlinebanking, die Abgabe von Auktionsgeboten sowie Onlinebestellungen oder -buchungen geschützt werden. Zu Recht wird hiergegen

---

871 BT-Drucks. 16/3656, S. 11.

872 Zum strafrechtlichen Datenbegriff siehe oben, D.I.2.a)aa).

873 Siehe hierzu oben, D.I.2.a)dd).

874 BT-Drucks. 16/3656, S. 11.

875 Zu den im Rahmen von § 202a StGB diskutierten unterschiedlichen Ansichten siehe oben, D.I.2.a)bb).

876 *Graf*, in: MünchKomm StGB, Bd. 4, 2. Aufl., § 202b Rn. 8.

877 *Graf*, Stellungnahme 41. StrÄndG, S. 4.

eingewandt, dass der strafrechtliche Schutz personenbezogener Daten bereits vom BDSG abgedeckt werde.[878] Es widerspräche ferner der Intention des Gesetzgebers, einen umfassenden Schutz jedweder privater Kommunikation unabhängig von deren Inhalt zu schaffen.[879]

b) Weitere Einschränkung durch § 202b StGB

Welche Daten als Tatobjekt in Betracht kommen, wird durch § 202b StGB weiter dadurch eingeschränkt, dass die Daten aus einer nichtöffentlichen Datenübermittlung oder aus der elektromagnetischen Abstrahlung einer Datenverarbeitungsanlage stammen müssen.

aa) Datenübermittlung

Eine Datenübermittlung liegt vor, wenn Daten bewusst und zielgerichtet übertragen bzw. kopiert werden. Nicht notwendig ist, dass die Daten beim Sender oder Empfänger gespeichert werden. So genügt es, wenn der Empfänger diese zur Kenntnis nimmt. Erfasst von § 202b StGB werden alle Fälle der Datenübermittlung auf elektronischem Wege wie etwa Telefon, E-Mail und Telefax,[880] aber auch Internetchats, Skype (VoIP) oder Netzwerkverbindungen.[881] Dies gilt unabhängig davon, ob die Übermittlung leitungsgebunden oder drahtlos über elektromagnetische Wellen[882] oder zwischen zwei Computersystemen oder innerhalb eines einzigen[883] erfolgt. Nicht erfasst ist hingegen die körperliche Versendung von Datenträgern. Dies wird bereits von § 202a Abs. 2 Var. 1 StGB erfasst.

Die Daten müssen sich zum Zeitpunkt der Tathandlung im Übertragungsstadium befinden. Für die zeitlich vor- und nachgelagerten Bereiche, in denen die Daten beim Sender oder Empfänger gespeichert sind, gilt allein § 202a StGB. In der Literatur wird jedoch die Auffassung vertreten, dass auch Daten, die im Rahmen des Übertragungsvorgangs zwischengespeichert werden, so lange geschützt sind, bis der Empfänger die Herrschaft über die Daten erlangt.[884] Dem ist deshalb zuzustimmen, weil der Nutzer die Zwischenspeicherung nicht beeinflussen kann und sie teilweise notwendiger Bestandteil eines Übertragungsvorgangs ist. Nicht erfasst sind

---

878 *Kusnik*, S. 147 f.; *Kargl*, in: Kindhäuser/Neumann/Paeffgen, § 202b Rn. 5.
879 BT-Drucks. 16/3656, S. 11.
880 BT-Drucks. 16/3656, S. 11; zur für den Indentitätsdiebstahl nicht relevanten Frage, ob auch Sprachdaten von § 202b StGB geschützt sind, siehe *Kusnik*, S. 132 ff.
881 *Eisele*, in: Schönke/Schröder, § 202b Rn. 3.
882 *Fischer*, § 202b Rn. 3; *Graf*, in: MünchKomm StGB, Bd. 4, 2. Aufl., § 202b Rn. 10.
883 *Kargl*, in: Kindhäuser/Neumann/Paeffgen, § 202b Rn. 4.
884 *Cornelius*, in: Leupold/Glossner, Teil 10 Rn. 90; *Eisele*, in: Schönke/Schröder, § 202b Rn. 3; *Schumann*, NStZ 2007, 675, 677; *Kusnik*, S. 132.

hingegen E-Mails, die sich vor dem Abruf durch den Empfänger auf einem Server befinden, da es sich hier schon um die Endspeicherung handelt.[885]

Umstritten ist, ob die Übermittlung elektrischer Impulse zwischen einem Eingabegerät (Tastatur, Computermaus, Scanner) und dem Computer eine Datenübermittlung darstellt. Dies ist relevant für die Frage, ob der Einsatz von Hardware-Keyloggern, die die Kommunikation zwischen Eingabegerät und Computer aufzeichnen, den Tatbestand von § 202b StGB erfüllt. Dasselbe gilt für die Verwendung manipulierter PIN-Eingabegeräte an Geldautomaten oder Kassen. Für § 202a Abs. 2 StGB lässt sich diese Frage bejahen.[886] Nach *Kusnik* soll dies jedoch nicht für § 202b StGB gelten, obwohl dieser auf § 202a Abs. 2 StGB verweist.[887] Begründet wird dies zum einen damit, dass Daten erst durch die Eingabe auf der Tastatur entstehen und daher nicht von einem Speicherort übertragen werden.[888] Zum anderen wird argumentiert, dass der Verweis von § 202b StGB auf den Datenbegriff in § 202a Abs. 2 StGB andernfalls keinen eigenständigen Gehalt besäße. Dem kann nicht gefolgt werden, denn es ist nicht ersichtlich, weshalb die Einschränkung des Datenbegriffs in § 202a Abs. 2 StGB unterschiedlich ausgelegt werden soll, je nachdem, welcher Straftatbestand auf ihn verweist. Hätte der Gesetzgeber einen anderen eigenständigen Datenbegriff für § 202b StGB verwenden wollen, hätte er den ausdrücklichen Verweis nicht in den Tatbestand aufgenommen. Nach dem Schutzzweck der Norm kann es nicht darauf ankommen, an welcher Stelle der technische Übertragungsweg „angezapft" wird.[889] Es findet sich weder im Wortlaut noch in der Gesetzeshistorie ein Anhaltspunkt dafür, dass § 202b StGB die Übertragung von einem Speicher voraussetzt. Der europäische Gesetzgeber hat sogar ausdrücklich festgestellt, dass die Datenübermittlung auch zwischen einer Person und einem Computer mittels einer Tastatur stattfinden kann.[890] Ein weiteres Argument für eine einheitliche Auslegung ist, dass der Einsatz von Keyloggern ansonsten häufig nicht strafbar wäre, da es in der Regel an der nach § 202 Abs. 1 StGB notwendigen besonderen Sicherung fehlt. Während Computersysteme heutzutage meist durch Software geschützt sind, sodass § 202a StGB Anwendung findet, trifft dies auf Eingabegeräte nicht zu.[891]

---

885 *Kusnik*, S. 137; a.A. *Schumann*, NStZ 2007, 675, 677.
886 Siehe hierzu oben, D.I.2.a)dd)(2)(b).
887 *Kusnik*, S. 66 f., 136; *Kusnik*, MMR 2011, 720 f.; *Kargl*, in: Kindhäuser/Neumann/Paeffgen, § 202b Rn. 4.
888 *Kusnik*, S. 136.
889 *Borges/Schwenk/Stuckenberg/Wegener*, S. 248.
890 Explanatory Note zur Cybercrime Convention: „The communication in the form of transmission of computer data can take place [...] between [...] a computer and a person (e.g. through the keyboard)".
891 *Dietrich*, S. 79.

bb) *Nichtöffentlich*

Die Datenübermittlung muss nichtöffentlich sein.

In der Gesetzesbegründung wird für das Merkmal „nichtöffentlich" auf § 201 StGB verwiesen.[892] Die Übertragbarkeit des Merkmals auf § 202b StGB wird von Teilen der Literatur mit dem Argument kritisiert, dass § 201 StGB den vermeintlich vertraulichen Bereich der persönlichen Unterhaltung und nicht leicht angreifbare Übertragungsvorgänge betrifft.[893] Nach der Definition zu § 201 StGB ist ein Wort nicht öffentlich, wenn es nicht für einen größeren, nach Zahl und Individualität unbestimmten oder nicht durch persönliche oder sachliche Beziehungen miteinander verbundenen Personenkreis bestimmt oder unmittelbar verstehbar ist.[894] Es versteht sich von selbst, dass diese Definition nicht ohne Anpassungen auf die Datenübermittlung übertragen werden kann. Das gesprochene Wort ist in seiner Reichweite akustisch begrenzt, während Daten weltweit übermittelt werden können. Es fehlt mithin der Aspekt der „räumlichen Beherrschbarkeit".[895] Ob deswegen eine für § 202b StGB eigene Definition benötigt wird oder die Grundelemente der Definition für § 201 StGB übernommen werden können, kann letztlich dahinstehen. Mit Blick auf die Rechtsprechung und die in der Literatur ganz überwiegend verwendeten Definitionen kommt es maßgeblich auf die Intention des Übermittelnden an,[896] welche sich objektiv in der von ihm gewählten Übermittlungsmethode äußert. Hiergegen wird eingewandt, der Übermittelnde habe, anders als der Sprecher im Rahmen von § 201 StGB, keine Kontrolle darüber, an wen er die Daten richte, denn er könne zwar den Empfänger auswählen, nicht aber, was mit den Daten im Übermittlungsstadium geschieht.[897] Dem ist entgegenzuhalten, dass der Sprecher keinen Einfluss darauf hat, ob die Unterhaltung im „Übertragungsstadium" mit technischen Mitteln abgehört wird. Nichtöffentlich ist somit eine Datenübermittlung, die objektiv erkennbar für einen beschränkten Nutzerkreis bestimmt ist, ohne dass es auf die Wahrnehmbarkeit durch Unberechtigte ankommt.[898]

---

892 BT-Drucks. 16/3656, S. 11.

893 *Ernst*, NJW 2007, 2661, 2662; die Übertragung des Verständnisses von § 201 StGB ebenfalls ablehnend *Kusnik*, S. 149 f.; *Kargl*, in: Kindhäuser/Neumann/Paeffgen, § 202b Rn. 5.

894 *OLG Frankfurt*, Urt. v. 28.03.1977 – 2 Ss 2/77, NJW 1977, 1547; *OLG Karlsruhe*, Urt. v. 09.11.1978 – 2 Ss 241/78, NJW 1979, 1513; *Lenckner/Eisele*, in: Schönke/Schröder, § 201 Rn. 6; *Heuchemer*, in: BeckOK StGB, § 201 Rn. 4.

895 *Kusnik*, S. 141 f.

896 *Eisele*, in: Schönke/Schröder, § 202b Rn. 3; *Weidemann*, in: BeckOK StGB, § 202b Rn. 6; *Cornelius*, in: Leupold/Glossner, Teil 10 Rn. 90; *Graf*, in: MünchKomm StGB, Bd. 4, 2. Aufl., § 202b Rn. 10; *Tag*, in: Dölling/Duttge/Rüssner, § 202b Rn. 2; *Kargl*, in: Kindhäuser/Neumann/Paeffgen, § 202b Rn. 5; a.A. *Kusnik*, S. 146 f.

897 *Kusnik*, S. 146.

898 *LG Wuppertal*, Beschl. v. 19.10.2010 – 25 Qs 10 Js 1977/08–177/10, 25 Qs 10 Js 1977–08, 177/10, MMR 2011, 65.

Eine Verschlüsselung der Übermittlung oder der einzelnen Daten ist nicht erforderlich.[899] *Graf* hat in seiner Stellungnahme zur öffentlichen Anhörung des Rechtsausschusses zum 41. StrÄndG indes kritisiert, dass es bei unverschlüsselten Netzwerken schwierig sei, festzustellen, ob diese nichtöffentlich seien. Damit überdies die Übertragung von E-Mails erfasst ist, sei eine entsprechende Klarstellung erforderlich.[900] Auch zu § 201 StGB vertritt *Graf* die Ansicht, dass über das Internet übertragene Äußerungen öffentlich sind, da von diesen mit Hilfsprogrammen leicht Kenntnis genommen werden kann, sofern diese nicht besonders verschlüsselt sind oder gesicherte Verbindungen (z. B. VPN-Connection) verwendet werden.[901]

Soweit *Graf* damit ausdrücken will, dass die Kommunikation über E-Mails nicht von § 202b StGB geschützt ist,[902] ist dies angesichts der allgemeinen Definition des Merkmals „nichtöffentlich" abzulehnen.[903] Die Datenübertragung über das Internet ist – auch ohne eine besondere Absicherung – weder für einen unbeschränkten Personenkreis bestimmt noch unmittelbar verstehbar. Es bedarf besonderer technischer Hilfsmittel hierzu. Eine Unterhaltung wird nicht dadurch öffentlich, dass sie mithilfe von Mikrofonen abgehört werden kann. Aus diesem Grund kann beim Internet nicht von einer „faktischen Öffentlichkeit" gesprochen werden. Diese setzt voraus, dass die Übermittlung mit Wissen des Senders in einer Art und Weise erfolgt, dass sie von Dritten ohne besonderes Bemühen abgefangen werden kann und damit faktisch öffentlich ist.[904] Es darf schon bezweifelt werden, dass der über das Internet Übermittelnde von einer „faktischen Öffentlichkeit" ausgeht. Zudem ist trotz technischer Hilfsmittel ein besonderes Bemühen erforderlich.

Das „Schwarzsurfen" über ein offenes WLAN wird hingegen nicht erfasst, weil nicht in eine fremde Kommunikation eingegriffen wird, sondern der „Schwarzsurfer" selbst mit dem Router kommuniziert.[905] In der Rechtsprechung wird ein unverschlüsseltes WLAN schon als öffentlich angesehen.[906]

899 *Fischer*, § 202b Rn. 4.
900 *Graf*, Stellungnahme 41. StrÄndG, S. 4.
901 *Graf*, in: MünchKomm StGB, Bd. 4, 2. Aufl., § 201, Rn. 19.
902 So jedenfalls versteht *Fischer*, § 202b Rn. 4, die Stellungnahme von *Graf*.
903 *Kusnik*, S. 143 f.
904 *Graf*, in: MünchKomm StGB, Bd. 4, 2. Aufl., § 201, Rn. 18; *Schumann*, NStZ 2007, 675, 677; *Kusnik*, S. 143 f.
905 *Eisele*, in: Schönke/Schröder, § 202b Rn. 5; *Kusnik*, S. 166 f.
906 *LG Wuppertal*, Beschl. v. 19.10.2010 – 25 Qs 10 Js 1977/08–177/10, MMR 2011, 65; a.A. *Graf*, in: MünchKomm StGB, Bd. 4, 2. Aufl., § 202a Rn. 84, bei unverschlüsselten, aber erkennbar nicht öffentlichen WLAN-Netzen.

cc) Elektromagnetische Abstrahlungen

Neben den Daten aus einer nichtöffentlichen Datenübermittlung schützt § 202b StGB auch Daten, die aus elektromagnetischen Abstrahlungen einer Datenverarbeitungsanlage stammen. Diese Erweiterung sollte dem Umstand Rechnung tragen, dass aus den Abstrahlungen Daten wiederhergestellt werden können.[907] Die Abstrahlungen müssen nicht „nichtöffentlich" sein, da sich dieses Merkmal nur auf das Wort „Datenübermittlung" bezieht. Während sich das Merkmal der nichtöffentlichen Datenübermittlung nach der Intention des Übermittelnden bemisst, handelt es sich bei Abstrahlungen dem natürlichen Wortsinn nach stets um ungewollte Strahlungen.

Der Tatbestandsmerkmal der Datenverarbeitungsanlage kann im Sinne von § 303b Abs. 1 Nr. 3 StGB verstanden werden. Es handelt sich hierbei um eine funktionelle Einheit von technischen Geräten, welche die Verarbeitung elektronisch, magnetisch oder sonst nicht unmittelbar wahrnehmbar gespeicherter Daten ermöglicht.[908] Zu einer Datenverarbeitungsanlage gehören die Zentraleinheit einschließlich Prozessor und Hauptspeicher, Ein- und Ausgabe- sowie weitere Peripheriegeräte. Bei einem Netzwerk zählen ferner die Netzwerkkabel und sonstige Netzwerkkomponenten zu der geschützten Hardware.[909]

Das Merkmal „Daten aus elektromagnetischer Abstrahlung" ist indes missverständlich.[910] Nach weit überwiegender und zutreffender Ansicht können von diesem Merkmal nur solche Abstrahlungen erfasst sein, die im Rahmen der Darstellung von gespeicherten Daten erfolgen, z.B. von einem Monitor.[911] Letztlich ist die Gesetzesformulierung unglücklich, denn bei der Abstrahlung handelt es sich nicht um Daten im eigentlichen Sinne.[912] Die Abstrahlung kann vielmehr aufgezeichnet und dazu verwendet werden, die dargestellten Daten der Datenverarbeitungsanlage zu „rekonstruieren".[913] Damit passt dieses Tatbestandsmerkmal eigentlich nicht unter die Überschrift des „Abfangens von Daten".

Zum Teil wird die Ansicht vertreten, unter das Tatbestandsmerkmal der Abstrahlung falle ferner das Funknetzwerk eines WLAN-Routers.[914] Dies ist jedoch abzulehnen, da es sich hierbei um eine Datenübertragung handelt, während eine

---

907 BT-Drucks. 16/3656, S. 11.

908 *Stree/Hecker*, in: Schönke/Schröder, § 303b Rn. 8; *Weidemann*, in: BeckOK StGB, § 303b Rn. 13.

909 *Wieck-Noodt*, MünchKomm StGB, Bd. 4, 1. Aufl., § 303b Rn. 12.

910 *Hilgendorf*, Stellungnahme 41. StrÄndG, S. 4 f.

911 *Gercke*, in: Spindler/Schuster, § 202b Rn. 5; *Graf*, in: MünchKomm StGB, Bd. 4, 2. Aufl., § 202b Rn. 12; *Gröseling/Höfinger*, MMR 549, 552; die Gefahr des „Abhörens" der Abstrahlung von Monitoren galt vor allem für die früher verwendeten Röhrenmonitore; aktuelle LCD- oder LED-Displays geben nur eine so geringe Strahlung ab, sodass sie faktisch nicht „abhörbar" sind.

912 *Eisele*, in: Schönke/Schröder, § 202b Rn. 5.

913 *Gercke/Brunst*, Rn. 107.

914 *Eisele*, in: Schönke/Schröder, § 202b Rn. 5.

Abstrahlung schon nach dem natürlichen Wortsinn nicht zielgerichtet, sondern ungewollt ist.[915] Zweck eines WLAN-Routers ist hingegen die Abstrahlung von Daten für die Zwecke des Datentransfers. Die bewusste kabellose Übermittlung von Daten fällt mithin nicht unter das Tatbestandsmerkmal „Abstrahlung".

3. Tathandlung

Die Tathandlung ist das eigen- oder fremdnützige Verschaffen der Daten unter Anwendung technischer Hilfsmittel.

a) Verschaffen von Daten

Verschaffen meint das Erlangen der tatsächlichen Herrschaft über die Daten.[916] Der Täter muss sich oder dem Dritten die Daten selbst verschaffen. Das Verschaffen des Zugangs zur Übermittlung genügt anders als bei § 202a StGB nicht. Das Verschaffen kann durch Kopieren auf einen eigenen Datenträger oder sonstige Aufzeichnung der Daten sowie durch Kenntnisnahme geschehen. Computerdaten werden zumeist – gegebenenfalls unter Verwendung von Zwischenstationen – auf den Computer des Täters umgeleitet. Bei der Kenntnisnahme muss der Täter in der Lage sein, die Daten oder deren Bedeutungsinhalt geistig zu erfassen, sodass er diese wiedergeben kann.[917] Für E-Mails genügt es demnach, wenn diese vom Täter gelesen werden, bei Internettelefonaten (VoIP) reicht das Mithören.[918] Die Weiterleitung von Chat-Nachrichten ist ebenfalls von § 202b StGB erfasst.[919]

Verschlüsselte Daten verschafft sich der Täter oder der Dritte erst, wenn er sie entschlüsselt hat.[920] Zwar sind verschlüsselte Daten für sich genommen ebenfalls Daten, aber solange der Täter ihren Informationsgehalt nicht zur Kenntnis nehmen kann, ist das Rechtsgut des formellen Geheimhaltungsinteresses nicht verletzt. Mit dem Entschlüsseln bereits abgefangener Daten macht sich der Täter dann jedoch nach § 202a StGB strafbar, der § 202b StGB wegen Subsidiarität verdrängt.

Verschafft sich der Täter zunächst selbst die Daten und gibt diese anschließend an einen Dritten weiter, so liegt darin – ebenso wie bei § 202a StGB – nur eine mitbestrafte Nachtat.[921]

915 *Kudlich*, Stellungnahme 41. StrÄndG, S. 5.

916 BT-Drucks. 16/3656, S. 11; *Graf*, in: MünchKomm StGB, Bd. 4, 2. Aufl., § 202b Rn. 16; *Weidemann*, in: BeckOK StGB, § 202b Rn. 9; *Gercke*, in: Spindler/Schuster, § 202b Rn. 6.

917 *Cornelius*, in: Kilian/Heussen, Strafrecht BT Rn. 45.

918 BT-Drucks. 16/3656, S. 11; *Kargl*, in: Kindhäuser/Neumann/Paeffgen, § 202b Rn. 6.

919 *AG Kamen*, Urt. v. 4.7.2008 – 16 Ds 104 Js 707/07 – 67/08.

920 *Gröseling/Höfinger*, MMR 549, 551.

921 *Graf*, in: MünchKomm StGB, Bd. 4, 2. Aufl., § 202b Rn. 17.

b) Unter Anwendung technischer Mittel

Der Täter muss sich die Daten unter Anwendung technischer Mittel verschaffen. Laut Gesetzesbegründung soll durch diese Einschränkung, die auf Art. 3 Cybercrime Convention beruht, eine Überkriminalisierung verhindert werden.[922] Ob dies wirklich gelingt, dürfte zweifelhaft sein, da nicht ersichtlich ist, wie ein Zugriff auf Daten im Rahmen einer nichtöffentlichen Datenübermittlung ohne technische Mittel erfolgen kann.[923] Soweit vorgebracht wird, die Einschränkung erfolge, um „den Blick über die Schulter" oder „die Benutzung eines Fernglases zum Ablesen der Daten auf dem Bildschirm" aus dem Tatbestand auszuschließen,[924] ist dies schon deshalb nicht überzeugend, da sich die Daten in diesen Beispielen nicht im Übertragungsstadium befinden und § 202b StGB bereits aus diesem Grund keine Anwendung findet.

Technische Mittel können nach der Gesetzesbegründung sämtliche Vorrichtungen zur Erfassung und Aufzeichnung drahtloser Kommunikation sowie Software, Codes oder Passwörter sein.[925] Wie der Gesetzgeber angesichts dieser weiten Definition die Strafbarkeit einschränken wollte, ist nicht erkennbar. Zudem sind insbesondere Passwörter schon keine technischen Mittel im natürlichen Wortsinn, sondern dienen der Identifizierung. Technik (griechisch: *technikós*, Kunst, Handwerk) in dem vom Gesetzgeber gemeinten Sinne beschreibt vom Menschen geschaffene Maschinen oder Apparate, deren Funktionsweise auf physikalischen, mechanischen oder logischen Prinzipien aufbaut. *Kudlich* geht insofern sogar von einem möglichen Verstoß gegen Art. 103 Abs. 2 GG aus.[926] Das Verschaffen eines Passwortes wird zudem in den meisten Fällen bereits unter § 202a Abs. 1 StGB fallen.[927]

4. Subjektiver Tatbestand

In subjektiver Hinsicht setzt § 202b StGB mangels anderer Hinweise im Wortlaut zumindest bedingten Vorsatz (*Dolus eventualis*) voraus.[928] Dass für die Verwirklichung von § 202b StGB Eventualvorsatz ausreichend ist, wird von *Schumann* im Hinblick auf

922 BT-Drucks. 16/3656, S. 11.

923 *Ernst*, NJW 2007, 2661, 2662; *Graf*, in: MünchKomm StGB, Bd. 4, 2. Aufl., § 202b Rn. 18; *Cornelius*, in: Kilian/Heussen, Strafrecht BT Rn. 46; *Tag*, in: Dölling/Duttge/Rössner, § 202b Rn. 3; *Fischer*, § 202b Rn. 6; *Hilgendorf*, Stellungnahme 41. StrÄndG, S. 5; *Kudlich*, Stellungnahme 41. StrÄndG, S. 5.

924 *Spannbruker*, S. 58.

925 BT-Drucks. 16/3656, S. 11.

926 *Kudlich*, Stellungnahme 41. StrÄndG, S. 5.

927 *Fischer*, § 202b Rn. 6.

928 *Graf*, in: MünchKomm StGB, Bd. 4, 2. Aufl., § 202b Rn. 22; *Kargl*, in: Kindhäuser/Neumann/Paeffgen, § 202b Rn. 9; *Fischer*, § 202b Rn. 8; *Tag*, in: Dölling/Duttge/Rössner, § 202b Rn. 5.

den Willen des Gesetzgebers, eine Überkriminalisierung zu vermeiden, als bedenklich angesehen, da das Abfangen von Daten aus Funknetzen schon „einigermaßen informierten Laien" möglich sei.[929] In der Tat ist verwunderlich, dass der deutsche Gesetzgeber nicht von der in Art. 3 Cybercrime Convention enthaltenen Möglichkeit, vom Täter eine „unredliche Absicht" zu fordern, Gebrauch gemacht hat.

Für eine Strafbarkeit nach § 202b StGB muss der Täter die Verwirklichung der Merkmale des objektiven Tatbestandes zumindest für möglich halten. Er muss mithin erkennen, dass es sich bei den Daten um solche im Sinne von § 202b StGB i.V.m. § 202a Abs. 2 StGB handelt, es sich also um nicht für ihn bestimmte Daten aus einer nichtöffentlichen Datenübermittlung oder einer elektromagnetischen Abstrahlung handelt. Tatsächlich wird eine mögliche Strafbarkeit nach § 202b StGB kaum am fehlenden Vorsatz scheitern, da das Abfangen von Daten immer ein gewisses technisches Verständnis vom Täter verlangt. Zudem wird in aller Regel erkennbar sein, ob es sich um eine nichtöffentliche Datenübermittlung handelt.

Geht der Täter dagegen fälschlicherweise davon aus, die Daten seien für ihn bestimmt, oder wurde die Bestimmung für ihn nachträglich widerrufen, liegt ein Tatbestandsirrtum im Sinne von § 16 Abs. 1 StGB vor.[930] Da die fahrlässige Begehung von § 202b StGB nicht unter Strafe steht, bleibt der Täter straflos. Ein Verbotsirrtum im Sinne von § 17 StGB liegt hingegen vor, wenn der Täter irrig annimmt, der Widerruf der Datenbestimmung durch den formellen Verfügungsberechtigten sei unwirksam. Ein unvermeidbarer Verbotsirrtum wird bei § 202b StGB indes selten sein.[931]

5. Rechtswidrigkeit

Der Täter muss unbefugt handeln. Bei diesem Merkmal handelt es sich – wie bei § 202a StGB – um ein Deliktsmerkmal der Rechtswidrigkeit, da andernfalls das Merkmal „nicht für den Täter bestimmt" unnötig wäre. Regelmäßig kommt insoweit nur eine Einwilligung des formellen Verfügungsberechtigten in Betracht. Wird dem Täter von den Teilnehmern erlaubt, die Kommunikation wahrzunehmen, erfüllt dieser schon nicht den objektiven Tatbestand, da die Daten dann für ihn bestimmt sind.[932]

6. Keine Strafbarkeit des Versuchs

Der Versuch von § 202b StGB ist nicht strafbar. Der deutsche Gesetzgeber hat insoweit von der entsprechenden Möglichkeit in Art. 11 Abs. 3 Cybercrime Convention aufgrund der geringen Schwelle zur Verwirklichung des Tatbestandes und der Subsidiarität des Tatbestandes zu § 202a StGB, der ebenfalls keine Versuchsstrafbarkeit

929 *Schumann*, NStZ 2007, 675, 677.
930 *Graf*, in: MünchKomm StGB, Bd. 4, 2. Aufl., § 202b Rn. 23; *Fischer*, § 202b Rn. 8.
931 *Graf*, in: MünchKomm StGB, Bd. 4, 2. Aufl., § 202b Rn. 23.
932 *Kusnik*, S. 158.

vorsieht, Gebrauch gemacht.[933] Ebenso wie im Rahmen von § 202a StGB wird dies im Hinblick auf die Strafbarkeit von Vorbereitungshandlungen nach § 202c StGB von Teilen der Literatur als inkonsistent kritisiert.[934] Es lässt sich allein damit rechtfertigen, dass den Handlungen in § 202c StGB ein über § 202b StGB hinausgehender eigener Unrechtsgehalt zukommt.[935]

7. Subsidiaritätsklausel und Konkurrenzen

§ 202b StGB ist subsidiär, wenn die Tat in anderen Vorschriften mit schwererer Strafe bedroht ist. „Tat“ meint daher nicht den Tatbegriff im prozessualen Sinne. Die Subsidiaritätsklausel betrifft indes nur die Straftatbestände mit ähnlicher Schutzrichtung wie §§ 201, 202a StGB.[936] Im Hinblick auf § 202c StGB ist schon fraglich, ob insoweit überhaupt dieselbe Schutzrichtung vorliegt, da die Norm nur Vorbereitungshandlungen erfasst.

Umstritten ist das Verhältnis von § 202b StGB zu § 148 Abs. 1 Nr. 1 TKG i.V.m. § 89 TKG. Formelle Subsidiarität liegt aufgrund derselben Strafandrohung nicht vor. Mit dem Argument, dass § 202b StGB die engeren Tatbestandsvoraussetzungen aufweise, wird die Ansicht vertreten, dass die Strafvorschriften des TKG im Wege der Gesetzeskonkurrenz verdrängt werden.[937] § 148 Abs. 1 Nr. 1 TKG i.V.m. § 89 TKG betreffen jedoch nur Funkanlagen, während § 202b StGB sämtliche Kommunikationswege erfasst. Es handelt sich damit um vorrangiges *Lex specialis.*[938]

8. Strafantragserfordernis gemäß § 205 StGB

Bei § 202b StGB handelt es sich wie bei § 202a StGB um ein gemischtes Antragsdelikt. Die Tat wird nur auf Antrag verfolgt, es sei denn, die Strafverfolgungsbehörde bejaht das besondere öffentliche Interesse an der Strafverfolgung (§ 205 Abs. 1 S. 2 StGB). Strafantragsberechtigt ist der formelle Verfügungsberechtigte über die Daten.[939] Gemäß § 205 Abs. 2 S. 2 HS. 2 StGB geht das Antragsrecht beim Tod des Verletzten nicht auf dessen Angehörige über. Ebenso wie § 202a StGB ist auch § 202b StGB kein Privatklagedelikt (§ 374 Abs. 1 StPO).

---

933 BT-Drucks. 16/3656, S. 11.

934 *Eisele*, in: Schönke/Schröder, § 202b Rn. 11; *Graf*, in: MünchKomm StGB, Bd. 4, 2. Aufl., § 202b Rn. 26.

935 *Kargl*, in: Kindhäuser/Neumann/Paeffgen, § 202b Rn. 10.

936 BT-Drucks. 16/3656, S. 11.

937 *Ernst*, NJW 2007, 2661, 2662; *Fischer*, § 202b Rn. 11; *Eisele*, in: Schönke/Schröder, § 202b Rn. 12; *Graf*, in: MünchKomm StGB, Bd. 4, 2. Aufl., § 202b Rn. 27.

938 *Gröseling/Höfinger*, MMR 549, 551; *Weidemann*, BeckOK StGB, § 202b Rn. 15; *Kühl*, § 202b Rn. 6; *Tag*, in: Dölling/Duttge/Rössner, § 202b Rn. 7; *Kusnik*, S. 159.

939 *Tag*, in: Dölling/Duttge/Rössner, § 202b Rn. 6.

9. Ergebnis zu § 202b StGB im Hinblick auf Identitätsdiebstahl

Hinsichtlich des Datenbegriffs von § 202b StGB und der Frage, ob und inwieweit Identitätsdaten unter diesen fallen, gilt dasselbe wie bei § 202a StGB.[940] Identitätsdaten zählen nur dann zu den geschützten Daten, wenn sie elektronisch übermittelt werden. Eine Verschlüsselung oder sonstiger Schutz der Übermittlung ist nicht erforderlich.

Ob die Daten für den Täter bestimmt sind, hängt wiederum vom Einzelfall ab. Entscheidend hierfür ist der Wille des Übermittelnden. Soll der Täter Empfänger der Datenübermittlung sein, scheidet eine Strafbarkeit nach § 202b StGB aus. Aus diesem Grund erfasst die Norm auch nicht das klassische Phishing, da bei diesem das Opfer die Daten bewusst an einen Dritten übermittelt.[941] Wenn das Opfer seine Identitätsdaten auf der vom Täter präparierten Webseite eingibt und absendet, will es dem Betreiber dieser Webseite die Daten zukommen lassen. Unerheblich ist, dass ein täuschungsbedingter Irrtum über die Person des tatsächlichen Empfängers vorliegt. Zudem lässt sich argumentieren, dass die Daten nicht im Übertragungsstadium „abgegriffen" werden, da die Übertragung beendet ist, wenn der *Phisher* die Daten erlangt. Darüber hinaus ist zweifelhaft, ob beim Phishing die Daten „unter Anwendung technischer Mittel" erlangt werden, da bei wertender Betrachtung eine „Selbstschädigung" des Opfers vorliegt.[942]

Erfasst werden Begehungsweisen des Identitätsdiebstahls unter Verwendung von Man-in-the-Middle-Angriffen, bei denen der Täter beispielsweise Nutzername und Passwort abfängt, die das Opfer zum Zwecke der Identifizierung auf einer Internetseite eingibt.[943] Diese sind darauf ausgerichtet, die nicht öffentliche Datenübermittlung zwischen dem Übermittelnden und dem Empfänger unerkannt abzufangen und gegebenenfalls zu manipulieren.[944] Auch das Sniffing, bei dem der Täter Identitätsdaten abfängt, die über ein unverschlüsseltes Netzwerk übermittelt werden, erfüllt den Tatbestand von § 202b StGB.[945]

§ 202b StGB erfasst ferner den Einsatz jedweder Art von Keyloggern, denn diese sind ein technisches Mittel, welches unbefugt den Datenverkehr zwischen einem Eingabegerät und der Zentraleinheit aufzeichnet.[946] Eine Strafbarkeit nach

---

940 Siehe hierzu oben, D.I.8.a).

941 *Eisele*, in: Schönke/Schröder, § 202b Rn. 3; *Ernst*, NJW 2007, 2661, 2663.

942 *Weidemann*, BeckOK StGB, § 202b Rn. 9; *Brandt*, S. 89.

943 *Eisele*, in: Schönke/Schröder, § 202b Rn. 3; *Weidemann*, BeckOK StGB, § 202b Rn. 9; *Ernst*, NJW 2007, 2661, 2663; *Borges*, Stellungnahme 41. StrÄndG, S. 5.

944 Siehe hierzu oben, C.IV.1.a)bb).

945 *Cornelius*, in: Kilian/Heussen, Strafrecht BT Rn. 47; *Graf*, in: MünchKomm StGB, Bd. 4, 2. Aufl., § 202b Rn. 18; *Borges/Schwenk/Stuckenberg/Wegener*, S. 247.

946 *Borges*, Stellungnahme 41. StrÄndG, S. 5; *Borges/Schwenk/Stuckenberg/Wegener*, S. 248; a.A. *Kusnik*, S. 66 f., 136; *Kargl*, in: Kindhäuser/Neumann/Paeffgen, § 202b Rn. 4; zu *Keyloggern* siehe oben, C.IV.1.b).

§ 202a StGB scheidet in der Regel dagegen aus, da die Daten in diesem Übertragungsstadium üblicherweise unverschlüsselt sind.

Borges vertritt die Auffassung, dass das Pharming,[947] bei dem das Opfer durch eine Manipulation des Betriebssystems auf eine vom Täter manipulierte Seite umgeleitet wird, ebenfalls unter § 202b StGB fällt.[948] Die vom Täter installierte Software greift jedoch nicht selbst in einen Datenübermittlungsvorgang ein, sondern verändert lediglich die Weiterleitung einer Webseitenanfrage. Dies geschieht automatisch, sodass der Täter keine Kenntnis von den Daten erlangt. Er erlangt von den Identitätsdaten erst Kenntnis, wenn das Opfer diese auf der von ihm manipulierten Webseite eingegeben hat. In diesem Zeitpunkt liegt indes keine Datenübermittlung mehr vor, da die Daten bereits ihren Zielspeicherort erreicht haben. Das Pharming fällt mithin nicht unter § 202b StGB.

II. § 202c StGB

Nach § 202c wird mit Freiheitsstrafe bis zu einem Jahr oder mit Geldstrafe bestraft, wer eine Straftat nach § 202a oder § 202b vorbereitet, indem er Passwörter oder sonstige Sicherungscodes, die den Zugang zu Daten ermöglichen (Abs. 1 Nr. 1), oder Computerprogramme, deren Zweck die Begehung einer solchen Tat ist (Abs. 1 Nr. 2), herstellt, sich oder einem anderen verschafft, verkauft, einem anderen überlässt, verbreitet oder sonst zugänglich macht.

§ 202c StGB wurde durch das 41. StrÄndG neu geschaffen und trat am 11. August 2007 in Kraft.[949] Die Norm dient der Umsetzung von Art. 6 Nr. 1 lit. a Cybercrime Convention,[950] welcher die Vertragsstaaten dazu verpflichtet, zumindest das Herstellen, Verkaufen, Beschaffen zwecks Gebrauchs, Einführen, Verbreiten oder anderweitiges Verfügbarmachen eines Computerpassworts, eines Zugangscodes oder ähnlicher Daten, die den Zugang zu einem ganzen Computersystem oder zu einem Teil davon ermöglichen, mit dem Vorsatz, sie zur Begehung der in dem Übereinkommen genannten Computerstraftaten zu verwenden, unter Strafe zu stellen.[951] In dem Entwurf des neuen Rahmenbeschlusses der Europäischen Kommission, welcher am 4. Juli 2013 vom Europäischen Parlament angenommen wurde[952] und nun dem EU-Rat zur Entscheidung vorgelegt wird, findet sich die entsprechende Verpflichtung in Art. 7 RL-Entwurf. Wenngleich sich Art. 7 RL-Entwurf im sprachlichen Aufbau von Art. 6 Nr. 1 lit. a Cybercrime Convention unterscheidet, entsprechen sich diese jedoch inhaltlich. Eine zukünftige Änderung von § 202c StGB erscheint daher nicht notwendig.

---

947 Siehe hierzu oben, C.IV.1.a)cc).
948 *Borges*, Stellungnahme 41. StrÄndG, S. 5.
949 BGBl. I 2007, 1786.
950 BGBl. II 2008, 242.
951 BT-Drucks. 16/3656, S. 11.
952 Siehe hierzu oben, C.I.3.e).

Eine im Jahr 2007 angestrengte Verfassungsbeschwerde zur Überprüfung von § 202c StGB wurde vom Bundesverfassungsgericht als unzulässig abgewiesen.[953] Der Hintergrund der Verfassungsbeschwerde war, das sich professionelle Dienstleister zur Überprüfung der Sicherheit fremder Computersysteme häufig in die Rolle des Angreifers begeben und Software verwenden, die sowohl zur Analyse von Computersystemen als auch zum Hacking verwendet werden kann (*Dual-Use-Tools*). Zudem werden entsprechende Programme von Hochschullehrern zu Ausbildungszwecken in Informatikvorlesungen weitergegeben. Die Beschwerdeführer machten Verletzungen ihrer Rechte aus Art. 12 Abs. 1, Art. 5 Abs. 3 und Art. 2 Abs. 1 GG geltend. Die Verfassungsbeschwerde wurde als unzulässig abgewiesen, weil nach dem Vortrag der Beschwerdeführer ihr Verhalten nicht von § 202c StGB erfasst war, sodass das für die Betroffenheit notwendige Risiko eines Straf- oder Bußgeldverfahrens nicht bestand. Nach Auffassung des Bundesverfassungsgerichts würde eine Strafbarkeit in den genannten Fällen jedenfalls am subjektiven Tatbestand scheitern.[954] In seiner Entscheidung hat das Gericht den Straftatbestand jedoch als verfassungsgemäß angesehen, da sozialadäquates Verhalten bei entsprechender Auslegung der Norm nicht zur Strafbarkeit führt.

1. Deliktstyp

Mit § 202c StGB wollte der Gesetzgeber Vorbereitungshandlungen aufgrund ihrer besonderen Gefährlichkeit in einem eigenen Straftatbestand erfassen.

Die Frage, um welchen Deliktstyp es sich bei § 202c StGB handelt, lässt sich nicht ohne weiteres beantworten und ergibt sich ferner nicht aus dem Wortlaut der Norm. Auch Art. 6 der Cybercrime Convention hilft insofern nicht weiter.[955] Bei § 202c StGB könnte es sich einerseits um ein abstraktes Gefährdungsdelikt im Sinne eines typisierenden Vorbereitungsdeliktes handeln, andererseits lässt sich der Wortlaut auch als ein (konkretes) Vorbereitungsdelikt im Hinblick auf eine spezifische Tat nach § 202a oder § 202b StGB verstehen.[956] Die Einordnung ist deswegen von Bedeutung, da sich bei einem Vorbereitungsdelikt der Vorsatz auf eine konkrete Tat erstrecken muss.[957]

Nach überwiegender Meinung handelt es sich bei § 202c StGB um ein abstraktes Gefährdungsdelikt.[958] Schon in der Gesetzesbegründung wird § 202c StGB als abstraktes Gefährdungsdelikt bezeichnet.[959] Dafür, dass der Täter bei der Tatbegehung

953 *BVerfG*, Beschl. v. 18.05.2009 – 2 BvR 2233/07 u. a., CR 2009, 673.
954 Siehe hierzu auch die Anmerkung von *Kudlich*, JA 2009, 739, 742.
955 *Stuckenberg*, Stellungnahme 41. StrÄndG, S. 8.
956 *Schumann*, NStZ 2007, 675, 678.
957 *Stuckenberg*, Stellungnahme 41. StrÄndG, S. 8; *Graf*, in: MünchKomm StGB, Bd. 4, 2. Aufl., § 202c Rn. 30; *Fischer*, § 202c Rn. 8.
958 *Graf*, in: MünchKomm StGB, Bd. 4, 2. Aufl., § 202c Rn. 3; *Weidemann*, in: BeckOK StGB, § 202c Rn. 3; *Kargl*, in: Kindhäuser/Neumann/Paeffgen, § 202c Rn. 3; *Eisele*, in: Schönke/Schröder, § 202c Rn. 1; *Kühl*, § 202c Rn. 1; *Fischer*, § 202c Rn. 2.
959 BT-Drucks. 16/3656, S. 12.

keine konkrete Straftat im Sinn gehabt haben muss, spricht ferner, dass der Tatbestand auch die Verschaffung und Überlassung der genannten Tatmittel an Dritte erfasst. Gesetzgeberisches Ziel bei der Schaffung von § 202c StGB war eine generelle Kriminalisierung von Hacker-Tools wegen ihres abstrakt hohen Gefährdungspotenzials. Schon die Verbreitung ohne eine konkrete Verwendung ist unerwünscht. Die Gesetzesbegründung verweist ferner auf §§ 149 Abs. 1, 263a Abs. 3 und 275 Abs. 1 StGB. Bei diesen Tatbeständen ist die Einordnung als konkretes Vorbereitungs- oder abstraktes Gefährdungsdelikt ebenfalls umstritten. *Cornelius* plädiert dagegen für die Bezeichnung als „abstraktes Gefährdungsdelikt mit überschießender Verletzungstendenz".[960] Begründet wird dies mit dem Argument, dass bei einem abstrakten Gefährdungsdelikt keine überschießende Innentendenz erforderlich sei.[961] Aus dem Wortlaut ergibt sich jedoch nicht, dass der Täter eine konkrete Tat geplant haben muss. Die Vorbereitung „einer Straftat" kann auch abstrakt verstanden werden. *Kusnik* vertritt insoweit eine differenzierende Ansicht, wonach es sich bei § 202c Abs. 1 Nr. 1 StGB um ein konkretes Vorbereitungsdelikt und bei § 202c Abs. 1 Nr. 2 StGB um ein abstraktes Gefährdungsdelikt handeln soll. Grund hierfür ist, dass Tatobjekt von § 202c Abs. 1 Nr. 1 StGB Passwörter oder sonstige Sicherungscodes sind, die den Zugang zu Daten ermöglichen. Da ein Passwort immer mit konkreten Daten verbunden sei, habe der Täter bei Begehung stets eine konkrete Straftat nach § 202a StGB oder § 202b StGB vor Augen.[962] Diese Differenzierung vermag grundsätzlich zu überzeugen. In praktischer Hinsicht unterscheidet sie sich jedoch nicht von der herrschenden Meinung, die § 202c StGB als abstraktes Gefährdungsdelikt ansieht. Dies ergibt sich bereits aus ihrer Begründung, denn eine für die Beurteilung der Strafbarkeit maßgebliche Bedeutung erlangt die Einordnung als abstraktes oder konkretes Gefährdungsdelikt ohnehin nur im Rahmen von § 202c Abs. 1 Nr. 2 StGB. Wer sich ein einzelnes Passwort zur Begehung einer Straftat verschafft, hat stets ein konkretes Computersystem und damit eine zumindest in ihren Grundzügen konkretisierte Straftat im Sinn.

Die Kriminalisierung der Vorbereitungshandlung durch § 202c StGB wird in der Literatur unter mehreren Gesichtspunkten kritisiert. Zentrales Argument ist hierbei, dass §§ 202a, 202b StGB keine Strafbarkeit des Versuchs vorsehen. Die in der zeitlichen Abfolge vor dem Versuchsstadium liegende Vorbereitungshandlung wird hingegen von § 202c StGB erfasst, was vielfach als inkonsistent bezeichnet wird.[963] In der Gesetzesbegründung hat sich der Gesetzgeber mit diesem Einwand auseinandergesetzt und das Strafbedürfnis mit der hohen Gefährlichkeit begründet. Von § 202c StGB sollen nur Hacker-Tools erfasst werden, die schon nach der Art und Weise ihres Aufbaus darauf angelegt sind, illegalen Zwecken zu dienen. Diese Programme stellen nach Auffassung des Gesetzgebers bereits eine erhebliche Gefahr dar, die nur

960 *Cornelius*, in: Kilian/Heussen, Strafrecht BT Rn. 50.
961 *Cornelius*, in: Kilian/Heussen, Strafrecht BT Rn. 68.
962 *Kusnik*, S. 230 f.
963 Siehe hierzu oben, D.I.6 und D.II.6.

dadurch effektiv bekämpft werden kann, dass bereits die Verbreitung solcher an sich gefährlichen Mittel unter Strafe gestellt wird.[964] An der besonderen Gefährlichkeit der Programme und damit der Vorbereitungshandlung lässt sich zudem mit Blick auf die geringe Strafandrohung von einer Freiheitsstrafe von bis zu einem Jahr zweifeln.[965] Eine weitere Inkonsistenz ergibt sich daraus, dass es sich bei §§ 202a, 202b StGB um Antragsdelikte (§ 205 StGB) handelt, während § 202c StGB ein Offizialdelikt ist. Aufgrund der Vorgaben der Cybercrime Convention waren dem deutschen Gesetzgeber bei deren Umsetzung jedoch die „Hände gebunden".[966] Die einzige Möglichkeit, von der jedoch kein Gebrauch gemacht wurde, wäre die von Teilen der Literatur geforderte Einführung der Versuchsstrafbarkeit bei §§ 202a und 202b StGB.[967]

2. Geschütztes Rechtsgut

§ 202c StGB schützt – wie §§ 202a, 202b StGB – das formelle Geheimhaltungsinteresse des Verfügungsberechtigten, da § 202c StGB die Vorbereitungshandlungen zu den entsprechenden Taten unter Strafe stellt.[968] Geschützt werden damit Daten, die nach dem maßgeblichen Willen des Verfügungsberechtigten unbefugten Dritten nicht zugänglich sein sollen, was durch eine besondere Sicherung (§ 202a Abs. 1 StGB) oder eine nichtöffentliche Datenübermittlung (§ 202b StGB) dokumentiert wird.[969] Wie bei § 202a StGB wird die Integrität von Computersystemen als solche nicht von § 202c StGB erfasst, soweit dieser der Vorbereitung einer Straftat nach § 202a StGB dient.[970] Ausweislich des Wortlautes betrifft der Tatbestand nur Daten, wie der Verweis in § 202c Abs. 1 Nr. 1 StGB auf § 202a Abs. 2 StGB belegt.

Überdies enthält ferner 303a Abs. 3 StGB einen Verweis auf § 202c StGB. Nach § 303a StGB macht sich strafbar, wer rechtswidrig Daten löscht, unterdrückt, unbrauchbar macht oder verändert. Die Norm schützt das Interesse des formellen Verfügungsberechtigten an der unversehrten Verwendbarkeit von Daten.[971] Da § 303a Abs. 1 ebenfalls auf § 202a Abs. 2 StGB verweist, werden insoweit dieselben Daten geschützt.

Ein weiterer Verweis auf § 202c StGB findet sich in § 303b StGB, der die Computersabotage betrifft. Die Norm schützt nach ihrer Neufassung durch das 41. StrÄndG das Interesse aller Betreiber und Nutzer am störungsfreien Funktionieren ihrer

964 BT-Drucks. 16/3656, S. 12; ebenso *Bruns*, Stellungnahme 41. StrÄndG, S. 6.
965 *Graf*, in: MünchKomm StGB, Bd. 4, 2. Aufl., § 202c Rn. 3.
966 *Gercke*, Stellungnahme 41. StrÄndG, S. 4.
967 *Stuckenberg*, Stellungnahme 41. StrÄndG, S. 2.
968 *Graf*, in: MünchKomm StGB, Bd. 4, 2. Aufl., § 202c Rn. 2; *Weidemann*, in: BeckOK StGB, § 202c Rn. 2; *Cornelius*, in: Kilian/Heussen, Strafrecht BT Rn. 49.
969 Siehe hierzu oben, D.I.1.a).
970 Siehe hierzu oben, D.I.1.d), a.A. *Kusnik*, S. 200.
971 *Wieck-Noodt*, in: MünchKomm StGB, Bd. 4, 1. Aufl., § 303a Rn. 2; *Stree/Hecker*, in: Schönke/Schröder, § 303a Rn. 1.

Datenverarbeitung.[972] In diesen Fällen orientiert sich das von § 202c StGB geschützte Rechtsgut an dem Rechtsgut von § 303b StGB.[973]

3. Tatobjekt

Tatobjekt von § 202c StGB sind Passwörter und sonstige Sicherungscodes, welche den Zugang zu Daten im Sinne von § 202a Abs. 2 StGB ermöglichen (Abs. 1 Nr. 1), sowie Computerprogramme, deren Zweck die Begehung einer Tat nach §§ 202a oder 202b StGB ist.

a) Passwörter und sonstige Sicherungscodes (Abs. 1 Nr. 1)

Passwörter sind alphanumerische Zeichenkombinationen, die nur einer begrenzten Zahl von Personen bekannt sind und es diesen erlauben, sich Zugang zu den durch eine Passwortabfrage geschützten Daten zu verschaffen.[974] Passwörter sind vom Nutzer frei wählbar oder werden ihm von dritter Seite zugewiesen. Unter den Begriff des Passwortes fallen auch PIN und TAN.

Der Terminus der Sicherungscodes, der als Oberbegriff auch Passwörter umfasst, erweitert den Tatbestand auf alle sonstigen Daten, die es dem Nutzer erlauben sich gegenüber einer Datenverarbeitungsanlage zu identifizieren. Hierunter fallen beispielsweise auch auf Zugangskarten oder Token gespeicherte Daten. Dass biometrische Zugangsbarrieren selbst einen Sicherungscode darstellen,[975] ist als unpräzise abzulehnen, da dies den Vorgang der Identifizierung nicht präzise genug erfasst. Bei biometrischen Zugangs- und Sicherungsmechanismen identifiziert sich der Nutzer über ein Eingabegerät (z. B. Finger- oder Retinascanner). Die so erzeugten Daten werden anschließend mit den gespeicherten Daten abgeglichen. Ist der Täter in der Lage, fremde biometrische Daten unter Umgehung des Eingabegerätes in das System einzuspeisen, handelt es sich bei diesen Daten um Sicherungscodes. Die Barriere selbst ist jedoch kein Sicherungscode. Dies ergibt sich jedenfalls aus einer konventionskonformen Auslegung, denn die Cybercrime Convention spricht in Art. 6 Abs. 1 lit. a Nr. ii) von Zugriffscodes oder ähnlichen Daten, die den Zugriff auf ein Computersystem als Ganzes oder auf einen Teil davon ermöglichen.

Weitere Anforderungen an die Passwörter oder Sicherungscodes werden nicht gestellt. Die Passwörter oder Zugangsdaten selbst müssen nicht den Datenbegriff von § 202a Abs. 2 StGB erfüllen, d. h. auch unmittelbar wahrnehmbare oder nicht

972 *Stree/Hecker*, in: Schönke/Schröder, § 303b Rn. 1; a.A. Vermögen, vgl. *Fischer*, § 303b Rn. 2.

973 *Cornelius*, in: Kilian/Heussen, Strafrecht BT Rn. 49.

974 Zu Passwörtern als Identitätsdaten siehe oben, B.III.3.f).

975 So *Kargl*, in: Kindhäuser/Neumann/Paeffgen, § 202c Rn. 4; *Eisele*, in: Schönke/Schröder, § 202c Rn. 3; zu biometrischen Daten als Identitätsdaten siehe oben, B.III.3.h).

elektronisch gespeicherte Passwörter sind taugliche Tatobjekte.[976] § 202c Abs. 1 Nr. 1 StGB erfasst damit auch Offlinehandlungen.[977] Die Zugangsdaten müssen ferner nicht besonders gesichert sein. Erfasst werden damit beispielsweise Passwörter, die vom Verwender neben dem Rechner notiert werden oder sonst leicht für Dritte in Erfahrung gebracht werden können.[978] Unbeachtlich ist ferner, dass das Gesetz von Passwörtern und Sicherungscodes in der Mehrzahl spricht, da dies auf rein sprachlichen Gründen und in Angleichung an andere Tatbestände beruht, mit denen Vorbereitungshandlungen unter Strafe gestellt werden (z. B. § 149 Abs. 1, § 263a Abs. 3 und § 275 Abs. 1 StGB). Mithin wird das einzelne Passwort bzw. der Sicherungscode von § 202c Abs. 1 Nr. 2 StGB erfasst.[979]

Die Passwörter bzw. Sicherungscodes müssen Zugang zu Daten im Sinne von § 202a Abs. 2 StGB ermöglichen, also zu Daten, die elektronisch, magnetisch oder sonst nicht unmittelbar wahrnehmbar gespeichert sind oder übermittelt werden. Hieraus ergibt sich, dass es sich um aktuelle Zugangsdaten handeln muss. Frühere Passwörter, die den Zugang zu Daten nicht (mehr) ermöglichen, stellen mithin keine tauglichen Tatobjekte dar.[980]

Graf schränkt den Begriff des Passwortes im Hinblick auf die vorbereitete Tat weiter ein. So soll keine Strafbarkeit nach § 202c StGB vorliegen, wenn beispielsweise das Opfer das Passwort leichtfertig neben dem Computer notiert. Für eine Strafbarkeit nach § 202a StGB würde es dann nämlich an der notwendigen besonderen Zugangssicherung mangeln. Auch wenn das Passwort an eine dritte Person weitergegeben würde, dürfte sich hieran nichts ändern.[981]

b) Computerprogramme, deren Zweck die Begehung einer Tat nach §§ 202a, 202b StGB ist (Abs. 1 Nr. 2)

aa) Computerprogramme

Neben Passwörtern und Sicherungscodes erfasst § 202c Abs. 1 Nr. 2 StGB als Tatbestandsalternative Computerprogramme, deren Zweck die Begehung einer Tat nach §§ 202a oder 202b StGB ist. Hierbei handelt es sich um die Hacker-Tools. Art. 6 Nr. 1 lit. a Nr. i) Cybercrime Convention spricht insoweit von einer Vorrichtung, die in erster Linie dafür ausgelegt oder hergerichtet wurde, bestimmte Computerstraftaten zu begehen. Für die Vertragsstaaten bestand jedoch die Möglichkeit für einen Vorbehalt. Die Bundesrepublik hat hiervon insoweit Gebrauch gemacht, als

976 *Graf*, in: MünchKomm StGB, Bd. 4, 2. Aufl., § 202c Rn. 10.
977 *Ernst*, NJW 2007, 2661, 2663; *Cornelius*, in: Kilian/Heussen, Strafrecht BT Rn. 51.
978 *Kargl*, in: Kindhäuser/Neumann/Paeffgen, § 202c Rn. 4.
979 BT-Drucks. 16/3656, S. 12.
980 *Kargl*, in: Kindhäuser/Neumann/Paeffgen, § 202c Rn. 4.
981 *Graf*, in: MünchKomm StGB, Bd. 4, 2. Aufl., § 202c Rn. 10.

im deutschen Recht das Merkmal der Vorrichtung („devices“) gestrichen und durch das Merkmal „Computerprogramm“ ersetzt wurde.[982]

Eine Definition des Begriffs Computerprogramm findet sich im deutschen Recht nicht. Die DIN 44 300 definiert ein Computerprogramm als „eine zur Lösung einer Aufgabe vollständige Anweisung zusammen mit allen erforderlichen Vereinbarungen“. Eine ähnliche Definition findet sich in der Literatur, wonach ein Computerprogramm eine Arbeitsanweisung an den Computer ist, die durch Daten fixiert wird.[983] Wie bei den Passwörtern ist bei den Computerprogrammen die Verwendung des Plurals ohne Bedeutung, sodass ein einzelnes Computerprogramm ebenfalls erfasst ist.[984]

bb) Zweck zur Begehung einer Computerstraftat / Dual-Use-Tools

Das zentrale Problem bei der Auslegung von § 202c Abs. 1 Nr. 2 StGB ist die Frage, wann ein Computerprogramm den Zweck hat, eine Computerstraftat nach §§ 202a oder 202b StGB zu begehen.[985] Bejahen lässt sich ein Zweck jedenfalls dann, wenn ein Programm bereits nach der Art und Weise seines Aufbaus darauf angelegt sind, illegalen Zwecken zu dienen. Die illegale Verwendung soll nach der Auffassung der Bundesregierung immanent sein müssen.[986] Beispiele hierfür sind Trojaner, Computerviren, Passwortgeneratoren oder Keylogger.[987]

Gegenstand zahlreicher Diskussionen sind indes Programme, die Computersysteme auf Schwachstellen hin testen oder sonst dazu geeignet sind, unter Überwindung von Zugangssicherungen in Computersysteme einzudringen. Derartige Programme, die sowohl für legale als auch für illegale Zwecke verwendet werden können, werden als Dual-Use-Tools bezeichnet.[988] Beispiele für solche Dual-Use-Tools sind DoS-Tools, Netzwerksniffer, Portscanner, Passwortscanner, Fernwartungssysteme sowie sonstige Netzwerk- und Computeranalyse-Tools.[989] Passwortscanner dienen dazu, Passwörter von Nutzern daraufhin zu überprüfen, ob sie den Sicherheitsrichtlinien des Unternehmens entsprechen. Sie können aber auch dazu verwendet

---

982 BT-Drucks. 16/3656, S. 11 f.

983 *Cornelius*, in: Kilian/Heussen, Strafrecht BT Rn. 84.

984 BT-Drucks. 16/3656, S. 12; *Weidemann*, in: BeckOK StGB, § 202c Rn. 6.

985 Siehe hierzu *Graf*, in: MünchKomm StGB, Bd. 4, 2. Aufl., § 202c Rn. 13 f.; *Eisele*, in: Schönke/Schröder, § 202c Rn. 4; *Kargl*, in: Kindhäuser/Neumann/Paeffgen, § 202c Rn. 6; *Gercke*, in: Gercke/Brunst, Rn. 119 ff. *Kusnik*, S. 212 ff.

986 BT-Drucks. 16/3656, S. 19; krit. *Gercke*, in: Spindler/Schuster, § 202c Rn. 3, der die Ansicht vertritt, die illegale Verwendung von Software könne nie immanent sein.

987 *Eisele*, in: Schönke/Schröder, § 202c Rn. 4; *Graf*, in: MünchKomm StGB, Bd. 4, 2. Aufl., § 202c Rn. 10.

988 Vgl. *Eisele*, in: Schönke/Schröder, § 202c Rn. 4.

989 *Graf*, in: MünchKomm StGB, Bd. 4, 2. Aufl., § 202c Rn. 14; *Kargl*, in: Kindhäuser/Neumann/Paeffgen, § 202c Rn. 6; *Ernst*, NJW 2007, 2661; 2663; *Schumann*, NStZ 2007, 675, 678.

werden, Passwörter herauszufinden. Netzwerksniffer analysieren Netzwerke im Hinblick auf Fehler sowie Optimierungsmöglichkeiten und zeichnen hierfür den Datenverkehr in einem Netzwerk auf. Dies schließt jedoch geheime Informationen wie Passwörter mit ein. Fernwartungssysteme erlauben einen Vollzugriff auf ein fremdes Computersystem und mithin auch auf die dort gespeicherten sensiblen Informationen.[990]

Das Bundesverfassungsgericht hat seine Entscheidung zu § 202c StGB im Wesentlichen auf eine grammatische Auslegung des Begriffs „Zweck" gestützt. Es führte unter Verweis auf den Duden aus, dass unter „Zweck" nach allgemeinem Sprachgebrauch etwas zu verstehen sei, „das jemand mit einer Handlung beabsichtigt, zu bewirken, zu erreichen sucht, also Beweggrund und Ziel einer Handlung, oder das, was man mit einer Handlung will, die Aufgabe, um deren Willen sie geschieht, das Ergebnis, das irgendwie hinter der Handlung als Endpunkt steht". Entscheidend soll damit ein voluntatives Element sein, während die „Geeignetheit" im Sinne von § 149 Abs. 1 Nr. 1 StGB auf ein objektives Kriterium schließen lasse. Der Begriff des Zweckes ist damit nach der Auffassung des Bundesverfassungsgerichts enger als derjenige der Eignung oder der spezifischen Eignung zu verstehen.[991] Es handelt sich damit um eine subjektivierende Auslegung des objektiven Tatbestandsmerkmals.[992] Da eine subjektivierende Auslegung bei der praktischen Anwendung indes zwangsläufig zu Schwierigkeiten führt, wird vom Bundesverfassungsgericht und einem Teil der Literatur gefordert, dass die Zwecksetzung, welche sich nach der Intention des Herstellers bzw. Entwicklers bemisst, sich in der Ausgestaltung des Programms objektiviert haben muss.[993] Objektive Anhaltspunkte können der Vertriebsweg der Software (z. B. Hacker-Foren), die Werbung des Entwicklers bzw. Herstellers, die Nutzungsbeschreibung oder bestimmte Programmelemente sein.[994]

Im Gegensatz zur grammatischen Auslegung ist die historische Auslegung wenig ergiebig, da die Gesetzesbegründung im Hinblick auf das Tatbestandsmerkmal „Zweck" widersprüchlich ist.[995] So soll es sich nicht um ein Programm handeln müssen, das „ausschließlich" für die Begehung einer Computerstraftat bestimmt ist, sondern es soll vielmehr ausreichen, dass die objektive Zweckbestimmung des

---

990 *Borges*, Stellungnahme 41. StrÄndG, S. 7 f.

991 *BVerfG*, Beschl. v. 18.05.2009 – 2 BvR 2233/07 u. a., CR 2009, 673.

992 *Fischer*, § 202c Rn. 6.

993 *Eisele*, in: Schönke/Schröder, § 202c Rn. 4; *Kargl*, in: Kindhäuser/Neumann/Paeffgen, § 202c Rn. 6.

994 So zu § 95a Abs. 3 Nr. 3 UrhG i. V. m. § 108b Abs. 2 UrhG: *LG München I*, Urt. v. 14.11.2007 – 21 O 6742/07, MMR 2008, 192; *BGH*, Urt. v. 17.07.2008 – I ZR 219/05, NJW 2008, 3565; *Graf*, in: MünchKomm StGB, Bd. 4, 2. Aufl., § 202c Rn. 16; *Cornelius*, in: Kilian/Heussen, Strafrecht BT Rn. 60.

995 *Cornelius*, in: Kilian/Heussen, Strafrecht BT Rn. 55; *Hilgendorf*, Stellungnahme 41. StrÄndG, S. 7.

Tools „auch" die Begehung einer solchen Straftat ist.[996] Dual-Use-Tools, auf die dies jedoch insbesondere zutrifft, sollen andererseits den Tatbestand von § 202c Abs. 1 Nr. 2 StGB gerade nicht verwirklichen.[997] Nach Art. 6 Nr. 1 lit. a Nr. i) Cybercrime Convention muss die Vorrichtung „in erster Linie" auf die Begehung von Computerstraftaten ausgerichtet sein. Diese Beschränkung hat der deutsche Gesetzgeber jedoch nicht übernommen, sondern ist über die Vorgaben der Cybercrime Convention hinausgegangen. Im Rahmen einer konventionskonformen Auslegung ist die primäre illegale Bestimmung der Software jedoch zu berücksichtigen. Im Ergebnis spricht die historische Auslegung dafür, dass das Computerprogramm eine wesentliche illegale Zweckbestimmung aufweisen muss.[998]

In systematischer Hinsicht kann zur Auslegung des Begriffs zum einen auf die Vorbereitung der Fälschung von Geld und Wertzeichen (§ 149 Abs. 1 Nr. 1 StGB) verwiesen werden. Dieser Straftatbestand bezieht sich auf Vorrichtungen, die ihrer Art nach zur Begehung der Tat geeignet sind. Eine sinnvolle Begrenzung lässt sich aus dem Merkmal Geeignetheit jedoch nicht ableiten.[999] Schon in der Gesetzesbegründung wird die bloße Eignung von Software zur Begehung von Computerstraftaten als nicht ausreichend angesehen.[1000] Eine ähnliche Gesetzesformulierung findet sich in § 22b StVG, der den Missbrauch von Wegstreckenzählern und Geschwindigkeitsbegrenzern unter Strafe stellt. § 22b Abs. 1 Nr. 3 StVG, der die entsprechende Vorbereitungshandlung bestraft, bezieht sich ebenfalls auf Computerprogramme, deren Zweck die Begehung einer Tat nach § 22b StVG ist. Das Bundesverfassungsgericht hat zu dieser Vorschrift auf eine Verfassungsbeschwerde eines Herstellers von *Dual-Use-Tools* für Kilometerzähler festgestellt, dass die geforderte Zweckbestimmung eine objektive Eigenschaft des Computerprogramms darstellen muss.[1001]

Im Ergebnis verlangt die herrschende Meinung einen objektiv erkennbaren Zweck des Programms zur Begehung von Computerstraftaten.[1002] Zuweilen wird

---

996 BT-Drucks. 16/3656, S. 12.

997 BT-Drucks. 16/3656, S. 18 f.; *Stuckenberg*, Stellungnahme 41. StrÄndG, S. 7, fordert insoweit eine Klarstellung, die diesem Willen Ausdruck verleiht; ebenso *Borges/Stuckenberg/Wegener*, DuD 2007, 275, 276.

998 *Cornelius*, in: Kilian/Heussen, Strafrecht BT Rn. 56.

999 *Kargl*, in: Kindhäuser/Neumann/Paeffgen, § 202c Rn. 6; kritisch, ob eine Unterscheidung zwischen Eignung und Zweck eines Programms weiterhilft, *Graf*, in: MünchKomm StGB, Bd. 4, 2. Aufl., § 202c Rn. 14.

1000 BT-Drucks. 16/3656, S. 19.

1001 *BVerfG*, Beschl. v. 09.05.2006 – 2 BvR 1589/05, NJW 2006, 2318, 2319.

1002 *Weidemann*, in: BeckOK StGB, § 202c Rn. 7; *Kargl*, in: Kindhäuser/Neumann/Paeffgen, § 202c Rn. 7; *Eisele*, in: Schönke/Schröder, § 202c Rn. 4; *Kühl*, § 202c Rn. 3; *Gercke*, in: Spindler/Schuster, § 202c Rn. 3; a.A. für eine rein subjektive Bestimmung *Fischer*, § 202c Rn. 6; *Ernst*, NJW 2007, 2661, 2663 f.

sogar gefordert, dass nur solche Programme, die „eindeutig Hackingziele verfolgen“[1003] oder deren „primärer Zweck“ illegale Handlungen sind,[1004] tatbestandsmäßig sind.

Im Hinblick auf die im Rahmen der Anhörungen zum 41. StrÄndG geäußerten Befürchtungen der Kriminalisierung von Softwareentwicklern und IT-Dienstleistern[1005] verweist das Bundesverfassungsgericht zu Recht auf die Einschränkung durch den subjektiven Tatbestand sowie das Merkmal „unbefugt“ in den §§ 202a, 202b StGB, welche im Rahmen der Vorbereitungstat inzident zu prüfen sind.[1006]

4. Tathandlung

Die Tathandlung von § 202c StGB ist, dass der Täter eines der in Nr. 1 oder Nr. 2 genannten Tatobjekte herstellt, sich oder einem anderen verschafft, verkauft, einem anderen überlässt, verbreitet oder auf andere Art und Weise zugänglich macht.

Die Tathandlungen sind an diejenigen in § 149 Abs. 1 StGB und § 263a Abs. 3 StGB angelehnt. Diese Straftatbestände erfassen ebenfalls das Herstellen sowie die Eigen- oder Drittverschaffung und das Überlassen an einen anderen. Tathandlung bei §§ 149 Abs. 1, 263a Abs. 3 StGB ist ferner das Feilhalten, was das „äußerlich als solches erkennbare Bereitstellen zum Zwecke des Verkaufs an das Publikum“ bedeutet.[1007] Dieses wurde bei § 202c Abs. 1 StGB durch den moderneren Begriff des Verkaufens ersetzt. Damit erfüllt das reine Anbieten ohne einen entsprechenden Vertragsabschluss nicht den Tatbestand von § 202c StGB. Nicht übernommen wurde die Tathandlung des Verwahrens, was die vorübergehende Ausübung des Gewahrsams für einen anderen bedeutet.[1008] Nach Art. 6 Abs. 1 lit. b) Cybercrime Convention ist der Besitz eines der Tatobjekte nur bei Vorsatz, eine Computerstraftat zu begehen, strafbar. Der deutsche Gesetzgeber hat jedoch von der Möglichkeit, einen Vorbehalt gegen diese Vorgabe einzulegen, Gebrauch gemacht.[1009] Praktisch ist der Verzicht auf diese Tathandlung jedoch nahezu bedeutungslos, da der Besitz voraussetzt, dass sich der Täter das Tatobjekt verschafft haben muss.[1010] Relevant wird dies allein, wenn die Software außerhalb des Geltungsbereichs des StGB heruntergeladen wurde und der Computer dann in den Geltungsbereich gelangt.[1011]

1003 *Graf*, in: MünchKomm StGB, Bd. 4, 2. Aufl., § 202c Rn. 16; ähnlich *Kusnik*, S. 224.
1004 *Weidemann*, in: BeckOK StGB, § 202c Rn. 7.1.
1005 Vgl. etwa *Borges*, Stellungnahme 41. StrÄndG, S. 8 f.
1006 *BVerfG*, Beschl. v. 18.05.2009 – 2 BvR 2233/07 u. a., CR 2009, 673.
1007 *BGH*, Beschl. v. 24.06.1970 – 4 StR 30/70, BGHSt 23, 286 = NJW 1970, 1647, 1648.
1008 *Sternberg-Lieben*, in: Schönke/Schröder, § 149 Rn. 6.
1009 BT-Drucks. 16/3656, S. 12.
1010 *Ernst*, NJW 2007, 2661, 2663; *Kargl*, in: Kindhäuser/Neumann/Paeffgen, § 202c Rn. 9.
1011 *Cornelius*, in: Kilian/Heussen, Strafrecht BT Rn. 66.

Der Begriff des Herstellens meint die Schaffung und Fertigstellung eines Tatobjekts, sodass es, von unbedeutenden Korrekturen oder Anpassungen abgesehen, vom Täter oder von Dritten verwendet werden kann.[1012] Diese Tathandlung bezieht sich allein auf die in Abs. 1 Nr. 2 genannten Computerprogramme. Bei diesen liegt ein Herstellen vor, wenn die Programmierung abgeschlossen und sie in ein für Computer lesbares Format transformiert wurden.[1013]

Verschaffen bedeutet das Erlangen der tatsächlichen Verfügungsmacht über das Tatobjekt.[1014] Die Art und Weise des Verschaffens ist für § 202c StGB unerheblich. Es muss insbesondere nicht auf elektronischem Wege erfolgen,[1015] sondern es genügt beispielsweise, wenn sich der Täter ein notiertes Passwort merkt. *Hacker-Tools* können sich über das Internet sowie über andere Speicherträger (CDs, USB-Sticks) verschafft werden.

Verkaufen lässt sich definieren als die Weitergabe der tatsächlichen Verfügungsmacht aufgrund eines Kaufvertrages. Auf die zivilrechtliche Wirksamkeit des Kaufvertrages kommt es dabei nicht an.[1016] Unklar ist, ob der Vertragsabschluss allein bereits ausreicht oder ob ein Gewahrsamswechsel stattgefunden haben muss. Zum Teil wird vertreten, dass der Abschluss des Kaufvertrages für die Tatbestandsverwirklichung ausreichend ist, da die Alternative des Verkaufens neben der Drittverschaffung überflüssig wäre, wenn es auch beim Verkaufen auf den Gewahrsamswechsel ankäme.[1017] Mit Abschluss eines Kaufvertrages bzw. mit Bezahlung der Ware sei das geschützte Rechtsgut gefährdet.[1018] Dies vermag im Ergebnis jedoch nicht zu überzeugen, da eine Gefährdung des Rechtsguts erst eintritt, wenn derjenige, der das Tatobjekt verwenden möchte, auch über dieses verfügen kann. Im Hinblick auf „oder sonst zugänglich machen“, das aufgrund seiner Satzstellung als Überbegriff zu den anderen Tathandlungen verstanden werden kann, beziehen sich die Tathandlungen auf die Erlangung oder Weitergabe des tatsächlichen Gewahrsams.[1019] Dies muss ebenso für das Verkaufen gelten, sodass insoweit der Vertragsschluss nicht ausreicht. Dementsprechend wird dem Verkaufen zu Recht ein eigenständiger Regelungsgehalt abgesprochen.[1020]

1012 *Graf*, in: MünchKomm StGB, Bd. 4, 2. Aufl., § 202c Rn. 18.
1013 *Kargl*, in: Kindhäuser/Neumann/Paeffgen, § 202c Rn. 9.
1014 BT-Drucks. 16/3656, S. 11; *Kargl*, in: Kindhäuser/Neumann/Paeffgen, § 202c Rn. 9; *Graf*, in: MünchKomm StGB, Bd. 4, 2. Aufl., § 202c Rn. 19.
1015 *Graf*, in: MünchKomm StGB, Bd. 4, 2. Aufl., § 202c Rn. 10.
1016 *Fischer*, § 202c Rn. 7.
1017 *Fischer*, § 202c Rn. 7; *Graf*, in: MünchKomm StGB, Bd. 4, 2. Aufl., § 202c Rn. 20; *Gercke*, in: Gercke/Brunst, Rn. 123.
1018 *Graf*, in: MünchKomm StGB, Bd. 4, 2. Aufl., § 202c Rn. 20.
1019 *Kargl*, in: Kindhäuser/Neumann/Paeffgen, § 202c Rn. 10.
1020 *Schumann*, NStZ 2007, 675, 678.

Überlassen meint, dass der Gewahrsam an einem der in § 202c Abs. 1 Nr. 1 oder Nr. 2 StGB genannten Tatobjekte auf eine andere Person – zumindest vorübergehend – übertragen wird.[1021]

Verbreiten ist die zumindest einmalige Weitergabe eines der Tatobjekte üblicherweise an einen größeren Personenkreis.[1022] Nach der in der Literatur vielfach kritisierten Rechtsprechung des Bundesgerichtshofs liegt ein Verbreiten im Internet vor, wenn eine Datei auf dem Rechner des Internetnutzers – sei es im (flüchtigen) Arbeitsspeicher oder auf einem (permanenten) Speichermedium – angekommen ist. Ein aktives Handeln des Täters, wie es der natürliche Wortsinn vermuten lässt, ist hingegen nicht erforderlich. Eine Differenzierung zwischen dem Schicken (Upload) und Abholen (Download) von Daten soll nicht vorgenommen werden, da diese nicht praktikabel unterschieden werden könnten.[1023]

Letzte Tathandlung ist das „sonst zugänglich machen". Es bedeutet, Dritten die Möglichkeit zu geben, Gewahrsam an einem der Tatobjekte zu erlangen.[1024] Bei dieser Alternative handelt es sich mithin um einen Überbegriff, der jede beliebige Handlung, die zu einem Gewahrsamswechsel führen kann, erfassen soll. Bei Programmen und Sicherheitscodes geschieht dies typischerweise durch das Bereitstellen zum Download auf einer Webseite.

5. Eine Straftat nach § 202a oder § 202b StGB vorbereiten

Der Täter muss eine Straftat nach § 202a oder § 202b StGB vorbereiten. Vorbereiten meint jede unmittelbare oder mittelbare Förderung einer zukünftigen Straftat.[1025]

Bei dem Merkmal „vorbereiten" handelt es sich nach dem Wortlaut um ein Merkmal des objektiven Tatbestandes.[1026] Diesem kommt aber keine eigenständige Bedeutung zu. Das Merkmal „vorbereiten" einer Computerstraftat wird vielmehr durch die Tatobjekte und die Tathandlung legal definiert.[1027] Nicht erforderlich ist, dass tatsächlich eine Straftat begangen wird. Bei dem Merkmal „vorbereiten" handelt es sich nicht um eine objektive Bedingung der Strafbarkeit.[1028]

Nach herrschender Meinung erlangt das Tatbestandsmerkmal allein im subjektiven Tatbestand Bedeutung. Der Vorsatz des Täters muss sich auf die Vorbereitung

1021 *Kargl*, in: Kindhäuser/Neumann/Paeffgen, § 202c Rn. 9.
1022 *Graf*, in: MünchKomm StGB, Bd. 4, 2. Aufl., § 202c Rn. 22; *Kargl*, in: Kindhäuser/Neumann/Paeffgen, § 202c Rn. 11.
1023 *BGH*, Urt. v. 27.06.2001 – 1 StR 66/01, BGHSt 47, 55 = NJW 2001, 3558, 3559; krit. *Gercke*, in: Gercke/Brunst, Rn. 310; *ders.*, MMR 2001, 676, 679.
1024 *Cornelius*, in: Kilian/Heussen, Strafrecht BT Rn. 65.
1025 *Cornelius*, in: Kilian/Heussen, Strafrecht BT Rn. 67.
1026 *Kargl*, in: Kindhäuser/Neumann/Paeffgen, § 202c Rn. 13; vgl. auch *Gercke*, in: Gercke/Brunst, Rn. 126.
1027 *Kusnik*, S. 227.
1028 *Ernst*, NJW 2007, 2661, 2663.

einer der genannten Straftaten erstrecken.[1029] In den Fällen des § 303a Abs. 3 bzw. § 303b Abs. 5 StGB, die auf § 202c StGB verweisen, muss der Täter eine Tat nach den entsprechenden Strafvorschriften vorbereiten. In der Literatur wird sogar vereinzelt die Ansicht vertreten, § 202c StGB sei ein Tatbestand mit überschießender Innentendenz.[1030] Dies würde indes voraussetzen, dass das Merkmal keine Entsprechung im objektiven Tatbestand findet, was jedoch nicht der Fall ist. Bei § 202c StGB handelt es sich zudem um ein abstraktes Gefährdungsdelikt, was mit der Annahme einer überschießenden Innentendenz in Widerspruch steht, da Strafgrund die abstrakte Gefährlichkeit und nicht eine geplante konkrete Straftat ist.[1031]

6. Subjektiver Tatbestand

Der Täter muss nach herrschender Meinung zumindest mit Eventualvorsatz (*Dolus eventualis*) hinsichtlich aller Merkmale des objektiven Tatbestandes handeln.[1032]

Ob hierzu auch die Vorbereitung einer Tat nach § 202a oder § 202b StGB gehört, oder ob es sich hierbei um eine überschießende Innentendenz handelt, kann im Ergebnis dahinstehen. Einigkeit besteht jedenfalls dahingehend, dass sich der Vorsatz des Täters ebenfalls hierauf beziehen muss. Soweit die Auffassung vertreten wird, dass das Vorbereiten einer Straftat als Merkmal des subjektiven Tatbestandes angesehen wird, genügt Eventualvorsatz.[1033] Der Täter muss bei Begehung der Tat keine konkrete Straftat im Sinn gehabt haben, da es sich bei § 202c StGB um ein abstraktes Gefährdungsdelikt handelt.[1034] Insbesondere sind konkrete Vorstellungen über Tatgegenstand, Tatort oder Tatzeit nicht erforderlich, wie sich bereits aus dem Wortlaut der Norm sowie der Gesetzesbegründung ergibt.[1035] Der Täter muss sich überdies keine eigenhändige Tat vorgestellt haben, da die Tathandlungen den Verkauf, die Drittverschaffung sowie die Verbreitung der Tatmittel erfassen. Im Hinblick auf § 202c Abs. 1 Nr. 1 StGB wird jedoch stets eine zumindest in den Grundzügen konkretisierte Tat vorliegen, da sich Passwörter und Sicherungscodes immer nur auf bestimmte Daten beziehen.

Vor dem Hintergrund der Problematik der Dual-Use-Tools, welche den objektiven Tatbestand erfüllen können, kommt dem subjektiven Tatbestand eine wichtige Rolle

---

1029 *Weidemann*, BeckOK, StGB, § 202c Rn. 9; *Graf*, in: MünchKomm StGB, Bd. 4, 2. Aufl., § 202c Rn. 30; *Gercke*, in: Spindler/Schuster, § 202c Rn. 6; *Cornelius*, in: Kilian/Heussen, Strafrecht BT Rn. 67; *Ernst*, NJW 2007, 2661, 2663.

1030 *Fischer*, § 202c Rn. 8; a.A. *Schumann*, NStZ 2007, 675, 678: „erfolgskongruentes Delikt ohne besondere Innentendenz".

1031 *Cornelius*, in: Kilian/Heussen, Strafrecht BT Rn. 68.

1032 *Kühl*, § 202c Rn. 5; *Fischer*, Rn. 8; *Gercke*, in: Spindler/Schuster, § 202c Rn. 5.

1033 *Gercke*, in: Spindler/Schuster, § 202c Rn. 6; *ders.*, in: Gercke/Brunst, Rn. 126.

1034 Str., siehe hierzu oben, D.III.1.

1035 BT-Drucks. 16/3656, S. 19; *Graf*, in: MünchKomm StGB, Bd. 4, 2. Aufl., § 202c Rn. 25, 30; *Weidemann*, BeckOK, StGB, § 202c Rn. 9.

zu.[1036] Die Gefahr einer Kriminalisierung von Softwareentwicklern und IT-Sicherheitsdienstleistern war der wesentliche Kritikpunkt am Gesetzesentwurf der Bundesregierung.[1037] Im Laufe des Gesetzgebungsverfahrens wurden hierfür Beispiele gebildet, bei denen der „Täter" im gewöhnlichen Geschäftsleben sein Passwort weitergibt oder ungeschützt aufbewahrt und dabei mit der Möglichkeit rechnet, dass ein Dritter so Zugriff auf für ihn nicht bestimmte Daten erlangt.[1038] Nicht durchsetzen konnte sich jedoch die Forderung nach einer gesteigerten Vorsatzform im Hinblick auf das Vorbereiten einer Computerstraftat.[1039] Verwiesen wurde hierfür auf die englische Fassung von Art. 6 Abs. 1 Cybercrime Convention, der „*intent*" fordert,[1040] was *Dolus directus* 1. und 2. Grades entspräche.[1041] Tatsächlich lässt sich „intent" allgemein mit Vorsatz übersetzen. Eine Einschränkung auf „direct intent", was dem direkten Vorsatz entspricht, findet sich nicht.[1042] *Dolus eventualis* hat im englischen Recht keine exakte Entsprechung. Der englische Begriff „recklessness" kann sowohl *Dolus eventualis* als auch die grobe Fahrlässigkeit bezeichnen.[1043] Ob sich der europäische Gesetzgeber mit diesen Feinheiten in der deutschen und englischen Sprache auseinandergesetzt hat, darf bezweifelt werden. Der Cybercrime Convention oder den Materialien zu dieser lässt sich dies jedenfalls nicht entnehmen. Aus dem Wortlaut der Cybercrime Convention lässt sich damit kein Erfordernis für einen gesteigerten Vorsatz ableiten. Bei Softwareentwicklern und IT-Unternehmen sollte daher bei fehlenden anderweitigen Umständen davon ausgegangen werden, dass sie nicht mit der Vorbereitung einer Straftat gerechnet haben.[1044]

7. Tätige Reue (§ 202c Abs. 2 StGB)

§ 202c Abs. 2 StGB enthält einen Verweis auf § 149 Abs. 2 und 3 StGB, womit für § 202c StGB ebenfalls der Strafaufhebungsgrund der tätigen Reue besteht. In der Gesetzesbegründung wurde hierzu lediglich ausgeführt, dass der Strafaufhebungsgrund wie bei den §§ 152a, 152b, 263a, 275 und 276a i. V. m. 275 StGB auch auf die

---

1036 Siehe hierzu oben, D.III.3.b)bb); *Ernst*, NJW 2007, 2661, 2663.

1037 *Borges*, Stellungnahme 41. StrÄndG, S. 6.

1038 BT-Drucks. 16/3656, S. 29; *Kargl*, in: Kindhäuser/Neumann/Paeffgen, § 202c Rn. 13.

1039 *Kudlich*, Stellungnahme 41. StrÄndG, S. 8; *Stuckenberg*, Stellungnahme 41. StrÄndG, S. 6; *Hilgendorf*, Stellungnahme 41. StrÄndG, S. 7; *Borges*, Stellungnahme 41. StrÄndG, S. 7; *Gröseling/Höfinger*, MMR 2007, 626, 629.

1040 *Kargl*, in: Kindhäuser/Neumann/Paeffgen, § 202c Rn. 14; *Cornelius*, in: Kilian/Heussen, Strafrecht BT Rn. 69; *Borges*, Stellungnahme 41. StrÄndG, S. 7; *Stuckenberg*, Stellungnahme 41. StrÄndG, S. 4.

1041 *Borges/Stuckenberg/Wegener*, DuD 2007, 275, 277.

1042 *Kusnik*, S. 233.

1043 *Bräutigam-Ernst*, in: Mansdörfer, S. 57, 67, 73.

1044 *Kargl*, in: Kindhäuser/Neumann/Paeffgen, § 202c Rn. 13; *Ernst*, NJW 2007, 2661, 2663.

Fälle des § 202c Abs. 1 StGB Anwendung finden solle.[1045] Die Cybercrime Convention sieht keinen entsprechenden Strafaufhebungsgrund vor.

§ 149 Abs. 2 StGB sieht vor, dass nicht bestraft wird, wer freiwillig die Ausführung der vorbereiteten Tat aufgibt und eine von ihm verursachte Gefahr, dass andere die Tat weiter vorbereiten oder sie ausführen, abwendet oder die Vollendung der Tat verhindert (Nr. 1) und die Fälschungsmittel, soweit sie noch vorhanden und zur Fälschung brauchbar sind, vernichtet, unbrauchbar macht, ihr Vorhandensein einer Behörde anzeigt oder sie dort abliefert (Nr. 2). Übertragen auf § 202c StGB liegt tätige Reue vor, wenn der Täter die fremden Passwörter oder Sicherungscodes nicht dazu verwendet, auf für ihn nicht bestimmte Daten zuzugreifen (§ 202c Abs. 1 Nr. 1 StGB) oder Hacker-Tools nicht einsetzt (§ 202c Abs. 1 Nr. 2 StGB). Darüber hinaus muss der Täter die Passwörter, Sicherheitscodes oder Hacker-Tools von seinem Computer entfernen (in der Regel durch Löschung). Bei der Weitergabe der Tatobjekte an Dritte kann eine Verhinderung der Tat dadurch erreicht werden, dass der Täter dem potenziellen Opfer die Sicherheitslücke mitteilt, sodass diese beispielsweise durch Änderung der Passwörter geschlossen werden kann.

Nach § 149 Abs. 3 StGB genügt anstatt der Aufgabe bzw. Verhinderung der Tat das freiwillige und ernsthafte Bemühen des Täters, dieses Ziel zu erreichen, wenn ohne sein Zutun die Gefahr, dass andere die Tat weiter vorbereiten oder sie ausführen, abgewendet oder die Vollendung der Tat verhindert wird. Diese Alternative betrifft vor allem diejenigen Fälle, in denen der Täter Hacker-Tools im Internet bereitgestellt hat und diese bereits von Dritten heruntergeladen wurden.[1046] Wie in solchen Fällen allerdings ein ernsthaftes Bemühen um die Verhinderung der Tat aussehen soll, scheint unklar.

8. Ergebnis zu § 202c StGB im Hinblick auf Identitätsdiebstahl

In Bezug auf den Identitätsdiebstahl deckt § 202c StGB viele relevante Vorbereitungshandlungen ab, die sich im Bereich des Internets abspielen.

Entscheidend ist immer, ob die vorbereitete Handlung den Straftatbestand von § 202a oder § 202b StGB erfüllt, sodass insoweit auf die dortigen Ausführungen verwiesen werden kann.[1047] Liegt eine Strafbarkeit der vorbereiteten Tat vor, so wird von § 202c Abs. 1 Nr. 1 StGB erfasst, wenn sich der Täter Identitätsdaten durch Ankauf oder auf sonstigem Wege verschafft, um sich mit diesen Daten als das Opfer auszugeben und hierdurch an für ihn nicht bestimmte Daten zu gelangen. Die wichtigsten Identitätsdaten dürften insoweit Passwörter für Onlinebankdienstleistungen, soziale Netzwerke sowie PIN und TAN sein. Überdies kommen biometrische Daten und andere Daten für Zugangssicherungen in Betracht. § 202c Abs. 1 Nr. 2 StGB ist hingegen relevant für Vorbereitungshandlungen im Zusammenhang

1045 BT-Drucks. 16/3656, S. 12.
1046 *Kusnik*, S. 237.
1047 Siehe hierzu oben, D.I.8. bzw. D.II.9.

mit dem technischen Phishing, welches unter Einsatz von Schadsoftware begangen wird. Dieses umfasst Man-in-the-Middle-Angriffe und Pharming.[1048] Insoweit ist die vorbereitete Haupttat nach § 202b StGB strafbar.[1049]

Einen weiteren Komplex, der in der Literatur unterschiedlich bewertet wird, bildet das klassische Phishing, welches jedoch aufgrund besserer Aufklärung in der Öffentlichkeit und moderner TAN-Verfahren mehr und mehr an Bedeutung verliert.[1050] Das klassische Phishing ist nicht nach § 202a StGB strafbar. Die Daten werden täuschungsbedingt an den Täter herausgegeben, was dazu führt, dass eine Strafbarkeit aus mehreren Gründen zu verneinen ist.[1051] Folgt man dieser Auffassung, bereitet der Täter durch das Versenden der Phishing-Mail unabhängig davon, ob die Täuschung erfolgreich ist, keine Straftat nach § 202a StGB vor.[1052]

Zum Teil wird in der Literatur die Meinung vertreten, dass das Versenden von Phishing-Mails, wenn das Opfer auf diese reagiert, von § 202c StGB erfasst werde, wobei häufig eine Auseinandersetzung mit den Voraussetzungen von § 202a StGB fehle.[1053] Soweit eine Strafbarkeit des Phishing nach § 202a StGB entgegen der hier vertretenen Ansicht StGB bejaht wird, ist auch die Vorbereitungshandlung nach § 202c Abs. 1 Nr. 1 StGB strafbar. Inkonsequent ist insoweit die Auffassung von *Kusnik*, die für das klassische Phishing eine Strafbarkeit nach § 202a StGB mit dem Argument ablehnt, mit der Übermittlung der Daten an den Täter läge ein Einverständnis des Opfers vor,[1054] im Rahmen der Prüfung von § 202c Abs. 1 Nr. 1 StGB hingegen das Tatbestandsmerkmal der Vorbereitung einer Tat nach § 202a StGB bejaht.[1055]

Die Ausführungen von *Hilgendorf* sind ebenso missverständlich. Dieser gibt an, § 202c Abs. 1 Nr. 1 StGB dürfte „die meisten Fälle des Phishing erfassen". Zuvor führt *Hilgendorf* jedoch aus, „§ 202a liegt meist deshalb nicht vor, weil der Täter sich die Zugangsdaten nicht unter Überwindung einer besonderen Sicherung verschafft".[1056]

1048 *Graf*, in: MünchKomm StGB, Bd. 4, 2. Aufl., § 202c Rn. 15; *Borges*, Stellungnahme 41. StrÄndG, S. 5; *Stuckenberg*, Stellungnahme 41. StrÄndG, S. 10; *Borges/Stuckenberg/Wegener*, DuD 2007, 275, 277 f.

1049 Siehe hierzu oben, D.II.9.

1050 *Borges*, Stellungnahme 41. StrÄndG, S. 6; Beck-Mitteilung v. 25.04.2012, becklink 1019996, Phishing wird zum Auslaufmodell: Betrüger rüsten auf.

1051 Siehe hierzu oben, D.I.8.c).

1052 *Graf*, in: MünchKomm StGB, Bd. 4, 2. Aufl., § 202c Rn. 10; *ders.*, NStZ 2007, 129; *ders.*, Stellungnahme 41. StrÄndG, S. 6 f.; so wohl auch *Eisele*, in: Schönke/Schröder, § 202c Rn. 3; *Popp*, MMR 2006, 84, 85; *Herrmann*, StRR 2008, 248, 250; krit. ebenfalls *Gröseling/Höfinger*, MMR 2007, 626, 628.

1053 *Kargl*, in: Kindhäuser/Neumann/Paeffgen, § 202c Rn. 4; *Gercke*, in: Spindler/Schuster, § 202c Rn. 2; *Kühl*, § 202c Rn. 2; *Schumann*, NStZ 2007, 675, 678; *Brandt*, S. 95 ff.; *Borges*, Stellungnahme 41. StrÄndG, S. 5 f.

1054 *Kusnik*, S. 205 f.

1055 *Kusnik*, S. 209.

1056 *Hilgendorf*, Stellungnahme 41. StrÄndG, S. 10.

In seiner Stellungnahme zum Gesetzesentwurf des 41. StrÄndG wird daher vorgeschlagen, auch die Vorbereitung einer Tat nach § 263a StGB in § 202c StGB zu bestrafen,[1057] was sich jedoch nicht durchsetzen konnte.

Nicht erfasst von § 202c StGB werden Vorbereitungshandlungen im Zusammenhang mit dem Skimming,[1058] bei dem mittels manipulierter Kartenlesegeräte Kartennummer und PIN ausgelesen und gespeichert werden, um mit diesen Daten später Dubletten anzufertigen. Nach der Rechtsprechung erfüllt das Auslesen der auf dem Magnetstreifen einer Zahlungskarte mit Garantiefunktion gespeicherten Daten nicht den Tatbestand von § 202a StGB, da es an der besonderen Sicherung fehlt.[1059] Wenn der Täter mit der Dublette auf den Kontostand des Opfers zugreift, fehlt es für die nach § 202a StGB notwendige Überwindung der Zugangssicherung.[1060] Der Täter verhält sich beim Abruf der Daten wie der Berechtigte. Damit fehlt es an der Vorbereitung einer Tat nach § 202a StGB.

Ebenfalls nicht erfasst werden Begehungsweisen, die dem Offline-Identitätsdiebstahl zuzuordnen sind, da diese keine Tat nach § 202a oder § 202b StGB vorbereiten. Hierzu gehört der Bereich des Social Engineering[1061] oder das Phishing über eine telefonische Kontaktaufnahme (Vishing).[1062]

IV. Eigentumsdelikte (§§ 242, 243, 244, 249, 250 StGB)

Identitätsdaten können ferner durch die Wegnahme körperlicher Gegenstände erlangt werden, um von diesen Identitätsdaten ab- bzw. auszulesen. Die Wegnahme kann zur Strafbarkeit wegen Diebstahls führen, soweit die Tatbestandsmerkmale von § 242 StGB erfüllt sind. Abhängig von der Art der Wegnahme und ihren Begleitumständen können zudem die Regelbeispiele in § 243 Abs. 1 StGB oder die Qualifikationen in § 244 StGB erfüllt sein. Wurde die Wegnahme mit Gewalt oder unter Anwendung von Drohung mit gegenwärtiger Gefahr für Leib oder Leben begangen, kommt ferner eine Strafbarkeit wegen Raubes gemäß § 249 StGB gegebenenfalls i. V. m. § 250 StGB in Betracht.

Geschützes Rechtsgut der genannten Straftatbestände ist zumindest auch das Eigentum.[1063] Damit wird der Identitätsdiebstahl allenfalls mittelbar erfasst, da kein

---

1057 Ebenso *Gröseling/Höfinger*, MMR 2007, 626, 628; *Borges*, Stellungnahme 41. StrÄndG, S. 6.

1058 Siehe hierzu oben, C.IV.2.c).

1059 *BGH*, Beschl. v. 06.07.2010 – 4 StR 555/09, NStZ 2011, 154; *BGH*, Beschl. v. 14.01.2010 – 4 StR 93/09, MMR 2010, 426; anders noch *BGH*, Urt. v. 10.05.2005 – 3 StR 425/04, NStZ 2005, 566.

1060 *Tyszkiewicz*, HRRS 2010, 207, 212.

1061 Siehe hierzu oben, C.IV.2.b)bb).

1062 Siehe hierzu oben, C.IV.2.b)cc).

1063 *Eser/Bosch*, in: Schönke/Schröder, § 242 Rn. 1/2; *Schmitz*, in: MünchKomm StGB, Bd. 4, 2. Aufl., § 242 Rn. 4; *Sander*, in: MünchKomm StGB, Bd. 4, 2. Aufl., § 249 Rn. 2; *Fischer*, § 242 Rn. 2, § 249 Rn. 2.

zivilrechtliches Eigentum an der eigenen Identität oder an den eigenen Identitätsdaten möglich ist.[1064]

1. Tatbestand

§§ 242, 243, 244, 249, 250 StGB setzen voraus, dass der Täter eine fremde bewegliche Sache einem anderen in der Absicht wegnimmt, die Sache sich oder einem Dritten rechtswidrig zuzueignen. Die anderen zusätzlichen Tatbestandsmerkmale in den genannten Strafnormen sind für den Identitätsdiebstahl ohne besondere Relevanz und sollen daher nicht näher betrachtet werden. Die folgenden Ausführungen zum Tatobjekt sowie zur Wegnahme lassen sich auf alle genannten Tatbestände übertragen.

a) Wegnahme einer fremden beweglichen Sache

Tatobjekt ist eine fremde bewegliche Sache. Sachen sind nach strafrechtlicher Definition körperliche Gegenstände.[1065] Daten sind mithin keine Sachen, wohl aber Datenträger.[1066] Der wirtschaftliche Wert der Sache ist unerheblich, sodass es sich auch um eine Sache ohne wirtschaftlichen Wert handeln kann.[1067] Beweglich sind alle Sachen, die tatsächlich von einem Ort fortbewegt werden können, wobei es ausreicht, wenn die Sache für die Wegnahme beweglich gemacht wird.[1068]

Fremd ist eine Sache, wenn sie (zumindest auch) im Eigentum eines anderen steht. Fremdheit liegt vor, wenn die Sache weder im Alleineigentum des Täters steht noch herrenlos oder eigentumsunfähig ist.[1069] Herrenlos sind solche Sachen, an denen Eigentum nie bestanden hat, aufgegeben wurde oder sonst erloschen ist.[1070] Die Frage, in wessen Eigentum eine Sache steht, beurteilt sich nach dem Zivilrecht (Akzessorietätsprinzip).[1071]

Wegnahme ist nach allgemeiner Definition die Aufhebung fremden und die Begründung neuen, nicht notwendigerweise tätereigenen Gewahrsams durch

1064 Siehe hierzu oben, C.I.1.

1065 *Eser/Bosch*, in: Schönke/Schröder, § 242 Rn. 9.

1066 *Fischer*, Rn. 3; *Wittig*, in: BeckOK StGB, § 242 Rn. 4.1; *Kindhäuser*, in: Kindhäuser/Neumann/Paeffgen, § 242 Rn. 10.

1067 *OLG Düsseldorf*, Urt. v. 22.08.1988 – 5 Ss 231/88 – 195/88 I, NJW 1989, 115; a.A. *Eser/Bosch*, in: Schönke/Schröder, § 242 Rn. 7, wenn weder ein wirtschaftlicher noch ein ideeller Wert vorhanden ist.

1068 *Fischer*, § 242 Rn. 4; *Wittig*, in: BeckOK StGB, § 242 Rn. 5.

1069 *Eser/Bosch*, in: Schönke/Schröder, § 242 Rn. 12.

1070 *Wittig*, in: BeckOK StGB, § 242 Rn. 9.

1071 *Eser/Bosch*, in: Schönke/Schröder, § 242 Rn. 12; *Schmitz*, in: MünchKomm StGB, Bd. 4, 2. Aufl., § 242 Rn. 33.

Bruch.[1072] Der Begriff des Gewahrsams ist im Detail umstritten.[1073] Nach dem von der herrschenden Meinung vertretenen faktischen Gewahrsamsbegriff setzt sich dieser aus einem objektiv-faktischen Element und einem subjektiv-voluntativen Element zusammen. Danach ist Gewahrsam die tatsächliche Sachherrschaft einer natürlichen Person über eine Sache, die von einem natürlichen Herrschaftswillen getragen wird, was nach der Verkehrsauffassung zu beurteilen ist.[1074]

b) Absicht rechtswidriger Zueignung

Neben dem Vorsatz hinsichtlich sämtlicher Merkmale des objektiven Tatbestandes muss die Wegnahme in der Absicht erfolgen, die Sache dem Täter oder einem Dritten rechtswidrig zuzueignen (überschießende Innentendenz). In Rechtsprechung und Literatur besteht Einigkeit darüber, dass sich die Zugeignung einer Sache aus einer dauernden Enteignung des Eigentümers und einer wenigstens vorübergehenden Aneignung des Täters oder eines Dritten zusammensetzt.[1075] Der Täter muss sich eine eigentümerähnliche Stellung über die Sache anmaßen (*se ut dominum gerere*).[1076] Dies kann nach der von der Rechtsprechung entwickelten und mittlerweile herrschenden „Vereinigungstheorie" dadurch geschehen, dass er sich die Sache selbst oder den in ihr verkörperten Sachwert dem eigenen Vermögen einverleibt.[1077] Entscheidend ist immer ein zeitliches Moment. Die unbefugte vorübergehende Gebrauchsanmaßung (*furtum usus*) ist grundsätzlich straflos.[1078] In welchen Fällen sich der Täter den verkörperten Sachwert einer Sache einverleibt, ist stark von einer Einzelfallkasuistik geprägt.[1079] Die für den Identitätsdiebstahl relevanten Konstellationen sollen daher im Folgenden näher besprochen werden.

1072 *BGH*, Beschl. v. 08.03.1988 – 5 StR 532/87, NStZ 1988, 270, 271; *Schmitz*, in: MünchKomm StGB, Bd. 4, 2. Aufl., § 242 Rn. 48; *Fischer*, § 242 Rn. 10; *Wittig*, in: BeckOK StGB, § 242 Rn. 10.

1073 Siehe hierzu ausführlich *Schmitz*, in: MünchKomm StGB, Bd. 4, 2. Aufl., § 242 Rn. 49 ff.

1074 *BGH*, Beschl. v. 06.10.1961 – 2 StR 289/61, BGHSt 16, 271 = NJW 1961, 2266; *Fischer*, § 242 Rn. 11; *Eser/Bosch*, in: Schönke/Schröder, § 242 Rn. 23/24; *Kindhäuser*, in: Kindhäuser/Neumann/Paeffgen, § 242 Rn. 28.

1075 *Schmitz*, in: MünchKomm StGB, Bd. 4, 2. Aufl., § 242 Rn. 116; *Wittig*, in: BeckOK StGB, § 242 Rn. 28; *Kühl*, § 242 Rn. 21.

1076 *Schmitz*, in: MünchKomm StGB, Bd. 4, 2. Aufl., § 242 Rn. 115.

1077 *BGH*, Beschl. v. 16.12.1987 – 3 StR 209/87, BGHSt 35, 152 = NJW 1988, 979 m.w.N.; *Wittig*, in: BeckOK StGB, § 242 Rn. 29; *Fischer*, § 242 Rn. 35; a.A. *Kindhäuser*, in: Kindhäuser/Neumann/Paeffgen, § 242 Rn. 78 f.; *Schmitz*, in: MünchKomm StGB, Bd. 4, 2. Aufl., § 242 Rn. 128.

1078 *Wittig*, in: BeckOK StGB, § 242 Rn. 28; *Fischer*, § 242 Rn. 38; Ausnahmen hiervor gelten für den unbefugten Gebrauch von Kraftfahrzeugen (§ 248b StGB) sowie Pfandsachen (§ 290 StGB).

1079 Siehe Beispiele bei *Kühl*, § 242 Rn. 23 ff.; *Fischer*, § 242 Rn. 36.

2. Ergebnis zu den Eigentumsdelikten im Hinblick auf Identitätsdiebstahl

Typische Begehungsweisen des Identitätsdiebstahls, für die eine Strafbarkeit nach den genannten Eigentumsdelikten in Betracht kommt, sind die Wegnahme von Dokumenten oder Datenträgern sowie das „bin raiding“ oder „dumpster diving“, welches die Durchsuchung von Abfall nach nicht vernichteten Dokumenten oder Festplatten bezeichnet. Dies können entsorgte Kreditkartenbelege, Briefe von Banken und anderen Dienstleistern, aber auch Adresslisten von Unternehmen sein. Eine weitere Möglichkeit ist die Wegnahme oder das Abfangen von Briefen und anderen Postsendungen, bevor sie vom Empfänger zur Kenntnis genommen werden können. Insoweit kommt neben den Eigentumsdelikten zudem eine Strafbarkeit nach § 202 StGB in Betracht.[1080]

Beim „bin raiding“ stellt sich die Frage, ob überhaupt ein taugliches Tatobjekt vorliegt, da das Merkmal „fremd“ bezweifelt werden kann. Es könnte sich beim Abfall um eine herrenlose Sache handeln, die nach allgemeiner Ansicht nicht fremd ist.[1081] Ob es sich bei Abfall um eine herrenlose Sache handelt, ist vom jeweiligen Einzelfall abhängig.[1082] Nach § 959 BGB wird eine bewegliche Sache herrenlos, wenn der Eigentümer in der Absicht, auf das Eigentum zu verzichten, den Besitz der Sache aufgibt (Dereliktion). Die Aufgabe des Besitzes in der Absicht, auf das Eigentum zu verzichten, ist eine nicht empfangsbedürftige Willenserklärung.[1083] Maßgeblich ist daher der tatsächliche subjektive Wille des Eigentümers.[1084] Die Rechtsprechung hat eine Dereliktion bei auf der Straße abgestelltem Sperrmüll, welcher auch aus von einem Künstler selbstgemalten Bildern bestand, mit dem Argument abgelehnt, dass in dem konkreten Fall aufgrund der persönlichen Beziehung zu den Gegenständen keine Eigentumsaufgabe vorliege. Die Willenserklärung des Eigentümers gehe zwar auch dahin, die Gegenstände loszuwerden, dies aber nur zu dem Zweck, dass sie vernichtet werden.[1085] Eine Dereliktion ist daher abzulehnen, wenn seitens des Eigentümers ein Interesse an der Verhinderung einer unkontrollierten Verbreitung der Sache besteht.[1086] Dies ist ebenso bei der für den Identitätsdiebstahl relevanten Entsorgung von EC-Karten,[1087] Briefen oder sonstigen persönlichen Dokumenten,

1080 Zu den Begehungsweisen durch Ansichbringen körperlicher Gegenstände siehe oben, C.IV.2.a).

1081 *Schmitz*, in: MünchKomm StGB, Bd. 4, 2. Aufl., § 242 Rn. 32; *Fischer*, § 242 Rn. 6; *Wittig*, in: BeckOK StGB, § 242 Rn. 6; *Duttge*, in: Dölling/Duttge/Rössner, § 242 Rn. 14.

1082 Siehe Beispiele bei *Duttge*, in: Dölling/Duttge/Rössner, § 242 Rn. 15 ff.

1083 *Gursky*, in: Staudinger, 2011, § 959 Rn. 1.

1084 *Gursky*, in: Staudinger, 2011, § 959 Rn. 1.

1085 *LG Ravensburg*, Urt. v. 03.07.1987 – 3 S 121/87, NJW 1987, 3142, 3143.

1086 *Oechsler*, in: MünchKomm BGB, Bd. 6, § 959 Rn. 3.

1087 *OLG Hamm*, Beschl. v. 10.02.2011 – III-3 RVs 103/10, 3 RVs 103/10, JuS 2011, 755; *LG Magdeburg*, Urt. v. 08.11.2006 – 9 O 584/06.

Bankunterlagen oder Geschäftspapieren anzunehmen.[1088] Somit liegt beim „bin raiding“ auf der Suche nach Identitätsdaten ein taugliches Tatobjekt vor.

Soweit eine fremde bewegliche Sache vorliegt, stellt sich beim Identitätsdiebstahl vor allem die Frage nach der Zueignungsabsicht. § 242 StGB setzt voraus, dass der Täter die Absicht hat, sich „die Sache“ zuzueignen, wobei hierunter nach herrschender Ansicht sowohl die Sachsubstanz als auch der in der Sache verkörperte Sachwert verstanden wird. Zur Beantwortung der Frage, ob der Täter mit Zueignungsabsicht gehandelt hat, ist danach zu differenzieren, ob der Datenträger nach dem Willen des Täters an den Berechtigten zurückgelangen soll oder nicht.

Gelangt der Datenträger an den Berechtigten zurück, verneint die Rechtsprechung die Zueignungsabsicht. So wurde festgestellt, dass eine Zueignungsabsicht fehlt, wenn der Täter einen Datenträger wegnimmt, um die Daten von dieser zu kopieren, aber die Absicht hat, den Datenträger später zurückzubringen. Begründet wurde die Entscheidung damit, dass die Daten dem Eigentümer mit der Rückgabe nicht dauerhaft entzogen wurden.[1089] Eine Zueignungsabsicht soll nach der Rechtsprechung ferner nicht vorliegen, wenn die EC-Karte vom Täter zum Geldabheben verwendet und danach wieder an das Opfer zurückgegeben werden soll.[1090]

Ob eine Zueignungsabsicht vorliegt, wenn das Opfer die Karte bzw. den Datenträger nach dem Willen des Täters nicht wiedererlangt oder es diesem gleichgültig ist, wird hingegen nicht einheitlich beurteilt. Für die EC-Karte hat der Bundesgerichtshof entschieden, dass eine Zueignungsabsicht vorliege, wenn der Täter den Berechtigten nach der unbefugten Verwendung endgültig von der Verfügung über die Karte ausschließen will, z. B. durch Wegwerfen oder Behalten.[1091] Auch in anderen Entscheidungen zur Wegnahme von EC- und Kreditkarten wird eine Zueignungsabsicht (zum Teil mit Blick auf den verkörperten Sachwert) stets bejaht, soweit die Karte nicht zurückgegeben wird.[1092] In einem anderen Verfahren, welches die Wegnahme eines Mobiltelefons betraf, um dessen Speicher auszulesen, hat der Bundesgerichtshof jedoch eine Zueignungsabsicht unabhängig vom Willen des Täters, dass das Opfer das Gerät zurückerlangt, verneint. Es fehle insoweit an dem für eine Aneignung erforderlichen Willen des Täters, den Bestand seines Vermögens oder den eines Dritten zu ändern.[1093]

Beim Identitätsdiebstahl kommt es dem Täter häufig nicht darauf an, den Gegenstand, der die Identitätsdaten fixiert (z. B. Kontoauszüge, Dokumente, Kreditkartenabrechnungen), dauerhaft zu behalten. Der Täter möchte nur die

---

1088 *LG Ravensburg*, Urt. v. 03.07.1987 – 3 S 121/87, NJW 1987, 3142, 3143; *Gursky*, in: Staudinger, 2011, § 959 Rn. 4; *Kindhäuser*, in: Kindhäuser/Neumann/Paeffgen, § 242 Rn. 22.

1089 *BayObLG*, Beschl. v. 12.12.1991 – RReg. 4 St 158/91, NJW 1992, 1777, 1778.

1090 *BGH*, Beschl. v. 16.12.1987 – 3 StR 209/87, BGHSt 35, 152 = NJW 1988, 979.

1091 *BGH*, Beschl. v. 16.12.1987 – 3 StR 209/87, BGHSt 35, 152 = NJW 1988, 979.

1092 *BGH*, Beschl. v. 30.01.2001 – 1 StR 512/00, NJW 2001, 1508; *OLG Hamm*, Beschl. v. 10.02.2011 – III-3 RVs 103/10, 3 RVs 103/10, JuS 2011, 755.

1093 *BGH*, Beschl. v. 14.02.2012 – 3 StR 392/11, MMR 2012, 563.

Identitätsdaten erlangen, um diese später missbräuchlich zu verwenden oder weiterzuverkaufen. Sind die Daten ausgelesen, ist der Gegenstand für den Täter belanglos. Da der Täter nicht die Absicht hat, sich die Sachsubstanz anzueignen, läge eine Zueignungsabsicht in diesen Fällen nur vor, wenn es sich bei den Identitätsdaten um den in der Sache verkörperten Sachwert handelt. Dass der Sachwert von Identitätsdaten bisweilen nur schwer messbar ist, steht einer Zueignung grundsätzlich nicht entgegen.[1094] Weiterhelfen könnte insofern eine Analogie zur Rechtsprechung hinsichtlich der Zueignungsabsicht bei Behältnissen.[1095] Beabsichtigt der Täter, sich nicht das Behältnis, sondern lediglich dessen Inhalt zuzueignen, wird hinsichtlich des Behältnisses eine Zueignungsabsicht nach allgemeiner Ansicht abgelehnt.[1096] Soweit man den Datenträger als Behältnis für die Daten ansieht, käme nur ein Diebstahl des Inhaltes, also der Daten, in Betracht. Die Motivation des Täters ist in beiden Fällen vergleichbar. Stiehlt der Täter eine Handtasche, um das in ihr enthaltene Geld zu erlangen, hat er kein Interesse an der Tasche selbst.[1097] Wie in dem vom Bundesgerichtshof entschiedenen Fall zur Wegnahme des Mobiltelefons ist es dem Täter gleichgültig, was mit dem Datenträger geschieht.

Hinsichtlich der Daten scheiden Eigentumsdelikte jedoch mangels eines tauglichen Tatobjekts aus. Die für die Zueignung geforderte Enteignung der Sache durch die Aneignung derselben[1098] findet bei Datenträgern und darauf fixierten Daten nicht statt. Soweit der Täter beabsichtigt, das Tatobjekt über das Auslesen der Daten hinaus nicht weiter zu verwenden, liegt keine Zueignungsabsicht vor, sodass eine Strafbarkeit nach einem Eigentumsdelikt ausscheidet.

V. § 263 StGB

Identitätsdaten können auch durch Täuschung erlangt werden. Neben dem klassischen Phishing existieren außerhalb des Internets und der Kommunikation via E-Mail verschiedene Begehungsweisen des Identitätsdiebstahls. Möglichkeiten sind die Täuschung Dritter, etwa durch Anrufe und Anfragen bei Banken oder Stellung von Nachsendeanträgen,[1099] die Täuschung des Identitätsinhabers durch

---

1094 *BGH*, Urt. v. 10.05.1977 – 1 StR 167/77, NJW 1977, 1460, 1461.

1095 Da es sich um eine Analogie zu Gunsten des Täters handelt, verstößt diese nicht gegen Art. 103 Abs. 2 GG, vgl. *Schmitz*, in: MünchKomm StGB, Bd. 1, § 1 Rn. 60.

1096 *BGH*, Beschl. v. 26.11.2003 – 3 StR 406/03, NStZ 2004, 333; *Fischer*, § 242 Rn. 41a m.w.N.

1097 Ausnahme hiervon ist, wenn der Täter die Tasche zum Transport des Diebesguts gebrauchen möchte, vgl. *Kindhäuser*, in: Kindhäuser/Neumann/Paeffgen, § 242 Rn. 89.

1098 *Schmitz*, in: MünchKomm StGB, Bd. 4, 2. Aufl., § 242 Rn. 147 f.

1099 Siehe hierzu oben, C.IV.2.b)aa).

Aufforderung zur Mitteilung von Identitätsdaten unter einem Vorwand (Social Engineering)[1100] oder das Vishing.[1101]

In diesen Fällen könnte sich der Täter eines Betrugs nach § 263 StGB strafbar machen.[1102] Da es sich beim Betrugstatbestand um einen der wohl meistdiskutierten Tatbestände im StGB handelt, sollen im Folgenden nur dessen Grundzüge unter Hinweis auf die Rechtsprechung und herrschende Meinung dargestellt werden. Anschließend soll auf diejenigen Merkmale näher eingegangen werden, die für den Identitätsdiebstahl von besonderer Relevanz sind.

1. Grundzüge des Tatbestands von § 263 StGB

Nach § 263 StGB wird mit Freiheitsstrafe bis zu fünf Jahren oder mit Geldstrafe bestraft, wer in der Absicht, sich oder einem Dritten einen rechtswidrigen Vermögensvorteil zu verschaffen, das Vermögen eines anderen dadurch beschädigt, dass er durch Vorspiegelung falscher oder durch Entstellung oder Unterdrückung wahrer Tatsachen einen Irrtum erregt oder unterhält.

Die Tathandlung, eine – jedenfalls konkludente – Täuschung über Tatsachen, liegt in den genannten Fällen des Identitätsdiebstahls vor. Tatsachen sind nach herrschender Meinung äußere Vorgänge oder Zustände der Vergangenheit oder Gegenwart (äußere Tatsachen), die dem Beweis zugänglich sind, sowie ferner auch psychische Gegebenheiten und Abläufe (innere Tatsachen).[1103] Eine Täuschung ist nach dem Gesetzeswortlaut die Entstellung oder Unterdrückung wahrer Tatsachen und somit jedes Verhalten, das objektiv irreführt oder einen Irrtum unterhält und damit auf die Vorstellung eines anderen einwirkt.[1104]

Die Täuschung muss zu einem Irrtum beim Opfer führen. Ein Irrtum wird allgemein als positive Fehlvorstellung über Tatsachen definiert.[1105] Ein Irrtum liegt nach allgemeiner Auffassung zudem auch bei Zweifeln an der Wahrheit des Vorgespiegelten vor.[1106] Welcher Grad von Zweifeln beim Opfer noch zu einer Strafbarkeit nach § 263 StGB führt, ist umstritten und letztlich von normativen Einzelentscheidungen geprägt. Weit überwiegend wird die Auffassung vertreten, dass Zweifel an der vorgespiegelten Tatsache unerheblich sind, wenn das Opfer die Möglichkeit der

---

1100 Siehe hierzu oben, C.IV.2.b)bb).

1101 Siehe hierzu oben, C.IV.2.b)cc).

1102 Für diese Fälle wird daher auch teilweise die Verwendung des Begriffs *identity fraud* gefordert, vgl. *UN*, E/CN.15/2009/CRP.12, S. 4.

1103 *Hefendehl*, in: MünchKomm StGB, Bd. 4, 1. Aufl., § 263 Rn. 53; *Fischer*, § 263 Rn. 6 ff.; *Kühl*, § 263 Rn. 4.

1104 *BGH*, Urt. v. 26.04.2001 – 4 StR 439/00, BGHSt 47, 1 = NJW 2001, 2187, 2188; *Fischer*, § 263 Rn. 14; *Cramer/Perron*, in: Schönke/Schröder, § 263 Rn. 11.

1105 *Hefendehl*, in: MünchKomm StGB, Bd. 4, 1. Aufl., § 263 Rn. 198; *Fischer*, § 263 Rn. 55.

1106 *Hefendehl*, in: MünchKomm StGB, Bd. 4, 1. Aufl., § 263 Rn. 218.

Unwahrheit für geringer hält als die Möglichkeit der Wahrheit.[1107] Zweifel können jedoch im Rahmen der Strafzumessung Berücksichtigung finden.

Infolge des Irrtums muss das Opfer als ungeschriebene Tatbestandsvoraussetzung eine Vermögensverfügung vornehmen.[1108] Eine Vermögensverfügung ist jedes Handeln, Dulden oder Unterlassen, das eine Vermögensminderung unmittelbar herbeiführt.[1109] Fallen die getäuschte und verfügende Person und die geschädigte Person auseinander („Dreiecksbetrug"), kommt eine Strafbarkeit nach § 263 StGB nur in Betracht, wenn die Verfügung dem Vermögensinhaber zuzurechnen ist.[1110] Die Rechtsprechung verlangt insoweit, dass der Verfügende „im Lager" des Vermögensinhabers stehe („Lagertheorie"), was bei einem besonderen Näheverhältnis zwischen diesen angenommen wird.[1111]

Die Vermögensverfügung muss unmittelbar zu einem Vermögensschaden beim Opfer führen. Grundsätzlich liegt ein Vermögensschaden vor, wenn der wirtschaftliche Gesamtwert des Vermögens durch die Verfügung des Getäuschten vermindert wird.[1112] Da beim Identitätsdiebstahl nicht unmittelbar auf das Vermögen zugegriffen wird, sondern dies erst im Rahmen des zeitlich nachgelagerten Identitätsmissbrauchs geschieht,[1113] ist bei der Frage des Vermögensschadens die Fallgruppe der „schadensgleichen Vermögensgefährdung" von besonderer Relevanz. Ein Schadenseintritt wird von der Rechtsprechung bei einer konkreten Gefährdung des Gesamtvermögenswertes bejaht.[1114] Die Rechtsprechung hat hierzu eine umfangreiche Kasuistik entwickelt, welche von „normativen Bewertungen" geprägt ist.[1115] Auf die für den Identitätsdiebstahl relevanten Konstellationen soll im Folgenden näher eingegangen werden.

Auf subjektiver Seite setzt § 263 StGB neben zumindest bedingtem Vorsatz[1116] im Hinblick auf sämtliche Merkmale des objektiven Tatbestandes die Absicht

---

1107 *BGH*, Urt. v. 11.07.2001 – 1 StR 576/00, BGHSt 47, 83 = NJW 2001, 3718; zur Berücksichtigung des Mitverschuldens des Opfers siehe *D. Hansen*, S. 54 f.; *Brandt*, S. 30 ff.

1108 *Cramer/Perron*, in: Schönke/Schröder, § 263 Rn. 54; *Fischer*, § 263 Rn. 70; *Kühl*, § 263 Rn. 21.

1109 *BGH*, Urt. v. 11.03.1960 – 4 StR 588/59, BGHSt 14, 170 = NJW 1960, 1068; *Cramer/Perron*, in: Schönke/Schröder, § 263 Rn. 54.

1110 *Fischer*, § 263 Rn. 79.

1111 *BGH*, Urt. v. 16.01.1963 – 2 StR 591/62, BGHSt 18, 221 = NJW 1963, 1068; *BGH*, Beschl. v. 30.07.1996 – 5 StR 168/96, NJW 1952, 896, 897.

1112 *Kühl*, § 263 Rn. 24; *Fischer*, § 263 Rn. 88; zu den in Rechtsprechung und Literatur vertretenen unterschiedlichen Vermögensbegriffen siehe *Hefendehl*, in: MünchKomm StGB, Bd. 4, 1. Aufl., § 263 Rn. 294 ff.

1113 Zur Unterscheidung zwischen Identitätsdiebstahl und Identitätsmissbrauch siehe oben, C.III.3.

1114 *BGH*, Urt. v. 20.07.1966 – 2 StR 188/66, BGHSt 21, 112 = NJW 1966, 1975, 1976; krit. *Hefendehl*, in: MünchKomm StGB, Bd. 4, 1. Aufl., § 263 Rn. 535 ff.

1115 *Fischer*, § 263 Rn. 163.

1116 *Cramer/Perron*, in: Schönke/Schröder, § 263 Rn. 165.

stoffgleicher Eigen- oder Drittbereicherung voraus. Das „Erfordernis der Stoffgleichheit“ meint, dass der erlangte Vermögensvorteil die Kehrseite des Schadens sein muss.[1117]

2. Strafbarkeit des Identitätsdiebstahls durch Täuschung nach § 263 StGB

Bei den Begehungsweisen des Identitätsdiebstahls durch Täuschung bestehen im Hinblick auf die Täuschungshandlung und die Erregung eines Irrtums beim Opfer in der Regel keine Bedenken.[1118] Infolge der Aufklärung in den Medien und der Warnhinweise der Banken können beim Opfer Zweifel im Hinblick auf die Echtheit der Anfrage vorliegen. Zweifel können sich ferner aus der Art und Weise der Formulierung der E-Mail (Rechtschreibfehler, ungewöhnliche Formulierungen) ergeben.[1119] Zweifel beim Opfer stehen der Annahme eines Irrtums nicht entgegen, solange das Opfer die Wahrheit der falschen Tatsache für wahrscheinlicher ansieht und es sich aufgrund dessen zur Vermögensverfügung motiviert fühlt.[1120] Insoweit ist beim Phishing stets auf den Einzelfall abzustellen.

a) Vermögensverfügung

Fraglich ist, ob in der Heraus- oder Weitergabe der Identitätsdaten eine Vermögensverfügung zu sehen ist.

aa) Unmittelbarkeit

Die Minderung des Vermögens des Opfers muss Folge einer Vermögensverfügung sein. Nach allgemeiner Ansicht muss die Vermögensverfügung unmittelbar zum Vermögensschaden führen.[1121] Eine bloße Kausalität genügt hingegen nicht. Die Vermögensverfügung ist damit das „Bindeglied“ zwischen dem Irrtum und dem Vermögensschaden, der durch eine Mitwirkung des Opfers geschieht (Selbstschädigungsdelikt).[1122]

Der Bundesgerichtshof bejaht in einer Entscheidung zur Herausgabe von EC-Karte und dazugehöriger PIN das Merkmal der Unmittelbarkeit, da in dem dortigen Fall der Zugriff auf das Bankkonto eröffnet und aufgrund der geplanten sofortigen Abhebung eine Vermögensposition des Opfer unmittelbar gefährdet

---

1117 *Fischer*, § 263 Rn. 187; *Soyka*, NStZ 2004, 538, 541.

1118 *Graf*, NStZ 2007, 129, 130; *Weber*, HRRS 2004, 406, 407.

1119 *Stuckenberg*, ZStW 118 (2006), 878, 895.

1120 *BGH*, Urt. v. 05.12.2002 – 3 StR 161/02, NJW 2003, 1198, 1199; zum zivilrechtlichen Verschulden bei Eingabe mehrerer TAN auf einer präparierten Webseite siehe *Oetker*, in: MünchKomm BGB, Bd. 2, § 254 Rn. 52 m.w.N.

1121 *Fischer*, § 263 Rn. 76.

1122 *Hefendehl*, in: MünchKomm StGB, Bd. 4, 1. Aufl., § 263 Rn. 230; *Fischer*, § 263 Rn. 70.

gewesen sei.[1123] Unter Hinweis auf diese Rechtsprechung wollen Teile der Literatur auch beim Phishing die Unmittelbarkeit zwischen Verfügung und Schaden anerkennen.[1124]

Nach zutreffender Ansicht ist eine Vermögensverfügung jedoch abzulehnen.[1125] Denn nach der Rechtsprechung fehlt es an dem Unmittelbarkeitserfordernis, wenn der Getäuschte dem Täter lediglich die tatsächliche Möglichkeit gibt, den Vermögensschaden durch weitere selbstständige deliktische Schritte herbeizuführen.[1126] Nach dem Erhalt der Identitätsdaten ist zumindest eine weitere autonome Handlung des Täters erforderlich, damit ein Schaden tatsächlich eintritt. Der Täter muss sich mit den Daten des Opfers anmelden, eine Überweisung vorbereiten und diese ausführen. Zudem findet sich vermehrt ein arbeitsteiliges Vorgehen, bei dem die Daten von demjenigen, der sie erlangt hat, nicht selbst verwendet, sondern weiterverkauft werden, sodass zwischen Herausgabe der Daten und Schadenseintritt eine gewisse Zeit liegen kann.[1127] So kann der Täter je nach Kontostand des Opfers von der Tatausführung schon vor Versuchsbeginn Abstand nehmen oder mit der Begehung abwarten.[1128]

Das Kriterium der Unmittelbarkeit dient, insbesondere bei den Mehrpersonenverhältnissen, zur Abgrenzung zwischen Betrug und (Trick-)Diebstahl[1129] und damit zur Lösung eines Konkurrenzproblems.[1130] *Stuckenberg* lehnt aus diesem Grund das Unmittelbarkeitsmerkmal insgesamt ab.[1131] Dagegen spricht indes, dass das Merkmal der Vermögensverfügung nicht allein zur Lösung von Konkurrenzproblemen entwickelt wurde, sondern sich bereits aus dem Wortlaut von § 263 StGB und der Einordnung des Betrugs als Selbstschädigungsdelikt ergibt. Unabhängig von der Abgrenzung zur Wegnahme bedarf es einer Mitwirkungshandlung des Opfers. Die Rechtsprechung bejaht das Unmittelbarkeitskriterium in den Fällen, in denen andernfalls eine Strafbarkeitslücke entstehen

1123 *BGH*, Urt. v. 17.08.2004 – 5 StR 197/04, NStZ-RR 2004, 333, 334; krit. *Popp* MMR 2006, 84, 86.

1124 *Weber*, HRRS 2004, 406, 408f.; *Hilgendorf/Frank/Valerius*, Rn. 765; *Stuckenberg*, ZStW 118 (2006), 878, 898 ff.; so wohl auch *Fischer*, § 263 Rn. 173.

1125 *Kindhäuser*, in: Kindhäuser/Neumann/Paeffgen, § 263 Rn. 203; *Graf*, NStZ 2007, 129, 130; *ders.*, Stellungnahme 41. StÄndG, S. 6 f.; *Goeckenjan*, wistra 2008, 128, 130 f.; *Heghmanns*, wistra 2007, 167, 268; *Gercke*, CR 2005, 606, 608; *Popp*, NJW 2004, 3517; *Ernst*, NJW 2007, 2661, 2665; *Neuheuser*, NStZ 2008, 492; *Seidl/Fuchs*, HRRS 2010, 85, 86; *Brandt*, S. 46.

1126 *BGH*, Beschl. v. 29.06.2005 – 4 StR 559/04, BGHSt 50, 174 = NStZ 2005, 632, 633.

1127 *Ernst*, DS 2007, 335, 339; *Herrmann*, StRR 2008, 248, 249.

1128 *Graf*, NStZ 2007, 129, 130; *Popp* MMR 2006, 84, 86; *ders.*, NJW 2004, 3517, 3518; Brandt, S. 46.

1129 *Heghmanns*, wistra 2007, 167, 268; *Stuckenberg*, ZStW 118 (2006), 878, 903.

1130 *Seidl/Fuchs*, HRRS 2010, 85, 86.

1131 *Stuckenberg*, ZStW 118 (2006), 878, 901.

würde, weil keine Wegnahme vorläge.[1132] Zwar scheidet beim Identitätsdiebstahl der Diebstahl nach § 242 StGB von vornherein aus, die nachgelagerte Handlung erfüllt in der Regel jedoch den (Computer-)Betrugstatbestand.[1133] Das Merkmal der Vermögensverfügung bzw. der Unmittelbarkeit gilt daher auch für die Fälle des Phishing.

Bei Phishing-Attacken, die nicht auf Bankdaten abzielen, sondern beispielsweise auf Zugangsdaten zu Onlineauktionshäusern, ist eine Unmittelbarkeit in jedem Fall abzulehnen, da insoweit der Schaden beim Opfer – wenn ein solcher überhaupt bei ihm entsteht – erst nach einer Vielzahl weiterer Handlungen des Täters eintritt.[1134]

bb) Herausgabe der Daten durch Dritte (Dreiecksbetrug)

Geht man grundsätzlich vom Vorliegen einer Vermögensverfügung aus, stellt sich in den Fällen, in denen ein Dritter die Identitätsdaten des Opfers an den Täter herausgibt, die Frage, ob insofern ein Dreiecksbetrug in Betracht kommt. Das dafür notwendige besondere faktische oder besondere rechtliche Näheverhältnis zwischen Verfügendem und Opfer könnte bei Banken und anderen Zahlungsdienstleistern gegeben sein. Angenommen wird ein besonderes Näheverhältnis, wenn der Getäuschte mit Einverständnis des Vermögensinhabers besondere Schutz- und Prüfpflichten wahrnimmt.[1135] Bei Banken wird dies im Hinblick auf die Herausgabe von Identitätsdaten zu bejahen sein, denn soweit die Kenntnis der Daten die Möglichkeit des Missbrauchs eröffnet, hat der Kunde ein berechtigtes Interesse daran, dass diese Dritten nicht zur Verfügung gestellt werden. Tatsächlich beantworten Banken und andere Dienstleister konkrete Anfragen nur nach Identifizierung des Anrufers.[1136] Als Voraussetzung für eine besondere Nähe wird teilweise gefordert, dass der getäuschte Dritte dem betroffenen Vermögen näher steht als der Täter und dass er über das Tatobjekt verfügen kann.[1137] Dies ist in dieser Konstellation hinsichtlich der Identitätsdaten ebenfalls zu bejahen. Etwas anderes ergibt sich ferner nicht, wenn man auf die objektive oder subjektive Befugnis der Bank abstellt (Befugnistheorie). Die Bank ist grundsätzlich dazu befugt, die Daten herauszugeben, sofern der Empfänger zur Kenntnisnahme berechtigt ist. Soweit Banken oder andere Dritte in vergleichbarer Position getäuscht werden, liegen – sofern man entgegen der hier

---

1132 *Heghmanns*, wistra 2007, 167, 268; *Seidl/Fuchs*, HRRS 2010, 85, 86.

1133 *Heghmanns*, wistra 2007, 167, 268; *Seidl/Fuchs*, HRRS 2010, 85, 86; *Neuheuser*, NStZ 2008, 492.

1134 *Fischer*, § 263 Rn. 173; *Goeckenjan*, wistra 2008, 128, 130 f.; *Graf*, NStZ 2007, 129, 130; für das Phishing von Packstationsdaten siehe *C. Brand*, NStZ 2013, 7.

1135 *Fischer*, § 26 En. 83.

1136 Hierfür reicht bisweilen jedoch die Kenntnis der Adresse und des Geburtsdatums des Identitätsinhabers.

1137 *Kindhäuser*, in: Kindhäuser/Neumann/Paeffgen, § 263 Rn. 212.

vertretenen Auffassung eine Vermögensverfügung bejaht – die Voraussetzungen eines Dreiecksbetrugs vor.[1138]

Kein Dreiecksbetrug liegt jedenfalls in den Fällen vor, in denen der Täter Nachsendeaufträge bei der Post aufgibt, um sich Kreditkarten oder andere Dokumente im Namen des Opfers zustellen zulassen.[1139] Ein besonderes Näheverhältnis zwischen Post und dem Opfer ist nicht ersichtlich.

b) Vermögensschaden

Auf Ebene des Vermögensschadens stellen sich bei der Strafbarkeit des Phishing weitere Probleme. Zunächst ist fraglich, ob Identitätsdaten zu den von § 263 StGB geschützten Vermögen zählen. Dass PIN und TAN dazu verwendet werden können, Überweisungen zu tätigen, genügt allein nicht, um sie als Vermögensgegenstände zu qualifizieren.

Da überdies ein Schaden in Gestalt eines negativen Saldos bei einer Betrachtung vor und nach der Vermögensverfügung bis zur Verwendung der Daten nicht eintritt, kommt beim Phishing allein die schadensgleiche Vermögensgefährdung in Betracht, deren Voraussetzungen jedoch umstritten sind.

aa) Identitätsdaten als Vermögensgegenstände

Zur Frage, was Bestandteil des Vermögens ist, werden unterschiedliche Ansätze vertreten, die nur kurz dargestellt werden sollen. Der rein juristische Vermögensbegriff, wonach zum Vermögen nur die von der Rechtsordnung anerkannten Positionen ungeachtet ihres wirtschaftlichen Wertes zählen,[1140] wird heute nicht mehr vertreten.[1141] Nach dem wirtschaftlichen Vermögensbegriff gehören zum Vermögen alle Positionen, denen ein wirtschaftlicher Wert beigemessen werden kann.[1142] Die Rechtsprechung vertritt, nachdem sie zunächst dem strengen wirtschaftlichen Vermögensbegriff folgte, diesen zunehmend eingeschränkt.[1143] Von *Otto* wurde der personale Vermögensbegriff entwickelt.[1144] Danach setzt sich das Vermögen nicht aus einzelnen (Vermögens-)Gegenständen zusammen, sondern die Beziehung des

---

1138 Ebenso *Brandt*, S. 67; *D. Hansen*, S. 86 f.

1139 Zu dieser Begehungsweise siehe oben, C.IV.2.b)aa).

1140 *Kühl*, § 263 Rn. 79; *Hefendehl*, in: MünchKomm StGB, Bd. 4, 1. Aufl., § 263 Rn. 279.

1141 *Fischer*, § 263 Rn. 89.

1142 *BGH*, Beschl. v. 18.07.1961 – 1 StR 606/60, BGHSt 16, 220 = NJW 1961, 1876; *BGH*, Beschl. v. 16.08.1961 – 4 StR 166/61, BGHSt 16, 321 = NJW 1962, 309; *BGH*, Urt. v. 22.10.1986 – 3 StR 226/86, BGHSt 34, 199 = NJW 1987, 388; *OLG Düsseldorf*, Urt. v. 10.01.1995 – 5 SS 443/94 – 145/94, wistra 1995, 276.

1143 *BGH*, Beschl. v. 28.04.1987 – 5 StR 566/86, NStZ 1987, 407; *BGH*, Beschl. v. 20.12.1988 – 1 StR 654/88, wistra 1989, 142.

1144 *Otto*, S. 33.

Opfers zu diesen soll Schutzobjekt von § 263 StGB sein.[1145] Nach dem funktionalen Vermögensbegriff von *Kindhäuser* soll das Vermögen die Verfügungsmacht einer Person über die ihr rechtlich zugeordneten, übertragbaren und geldwerten Güter sein.[1146] In der Literatur wird hingegen überwiegend der juristisch-ökonomische Vermögensbegriff vertreten, dem sich auch die Rechtsprechung weiter annähert.[1147] Ausgehend von dem wirtschaftlichen Vermögensbegriff, der alle Güter mit wirtschaftlichem Wert erfasst, wird dieser auf diejenigen Güter beschränkt, die unter dem Schutz der Rechtsordnung stehen.[1148]

Ob es sich bei Identitätsdaten um Vermögensgegenstände handelt, bemisst sich danach, ob diesen ein wirtschaftlicher Wert zugeordnet werden kann. Der wirtschaftliche Wert ist in unterschiedlicher Form Bestandteil der verschiedenen Vermögensbegriffe. Soweit man PIN und TAN als Zugriffsmöglichkeit auf ein Konto mit dessen Wert gleichsetzt, kann eine Werthaltigkeit vorliegen. Der Wert der Daten schwankt jedoch abhängig von der Kontodeckung, sodass kein einheitlicher Preis von PIN und TAN existiert.[1149] Zwar ist es durchaus denkbar, dass auf illegalen Märkten Zugriffsdaten für Bankkonten ebenso wie Kreditkartennummern und PIN zu „Pauschalpreisen" gehandelt werden. Wird der streng wirtschaftliche Vermögensbegriff, der in seiner Reinform ohnehin nicht mehr vertreten wird, abgelehnt, liegt bei wertender Betrachtung kein Vermögensgegenstand vor. Der Verkauf oder die Weitergabe von Identitätsdaten dürfte als sittenwidrig einzuordnen sein (§ 138 BGB).[1150]

In der bereits genannten Entscheidung, welche die Erpressung einer EC-Karte und der dazugehörigen PIN betraf, hat der Bundesgerichtshof jedoch festgestellt, dass die Geheimzahl für sich allein betrachtet keine Vermögensposition darstellt. In Kombination mit der EC-Karte und der dadurch eröffneten jederzeitigen Zugriffsmöglichkeit auf das Konto des Opfers soll hingegen ein Vermögensgegenstand betroffen sein.[1151] Übertragen auf das Phishing besteht damit jedenfalls die Möglichkeit, dass die Rechtsprechung PIN und TAN als Vermögensbestandteil ansehen könnte. *Stuckenberg*, der als einer der wenigen § 263 StGB für das klassische Phishing ausdrücklich bejaht, spricht die genannte Entscheidung des Bundesgerichtshofs ebenfalls an, geht aber auf die Frage, ob es sich bei PIN und TAN um Vermögegengenstände handelt, nicht

1145 *Otto*, S. 35.
1146 *Kindhäuser*, in: Kindhäuser/Neumann/Paeffgen, § 263 Rn. 275 ff.; im Wesentlichen zustimmend *Hefendehl*, in: MünchKomm StGB, Bd. 4, 1. Aufl., § 263 Rn. 333 ff.
1147 *Cramer/Perron*, in: Schönke/Schröder, § 263 Rn. 82 ff.; *Krey/Hellmann*, Rn 431; *Rengier*, § 15 Rn. 55.
1148 *Hefendehl*, in: MünchKomm StGB, Bd. 4, 1. Aufl., § 263 Rn. 309.
1149 Vgl. *D. Hansen*, S. 62, der hierin einen Verstoß gegen den Bestimmtheitsgrundsatz aus Art. 103 Abs. 2 GG sieht; ähnlich Weber HRRS 2004, 406, 408; *Brandt*, S. 43.
1150 *D. Hansen*, S. 63.
1151 *BGH*, Urt. v. 17.08.2004 – 5 StR 197/04, NStZ-RR 2004, 333, 334.

ein.[1152] Soweit sich in der Literatur Ausführungen hierzu finden, wird die Vermögenseigenschaft zu Recht überwiegend abgelehnt.[1153]

bb) Schadensgleiche Vermögensgefährdung

Eine schadensgleiche Vermögensgefährdung wird von der Rechtsprechung angenommen, wenn eine konkrete Gefahr für das Vermögen des Opfers besteht.[1154] Eine solche konkrete Gefahr soll bestehen, wenn der Eintritt wirtschaftlicher Nachteile naheliegend ist.[1155] Diese Formulierung wurde von der Literatur als inhaltsleer kritisiert.[1156] Zudem wurde von der Rechtsprechung selbst vorgebracht, dass „die Subsumtion wirklich nur ‚schadensgleicher' Gefährdungen unter den Tatbestand des § 263 Abs. 1 StGB mit Art. 103 Abs. 2 GG kaum vereinbar" wäre.[1157] Zudem nähme man dem Täter die Möglichkeit zum Rücktritt.[1158] In systematischer Hinsicht wird argumentiert, dass im Rückschluss aus § 263 Abs. 3 Nr. 2 StGB, der die Gefahr des Verlustes von Vermögenswerten nennt, folge, dass der Grundtatbestand von einem tatsächlichen Schadenseintritt ausgehe.[1159] Das Bundesverfassungsgericht hat die Verfassungsmäßigkeit des Konstrukts der schadensgleichen Vermögensgefährdung dennoch grundsätzlich bestätigt.[1160] Dies ist zutreffend, da zwischen einem endgültigen Schaden und der schadensgleichen Vermögensgefährdung nur ein quantitativer Unterschied besteht und mithin jeweils ein Schaden im Sinne von § 263 StGB vorliegt.[1161] Nach der Entscheidung des Bundesverfassungsgerichts soll die bloße Möglichkeit eines solchen Schadens nicht genügen. Zur Verhinderung der Tatbestandsüberdehnung fordert das Bundesverfassungsgericht von den Instanzgerichten in derartigen Konstellationen, den Mindestschaden so weit wie möglich der Höhe nach zu beziffern und diesen in wirtschaftlich nachvollziehbarer Weise in den Urteilsgründen darzulegen.[1162]

1152 *Stuckenberg*, ZStW 118 (2006), 878, 898; ebenso *Duttge*, in: Dölling/Duttge/Rössner, § 263 Rn. 72.

1153 *Popp* MMR 2006, 84, 86; *Goeckenjan*, wistra 2008, 128, 130; *Weber*, HRRS 2004, 406, 408; *Seidl/Fuchs*, HRRS 2010, 85, 86; *Graf*, NStZ 2007, 129, 130; *ders.*, Stellungnahme 41. StrÄndG, S. 7; *Brandt*, S. 44 f.; *D. Hansen*, S. 61 ff.

1154 *BGH*, Urt. v. 20.07.1966 – 2 StR 188/66, BGHSt 21, 112 = NJW 1966, 1975, 1976.

1155 *BGH*, Urt. v. 17.10.1995 – 1 StR 372/95, NStZ 1996, 203 m.w.N.

1156 Zu den Vorschlägen in der Literatur siehe die Übersicht bei *Hefendehl*, in: MünchKomm StGB, Bd. 4, 1. Aufl., § 263 Rn. 540 ff.

1157 *BGH*, Beschl. v. 18.02.2009 – 1 StR 731/08, BGHSt 53, 199 = NStZ 2009, 330, 331.

1158 *Naucke*, NJW 1994, 2809, 2811.

1159 *Kindhäuser*, in: Kindhäuser/Neumann/Paeffgen, § 263 Rn. 301.

1160 *BVerfG*, Beschl. v. 07.12.2011 – 2 BvR 2500/09 u.a., BVerfGE 130, 1 = NJW 2012, 907, 916.

1161 *BGH*, Urt. v. 09.07.1987 – 4 StR 216/87, BGHSt 34, 394 = NJW 1987, 3144, 3145; *BGH*, Beschl. v. 18.02.2009 – 1 StR 731/08, BGHSt 53, 199 = NStZ 2009, 330, 331.

1162 *BVerfG*, Beschl. v. 07.12.2011 – 2 BvR 2500/09 u.a., BVerfGE 130, 1 = NJW 2012, 907, 916.

Das bislang ungelöste Problem liegt in dem Spannungsverhältnis begründet, dass § 263 StGB einerseits nicht zu einem Gefährdungsdelikt werden darf, andererseits – insbesondere im Wirtschaftsverkehr – jedoch ein Bedürfnis besteht, § 263 StGB auch dann anzuwenden, wenn noch kein endgültiger Schaden eingetreten ist. Einigkeit besteht daher insoweit, dass nicht jede Gefährdung einem Schaden gleichgestellt werden kann, sondern dass diese besonders zu qualifizieren ist.[1163] Folge ist „ein buntes Bild normativer Bewertungen",[1164] was sich selbst nach der Entscheidung des Bundesverfassungsgerichts nicht ändern dürfte.

Beim Identitätsdiebstahl durch Täuschung ist es letztlich eine normative Bewertung, ob bei Kenntnis von PIN und TAN die Gefährdung des Vermögens qualitativ mit einem endgültigen Vermögensschaden, welcher freilich erst durch Überweisung auf ein Drittkonto eintritt, gleichzustellen ist. Betrachtet man die Rechtsprechung des Bundesgerichtshofs im „EC-Karten-Fall",[1165] so kann auch bei Kenntnis von PIN und TAN eine schadensgleiche Vermögensgefährdung angenommen werden. In dem EC-Karten-Fall wurde jedoch besonders darauf hingewiesen, dass die sofortige Abhebung des Geldes mit der EC-Karte geplant war, was zu einer Subjektivierung des Schadensbegriffs führt. Für die Annahme eines Vermögensschadens wird zudem das Argument vorgebracht, dass beim Phishing ein Vermögensschaden nach Übermittlung von PIN und TAN näher liege als bei Erlangung von EC-Karte und PIN.[1166]

Dem lässt sich jedoch entgegenhalten, dass es nicht auf die Frage ankommt, wie schnell ein endgültiger Vermögensschaden eintritt. Die wirtschaftliche Betrachtung gebietet vielmehr eine Schätzung dahingehend, wann mit dem endgültigen Schadenseintritt zu rechnen ist. Im Hinblick auf die typische Vorgehensweise beim Phishing liegt der endgültige Schadenseintritt nicht näher als im Fall der EC-Karte. Die im Rahmen der Unmittelbarkeit genannten Argumente lassen sich auch im Rahmen der konkreten Gefährdung vorbringen.

Die zutreffende Ansicht lehnt – soweit sie nicht ohnehin die Unmittelbarkeit der Vermögensverfügung verneint – den Eintritt eines Vermögensschadens daher ab.[1167] *Popp* vergleicht das Phishing mit dem bekannten Fall des Gasmannes, der sich den Zutritt zu einer Wohnung erschwindelt, um dort einen Diebstahl begehen zu

1163 Zur wirtschaftlichen Betrachtung des Schadensbegriffs siehe *Saliger*, in: FS Samson, S. 455, 470 ff.

1164 *Fischer*, § 263 Rn. 163.

1165 *BGH*, Urt. v. 17.08.2004 – 5 StR 197/04, NStZ-RR 2004, 333, 334.

1166 *Stuckenberg*, ZStW 118 (2006), 878, 904; ebenfalls einen Schaden im Sinne von § 263 StGB bejahend *Duttge*, in: Dölling/Duttge/Rössner, § 263 Rn. 72; *Weber*, HRRS 2004, 406, 409.

1167 *Hefendehl*, in: MünchKomm StGB, Bd. 4, 1. Aufl., § 263 Rn. 610; *Lackner/Kühl*, § 263 Rn. 42; *Graf*, NStZ 2007, 129, 130; *ders.*, Stellungnahme 41. StrÄndG, S. 6 f.; *Gercke*, CR 2005, 606, 607; *Popp*, NJW 2004, 3517; *ders.*, MMR 2006, 84, 86; *Seidl/Fuchs*, HRRS 2010, 85, 86; *Herrmann*, StRR 2008, 248, 249; *Brandt*, S. 46.

können.[1168] Zudem hänge die Konkretheit der Gefährdung von den jeweiligen Absichten des Täters ab, beispielsweise wenn dieser die Daten erst später verwenden oder weiterverkaufen will. *Hefendehl* verneint beim Phishing die vermögenswerte Exspektanz des Täuschenden.[1169]

3. Ergebnis zu § 263 StGB im Hinblick auf Identitätsdiebstahl

Der Annahme einer Strafbarkeit nach § 263 StGB beim Identitätsdiebstahl durch Täuschung stehen zahlreiche Hindernisse im Wege. Abhängig von der jeweils vertretenen Auffassung ist bereits das Vorliegen eines Irrtums aufgrund der Zweifel des Opfers abzulehnen. Jedenfalls ist die Unmittelbarkeit zwischen Vermögensverfügung und Vermögensschaden zu verneinen. Das Merkmal kann für die Fälle des Phishing auch nicht entfallen. Im Rahmen des Schadens bestehen zudem berechtigte Bedenken gegen die Anerkennung von Identitätsdaten als geschützte Vermögensgegenstände sowie die Annahme einer schadensgleichen Vermögensgefährdung. Im Ergebnis scheidet eine Strafbarkeit nach § 263 StGB beim Identitätsdiebstahl durch Täuschung daher aus.

VI. § 44 Abs. 1 BDSG i. V. m. § 43 Abs. 2 BDSG

Außerhalb des Strafgesetzbuches kommt beim Identitätsdiebstahl eine Strafbarkeit nach dem Bundesdatenschutzgesetz in Betracht. Auch die einzelnen Landesdatenschutzgesetze enthalten Strafvorschriften.[1170] Nach Art. 31 GG hat das BDSG als Bundesrecht Vorrang vor den landesrechtlichen Regelungen.[1171] Nach § 44 Abs. 1 BDSG wird mit Freiheitsstrafe bis zu zwei Jahren oder mit Geldstrafe bestraft, wer eine der in § 43 Abs. 2 BDSG näher bezeichneten Ordnungswidrigkeiten gegen Entgelt oder in der Absicht begeht, sich oder einen anderen zu bereichern oder einen anderen zu schädigen.

1. Allgemeines

Unter den in § 44 Abs. 1 BDSG verschärften Voraussetzungen sanktioniert die Norm somit die in § 43 Abs. 2 BDSG genannten Verstöße gegen materielle Datenschutzbestimmungen (§ 4 BDSG). Es handelt sich bei § 44 Abs. 1 BDSG um einen unechten Mischtatbestand, bei dem Ordnungswidrigkeiten im Nebenstrafrecht durch zusätzliche, zumeist qualifizierende Merkmale, die Bestandteil des Tatbestandes sind,

1168 *Popp*, NJW 2004, 3517, 3518; *ders.*, MMR 2006, 84, 86.

1169 *Hefendehl*, in: MünchKomm StGB, Bd. 4, 1. Aufl., § 263 Rn. 610.

1170 §§ 41 LDSG BW; 37 BayDSG; 32 BlnDSG; 38 BbgDSG; 37 BremDSG; 32 HmbDSG; 40 HDSG; 43 DSG M-V; 28 NDSG; 33 DSG NRW; 37 LDSG RP; 35 SDSG; 39 SächsDSG; 31 DSG LSA; 43 ThürDSG; einzig das schleswig-holsteinische LDSG enthält keine Strafnormen, sondern nur Ordnungswidrigkeiten.

1171 *OLG Koblenz*, Beschl. v. 03.06.2008 – 1 Ss 13/08.

zu Straftaten werden.[1172] § 44 BDSG verdrängt bei seinem Vorliegen die Ordnungswidrigkeit in § 43 Abs. 2 BDSG (vgl. § 21 Abs. 1 S. 1 OWiG). Diese Regelungstechnik geht auf eine Empfehlung der Ausschüsse des Bundesrates zurück,[1173] die später in die Gesetzesbegründung übernommen wurde.[1174] Sie beruht auf den Landesdatenschutzgesetzen einiger Länder.

Schon das erste BDSG von 1977[1175] enthielt in § 41 Abs. 1 BDSG 1977 eine selbstständige Strafnorm, wonach sich strafbar machte, wer unbefugt nicht offenkundige, geschützte personenbezogene Daten übermittelt oder verändert oder abruft oder sich aus in Behältnissen verschlossene Dateien verschafft. § 41 Abs. 2 BDSG 1977 enthielt eine Qualifikation für die Fälle, in denen der Täter gegen Entgelt oder in der Absicht handelt, sich oder einen anderen zu bereichern oder einen anderen zu schädigen. Diese Formulierung ist Grundlage für den heutigen Straftatbestand in § 44 Abs. 1 BDSG. Erweitert wurden die Ordnungswidrigkeits- und Straftatbestände im zweiten BDSG von 1990.[1176] Unverändert blieb jedoch, dass es sich jeweils um eigenständige Tatbestände handelte, vgl. §§ 43, 44 BDSG 1990.

Die heutige Regelung wurde mit dem dritten BDSG von 2001[1177] eingeführt, welche der Umsetzung der Europäischen Datenschutzrichtlinie 95/46/EG (DSRL) diente.[1178] Die Datenschutzrichtlinie enthielt in Art. 24 für die Mitgliedsstaaten die Vorgabe, Sanktionen für Verstöße gegen die zur Umsetzung dieser Richtlinie erlassenen Vorschriften festzulegen. Die Änderung der Strafnormen im BDSG erfolgte zudem, da vor dem Hintergrund der geringen praktischen Bedeutung und der früheren verfassungsrechtlich problematischen „Blankettvorschrift“ es nicht mehr als sachgerecht empfunden wurde, jeden unbefugten Umgang mit personenbezogenen Daten unter Strafe zu stellen.[1179] Eine bestimmte rechtliche Maßnahme gibt die Richtlinie nicht vor.

Durch die Novellierung des BDSG in den Jahren 2009 und 2010 wurde die Strafvorschrift im BDSG nicht geändert. Durch die 2. Novelle vom 14. August 2009 wurde indes § 43 Abs. 2 BDSG um zusätzliche Begehungsweisen erweitert, welche für den Identitätsdiebstahl jedoch nicht von Relevanz sind.

1172 *Ambs*, in: Erbs/Kohlhaas, § 44 BDSG Rn. 1; *Rogall*, in: KK OWigG, Vorb. Rn. 14; *Bohnert*, § 1 Rn. 29; *Mahn*, in: Böttger, Kap. 10 Rn. 196.
1173 BR-Drucks. 461/1/00, S. 22 f.
1174 BT-Drucks. 14/4329, S. 59.
1175 BGBl. I 1977, S. 201.
1176 BGBl. I 1990, 2954.
1177 BGBl. I 1990, 2954.
1178 ABl. EG Nr. L 281, S. 31.
1179 BT-Drucks. 14/4329, S. 59.

2. Geschütztes Rechtsgut

Zweck des BDSG ist es, den Einzelnen davor zu schützen, dass er durch den Umgang mit seinen personenbezogenen Daten in seinem Persönlichkeitsrecht beeinträchtigt wird (vgl. § 1 Abs. 1 BDSG). Selbst wenn das Gesetz selbst nur das Persönlichkeitsrecht nennt, ist das BDSG Ausfluss des Grundrechts auf informationelle Selbstbestimmung aus Art. 1 Abs. 1, Art. 2 Abs. 1 GG.[1180]

Um diesem Schutzzweck Genüge zu tun, setzt das BDSG im Hinblick auf die Verwendung personenbezogener Daten Grenzen. Für § 44 BDSG wird das Rechtsgutsobjekt der personenbezogenen Daten durch den Verweis auf § 43 Abs. 2 BDSG auf solche Daten eingeschränkt, die nicht allgemein zugänglich sind. Geschütztes Rechtsgutsobjekt von § 44 Abs. 1 BDSG sind mithin nicht allgemein zugängliche personenbezogene Daten.[1181]

Nicht geschützt ist hingegen der von §§ 201 ff. StGB geschützte persönliche Lebens- und Geheimbereich. Bei den Daten muss es sich folglich nicht um materielle oder formelle Geheimnisse handeln,[1182] wenngleich dies häufig der Fall sein wird.[1183]

3. Täter im Sinne von § 44 Abs. 1 BDSG

Täter einer Ordnungswidrigkeit nach § 43 Abs. 2 BDSG und damit auch einer Straftat nach § 44 Abs. 1 i. V. m. § 43 Abs. 2 BDSG kann jedermann sein.[1184] Der Wortlaut („wer") enthält insoweit keine Einschränkungen. § 43 Abs. 2 Nr. 3 und Nr. 4 BDSG, auf den § 44 Abs. 1 BDSG verweist, beziehen sich ferner auf Personen, die nicht Normadressaten des BDSG sind.[1185] Der Täter muss insbesondere nicht mit der Datenverarbeitung befasst sein.[1186] Anders als bei §§ 202a, 202b und 202c StGB kann bei § 44 Abs. 1 BDSG jedoch nicht der Betroffene, also derjenige, auf den sich die Daten inhaltlich beziehen, Täter sein.[1187] Beim Identitätsdiebstahl kann der Identitätsinhaber indes nicht Täter sein.

Unglücklich ist, dass das BDSG gemäß § 1 Abs. 2 BDSG für die Erhebung, Verarbeitung und Nutzung personenbezogener Daten durch öffentliche und nicht öffentliche Stellen gilt. Nichtöffentliche Stellen sind natürliche und juristische Personen, Gesellschaften und andere Personenvereinigungen des privaten Rechts

---

1180 *Simitis*, in: Simitis, § 1 Rn. 23 ff.; *Gola/Schomerus*, § 44 Rn. 4; *Mahn*, in: Böttger, Kap. 10 Rn. 165.

1181 *Gola/Schomerus*, § 44 Rn. 4, die das Rechtsgutsobjekt mit dem Rechtsgut verwechseln; *Mahn*, in: Böttger, Kap. 10 Rn. 197.

1182 Zu diesen Begriffen siehe oben, D.I.1.a) bzw. D.I.1.b).

1183 *Ehmann*, in: Simitis, § 44 Rn. 2; *Gola/Schomerus*, § 44 Rn. 4.

1184 *Ehmann*, in: Simitis, § 43 Rn. 22; *Gola/Schomerus*, § 43 Rn. 17; *Ambs*, in: Erbs/Kohlhaas, § 44 BDSG Rn. 1; *Mahn*, in: Böttger, Kap. 10 Rn. 199.

1185 *Gola/Schomerus*, § 44 Rn. 3.

1186 *Ambs*, in: Erbs/Kohlhaas, § 43 BDSG Rn. 16; *Mahn*, in: Böttger, Kap. 10 Rn. 170.

1187 *Gola/Schomerus*, § 44 Rn. 3.

mit Ausnahme von Beliehenen (§ 2 Abs. 4 BDSG). Die Ordnungswidrigkeits- und Strafvorschriften sollen hingegen auch für Personen gelten, die nicht als Normadressaten des BDSG Daten erheben und verarbeiten.[1188] Dies ergibt sich aus § 43 Abs. 2 Nr. 4 BDSG, da ein Erschleichen für die datenverarbeitende Stelle nicht in Betracht kommt.[1189]

Letztlich kann die Entscheidung, ob sich der persönliche Anwendungsbereich der §§ 43, 44 BDSG aus diesen selbst oder aus § 1 Abs. 2 BDSG ergibt, dahinstehen, da der einzelne Täter unter dem Tatbestandsmerkmal der nicht öffentlichen Stelle subsumiert werden kann.[1190] Der Begriff der Stelle stammt aus dem Öfentlichen Recht und wird im Strafrecht nur im Zusammenhang mit Verwaltungsträgern verwendet (vgl. etwa § 11 Abs. 1 Nr. 2 StGB). Für den Bereich des Datenschutzes wird die Wortwahl zu Recht als „befremdlich" kritisiert.[1191] Die Intention des Gesetzgebers war es, keine datenschutzfreien Räume zu lassen,[1192] sodass auch einzelne Privatpersonen vom Anwendungsbereich des BDSG erfasst werden.[1193] Grundsätzlich gilt das BDSG damit für jede natürliche Person. Dass der Täter eines Identitätsdiebstahls aus rein kriminellen Motiven handelt, ist ebenfalls unbeachtlich, da es auf die Motive für die Anwendbarkeit des BDSG nicht ankommt.[1194] Mit der Neufassung des BDSG im Jahr 2001 wurde die im BDSG 1990 enthaltene Einschränkung auf kommerzielle Verarbeitung oder Nutzung gestrichen.[1195]

4. Objektiver Tatbestand

§ 44 Abs. 1 BDSG setzt voraus, dass der Täter eine in § 43 Abs. 2 bezeichnete vorsätzliche Handlung gegen Entgelt oder in der Absicht begeht, sich oder einen anderen zu bereichern oder einen anderen zu schädigen. Während es sich bei der ersten Alternative um ein objektives Tatbestandsmerkmal handelt, stellt die zweite Alternative eine überschießende Innentendenz dar. Dieselben Merkmale finden sich im Übrigen auch in § 203 Abs. 5 StGB.

a) Eine in § 43 Abs. 2 bezeichnete Handlung

Im Hinblick auf Identitätsdiebstahl kommen als Ordnungswidrigkeitstatbestände § 43 Abs. 2 Nr. 1, 3 und 4 BDSG in Betracht.

1188 *Gola/Schomerus*, § 43 Rn. 17, § 44 Rn. 3.
1189 *Ehmann*, in: Simitis, § 43 Rn. 23.
1190 A.A. jedoch ohne Begründung *Herrmann*, StRR 2008, 248, 250 f.
1191 *Simitis*, in: Simitis, § 2 Rn. 116.
1192 *Kühling/Seidel/Sivridis*, S. 103.
1193 *Simitis*, in: Simitis, § 2 Rn. 119.
1194 *Simitis*, in: Simitis, § 2 Rn. 138.
1195 *Ambs*, in: Erbs/Kohlhaas, § 2 BDSG Rn. 18.

aa) Personenbezogene Daten, die nicht allgemein zugänglich sind

Gemein ist den drei genannten Tatbeständen das Tatobjekt, nämlich personenbezogene Daten, die nicht allgemein zugänglich sind.

(1) Personenbezogene Daten

Gemäß § 3 Abs. 1 BDSG sind personenbezogene Daten Einzelangaben über persönliche und sachliche Verhältnisse einer bestimmten oder bestimmbaren natürlichen Person. Diese Person wird im BDSG als Betroffener bezeichnet. Das BDSG erfasst auch das einzelne Datum; die Verwendung des Plurals ist rein sprachlicher Natur.[1196] Das Merkmal „Angabe" umfasst jede Information.[1197] Einzelangaben sind Informationen, die sich nur auf eine einzelne Person beziehen. Persönliche Verhältnisse sind Angaben über den Betroffenen selbst.[1198] Zu den sachlichen Verhältnissen zählen alle Informationen über einen auf den Betroffenen beziehbaren Sachverhalt.[1199] Die Unterscheidung zwischen den persönlichen und den sachlichen Verhältnissen kann im Einzelfall schwierig sein,[1200] ist aber letztlich ohne Belang, da beide gleichermaßen erfasst werden.

Da das Datenschutzrecht Ausfluss des Rechts auf informationelle Selbstbestimmung aus Art. 1 Abs. 1, 2 Abs. 1 GG ist, werden – wie sich bereits aus dem Wortlaut ergibt – nur natürliche Personen geschützt. Nicht geschützt werden Daten Verstorbener, da mit dem Tod des Betroffenen sein Persönlichkeitsrecht erlischt.[1201] Betroffener ist hingegen nur derjenige, dessen Daten im Geltungsbereich des BDSG verarbeitet werden. Für Daten, die im Ausland erfasst, gespeichert und bearbeitet werden, gilt das BDSG und mithin auch dessen Strafvorschrift nicht.

Personenbezogen sind nur solche Daten, die sich auf eine bestimmte oder bestimmbare natürliche Person beziehen.[1202] Daten beziehen sich auf eine bestimmte Person, wenn diese ohne weitere personenbezogene Daten identifizierbar ist.[1203] Dies ist in der Regel nur beim bürgerlichen Namen der Fall, und da auch nur, wenn dieser selten ist oder in einem bestimmten Kontext verwendet wird.[1204] Eine „bestimmte Person" soll nach teilweise vertretener Ansicht ferner vorliegen, wenn sich der Bezug zum Betroffenen unmittelbar aus dem Inhalt der Daten oder ihrem

1196 *Schaffland/Wiltfang*, § 3 Rn. 5.

1197 *Dammann*, in: Simitis, § 3 Rn. 5.

1198 *Gola/Schomerus*, § 3 Rn. 6.

1199 *Gola/Schomerus*, § 3 Rn. 7.

1200 *Schaffland/Wiltfang*, § 3 Rn. 5.

1201 *Dammann*, in: Simitis, § 3 Rn. 17; *Schaffland/Wiltfang*, § 3 Rn. 3; *Gola/Schomerus*, § 3 Rn. 12; *Weichert*, in: Däubler/Klebe/Wedde/Weichert, § 3 Rn. 11; a.A. *Bergmann/Möhrle/Herb*, § 3 Rn. 5, die auch Verstorbene in den Schutzbereich mitaufnehmen wollen.

1202 *Gola/Schomerus*, § 3 Rn. 10.

1203 *Schaffland/Wiltfang*, § 3 Rn. 17.

1204 *Dammann*, in: Simitis, § 3 Rn. 22.

Zusammenhang herstellen lässt.[1205] Ob insoweit eine bestimmte oder eine bestimmbare Person vorliegt, ist letztlich für die Anwendbarkeit des BDSG unerheblich.[1206]

Die Frage, wann eine Person bestimmbar ist, ist hingegen umstritten. Zugleich ist es von besonderer Relevanz, da die meisten Daten für sich betrachtet keine zweifelsfreie Identifizierung einer einzelnen natürlichen Person ermöglichen. Zudem wird, je nach Auslegung des Begriffs, der Anwendungsbereich des BDSG erweitert oder eingeschränkt. Bestimmbar ist eine Person nach allgemeiner Definition, wenn sich ein Bezug zum Betroffenen mit normalerweise zur Verfügung stehenden Hilfsmitteln und ohne unverhältnismäßigen Aufwand herstellen lässt.[1207] Nach dem 26. Erwägungsgrund der DSRL soll eine Bestimmbarkeit vorliegen, wenn Mittel, die vernünftigerweise eingesetzt werden könnten, zur Bestimmung der Person führen würden. Was praktisch unter den Begriffen „ohne unverhältnismäßigen Aufwand" oder „vernünftigerweise" zu verstehen ist, lässt sich nicht einheitlich beantworten.[1208] Insoweit kommt es auf die identifizierende Stelle und ihre jeweiligen Kenntnisse, Mittel und Möglichkeiten an.[1209] Dies ergibt sich auch aus § 3 Abs. 6 BDSG, wo zur Bestimmung des „unverhältnismäßigen Aufwandes" die Kriterien Zeit, Kosten und Arbeitskraft herangezogen werden. Grundsätzlich lässt sich aber sagen, je mehr Möglichkeiten zur Verfügung stehen, desto eher handelt es sich bei Daten um personengezogene Daten im Sinne des BDSG. Von der herrschenden Meinung wird der Begriff des Personenbezuges daher als relativ angesehen.[1210]

Die Bestimmbarkeit ist Ergebnis eines Vorgangs, bei dem eine Information, die für sich keine einzelne Person betrifft, durch logische Verkettung mit weiteren Informationen, schließlich durch Ausschluss von Alternativen, einer einzelnen Person zugeordnet wird. Bei den weiteren Informationen, die hierfür erforderlich sind, handelt es sich um Sonderwissen (datenschutzrechtlich: Zusatzwissen[1211]). Das Zusatzwissen kann bei der Stelle vorhanden sein oder sich aus allgemein zugänglichen Quellen (Internet, öffentliche Verzeichnisse) ergeben. In diesen Fällen liegt kein unverhältnismäßiger Aufwand vor, sodass die Bestimmbarkeit gegeben ist.[1212]

Problematisch ist Zusatzwissen, welches von Dritten nur auf illegalem Wege erlangt werden kann. Dies betrifft beim Identitätsdiebstahl vor allem die Fälle des Computerhacking.[1213] Zum Teil wird die Ansicht vertreten, dass kein bestimmbarer

---

1205 *Gola/Schomerus*, § 3 Rn. 10.

1206 *Dammann*, in: Simitis, § 3 Rn. 23.

1207 *Schaffland/Wiltfang*, § 3 Rn. 12.

1208 *Gola/Schomerus*, § 3 Rn. 44.

1209 *Gola/Schomerus*, § 3 Rn. 10.

1210 *Dammann*, in: Simitis, § 3 Rn. 32 ff.; *Gola/Schomerus*, § 3 Rn. 10; *Tinnefeld/Ehrmann/Gerling*, S. 280.

1211 *Dammann*, in: Simitis, § 3 Rn. 26; *Gola/Schomerus*, § 3 Rn. 10a; *Tinnefeld/Ehrmann/Gerling*, S. 280.

1212 *Dammann*, in: Simitis, § 3 Rn. 27.

1213 *Pahlen-Brandt*, DuD 2008, 34, 39.

Bezug vorliegt, wenn die Zusatzinformation nicht legal oder sozialüblich erlangt werden kann.[1214] *Dammann* spricht sich dafür aus, dass ein Personenbezug nur vorliegt, wenn das Zusatzwissen erreichbar ist. Erreichbar ist das Zusatzwissen etwa über soziale Netzwerke im Internet.[1215] Nicht erreichbar sollen hingegen Angaben sein, die dazu dienen, den Betroffenen gegenüber nur befugten Personen und Stellen zu identifizieren und unbefugte Dritte auszuschließen. Als Beispiele werden hier PIN, TAN, Kennwörter oder Antworten auf Kontrollfragen genannt. Auch an anderer Stelle führt *Dammann* aus, dass Datenbestände unzugänglich und damit nicht erreichbar seien, wenn für sie „ein lückenloses Schutzsystem besteht, das jede unkontrollierte Verbreitung, auch durch den Betroffenen selbst, ausschließt." Als Beispiele werden hierfür wiederum PIN, TAN und Kennwörter angeführt.[1216] Folgt man diesem, so wären geheime Identitätsdaten für den Täter eines Identitätsdiebstahls keine personenbezogenen Daten im Sinne von § 3 Abs. 1 BDSG. Tatsächlich sollte jedoch berücksichtigt werden, dass im Hinblick auf die genannten Daten kein lückenloses Schutzsystem existiert. Wie die Fälle des Phishing zeigen, wird eine unkontrollierte Verbreitung der genannten Daten durch den Betroffenen nicht gänzlich ausgeschlossen. Nach anderer Ansicht soll das Merkmal der Bestimmbarkeit objektiv ausgelegt werden, um einen möglichst weitreichenden Datenschutz zu erzielen.[1217] Bestimmbarkeit liegt dann auch vor, wenn die theoretische Möglichkeit der Zuordnung der Daten zu einer Person besteht. Dies soll ebenso für die Fälle gelten, in denen eine Zuordnung erst durch die Hilfe Dritter oder illegale Maßnahmen möglich wird.[1218] Dies führt im Ergebnis jedoch dazu, dass nahezu alle Daten als personenbezogene Daten anzusehen wären, was zu einer Überdehnung des Anwendungsbereichs des BDSG führen würde.

In der Literatur ist umstritten, ob es sich bei PIN und TAN für den Täter um personenbezogene Daten handelt. Unter Verweis auf die obigen Ausführungen zum bestimmbaren Personenbezug wird vertreten, dass es sich bei PIN und TAN nicht um personenbezogene Daten handelt.[1219] Zum Teil wird danach differenziert, ob der Täter überdies den Namen und die Anschrift des Opfers kennt oder beispielsweise aus dessen E-Mail-Adresse ableiten kann.[1220] Teilweise wird argumentiert, dass der Täter mit dem Anmelden auf der Internetseite die notwendigen Zusatzinformationen angezeigt bekomme, die er zur Bestimmung der natürlichen Person

1214 *Heghmanns*, in: Achenbach/Ransiek, 6. Teil 1. Kap. Rn. 92.

1215 *Dammann*, in: Simitis, § 3 Rn. 30.

1216 *Dammann*, in: Simitis, § 3 Rn. 35.

1217 *Weichert*, in: Däubler/Klebe/Wedde/Weichert, § 3 Rn. 3; *Pahlen-Brandt*, DuD 2008, 34, 39.

1218 *Schaar*, Kap. 3 Rn. 174.

1219 Allerdings ohne Begründung *Popp*, NJW 2004, 3517, 3518 (Fn. 6); ebenso ohne Begründung *Herrmann*, StRR 2008, 248, 251.

1220 *D. Hansen*, S. 120.

brauche.[1221] Häufig wird auch eine Strafbarkeit nach § 44 BDSG bejaht, ohne dass eine Auseinandersetzung mit dieser Problematik erfolgt.[1222] Im Ergebnis ist der Personenbezug für den Täter zu bejahen. Bei wertender Betrachtung sollten insbesondere die geheimen personenbezogenen Daten wie PIN, TAN und Kennwörter den besonderen Schutz des BDSG genießen. Durch die Kenntnis der Zugangsdaten gelangt der Täter in der Regel auch an weitere Daten, die ihn den Personenbezug herstellen lassen. Eine Differenzierung danach, ob das Zusatzwissen erst durch den Einsatz der Daten oder bereits zuvor erlangt werden kann, wäre künstlich. Anders zu beurteilen ist die Situation jedoch dann, wenn für den Täter trotz Kenntnis der Zugangsdaten keine Möglichkeit besteht, den hinter den Daten stehenden Identitätsinhaber als natürliche Person zu identifizieren. Dies kann bei sozialen Netzwerken und Internetforen, bei denen der bürgerliche Name nicht verwendet wird, der Fall sein.

Beispiele für personenbezogene Daten im Sinne von § 3 Abs. 1 BDSG sind Name oder Anschrift, Familienstand, Geburtsdatum, Staatsangehörigkeit, Konfession, Beruf, biometrische Daten,[1223] Gesundheitszustand, Vorstrafen, Kenntnisse und Fähigkeiten,[1224] Kreditdaten,[1225] Ausweis-, Versicherungs- und Telefonnummern. Personenbezogene Daten können ferner auch E-Mail-Adressen sein.[1226] Nach der Rechtsprechung soll zudem jedwede Art von wirtschaftlichen und sozialen Beziehungen zur Umwelt erfasst werden.[1227] Bei den personenbezogenen Daten handelt es sich mithin um Daten, die Informationen über den Betroffenen oder über einen auf ihn beziehbaren Sachverhalt enthalten.[1228] Identitätsdaten gehören somit regelmäßig zu den personenbezogenen Daten.[1229]

(2) Nicht allgemein zugänglich

Die personenbezogenen Daten dürfen nach § 43 Abs. 2 BDSG nicht allgemein zugänglich sein.

Gemäß § 10 Abs. 5 S. 2 BDSG sind Daten allgemein zugänglich, die jedermann, sei es ohne oder nach vorheriger Anmeldung, Zulassung oder Entrichtung eines

---

1221 *Goeckenjan*, wistra 2008, 128, 130; *Heghmanns*, wistra 2007, 167; *Brandt*, S. 114; *D. Hansen*, S. 120.

1222 Vgl. etwa *Ehmann*, in: Simitis, § 44 Rn. 2; *Borges/Schwenk/Stuckenberg/Wegener*, S. 209; *Seidl/Fuchs*, HRRS 2010, 85, 88.

1223 *Dammann*, in: Simitis, § 3 Rn. 10.

1224 *Gola/Schomerus*, § 3 Rn. 6.

1225 *BGH*, Urt. v. 17.12.1985 – VI ZR 244/8, NJW 1986, 2505, 2506.

1226 *Schaffland/Wiltfang*, § 3 Rn. 5, 20; *Gola/Schomerus*, § 3 Rn. 10a; zu den Einzelheiten siehe oben, B.III.3.c).

1227 *OVG Münster*, Urt. v. 15.04.2005 – 21 A 4183/03, NVwZ 2005, 969; siehe Beispiele hierzu bei *Dammann*, in: Simitis, § 3 Rn. 3 ff.

1228 *Gola/Schomerus*, § 3 Rn. 5.

1229 *Borges/Schwenk/Stuckenberg/Wegener*, S. 213.

Entgelts, nutzen kann. Nach der Rechtsprechung sind allgemein zugängliche Daten solche, von denen verständige Menschen regelmäßig Kenntnis haben oder über die sie sich aus zuverlässigen Quellen ohne besondere Fachkunde sicher unterrichten können.[1230] Danach ist davon auszugehen, dass Daten, die beispielsweise bei sozialen Netzwerken im Internet für andere Nutzer einsehbar sind, allgemein zugänglich im Sinne des BDSG sind. Anders als bei § 202a StGB müssen die Daten jedoch nicht besonders gesichert sein.

Beim Identitätsdiebstahl kann davon ausgegangen werden, dass die für den Täter interessanten Identitätsdaten in der Regel nicht oder zumindest zum Teil nicht allgemein zugänglich sind.

bb) § 43 Abs. 2 Nr. 1 BDSG

§ 43 Abs. 2 Nr. 1 BDSG erfasst die unbefugte Erhebung und Verarbeitung personenbezogener Daten. Beim Identitätsdiebstahl könnte eine unbefugte Erhebung von personenbezogenen Daten vorliegen.

Die Erhebung von Daten wird in § 3 Abs. 3 BDSG definiert als das Beschaffen von Daten über den Betroffenen. Es bezeichnet damit den Zeitpunkt, zu dem die erhebende Stelle Kenntnis von den betreffenden Daten erhält oder ihre Verfügungsmacht über diese begründet.[1231] Wie die Daten beschafft werden, ist gleichgültig.[1232] Sie können sowohl schriftlich als auch mündlich oder elektronisch erhoben werden. Beschaffen setzt nach allgemeiner Ansicht zudem eine zielgerichtete Handlung voraus.[1233] Erfasst werden damit nicht solche Daten, von denen der Täter zufällig oder bei Gelegenheit Kenntnis erlangt.[1234] Eine Speicherung der Daten ist nicht erforderlich. Die Erhebung ist ein dem Speichern zeitlich vorgelagertes Verhalten.[1235] Eine Nutzung der Daten (Identitätsmissbrauch[1236]) wird von der Norm nicht erfasst.[1237]

Umstritten ist die Auslegung des Merkmals „unbefugt" im Sinne des § 43 Abs. 2 Nr. 1 BDSG. Nach einer Ansicht ist die Erhebung unbefugt, wenn sie – bei nicht öffentlichen Stellen – gegen die §§ 28 bis 30 BDSG verstößt.[1238] Diese Normen dienen ihrem Sinn und Zweck nach jedoch der Datenverarbeitung zur gewerblichen Verwendung. Sie sind daher für die Ordnungswidrigkeits- und Straftatbestände des BDSG, deren Täter jedermann sein kann, abzulehnen. Nach zutreffender Ansicht ist

1230 *BGH*, Urt. v. 15.07.1954 – 2 StR 199/54, NJW 1954, 1656.
1231 *Dammann*, in: Simitis, § 3 Rn. 102.
1232 *Weichert*, in: Däubler/Klebe/Wedde/Weichert, § 3 Rn. 23; *Gola/Schomerus*, § 3 Rn. 24.
1233 *Dammann*, in: Simitis, § 3 Rn. 102; *Gola/Schomerus*, § 3 Rn. 24.
1234 *Dammann*, in: Simitis, § 3 Rn. 104; *Gola/Schomerus*, § 3 Rn. 24.
1235 *Weichert*, in: Däubler/Klebe/Wedde/Weichert, § 3 Rn. 23.
1236 Zur Abgrezung zwischen Identitätsdiebstahl und Identitätsmissbrauch siehe oben, C.III.3.
1237 *Ehmann*, in: Simitis, § 43 Rn. 57; *Ambs*, in: Erbs/Kohlhaas, § 43 BDSG Rn. 19.
1238 *Mackenthun*, in: Taeger/Gabel, § 43 Rn. 52.

bei der Auslegung auf § 4 Abs. 1 BDSG abzustellen, wonach alle Erhebungshandlungen unbefugt sind, die weder nach dem BDSG noch einem anderen Gesetz erlaubt sind oder in die der Betroffene nicht eingewilligt hat.[1239] Ob es sich insoweit um ein Merkmal der Rechtswidrigkeit[1240] oder um ein Tatbestandsmerkmal handelt,[1241] ist ebenfalls umstritten. Jedenfalls im Rahmen von § 44 Abs. 1 BDSG, welcher auf § 43 Abs. 2 BDSG verweist, spricht vieles für die Behandlung als Tatbestandsmerkmal.

Eine Einwilligung des Opfers nach § 4 Abs. 1 BDSG scheidet beim Identitätsdiebstahl in der Regel aus. Gemäß § 4a Abs. 1 S. 1 BDSG ist die Einwilligung nur wirksam, wenn sie auf der freien Entscheidung des Betroffenen beruht. Eine durch Täuschung erlangte Einwilligung ist unwirksam.[1242] Zudem wird der Täter auch die formellen Anforderungen, die das Gesetz an die Einwilligung stellt, regelmäßig nicht erfüllen. Nach § 4a Abs. 1 S. 2 BDSG muss der Betroffene auf den Zweck der Erhebung hingewiesen werden. Geschieht dies nicht, ist die Einwilligung nach § 134 BGB analog unwirksam.[1243] Gemäß § 4a Abs. 1 S. 3 bedarf die Einwilligung zudem der Schriftform, soweit nicht wegen besonderer Umstände eine andere Form angemessen ist, ansonsten ist die Einwilligung analog § 125 BGB nichtig.[1244]

cc) § 43 Abs. 2 Nr. 3 BDSG

§ 43 Abs. 2 Nr. 3 BDSG betrifft das unbefugte Abrufen oder Verschaffen aus automatisierten oder nicht automatisierten Dateien. Diesem Tatbestand unterliegen nur personenbezogene Daten, die abrufbar gespeichert bzw. in Dateien festgehalten sind. Die Norm enthält damit zwei Tatbestandsvarianten: das Abrufen und das Verschaffen, wobei das Verschaffen als Oberbegriff auch das Abrufen mit erfasst.[1245]

Abrufen bedeutet, dass der Täter Daten aus einer automatisierten oder nicht automatisierten Datei für sich wahrnehmbar macht oder sie in seine Verfügung bringt, sodass er sie später wahrnehmen oder sonstwie nutzen kann.[1246] Teilweise wird die Auffassung vertreten, dass es sich um Daten handeln muss, die zum Abruf bereitgehalten werden, sodass das unberechtigte Abrufen (z.B. durch Hacking) den Tatbestand nicht erfüllt.[1247] Nach überwiegender Ansicht soll es hingegen nur

1239 *Ehmann*, in: Simitis, § 43 Rn. 46; *Weichert*, in: Däubler/Klebe/Wedde/Weichert, § 43 Rn. 15; *Ambs*, in: Erbs/Kohlhaas, § 43 BDSG Rn. 19; *Schaffland/Wiltfang*, § 43 Rn. 36; *Heghmanns*, in: Achenbach/Ransiek, 6. Teil 1. Kap. Rn. 95.

1240 So *Schaffland/Wiltfang*, § 43 Rn. 36.

1241 So *Heghmanns*, in: Achenbach/Ransiek, 6. Teil 1. Kap. Rn. 95.

1242 *Gola/Schomerus*, § 4a Rn. 22.

1243 *Gola/Schomerus*, § 4a Rn. 22.

1244 *Ambs*, in: Erbs/Kohlhaas, § 4a BDSG Rn. 1a.

1245 *Ehmann*, in: Simitis, § 43 Rn. 60.

1246 *Ehmann*, in: Simitis, § 43 Rn. 61.

1247 *Heghmanns*, in: Achenbach/Ransiek, 6. Teil 1. Kap. Rn. 101; *Bergmann/Möhrle/Herb*, BDSG § 43 Rn. 94.

darauf ankommen, ob ein Abruf technisch möglich ist.[1248] Dem ist zu folgen, da sich weder aus dem Tatbestand von § 43 Abs. 2 Nr. 3 BDSG noch aus den allgemeinen Begriffsbestimmungen in § 3 BDSG eine derartige Anforderung ergibt. Zudem wird angeführt, dass der Tatbestand der spezifischen Gefährdung der in EDV-Anlagen gespeicherten Daten Rechnung trage.[1249] Manuelles Anfordern von Daten, welches ein aktives Handeln des Opfers oder eines Dritten erfordert, bevor der Täter die Daten erlangt, ist hingegen kein Abrufen, sondern ein Erheben.[1250]

Der Oberbegriff des Sich-Verschaffens meint das Zur-Kenntnis-Nehmen der Daten oder die Herbeiführung eines Zustandes, der es dem Täter gestattet, die Daten später wahrzunehmen oder sonstwie zu nutzen.[1251] Die Definition entspricht derjenigen zu § 202a StGB.[1252] Das Verschaffen muss nicht im eigenen Interesse, sondern kann auch für einen Dritten erfolgen.

Das Merkmal „aus automatisierten und nicht automatisierten Dateien" meint, dass die Daten weder in elektronischer Form abgespeichert noch vom Täter elektronisch abgefragt werden müssen. Ein Verschaffen kann auch durch die Wegnahme körperlicher Gegenstände (Datenträger, Akten) geschehen.[1253] Ferner genügt es, wenn sich der Täter eine Kopie auf einem (eigenen) Datenträger anfertigt oder auf Bildschirmen oder Ausdrucken Daten liest, die nicht für ihn bestimmt sind, und sich diese merkt.[1254]

Hinsichtlich des Merkmals „unbefugt" gilt dasselbe wie bei § 43 Abs. 2 Nr. 1 BDSG. Unbefugt sind alle Handlungen, die nicht nach dem BDSG oder anderen Gesetzen erlaubt sind (§ 4 Abs. 1 BDSG).

Soweit des Verschaffen gleichzeitig eine Erhebung darstellt, ist § 43 Abs. 2 Nr. 3 BDSG *Lex specialis* gegenüber § 43 Abs. 2 Nr. 1 BDSG.[1255]

dd) § 43 Abs. 2 Nr. 4 BDSG

Nach § 43 Abs. 2 Nr. 4 BDSG handelt ordnungswidrig, wer die Übermittlung von personenbezogenen Daten, die nicht allgemein zugänglich sind, durch unrichtige Angaben erschleicht. Wenngleich es aus dem Wortlaut des Tatbestandes nicht besonders deutlich wird, wollte der Gesetzgeber hiermit eine Vorschrift gegen Hacker

---

1248 *Gola/Schomerus*, § 43 Rn. 22; *Ehmann*, in: Simitis, § 43 Rn. 61; *Klebe*, in: Däubler/Klebe/Wedde/Weichert, § 43 Rn. 15.

1249 *Ehmann*, in: Simitis, § 43 Rn. 61.

1250 *Heghmanns*, in: Achenbach/Ransiek, 6. Teil 1. Kap. Rn. 101.

1251 *Ehmann*, in: Simitis, § 43 Rn. 64.

1252 Siehe hierzu oben, D.I.3.a).

1253 *Heghmanns*, in: Achenbach/Ransiek, 6. Teil 1. Kap. Rn. 102; *Ambs*, in: Erbs/Kohlhaas, § 43 BDSG Rn. 21.

1254 *Ambs*, in: Erbs/Kohlhaas, § 43 BDSG Rn. 21; *Schaffland/Wiltfang*, § 43 Rn. 32; zu weiteren möglichen Begehungsarten siehe *Ehmann*, in: Simitis, § 43 Rn. 63.

1255 *Gola/Schomerus*, § 43 Rn. 22.

schaffen.[1256] Da das Verschaffen im Sinne von § 43 Abs. 2 Nr. 3 BDSG auch das Erschleichen abdeckt, hat die Vorschrift einen eher symbolischen Charakter.[1257]

Die Übermittlung von personenbezogenen Daten ist legal definiert in § 3 Abs. 4 Nr. 3 BDSG. Danach ist Übermitteln das Bekanntgeben gespeicherter oder durch Datenverarbeitung gewonnener personenbezogener Daten an einen Dritten in der Weise, dass die Daten an den Dritten weitergegeben werden oder der Dritte zur Einsicht oder zum Abruf bereitgehaltene Daten einsieht oder abruft.

Der Begriff des Erschleichens wird auch in § 265a StGB verwendet. Dort meint er das erfolgreiche unberechtigte Erlangen der Leistung durch unbefugtes oder ordnungswidriges Verhalten ohne Wissen des Berechtigten unter Umgehung von Kontroll oder Zugangssperren.[1258] Unter diese Definition ließe sich im Hinblick auf das Erlangen von Daten auch das Hacking subsumieren. Der Gesetzgeber hat den Begriff indes durch den Zusatz „durch unrichtige Angaben" eingeschränkt. Beim Hacking werden jedoch keine unrichtigen Angaben verwendet, sondern der Täter greift unter Verwendung der richtigen Zugangsdaten auf ein Computersystem zu.[1259]

Erschleichen durch unrichtige Angaben meint das Herbeiführen der Übermittlung personenbezogener Daten durch Täuschung.[1260] Unrichtig sind Angaben, wenn sie nicht mit der Wirklichkeit übereinstimmen.[1261] Um dem Willen des Gesetzgebers Genüge zu tun, soll eine Täuschung vorliegen, wenn der Täter durch die Verwendung der richtigen Zugangsdaten über seine Berechtigung zum Abruf der Daten täuscht.[1262] Eine Parallele lässt sich zum Computerbetrug gemäß § 263a StGB ziehen. Im Rahmen der von der ganz herrschenden Meinung vertretenen betrugsspezifischen Auslegung ist das Verwenden von Daten unbefugt, wenn es gegenüber einer natürlichen Person Täuschungscharakter hätte.[1263] Beim Zugriff auf Onlinekonten unter Verwendung „gephishter" PIN und TAN wird daher ein Computerbetrug bejaht.[1264]

1256 BT-Drucks. 11/4306, S. 55.

1257 *Heghmanns*, in: Achenbach/Ransiek, 6. Teil 1. Kap. Rn. 103.

1258 *Fischer*, § 265a Rn. 3; *Perron*, in: Schönke/Schröder, § 265a Rn. 8.

1259 *Gola/Schomerus*, § 43 Rn. 23.

1260 *Gola/Schomerus*, § 43 Rn. 23.

1261 *Ehmann*, in: Simitis, § 43 Rn. 69.

1262 *Ehmann*, in: Simitis, § 43 Rn. 71; *Bergmann/Möhrle/Herb*, BDSG § 43 Rn. 46; *Gola/Schomerus*, § 43 Rn. 23; *Klebe*, in: Däubler/Klebe/Wedde/Weichert, § 43 Rn. 18; *Schaffland/Wiltfang*, § 43 Rn. 33.

1263 Vgl. *Wohlers*, in: MünchKomm StGB, Bd. 4, 1. Aufl., § 263a Rn. 37; *Lackner/Kühl*, § 263 Rn. 13; *Fischer*, § 263a Rn. 11.

1264 *Wohlers*, in: MünchKomm StGB, Bd. 4, 1. Aufl., § 263a Rn. 51; *Fischer*, § 263a Rn. 11a; *Gercke*, CR 2005, 606, 611; *Goeckenjan*, wistra 2008, 128; *Popp*, NJW 2004, 3517; *ders.*, MMR 2006, 84.

b) *Gegen Entgelt (§ 44 Abs. 1 Alt. 1 BDSG)*

Um die Ordnungswidrigkeiten nach § 43 Abs. 2 BDSG zu einer Straftat zu qualifizieren, muss der Täter nach § 44 Abs. 1 Alt. 1 BDSG gegen Entgelt gehandelt haben. Dieselbe Formulierung findet sich unter anderem in § 203 Abs. 5 StGB als Qualifikation für die Verletzung von Privatgeheimnissen.[1265]

Entgelt ist in § 11 Abs. 1 Nr. 9 StGB legal definiert als jede in einem Vermögensvorteil bestehende Gegenleistung. Vermögensvorteil ist ein Vorteil, der marktmäßig kommerzialisierbar ist, bloß immaterielle Vorteile oder Gunsterweisungen genügen hingegen nicht.[1266] Dies setzt eine entsprechende synallagmatische Vereinbarung zwischen dem Täter und einem Dritten voraus.[1267] Die einseitige Erwartung des Täters, ein Entgelt zu erhalten, reicht nicht aus.[1268] Ob das Entgelt tatsächlich geleistet wird, ist hingegen unerheblich.[1269] Ebenso unerheblich ist, ob der Täter mit dem Entgelt einen Gewinn oder eine Bereicherung anstrebt.[1270]

5. Subjektiver Tatbestand

a) *Vorsatz*

§ 44 Abs. 1 BDSG weist ausdrücklich darauf hin, dass eine vorsätzlich begangene Ordnungswidrigkeit nach § 43 Abs. 2 StGB vorliegen muss. Dieser Hinweis ist streng genommen nicht notwendig.[1271] Da das Gesetz keine weiteren Anforderungen hinsichtlich des Vorsatzes aufstellt, genügt es, wenn der Täter mit Eventualvorsatz gehandelt hat. Insoweit gilt § 15 StGB, da es sich bei § 44 BDSG um Nebenstrafrecht handelt, auf das die allgemeinen Bestimmungen des StGB Anwendung finden.[1272]

Unzutreffend ist die Auffassung, für die zweite Alternative (Bereicherungs- oder Schädigungsabsicht) würde hinsichtlich des gesamten Tatbestandes kein Eventualvorsatz genügen, sondern es sei direkter Vorsatz erforderlich.[1273] Wie beim Betrug

1265 Eine Auflistung findet sich bei *Saliger*, in: Kindhäuser/Neumann/Paeffgen, § 11 Rn. 68.
1266 *Saliger*, in: Kindhäuser/Neumann/Paeffgen, § 11 Rn. 69.
1267 *Fischer*, § 11 Rn. 31; *Radtke*, in: MünchKomm StGB, Bd. 1, § 11 Rn. 132; *Saliger*, in: Kindhäuser/Neumann/Paeffgen, § 11 Rn. 69.
1268 *Fischer*, § 11 Rn. 31; *Saliger*, in: Kindhäuser/Neumann/Paeffgen, § 11 Rn. 69.
1269 *Ehmann*, in: Simitis, § 44 Rn. 5; *Gola/Schomerus*, § 44 Rn. 5; *Heghmanns*, in: Achenbach/Ransiek, 6. Teil 1. Kap. Rn. 107; *Fischer*, § 11 Rn. 31; *Kargl*, in: Kindhäuser/Neumann/Paeffgen, § 203 Rn. 82.
1270 *Eser/Hecker*, in: Schönke/Schröder, § 11 Rn. 65; *Radtke*, in: MünchKomm StGB, Bd. 1, § 11 Rn. 133.
1271 *Ehmann*, in: Simitis, § 44 Rn. 3.
1272 *Ehmann*, in: Simitis, § 44 Rn. 3.
1273 *Gola/Schomerus*, § 44 Rn. 7; *Klebe*, in: Däubler/Klebe/Wedde/Weichert, § 44 Rn. 4.

nach § 263 StGB muss die Absicht nur hinsichtlich der Bereicherung vorliegen, im Hinblick auf die übrigen Tatbestandsmerkmale genügt hingegen Eventualvorsatz.[1274]

b) Bereicherungs- oder Schädigungsabsicht (§ 44 Abs. 1 Alt. 2 BDSG)

Der Täter muss – soweit die Tat nicht gegen Entgelt erfolgte – mit Bereicherungs oder Schädigungsabsicht gehandelt haben (§ 44 Abs. 1 Alt. 2 BDSG).

Die Bereicherungsabsicht liegt vor, wenn der Täter für sich oder einen Dritten durch die Tat zielgerichtet einen Vermögensvorteil erlangen will. Anders als beim Betrug, der seinem Wortlaut nach eine auf einen rechtswidrigen Vermögensvorteil gerichtete Absicht verlangt, muss der Vorteil bei § 44 Abs. 1 BDSG nicht rechtswidrig sein.[1275] Der Gesetzgeber hat auf diesen Zusatz bei § 203 Abs. 5 StGB bewusst verzichtet, da es sich nicht um ein Vermögensdelikt handelt.[1276] Dies ist auf § 44 BDSG übertragbar. Die Absicht (*Dolus directus* 1. Grades) muss sich nicht allein auf einen Vermögensvorteil beziehen, sondern kann neben anderen Zielen Teil eines Motivbündels sein.[1277] Die Bereicherungsabsicht erfasst auch den Plan des Täters, die Daten nach der Tat an einen noch nicht bestimmten Dritten zu verkaufen.[1278]

Schädigungsabsicht meint den zielgerichteten Willen, einem Dritten einen Nachteil zuzufügen.[1279] Der Nachteil muss nicht in einem Vermögensnachteil liegen, sondern kann nach überwiegender Ansicht auch immaterieller Natur sein.[1280] Im Rahmen von § 203 Abs. 5 StGB wird hiergegen vorgebracht, dass das Bekanntwerden von Geheimnissen *per se* mit einem immateriellen Schaden verknüpft sei. Der Strafschärfungsgrund sei daher nicht plausibel.[1281] Ob die unbefugte Erlangung personenbezogener Daten stets mit einem immateriellen Schaden verknüpft ist, dürfte bereits zweifelhaft sein. Zutreffend ist jedoch, dass für eine Strafschärfung, bzw. für die Qualifikation einer Ordnungswidrigkeit hin zu einer Straftat, besondere erschwerende Umstände hinzutreten müssen. Dem kann dadurch begegnet werden, dass sich die Schadenszufügungsabsicht auf einen selbstständigen, über die Preisgabe des Geheimnisses hinausgehenden Schaden richten

---

1274 *Hefendehl*, MünchKomm StGB, Bd. 4, 1. Aufl., § 263 Rn. 688; *Fischer*, § 263 Rn. 180.

1275 *BGH*, Beschl. v. 07.07.1993 – 5 StR 303/93, NStZ 1993, 538, 539; *Ehmann*, in: Simitis, § 44 Rn. 6; *Kargl*, in: Kindhäuser/Neumann/Paeffgen, § 203 Rn. 83; *Lenckner/Eisele*, in: Schönke/Schröder, § 203 Rn. 74; a.A. *Mahn*, in: Böttger, Kap. 10 Rn. 203.

1276 *Kargl*, in: Kindhäuser/Neumann/Paeffgen, § 203 Rn. 83.

1277 *Ehmann*, in: Simitis, § 44 Rn. 7; *Schaffland/Wiltfang*, § 44 Rn. 3.

1278 *Heghmanns*, in: Achenbach/Ransiek, 6. Teil 1. Kap. Rn. 108.

1279 *Ambs*, in: Erbs/Kohlhaas, § 44 Rn. 2; *Kargl*, in: Kindhäuser/Neumann/Paeffgen, § 203 Rn. 84; *Lenckner/Eisele*, in: Schönke/Schröder, § 203 Rn. 74.

1280 *Ehmann*, in: Simitis, § 44 Rn. 8; *Ambs*, in: Erbs/Kohlhaas, § 44 Rn. 2; *Kargl*, in: Kindhäuser/Neumann/Paeffgen, § 203 Rn. 84; *Lenckner/Eisele*, in: Schönke/Schröder, § 203 Rn. 74.

1281 *Kargl*, in: Kindhäuser/Neumann/Paeffgen, § 203 Rn. 84.

muss,[1282] was dadurch geschehen kann, dass die Daten dazu verwendet werden, den Betroffenen in der Öffentlichkeit herabzuwürdigen. Zu berücksichtigen ist insofern auch der Aufwand, der zur Wiederherstellung der eigenen Reputation notwendig ist.

6. Strafantrag (§ 44 Abs. 2 BDSG)

In § 44 Abs. 2 BDSG wurde von der Möglichkeit nach § 77 Abs. 1 StGB Gebrauch gemacht, dass neben dem Verletzten noch andere Strafantrag stellen können. Gemäß § 44 Abs. 2 BDSG ist für die Strafverfolgung ein Strafantrag des Betroffenen, der verantwortlichen Stellen, des Bundesbeauftragten für den Datenschutz und die Informationsfreiheit oder der Aufsichtsbehörde erforderlich. Insoweit gelten die allgemeinen Vorschriften des StGB,[1283] sodass gemäß § 77 Abs. 4 StGB jeder der Antragsberechtigten den Antrag selbstständig stellen kann.

Die Antragsfrist beträgt drei Monate ab Ablauf des Tages, an dem der Berechtigte von der Tat und der Person des Täters Kenntnis erlangt hat (§ 77b Abs. 1 S. 1, Abs. 2 S. 1 StGB). Für jeden der genannten Antragsberechtigten ist der Fristablauf gesondert zu bestimmen (§ 77b Abs. 3 StGB).

7. Ergebnis zu § 44 Abs. 1 BDSG i. V. m. § 43 Abs. 2 BDSG im Hinblick auf Identitätsdiebstahl

§ 44 Abs. 1 i. V. m. § 43 Abs. 2 Nr. 1, 3 und 4 BDSG deckt den Identitätsdiebstahl weitestgehend strafrechtlich ab.[1284] Dies liegt an dem weiten Verständnis des Begriffs der personenbezogenen Daten und der weitgefassten Tathandlungen in § 43 Abs. 2 StGB, insbesondere des Verschaffens. Gegenüber den Computerstraftatbeständen der §§ 202a ff. StGB setzt § 44 i. V. m. § 43 Abs. 2 BDSG nicht in allen Varianten voraus, dass die Daten zum Zeitpunkt der Tat elektronisch gespeichert sein müssen. Nur das Abrufen der Daten nach § 43 Abs. 2 Nr. 3 BDSG stellt diese Voraussetzung auf.[1285] Zumeist wird jedoch ein Erheben nach § 43 Abs. 2 Nr. 1 BDSG vorliegen.

Die ganz überwiegende Zahl von Identitätsdaten sind personenbezogene Daten.[1286] Dies gilt jedenfalls, wenn der Ansicht gefolgt wird, dass auch PIN, Kennwörter und einmalige geheime Verifikationskennungen wie TAN und mTAN ebenfalls zu den personenbezogenen Daten zählen. Die Person ist nach hiesiger Ansicht

1282 *Schaffland/Wiltfang*, § 44 Rn. 3; *Heghmanns*, in: Achenbach/Ransiek, 6. Teil 1. Kap. Rn. 109; *Cierniak/Pohlit*, in: MünchKomm StGB, Bd. 4, 2. Aufl., § 203 Rn. 135.

1283 *Ehmann*, in: Simitis, § 44 Rn. 3.

1284 *Borges/Schwenk/Stuckenberg/Wegener*, S. 210.

1285 *Mahn*, in: Böttger, Kap. 10 Rn. 178.

1286 *Borges/Schwenk/Stuckenberg/Wegener*, S. 213; *Schemitsch*, S. 128.

bestimmbar, wenn mit diesen Daten auf den bürgerlichen Namen und die Adresse oder andere Informationen zugegriffen werden kann.[1287]

Nicht in den Anwendungsbereich von § 44 Abs. 1 BDSG fallen allein solche Daten, bei denen die natürliche Person nicht bestimmbar ist. Dies kann im Bereich des Internets der Fall sein, wenn der bürgerliche Name für einen Internetdienst nicht angegeben werden muss. Da der Identitätsdiebstahl nach zutreffender Ansicht auch die rein virtuelle Identität schützt,[1288] besteht insoweit eine Strafbarkeitslücke. In praktischer Hinsicht dürfte diese jedoch zu vernachlässigen sein, da die Übernahme rein virtueller Identitäten für Täter nicht sonderlich attraktiv ist. Weiter nicht in den Anwendungsbereich fallen personenbezogene Daten, die allgemein zugänglich sind. Diese Daten sind für Täter ungleich weniger attraktiv als die nicht zugänglichen Daten. Im Bereich des Internets werden zudem alle rechtserheblichen Bereiche durch Zugangssperren gesichert.

In den Fällen, in denen es dem Täter auf die Erzielung eines wirtschaftlichen Vorteils ankommt, etwa indem er die Daten missbräuchlich betrügerisch verwendet oder weiterverkauft,[1289] liegt eine Handlung gegen Entgelt oder mit Bereicherungsabsicht vor (z. B. beim klassischen sowie beim technischen Phishing[1290]). Daneben deckt § 44 Abs. 1 BDSG auch den Identitätsdiebstahl aus persönlichen Motiven ab. Auf Seiten des subjektiven Tatbestandes treten mithin keine besonderen Probleme auf.

Trotz des weiten Anwendungsbereichs finden sich kaum Verurteilungen, in denen der Straftatbestand von § 44 BDSG angesprochen wird.[1291] Es finden sich insbesondere keine Verurteilungen, die das Phishing oder den Identitätsdiebstahl im Allgemeinen betreffen. Die Polizeiliche Kriminalstatistik (PKS) weist für das Jahr 2012 eine Zahl von 306 Straftaten gegen das BDSG aus, wobei die Aufklärungsquote mit 75,5 % angegeben wird.[1292] Acht Personen wurden laut der Strafverfolgungsstatistik des Statistischen Bundesamtes im Jahr 2011 wegen einer Straftat nach BDSG abgeurteilt.[1293] Woraus die Diskrepanz zwischen der insgesamt knapp zweistelligen Anzahl veröffentlichter Urteile, die sich mit § 44 BDSG befassen, und diesen Daten resultiert, lässt sich nicht feststellen. Es lässt sich jedenfalls nicht allein damit erklären, dass es sich bei der PKS angesichts der sehr hohen Aufklärungsquote um eine reine Ausgangsstatistik handelt.[1294] Zum Teil wird insoweit angeführt, dass es eine hohe Dunkelziffer gäbe, aber aufgrund des Antragserfordernisses und fehlender

1287 Siehe oben, D.VI.4.a)aa)(1).
1288 Siehe oben, B.I.3.c).
1289 *Heghmanns*, in: Achenbach/Ransiek, 6. Teil 1. Kap. Rn. 108.
1290 *Dammann*, in: Simitis, § 3 Rn. 109; *Mahn*, in: Böttger, Kap. 10 Rn. 204; *Goeckenjan*, wistra 2008, 128, 130; *Heghmanns*, wistra 2007, 167; *Seidl/Fuchs*, HRRS 2010, 85, 88; *D. Hansen*, S. 123, 162; *Brandt*, S. 117; a.A. *Popp*, NJW 2004, 3517, 3518 (Fn. 6).
1291 *Ehmann*, in: Simitis, § 44 Rn. 4.
1292 PKS 2012, S. 67.
1293 *StBA*, Strafverfolgung 2011, S. 50.
1294 So *Ehmann*, in: Simitis, § 44 Rn. 4.

Strafanträge die Norm nicht zu hinreichender Geltung gelange.[1295] Erhebungen hierzu existieren jedoch nicht.

VII. Zwischenergebnis

Als Ergebnis der Strafbarkeitsprüfung nach dem derzeitigen deutschen Strafrecht lässt sich feststellen, dass viele der typischen Begehungsweisen des Identitätsdiebstahls durch bestehende Strafnormen im StGB und BDSG abgedeckt werden. Dies gilt vor allem für die Fälle, in denen die Identitätsdaten in elektronischer Form vorliegen und technische Mittel zum Einsatz kommen (z. B. Man-in-the-Middle-Angriffe).[1296] In diesen Fällen kommt eine Strafbarkeit des Täters nach den §§ 202a, 202b und 202c StGB in Betracht, soweit die Daten besonders gesichert oder übermittelt wurden. Wurden die Daten nicht besonders gesichert (z. B. beim Skimming),[1297] scheidet eine Strafbarkeit hingegen aus. Beruht der Identitätsdiebstahl auf der Täuschung des Opfers (z. B. beim klassischen Phishing oder Social Engineering), liegt insoweit nach hiesiger Ansicht ebenfalls keine Strafbarkeit vor.[1298] In diesen Fällen wird die besondere Sicherung vom Opfer aufgehoben bzw. greift der Täter nicht in eine fremde Übermittlung ein, sondern lässt sich die Daten übermitteln. Bei Täuschungshandlungen liegt zwar eine Strafbarkeit nach § 263 StGB nahe, für diese fehlt es jedoch an der unmittelbaren Vermögensverfügung, jedenfalls an der schadensgleichen Vermögensgefährdung.[1299]

Allein § 44 Abs. 1 i. V. m. § 43 Abs. 2 BDSG erfasst nahezu alle relevanten Begehungsweisen des Identitätsdiebstahls, da die Norm nur geringe Anforderungen an das Tatobjekt stellt und jede Möglichkeit des Verschaffens der Daten eine taugliche Tathandlung darstellt. Dennoch fristet diese Norm ein Schattendasein und wird von den Gerichten bislang in den Fällen, die dem Identitätsdiebstahl zuzuordnen sind, nicht angewandt. In der deutschen Literatur zum Identitätsdiebstahl oder Phishing finden die Strafvorschriften aus dem BDSG zum Teil keine Erwähnung. Es liegt mithin die Vermutung nahe, dass die Existenz der Norm aufgrund ihrer Stellung im BDSG häufig übersehen wird. Sogar der Gesetzgeber verwies im Rahmen der Reform des BDSG im Jahr 2001 auf die „geringe praktische Bedeutung“ der Norm.[1300] Zu Recht wird § 44 BDSG daher als lediglich „virtuelles Recht“[1301] oder als Norm „im strafrechtlichen Abseits“[1302] bezeichnet.

1295 *Weichert*, NStZ 1999, 490, 492.
1296 Siehe oben, D.II.9.
1297 Siehe oben, D.I.8.b).
1298 Siehe oben, D.I.8.c), D.III.8.
1299 Siehe oben, D.V.2.a)aa) bzw. D.V.2.b)bb).
1300 BT-Drucks. 14/4329, S. 59.
1301 *Ehmann*, in: Simitis, § 44 Rn. 4.
1302 *Weichert*, NStZ 1999, 490, 492.

Damit kann im Ergebnis für den Identitätsdiebstahl keine rechtliche, aber eine faktische Strafbarkeitslücke im derzeitigen deutschen Recht festgestellt werden. Im Ergebnis macht es jedoch keinen Unterschied, ob eine Strafbarkeitslücke rechtlicher oder faktischer Natur ist. In beiden Fällen wird potenziell strafwürdiges Verhalten nicht bestraft.

E. Notwendigkeit eines allgemeinen Straftatbestandes des Identitätsdiebstahls

Ob ein neuer Straftatbestand zusätzlich zu den bestehenden Tatbestanden im StGB und in den Nebengesetzen geschaffen werden sollte, ist eine komplexe Frage, deren grundsätzliche Erwägungen im Rahmen dieser Untersuchung nur rudimentär behandelt werden können. Im Folgenden sollen die maßgeblichen Kriterien für die Strafwürdigkeit festgelegt und die Strafwürdigkeit des Identitätsdiebstahls geprüft sowie Argumente für und wider die Einführung eines Straftatbestandes des Identitätsdiebstahls aufgezeigt werden.

I. Strafwürdigkeit des Identitätsdiebstahls

Der Gesetzgeber darf ein Verhalten nur dann mit Strafe bedrohen, wenn dieses strafwürdig (strafbedürftig[1303]) ist.[1304] Hieraus folgt zugleich, dass nicht jedes Verhalten, das gegen soziale Normen und Werte verstößt, als strafwürdig anzusehen ist. Strafnormen sollen mithin nur das ethische Minimum kennzeichnen, ohne das die soziale Gemeinschaft nicht bestehen kann.[1305] Aus diesem Grund wird vom „fragmentarischen Charakter" des Strafrechts gesprochen.[1306] Was unter Strafwürdigkeit zu verstehen ist, ist bei Schaffung neuer Straftatbestände mithin von zentraler Bedeutung, da die Strafwürdigkeit Grundlage für die Bestrafung menschlichen Verhaltens ist.[1307] Wann ein Verhalten strafwürdig ist und nach welchen Kriterien sich eine solche Strafwürdigkeit bestimmt, betrifft die Bestimmung des materiellen Verbrechensbegriffs. Hierbei handelt es sich um die Frage nach der Qualität strafbaren Handelns.[1308] Dieser Begriff ist weder grundsätzlich noch in seinen Einzelheiten abschließend geklärt.[1309]

Um die Prüfung der Strafwürdigkeit des Identitätsdiebstahls vorzunehmen, soll auf den Zweck des Strafrechts als Rechtsgüterschutz sowie auf das betroffene

1303 Zu den Begriffen Strafwürdigkeit, Strafbedürftigkeit und Strafbedürfnis und deren zum Teil unterschiedliche Verwendung vgl. *Alwart*, S. 50 ff. Für die hiesige Untersuchung soll allein der Begriff der Strafwürdigkeit verwendet werden, da beide Begriffe letztlich wenig greifbar sind, sodass eine Unterscheidung zwischen diesen letztlich gar nicht möglich ist, vgl. *Altpeter*, S. 38 ff.; *Gräfe*, S. 138 ff.

1304 *Hassemer/Neumann*, in: Kindhäuser/Neumann/Paeffgen, Vorb. zu § 1 Rn. 49.

1305 *Maunz*, in: Maunz/Dürig, Art. 74 Rn. 64.

1306 *Freund*, in: MünchKomm StGB, Bd. 1, Vorb. zu § 13 Rn. 32; *Sommer*, NJW 1985, 769, 770 f.

1307 *Alwart*, S. 20; *Hassemer/Neumann*, in: Kindhäuser/Neumann/Paeffgen, Vorb. zu § 1 Rn. 49.

1308 *Roxin*, Bd. I, § 2 Rn. 1.

1309 *Kühl*, Vorb. zu § 13 Rn. 2.

Rechtsgut beim Identitätsdiebstahl näher eingegangen werden. Weitere Anforderungen für eine Strafwürdigkeitsprüfung ergeben sich aus dem Deliktstyp des Identitätsdiebstahls und aus dem Verhältnismäßigkeitsgrundsatz.

1. Strafrecht als Rechtsgüterschutz

Ganz überwiegend wird die gesamtgesellschaftliche Aufgabe des Strafrechts als der Schutz von Rechtsgütern vor Gefährdung oder Verletzung verstanden, um so zur Verwirklichung des Allgemeinwohls und zur Wahrung des Rechtsfriedens beizutragen.[1310] Zentrales Kriterium für die Beurteilung der Strafwürdigkeit eines Verhaltens ist daher die Frage nach der Beeinträchtigung eines schützenswerten Rechtsguts.[1311] Ein weiterer Grund für das Rechtsgut als ausschlaggebendes Kriterium für die Begründung der Strafwürdigkeit liegt in der verfassungsrechtlichen Verhältnismäßigkeitsprüfung. Da Straf-gesetze verhältnismäßig sein müssen, was die Geeignetheit und Erforderlichkeit mit einschließt, bedarf es eines Bezugspunktes für diese Kriterien, da sich diese andernfalls nicht prüfen ließen. Dieser Bezugspunkt ist das schützenswerte Rechtsgut.[1312] Bei der Schaffung neuer Strafnormen kommt dem Rechtsgut – im Gegensatz zu seiner systemimmanenten Funktion – bei der Auslegung von Straftatbeständen eine „systemkritische Funktion“ zu. In dieser Funktion legt das geschützte Rechtsgut den Inhalt, aber auch die Grenzen einer Strafnorm fest (negative Ausgrenzungsfunktion).[1313]

Was genau unter dem Begriff des Rechtsguts zu verstehen und wie dessen Inhalt und Reichweite zu beurteilen ist, konnte bislang noch keiner einheitlichen Lösung zugeführt werden.[1314] Letztlich wird man sich damit abfinden müssen, dass die Entwicklung eines materialen Rechtsgutsbegriffs nicht möglich ist.[1315] Weitgehende Übereinstimmung herrscht jedoch insoweit, dass die im Grundgesetz normierten Grundrechte einen Anhaltspunkt für die schützenswerten Rechtsgüter liefern können, da in diesen eine allgemeine gesellschaftliche Werteordnung zum Ausdruck kommt.[1316] Neben den grundgesetzlich geschützten Werten können indes auch andere gesellschaftliche Werte schützenswerte Rechtsgüter sein.[1317] Über diese Funktion als ersten möglichen Anhaltspunkt hinaus kommt den Grundrechten

---

1310 *Joeks*, MünchKomm StGB, Bd. 1, Einl. Rn. 29; *Hassemer/Neumann*, in: Kindhäuser/Neumann/Paeffgen, Vorb. zu § 1 Rn. 109; *Beulke*, § 1 Rn. 6; *Kindhäuser*, § 2 Rn. 6.

1311 *Hassemer/Neumann*, in: Kindhäuser/Neumann/Paeffgen, Vorb. zu § 1 Rn. 62; *Löhr*, S. 372 f.

1312 *Zeiser*, S. 123.

1313 *Lenckner/Eisele*, in: Schönke/Schröder, Vorb. zu § 13 Rn. 10; *Roxin*, Bd. I, § 2 Rn. 13 f.

1314 *Roxin*, Bd. I, § 2 Rn. 5; *Rönnau*, JuS 2009, 209, 210.

1315 *Roxin*, Bd. I, § 2 Rn. 16.

1316 *Baumann/Weber/Mitsch*, § 3 Rn. 12.

1317 *BVerfG*, Beschl. v. 09.03.1994 – 2 BvL 43/92 u. a., BVerfGE 90, 145 = NJW 1994, 1577, 1585.

mithin keine weitere Bedeutung zu.[1318] *Beulke* bezeichnet Rechtsgüter als Lebensgüter, Sozialwerte und rechtlich anerkannte Interessen des Einzelnen oder der Allgemeinheit.[1319] Nach *Roxin* sind Rechtsgüter Gegebenheiten oder Zwecksetzungen, die dem Einzelnen und seiner freien Entfaltung im Rahmen eines auf dieser Zielvorstellung aufbauenden sozialen Gesamtsystems oder dem Funktionieren dieses Systems selbst nützlich sind.[1320] Somit lassen sich Rechtsgüter unterscheiden nach Individualrechtsgütern, die den Einzelnen schützen, und Universalrechtsgütern, welche der Allgemeinheit dienen und keinem Individuum zugeordnet werden können.[1321] Über diese Differenzierung hinausgehende, umfassende Definitionsversuche werden hingegen als unscharf und zu weitgehend kritisiert. Welche Interessen rechtlich anerkennungsfähig sind und welche Sozialwerte Schutz durch das Strafrecht verdienen, ist immer auch dem gesellschaftlichen und sozialen Wandel unterworfen.[1322] *Roxin* erkennt aber zugleich an, dass sein Rechtsgutsbegriff keine Definition liefert, anhand derer sich Ergebnisse für eine konkrete Definition ableiten ließen.[1323] Negativ betrachtet soll der Rechtsgutsbegriff sicherstellen, dass keine willkürlichen Strafdrohungen, ideologischen Zielsetzungen oder reinen Moralwidrigkeiten Grundlage von Strafgesetzen werden, da diese keine Rechtsgüter schützen.[1324]

Letztlich obliegt es dem Gesetzgeber, Strafzwecke und die zu schützenden Güter festzulegen und damit zugleich den jeweiligen gegenwärtigen sozialen Wertvorstellungen Rechnung zu tragen. Bei der Frage, ob er ein bestimmtes Rechtsgut, dessen Schutz ihm wesentlich erscheint, gerade mit den Mitteln des Strafrechts verteidigen und wie er dies gegebenenfalls tun will, steht dem Gesetzgeber ein weiter Beurteilungs- und Entscheidungsspielraum zu.[1325] Bei seiner Entscheidung ist der Gesetzgeber grundsätzlich frei.[1326]

Einschränkungen der gesetzgeberischen Einschätzungsprärogative ergeben sich allein aus der Verfassung und nicht aus dem Rechtsgutsbegriff selbst.[1327] Daher verwendet auch das Bundesverfassungsgericht den Rechtsgutsbegriff selten und bezeichnet als allgemeine Aufgabe des Strafrechts, die elementaren Werte des

---

1318 *Lenckner/Eisele*, in: Schönke/Schröder, Vorb. zu § 13 Rn. 10a; *Löhr*, S. 374.

1319 *Beulke*, § 1 Rn. 7.

1320 *Roxin*, Bd. I, § 2 Rn. 9.

1321 *Hassemer/Neumann*, in: Kindhäuser/Neumann/Paeffgen, Vorb. zu § 1 Rn. 126 f.; *Beulke*, § 1 Rn. 7.

1322 Vgl. z. B. §§ 175, 175b, 180a StGB a.F.; *BVerfG*, Beschl. v. 09.03.1994 – 2 BvL 43/92 u. a., BVerfGE 90, 145 = NJW 1994, 1577, 1585.

1323 *Roxin*, Bd. I, § 2 Rn. 16.

1324 *Roxin*, Bd. I, § 2 Rn. 10 ff.

1325 *BVerfG*, Beschl. v. 09.03.1994 – 2 BvL 43/92 u. a., BVerfGE 90, 145 = NJW 1994, 1577, 1585.

1326 *BVerfG*, Beschl. v. 17.01.1979 – 1 BvL 25/77, BVerfGE 50, 142 = NJW 1979, 1445, 1447.

1327 *Zeiser*, S. 125.

Gemeinschaftslebens zu schützen.[1328] Bei der Schaffung neuer Strafnormen ist in erster Linie die grundrechtlich verankerte allgemeine Handlungsfreiheit aus Art. 2 Abs. 1 GG zu beachten. Jedes Tun nach dem eigenen Willen und damit letztlich jede Freiheit ist geschützt und darf seitens des Staates nur vorbehaltlich vorrangiger Rechtsgüter eingeschränkt werden.[1329] Da Strafgesetze wohl eine der schärfsten Einschränkungen der allgemeinen Handlungsfreiheit von staatlicher Seite darstellen, müssen diese verhältnismäßig sein, also geeignet, zweckmäßig und angemessen. Dabei schränkt nicht nur die nachfolgende Sanktion die Grundrechte ein, sondern bereits die Schaffung eines strafbewehrten Gebots oder Verbots ist ein Eingriff in die allgemeine Handlungsfreiheit.[1330] Eine weitere Einschränkung bei der Schaffung von Strafnormen ergibt sich aus dem Bestimmtheitsgrundsatz (Art. 103 Abs. 2 GG). Diesem kommt eine Doppelfunktion zu. Zum einen soll es für den Bürger vorhersehbar sein, welches Verhalten verboten und mit Strafe bedroht ist. Zum anderen soll durch die Bestimmtheit sichergestellt werden, dass allein der Gesetzgeber selbst über die Strafbarkeit entscheidet.[1331]

2. Das Rechtsgut des Identitätsdiebstahls

Bei der Untersuchung, welches Rechtsgut beim Identitätsdiebstahl betroffen wird, ist das Rechtsgut vom Rechtsgutsobjekt zu trennen. Rechtsgutsobjekt ist das Objekt oder der Gegenstand, der das Rechtsgut in der Tatsachenwelt vertritt. Des Weiteren existiert der Begriff des Handlungs- oder Angriffsobjekts, an dem oder mit dessen Hilfe die strafbare Handlung durchgeführt wird.[1332] Beim Identitätsdiebstahl sind Rechtsgutsobjekt und Angriffsobjekt identisch, es handelt sich um Identitätsdaten. Damit stellt sich jedoch die Frage, welches Rechtsgut die Identitätsdaten repräsentieren. Beim Identitätsdiebstahl lassen sich mehrere schützenswerte Rechtsgüter in Erwägung ziehen.

Abhängig davon, wie sich der Täter die Daten verschafft, können als Rechtsgüter neben den nachfolgenden auch die strafrechtlich anerkannten Rechtsgüter Eigentum und Gewahrsam bzw. Besitz an den entwendeten Datenträgern in Betracht kommen.[1333]

a) Recht auf informationelle Selbstbestimmung

Als schutzwürdiges Rechtsgut käme zunächst das Recht auf informationelle Selbstbestimmung in Betracht. Es ist eine spezielle Weiterentwicklung des allgemeinen Persönlichkeitsrechts und soll daher vor diesem geprüft werden.

1328 *BVerfG*, Urt. v. 21.06.1977 – 1 BvL 14/76, BVerfGE 45, 187 = NJW 1977, 1525, 1530.
1329 *Di Fabio*, in: Maunz/Dürig, Art. 2 Rn. 12.
1330 *Di Fabio*, in: Maunz/Dürig, Art. 2 Rn. 46.
1331 *BVerfG*, Beschl. v. 17.01.1998 – 1 BvL 13/76, BVerfGE 47, 109 = NJW 1978, 933.
1332 *Rönnau*, JuS 2009, 209, 210.
1333 *Borges/Schwenk/Stuckenberg/Wegener*, S. 202.

Das Recht auf informationelle Selbstbestimmung bezeichnet die Befugnis des Einzelnen, grundsätzlich selbst darüber zu entscheiden, wann und innerhalb welcher Grenzen persönliche Lebenssachverhalte offenbart werden.[1334] Es handelt sich mithin um ein Individualrechtsgut. Eventuelle dogmatische Probleme, die sich im Hinblick auf Universalrechtsgüter ergeben,[1335] können damit für die hiesige Betrachtung dahinstehen.

Entwickelt wurde das Recht auf informationelle Selbstbestimmung vom Bundesverfassungsgericht in seiner Entscheidung zum Volkszählungsgesetz 1983.[1336] In seiner Eigenschaft als Schutzrecht dient das allgemeine Persönlichkeitsrecht zur Abwehr von Beeinträchtigungen der engeren persönlichen Lebenssphäre, der Selbstbestimmung und der Grundbedingungen der Persönlichkeitsentfaltung.[1337] Dogmatisch wird das allgemeine Persönlichkeitsrecht als unbenanntes Freiheitsrecht[1338] auf Art. 2 Abs. 1 i. V. m. Art. 1 Abs. 1 GG gestützt.[1339] Die Verbindung mit der Menschenwürde als „oberstem Wert"[1340] in der Werteordnung des Grundgesetzes hat zur Folge, dass seitens des Staates eine besondere Verpflichtung besteht, das allgemeine Persönlichkeitsrecht vor Eingriffen durch Private zu schützen.[1341] Auf europäischer Ebene ist das allgemeine Persönlichkeitsrecht durch Art. 8 Abs. 1 EMRK geschützt.

Mit Blick auf die Entwicklung der Möglichkeiten der Datenverarbeitung und die zunehmenden Digitalisierung von Lebenssachverhalten aller Art hat das Bundesverfassungsgericht bereits im Jahr 1983 das allgemeine Persönlichkeitsrecht um das Recht auf informationelle Selbstbestimmung erweitert. Da aus dem allgemeinen Persönlichkeitsrecht die Befugnis des Einzelnen folge, grundsätzlich selbst zu entscheiden, wann und innerhalb welcher Grenzen persönliche Lebenssachverhalte offenbart werden, wurden die früheren Ausgestaltungen des allgemeinen Persönlichkeitsrechts als nicht ausreichend angesehen. Der Einzelne soll selbst über die Preisgabe und Verwendung seiner persönlichen Daten bestimmen können.[1342] Nach der Rechtsprechung des Bundesverfassungsgerichts soll das Recht auf informationelle Selbstbestimmung nur vor einzelnen Datenerhebungen schützen, nicht jedoch davor, dass ein Dritter sich einen großen und aussagekräftigen Datenbestand verschafft.[1343] Für die Fälle der Datenverarbeitung hat das Bundesverfassungsgericht

1334 *BVerfG*, Urt. v. 15.12.1983 – 1 BvR 209/83 u. a., BVerfGE 65, 1 = NJW 1984, 419, 421.

1335 Siehe hierzu *Hassemer/Neumann*, in: Kindhäuser/Neumann/Paeffgen, Vorb. zu § 1 Rn. 131 ff.

1336 *BVerfG*, Urt. v. 15.12.1983 – 1 BvR 209/83 u. a., BVerfGE 65, 1 = NJW 1984, 419.

1337 *Murswiek*, in: Sachs, Art. 2 Rn. 60.

1338 *Di Fabio*, in: Maunz/Dürig, Art. 2 Rn. 128; *Murswiek*, in: Sachs, Art. 2 Rn. 64.

1339 *Di Fabio*, in: Maunz/Dürig, Art. 2 Rn. 127 ff.; *Murswiek*, in: Sachs, Art. 2 Rn. 60; *Antoni*, in: Hömig, Art. 1 Rn. 10.

1340 *BVerfG*, Urt. v. 03.03.2004 – 1 BvR 2378/98 u. 1 BvR 1084/99, BVerfGE 109, 279 = MMR 2004, 302, 303.

1341 *Murswiek*, in: Sachs, Art. 2 Rn. 59.

1342 *BVerfG*, Urt. v. 15.12.1983 – 1 BvR 209/83 u. a., BVerfGE 65, 1 = NJW 1984, 419, 421.

1343 *BVerfG*, Urt. v. 27.02.2008 – 1 BvR 370/07, 1 BvR 595/07, BVerfGE 120, 274 = NJW 2008, 822, 827.

insoweit das Grundrecht auf Gewährleistung der Vertraulichkeit und Integrität informationstechnischer Systeme entwickelt. Die Unterscheidung danach, wie umfangreich der Datenbestand ist, der erhoben oder auf den zugegriffen wird, wird in der Literatur zu Recht kritisiert.[1344]

Da Identitätsdiebstahl sowohl im Online- als auch im Offlinebereich möglich ist, scheidet das Grundrecht auf Gewährleistung der Vertraulichkeit und Integrität informationstechnischer Systeme als Rechtsgut aus. Folgt man der Differenzierung des Bundesverfassungsgerichts, so ist das Recht auf informationelle Selbstbestimmung außerdem in den Fällen nicht betroffen, in denen sich der Täter einen größeren Datenbestand verschafft. Besonders dieser Fall ist bei den Begehungsweisen, die auf die massenweise Erlangung von Identitätsdaten gerichtet sind (z.B. Phishing oder Pharming), von großer Relevanz.

b) Allgemeines Persönlichkeitsrecht

Wird das Recht auf informationelle Selbstbestimmung als Rechtsgut für den Identitätsdiebstahl abgelehnt, so ist ein Rückgriff auf das allgemeine Persönlichkeitsrecht möglich.[1345]

Dem allgemeinen Persönlichkeitsrecht als Rechtsgut des Identitätsdiebstahls ließe sich möglicherweise entgegenhalten, dass Identitätsdaten der numerischen Identität nicht der freien Persönlichkeitsentfaltung dienen, sondern zum Teil von Dritten zugewiesen werden (z. B. PIN, TAN). Dies greift jedoch zu kurz, da durch den Identitätsmissbrauch, der dem Identitätsdiebstahl nachfolgt, die Umwelt den Betroffenen anders wahrnimmt. Dem Opfer werden Erklärungen und Äußerungen zugerechnet, die nicht von ihm stammen oder autorisiert wurden. Die eigene Abgrenzung von Dritten und die Sicherheit, dass kein anderer die eigenen Daten missbräuchlich verwendet, erlaubt es, eine eigene Reputation aufzubauen und diese kommerziell zu nutzen.[1346] Verwendet der Täter fremde Identitätsdaten, kann er sich die mit dem Opfer verbundene Reputation aneignen und für sich missbräuchlich nutzen (z. B. Kreditwürdigkeit).[1347] Das Vertrauen in den Umstand, dass die Vertragspartei diejenige Person ist, für die sie sich ausgibt, ist Grundlage fast des gesamten Rechtsverkehrs. Nur ausnahmsweise kommt es dem Vertragspartner nicht auf die Identität des anderen an. Die numerische Identität hat mithin unmittelbare Auswirkung auf die verfassungsrechtlich geschützte autonome

1344 *Murswiek*, in: Sachs, Art. 2 Rn. 73c (Fn. 132).

1345 *Borges/Schwenk/Stuckenberg/Wegener*, S. 373 f.; für einen Schutz der numerischen Identität auch *J. Meyer*, S. 131 f.

1346 Beispiel hierfür sind die für den Verkäufer äußerst wichtigen Bewertungen auf der Internethandelsplattform eBay.

1347 *J. Meyer*, S. 124.

Selbstdarstellung des Individuums. Dieser soziale Geltungsanspruch ist Teil des allgemeinen Persönlichkeitsrechts.[1348]

Das allgemeine Persönlichkeitsrecht ist überdies ein im Strafrecht anerkanntes Rechtsgut, welches beispielsweise in den Ehrenschutztatbeständen der §§ 185 ff. StGB sowie in den §§ 201 bis 206 StGB[1349] sowie § 44 BDSG[1350] geschützt wird.

c) Recht des Einzelnen auf Schutz der eigenen Identitätsdaten vor Missbrauch als originäres Rechtsgut

Für den Identitätsdiebstahl wäre ferner ein eigenes originäres Rechtsgut denkbar, wenn numerische Identitätsdaten als reine Unterscheidungs- und Zuordnungsmerkmale angesehen werden und ihnen damit abgesprochen wird, dass sie Ausdruck der Identität und Individualität seien.

Ein solches originäres Rechtsgut wäre an das allgemeine Persönlichkeitsrecht angelehnt. Grundrechte können allenfalls Ausgangspunkt bei der Bestimmung eines Rechtsguts im strafrechtlichen Sinne sein.[1351] Dies verdeutlicht wiederum, dass der Gesetzgeber im Wesentlichen frei bestimmen kann, welche Schutzgüter er durch das Strafrecht schützen möchte. Rechtsgut des Identitätsdiebstahls könnte daher das berechtigte Interesse am Schutz der eigenen Identitätsdaten vor missbräuchlicher Verwendung sein.

Dass der Gesetzgeber den Einzelnen vor der missbräuchlichen Verwendung seiner Identitätsdaten schützen wollte, ergibt sich ferner aus § 12 BGB. Hierbei handelt es sich um ein besonderes Persönlichkeitsrecht.[1352] Nach § 12 BGB kann der Berechtigte von einem anderen, der unbefugt den gleichen Namen gebraucht, die Beseitigung der Beeinträchtigung verlangen, wenn das Interesse des Berechtigten durch den Gebrauch verletzt wird. § 12 BGB schützt den Berechtigten mithin vor Namensanmaßungen.[1353] Seit Inkrafttreten des BGB am 1. Januar 1900 wurde der § 12 BGB nicht angepasst. Zum damaligen Zeitpunkt waren Identitätsdaten indes weit weniger verbreitet als heute. Die Identifizierung natürlicher Personen erfolgte in erster Linie über den bürgerlichen Namen. Die herrschende Meinung sieht in erster Linie das „Identitätsinteresse“ als das von § 12 BGB geschützte Interesse an. Damit wird das Interesse des Namensträgers bezeichnet, als der zu gelten, der er

---

1348 *Di Fabio*, in: Maunz/Dürig, Art. 2 Rn. 166 ff.

1349 *Kargl*, in: Kindhäuser/Neumann/Paeffgen, Vorb. zu §§ 201 ff. Rn. 4; *Heuchemer*, in: Götting/Schertz/Seitz, § 23 Rn. 1.

1350 *Gola/Schomerus*, § 43 Rn. 19, § 44 Rn. 3.

1351 *Lenckner/Eisele*, in: Schönke/Schröder, Vorb. zu § 13 Rn. 10a; so lässt sich beispielsweise das Rechtsgut von § 284 StGB, das Vertrauen des Einzelnen in die Gewährleistung einer manipulationsfreien Spielchance (*Groeschke/Hohmann*, in: MünchKomm StGB, Bd. 4, 1. Aufl. § 284 Rn. 1), nicht auf ein bestimmtes Grundrecht zurückführen.

1352 *Koos*, in: Heidel/Hüßtege/Mansel/Noack, § 12 Rn. 270; *J. Meyer*, S. 68.

1353 *Habermann*, in: Staudinger, § 12 Rn. 270 ff.

wirklich ist. Zugleich soll verhindert werden, dass dem wahren Namensinhaber das Verhalten anderer, und anderen dessen Leistung oder Stellung zugerechnet wird.[1354] Mithin handelt es sich um einen auf den Namen beschränkten Schutz der numerischen Identität.[1355] Für das Strafrecht ist der zivilrechtliche Schutz des Namens als zentrales Identitätsdatum somit jedenfalls als Indiz dafür zu werten, dass der Schutz der numerischen Identität insgesamt ein Anliegen des Gesetzgebers war und ist.

d) Stellungnahme

Als schützenswertes Rechtsgut lassen sich für den Identitätsdiebstahl sowohl das allgemeine Persönlichkeitsrecht als auch das Recht des Einzelnen auf Schutz der eigenen Identitätsdaten vor Missbrauch als originäres Rechtsgut heranziehen.

Das allgemeine Persönlichkeitsrecht ist seinem Wesen nach auf die freie Entfaltung der Persönlichkeit und die Selbstverwirklichung der Person in ihrer sozialen Umwelt gerichtet.[1356] Die Identitätsdaten dienen hingegen der Unterscheidung verschiedener Personen. Die numerische Identität betrifft, anders als die soziale Identität, die quantitativ erfassbaren Unterschiede zwischen Menschen. Allein durch eine weite Auslegung des allgemeinen Persönlichkeitsrechts ließe sich eine Verknüpfung zwischen einem Missbrauch von Identitätsdaten und Einschränkungen der freien Persönlichkeitsentfaltung herstellen.[1357] Dies gilt insbesondere bei den Identitätsdaten, die dem Identitätsinhaber von Dritten für bestimmte Lebensbereiche zugewiesen werden (z. B. PIN, TAN, Personenkennzeichen).

Im Ergebnis sollte daher das Recht des Einzelnen auf Schutz der eigenen Identitätsdaten vor Missbrauch als Rechtsgut des Identitätsdiebstahls angesehen werden. Dieses verknüpft das verfassungsrechtlich geschützte allgemeine Persönlichkeitsrecht mit dem quantitativen Ansatz der numerischen Identität, welches beim Identitätsdiebstahl geschützt werden soll. Hierdurch verlagert sich der Fokus hin zu einem ungeschriebenen besonderen Persönlichkeitsrecht, das eine zeitgemäße Erweiterung der derzeitigen besonderen Persönlichkeitsrechte darstellt.

3. Besonderheiten aufgrund der Deliktsstruktur des Identitätsdiebstahls

Die Deliktsstruktur bezeichnet das Verhältnis zwischen Rechtsgut und der tatbestandlichen Handlung.[1358]

1354 *Habermann*, in: Staudinger, § 12 Rn. 15; *Säcker*, in: MünchKomm BGB, Bd. 1, § 12 Rn. 2.

1355 *J. Meyer*, S. 70.

1356 *Murswiek*, in: Sachs, Art. 2 Rn. 10.

1357 So für den zivilrechtlichen Schutz *J. Meyer*, S. 126 f.

1358 Für eine Auflistung der unterschiedlichen Deliktstypen siehe *von Heintschel-Heinegg*, BeckOK StGB, Lexikon des Strafrechts, Deliktstypen.

Beim Identitätsdiebstahl handelt es sich um ein Vorbereitungsdelikt. Vorbereitungsdelikte sind eine Untergruppe der abstrakten Gefährdungsdelikte.[1359] Welcher Maßstab hinsichtlich der Gefährdung gelten soll, ist im Detail höchst umstritten.[1360] Ein einheitlicher Maßstab für alle abstrakten Gefährdungsdelikte konnte bislang nicht gefunden werden.[1361] Grund für die Strafbarkeit ist das abstrakte Gefährdungspotenzial einer Handlung, welches der Täter nicht beherrschen kann und das im Detail aufgrund der Vielzahl möglicher Verläufe nicht vorhersehbar ist, z.B. beim Inbrandsetzen eines Wohngebäudes.[1362]

Ein Vorbereitungsdelikt liegt vor, wenn aus kriminalpolitischen Gründen wegen der besonderen Gefährlichkeit bestimmte Vorbereitungshandlungen unter Strafe gestellt werden.[1363] Das Vorbereitungsdelikt setzt dabei zeitlich noch früher an als das abstrakte Gefährdungsdelikt, da in jedem Fall eine weitere Handlung zur Rechtsgutsverletzung erforderlich ist.[1364] Innerhalb der Vorbereitungsdelikte lässt sich zwischen den typisierten und den untypisierten Vorbereitungsdelikten unterscheiden. Letztere benennen die strafbaren Vorbereitungshandlungen nicht im Gesetz (z.B. § 80 StGB), während beim typisierten Vorbereitungsdelikt eine im Gesetz genau bezeichnete Vorbereitungshandlung unter Strafe gestellt werden soll.[1365] Ein Beispiel für ein typisierendes Vorbereitungsdelikt ist die Vorbereitung der Fälschung von Geld und Wertzeichen nach § 149 StGB. Im StGB findet sich noch eine Vielzahl weiterer typisierter und untypisierter Vorbereitungsdelikte, die das Herstellen oder den Umgang mit potenziell gefährlichen Stoffen und Mitteln mit dem Ziel, diese später missbräuchlich zu verwenden, erfassen.[1366]

Vorbereitungshandlungen decken, wie sich bereits aus dem Begriff selbst ergibt, solche Handlungen ab, die der Vorbereitung einer weiteren, zeitlich nachgelagerten, Haupttat dienen. Dienen meint ein mittelbares oder unmittelbares Fördern der Haupttat.[1367] Dass die Haupttat tatsächlich begangen wird, ist für die Strafbarkeit

1359 Vgl. z.B. *Erb*, in: MünchKomm StGB, Bd. 3, § 149 Rn. 1; *Paeffgen*, in: Kindhäuser/Neumann/Paeffgen, § 89a Rn. 7; *Eisele*, in: Schönke/Schröder, § 202c Rn. 1.

1360 Die Diskussion umfassend darzustellen, ginge über das Thema der hiesigen Untersuchung weit hinaus. Für eine Übersicht über die vertretenen Meinungen siehe *Anastaspoloulou*, S. 83 ff.

1361 Vgl. hierzu auch *Roxin*, Bd. I, § 11 Rn. 154 ff.

1362 *Anastaspoloulou*, S. 64.

1363 *Von Heintschel-Heinegg*, BeckOK StGB, Lexikon des Strafrechts, Deliktstypen, Rn. 47.

1364 *Zeiser*, S. 142.

1365 *Von Heintschel-Heinegg*, BeckOK StGB, Lexikon des Strafrechts, Deliktstypen, Rn. 48.

1366 Vgl. etwa die Auflistung bei *Paeffgen*, in: Kindhäuser/Neumann/Paeffgen, § 89 Rn. 3 (Fn. 3).

1367 *Lampe/Hegmann*, in: MünchKomm StGB, Bd. 3, § 83 Rn. 5.

nach dem Vorbereitungsdelikt unerheblich.[1368] Der Täter der Vorbereitungshandlung muss ferner die nachgelagerte Haupttat nicht selbst vornehmen. Vorbereitungsdelikte erfassen auch die Fälle der Vorbereitung einer Tat für einen Dritten. Uneinigkeit besteht hinsichtlich der Frage, ob die Handlung im konkreten Fall objektiv tauglich sein muss, also abstrakt dazu geeignet ist, den Erfolg der Haupttat herbeizuführen. Zum Teil wird dies als „Ausgleich" für die weite Vorverlagerung der Straftat gefordert.[1369] Nach überwiegender Ansicht kann jede Handlung, die den jeweiligen Tatbestand erfüllt, eine Vorbereitungshandlung sein.[1370] Bei den typisierten Vorbereitungsdelikten stellt sich die Frage nach der Tauglichkeit der Vorbereitungshandlung in den meisten Fällen jedoch nicht, da den im Tatbestand beschriebenen Handlungen bereits eine Tauglichkeit immanent ist.

Die Deliktsstruktur hat Auswirkungen auf die für die Strafwürdigkeit geltenden Maßstäbe. Je nachdem, wie weit im Vorfeld die Strafbarkeit einsetzt, müssen besondere Umstände vorliegen, um ein Eingreifen des Strafrechts zu rechtfertigen. Nicht jede (abstrakte) Gefahr für ein schützenswertes Rechtsgut bedarf einer Strafnorm. Ein absoluter Rechtsgüterschutz widerspräche dem fragmentarischen Charakter des Strafrechts. Grundsätzlich gilt, je früher das Strafrecht im zeitlichen Deliktsablauf eingreifen soll, desto höher sind die Anforderungen an das Rechtsgut, dessen Schutzbedürftigkeit sowie dessen Gefährdung.[1371] Die Frage nach dem Deliktstyp schafft damit einen Bewertungsmaßstab für die Frage der Verhältnismäßigkeit, insbesondere der Angemessenheit, eines Straftatbestandes.

4. Grundsatz der Verhältnismäßigkeit

Der Grundsatz der Verhältnismäßigkeit dient der Überprüfung der Verfassungsmäßigkeit von Grundrechtseingriffen von staatlicher Seite. Da das Strafrecht in die allgemeine Handlungsfreiheit eingreift, müssen Strafnormen verhältnismäßig sein (Übermaßverbot).[1372] Woraus sich das Verhältnismäßigkeitsprinzip ableitet, ist umstritten,[1373] soll aber für die hiesige Betrachtung dahinstehen. Für das Bundesverfassungsgericht, welches nur äußerst selten auf den umstrittenen Rechtsgutsbegriff eingeht, steht die Prüfung der Verhältnismäßigkeit im Mittelpunkt bei der Beurteilung der Verfassungsmäßigkeit von Strafnormen. Grundlegende Voraussetzung ist, dass der mit dem Eingriff verfolgte Zweck als solcher legitim ist.

1368 *Sternberg-Lieben*, in: Schönke/Schröder, § 83 Rn. 8; *von Heintschel-Heinegg*, Beck-OK StGB, Lexikon des Strafrechts, Deliktstypen, Rn. 47; *Koch*, in: Dölling/Duttge/Rössner, § 149 Rn. 2.

1369 *Letzgus*, in: Dölling/Duttge/Rössner, § 30 Rn. 87.

1370 *Koch*, in: Dölling/Duttge/Rössner, § 149 Rn. 2.

1371 *Hassemer/Neumann*, in: Kindhäuser/Neumann/Paeffgen, Vorb. zu § 1 Rn. 114.

1372 *BVerfG*, Beschl. v. 09.03.1994 – 2 BvL 43/92 u. a., BVerfGE 90, 145 = NJW 1994, 1577.

1373 *Grzeszick*, in: Maunz/Dürig, Art. 20 Rn. 108.

Nach allgemeiner Ansicht bemisst sich die Verhältnismäßigkeit anhand von drei Kriterien:

Erstens muss das gewählte Mittel, also die Schaffung der Strafnorm, geeignet sein, den vom Gesetzgeber angestrebten Zweck zu erfüllen. Nicht notwendig ist, dass der angegebene Zweck durch das eingesetzte Mittel vollständig erreicht wird. Hierfür reicht es aus, dass durch die Maßnahme die Wahrscheinlichkeit erhöht wird, dass der angestrebte Erfolg zumindest teilweise eintritt.[1374] Das Mittel muss dem Zweck dienlich sein oder, anders formuliert, die mit dem Gesetz verfolgten Ziele fördern. Nur „schlechthin ungeeignete Mittel“ sind verfassungswidrig.[1375]

Zweitens muss das gewählte Mittel erforderlich sein. In negativer Abgrenzung liegt eine Erforderlichkeit nicht vor, wenn ein anderes, die Grundrechte des Betroffenen weniger belastendes gleich geeignetes Mittel zur Verfügung steht, um den Zweck zu erreichen. Der Gesetzgeber muss mithin stets das mildeste Mittel wählen. Dieser Gedanke findet sich im *Ultima-Ratio*-Prinzip (oder Subsidiaritätsprinzip), welches besagt, dass das Strafrecht das letzte Mittel staatlichen Handelns sein muss, um das Ziel zu erreichen.[1376] Ein Rechtsgüterschutz darf nicht durch andere Mittel möglich sein.[1377] Die Rechtsprechung weicht diesen Grundsatz jedoch dahingehend auf, dass das Strafrecht nicht erst dann zur Anwendung kommen darf, wenn Maßnahmen und Maßregeln des übrigen Rechts versagt haben.[1378] Die Prüfung der Erforderlichkeit setzt voraus, dass die Alternative gleich geeignet ist,[1379] was sich nur anhand einer empirischen Ex-ante-Beurteilung bemessen lässt.[1380] Da einer solchen Beurteilung erhebliche praktische Schwierigkeiten gegenüberstehen, wird von der Rechtsprechung zugunsten des Gesetzgebers insoweit angenommen, dass er im Zweifel die mildeste Maßnahme gewählt hat. Nur wenn sich eindeutig feststellen lässt, dass andere, weniger einschneidende Mittel zur Verfügung stehen, kann das gewählte Mittel übermäßig belastend und somit verfassungswidrig sein.[1381]

Drittes Kriterium der Verhältnismäßigkeitsprüfung ist die Frage der Angemessenheit (Verhältnismäßigkeit i. e. S.), wobei es sich um eine umfassende normative Bewertung der Zweck-Mittel-Relation handelt.[1382] Für die vorzunehmende Gesamtabwägung fehlen indes feste Maßstäbe.[1383] Das Bundesverfassungsgericht nimmt

---

1374 *Sachs*, in: Sachs, Art. 20 Rn. 150 m.w.N.

1375 *BVerfG*, Beschl. v. 24.09.1965 – 1 BvR 228/65, BVerfGE 19, 119 = NJW 1965, 2247, 2248.

1376 *Weber*, in: Baumann/Weber/Mitsch, § 3 Rn. 19; *Löhr*, S. 374, sieht dagegen das *Ultima-Ratio*-Prinzip nicht als Teil des Verhältnismäßigkeitsprinzips an.

1377 *Hassemer/Neumann*, in: Kindhäuser/Neumann/Paeffgen, Vorb. zu § 1 Rn. 72.

1378 *BVerfG*, Beschl. v. 06.06.1989 – 2 BvL 6/89, BVerfGE 80, 182 = NStZ 1989, 478.

1379 *Sachs*, in: Sachs, Art. 20 Rn. 152.

1380 *Frisch*, NStZ 2013, 249, 250.

1381 *BVerfG*, Beschl. v. 19.03.1975 – 1 BvL 20/73, 1 BvL 21/73 u. a., BVerfGE 39, 210.

1382 *Frisch*, NStZ 2013, 249, 250.

1383 *Sachs*, in: Sachs, Art. 20 Rn. 155; *Grzeszick*, in: Maunz/Dürig, Art. 20 Rn. 118.

bei seiner Beurteilung der Verfassungsmäßigkeit von Strafnormen eine weite Auslegung der genannten Kriterien zugunsten der Einschätzungsprärogative des Gesetzgebers vor. Es prüft daher nicht, ob der Gesetzgeber die zweckmäßigste, vernünftigste oder „gerechteste" Lösung gefunden hat.[1384]

II. Argumente für und wider die Einführung eines Straftatbestandes des Identitätsdiebstahls

Gegen die Einführung eines neuen Straftatbestandes wird von *Borges/Schwenk/Stuckenberg/Wegener* angeführt, dass die Nachtaten in der Regel unter Strafe stehen (z.B.z.B. §§ 263, 263a, 267 StGB).[1385] Der Umstand, dass die Nachtaten vom existierenden Strafrecht erfasst werden, ist auch der Grund dafür, weshalb bislang viele Staaten von der Einführung eines Tatbestandes des Identitätsdiebstahls abgesehen haben.[1386] Dass die meisten Nachtaten vom bestehenden deutschen Strafrecht erfasst werden, ist zwar grundsätzlich zutreffend, ein überzeugendes Argument gegen die Schaffung eines Tatbestandes des Identitätsdiebstahls ist dies jedoch nicht. Dass die Haupttat von Straftatbeständen erfasst wird, gilt für alle Vorbereitungsdelikte. So ist die Vorbereitung der Fälschung von Geld und Wertzeichen nach § 149 StGB strafbar, aber auch die spätere Geldfälschung (§ 146 StGB) und das noch weiter nachgelagerte Inverkehrbringen von Falschgeld (§ 147 StGB).

Wie bereits dargelegt, ergibt sich der Strafgrund bei Vorbereitungsdelikten aus der besonderen Gefährlichkeit der Vorbereitungshandlung, welche der Täter unter Umständen nicht mehr kontrollieren kann.[1387] Eine solche besondere Gefährlichkeit liegt beim Identitätsdiebstahl vor. Sie ergibt sich aus mehreren Umständen:

Die besondere Gefährlichkeit resultiert aus den Entwicklungen in der Informationsgesellschaft, die durch eine zunehmende Digitalisierung und den globalen Austausch von Daten geprägt ist. Hat sich der Täter die Identitätsdaten einer Person erstmal verschafft, kann er diese häufig weltweit verwenden. So lassen sich beispielsweise Kreditkartendaten weltweit einsetzen, dasselbe gilt für Zugangsdaten bei global agierenden Zahlungsanbietern wie PayPal. Versicherungsnummern und die EU-Krankenversicherungskarte erlauben in der gesamten Europäischen Union den Zugang zu medizinischen Versorgungsleistungen.[1388]

Seitens des Staates besteht aufgrund der zunehmenden Verwendung digitaler Daten in allen Bereichen des Lebens ebenfalls ein besonderes Interesse, Schutz vor

---

1384 *BVerfG*, Beschl. v. 09.03.1994 – 2 BvL 43/92 u. a., BVerfGE 90, 145 = NJW 1994, 1577.

1385 *Borges/Schwenk/Stuckenberg/Wegener*, S. 373.

1386 *UN*, Report Identity-related Crime Add, S. 3; *Gercke*, in: UN Handbook Identity-related crime, S. 1, 35.

1387 Siehe hierzu oben, E.I.3.

1388 Zu den typischen illegalen Verwendungsmöglichkeiten fremder Identitätsdaten siehe oben, C.V.

missbräuchlicher Verwendung zu gewährleisten. Als Beispiel für die aktuellen Entwicklungen sei die Bestrebung der Justiz und der Verwaltung genannt, zukünftig mehr Dokumente auf elektronischem Wege entgegenzunehmen (E-Government).[1389] Am 1. August 2013 trat in Deutschland das Gesetz zur Förderung der elektronischen Verwaltung sowie zur Änderung weiterer Vorschriften (E-Government-Gesetz, EGovG) in Kraft.[1390] Das Gesetz enthält unter anderem eine Verpflichtung der Verwaltung, für die Bürger einen elektronischen Kanal zu eröffnen (§ 2 Abs. 1 EGovG). Die Bundesverwaltung muss zusätzlich einen De-Mail-Zugang eröffnen (§ 2 Abs. 2 EGovG) und Identitätsfeststellungen durch einen elektronischen Identitätsnachweis ermöglichen (§ 2 Abs. 3 EGovG). Bei staatlichen Handlungen besteht in besonderer Weise das Erfordernis, dass es sich bei dem Adressaten um den wahren Identitätsberechtigten handelt und die Authentifizierung an die Verwendung von Identitätsdaten geknüpft ist. Folglich ist es für die Zukunft notwendig, Identitätsdaten besonders zu schützen. Mit dem Argument der steigenden Digitalisierung der Gesellschaft wurde auch in Kanada die Schaffung des dortigen Identitätsdiebstahlstatbestandes begründet.[1391]

Die besondere Gefährlichkeit des Identitätsdiebstahls ergibt sich überdies aus der Natur des Tatobjekts. Identitätsdaten lassen sich kopieren und vervielfältigen. Der Täter kann, neben der Verwendung für eigene Zwecke, die fremden Identitätsdaten an Dritte weitergeben oder -veräußern. Daten können parallel von mehreren Personen für missbräuchliche Zwecke verwendet werden, was die Gefährdung des Opfers vor unberechtigter Inanspruchnahme oder sonstigen Nachteilen potenziert. Aufgrund der weltweiten Verwendungsmöglichkeiten kann ein gewisser Zeitraum zwischen Identitätsdiebstahl und Entdeckung durch das Opfer liegen. Dem Opfer wird damit die Möglichkeit genommen, möglichst schnell Schutzmaßnahmen zu ergreifen. Mögliche Schutzmaßnahmen sind beim Identitätsdiebstahl jedoch ohnehin begrenzt. Erlangt das Opfer beim Diebstahl das Tatobjekt zurück, besteht keine Möglichkeit für den Täter oder Dritte, dieses weiter wie ein Eigentümer zu verwenden. Beim Identitätsdiebstahl können allenfalls der Datenträger, aber nicht die Identitätsdaten selbst wiedererlangt werden. Abhängig vom jeweiligen Identitätsdatum hat das Opfer unterschiedliche Möglichkeiten, die missbräuchliche Weiterverwendung seiner Daten zu verhindern. So lassen sich Zugangsdaten, Pässe und Krankenversicherungskarten bei der ausgebenden Stelle sperren. Dies ist zum Teil mit erheblichem Aufwand, Kosten und Zeitverzögerungen verbunden. Andere Identitätsdaten, wie die Personendaten oder Personenkennzeichen, lassen sich hingegen in der Regel nicht verändern. Bei Pseudonymen (eBay-Mitgliedsnamen,

1389 Siehe hierzu *Köbler*, NJW 2006, 2089.

1390 BGBl. I 2013, 2749; siehe hierzu auch *Heckmann/Albrecht*, ZRP 2013, 42; *Rauchhaus/Müller-Terpitz*, MMR 2013, 10.

1391 House of Commons Debates (Hansard), 2nd Session, 40th Parliament, Volume 144, Issue 96 v. 20.10.2009, S. 5902 f.; zum kanadischen Straftatbestand siehe oben, C.I.3.b).

E-Mail-Adresse) können mit Aufgabe der virtuellen Identität auch die Aufgabe der eigenen Reputation und damit erhebliche wirtschaftliche Probleme für das Opfer einhergehen. Im kanadischen Gesetzgebungsverfahren wurde das viktimologische Argument vorgebracht, dass noch lange nach dem Identitätsdiebstahl und missbrauch die Unsicherheit beim Opfer bleibt, ob seine Daten in der Zukunft erneut missbräuchlich verwendet werden.[1392]

Ein weiterer Grund für eine besondere Gefährlichkeit des Identitätsdiebstahls ist die Tatsache, dass die fremden Identitätsdaten für eine Vielzahl schwerer Straftaten genutzt werden können oder deren Begehung erleichtern. Bereits bei Schaffung des 41. StrÄndG wurde die Schaffung eines Straftatbestandes des Identitätsdiebstahls diskutiert. So gab *Bruns* in seiner Stellungnahme an, dass der Identitätsdiebstahl schon deswegen kriminalpolitisch bedeutsam ist, weil er ein typisches Vorbereitungsverhalten für verschiedene Kriminalitätsformen von der Vermögens- und Wirtschaftskriminalität bis hin zum Stalking darstellt.[1393] In der *Roadmap* der Europäischen Kommission zu einem Gesetzesvorschlag für die Strafbarkeit von Identitätsdiebstahl[1394] wird als einer der Gründe für die Schaffung eines neuen Straftatbestandes angeführt, dass eine Verknüpfung zwischen Identitätsdiebstahl und organisiertem Verbrechen sowie Terrorismus besteht. Fremde Identitätsdaten würden es erlauben, Dokumente zu fälschen und Computerdaten zu verändern. Zudem erleichtern sie Delikte wie illegale Einwanderung, Menschenhandel, Geldwäsche, Drogenhandel und Betrug gegenüber Staaten, insbesondere den Sozialträgern, und Privaten.[1395] Auch in Kanada wurde von der Polizei eine zunehmende Verknüpfung zwischen Identitätsdiebstahl und organisiertem Verbrechen sowie Terrorismus festgestellt.[1396]

Der Schaffung eines Straftatbestandes des Identitätsdiebstahls im StGB käme zudem eine nicht zu unterschätzende symbolische Bedeutung zu. Sie würde zum Ausdruck bringen, dass der Staat ein besonderes Interesse am Schutz von Identitätsdaten hat, und damit den spezifischen Unrechtsgehalt besonders hervorheben.[1397] Zwar erfasst § 44 BDSG i. V. m. § 43 Abs. 2 BDSG bereits viele Arten des Identitätsdiebstahls, die Norm wird jedoch aufgrund ihres Standortes im BDSG und der typischen datenschutzrechtlichen Formulierungen nicht als Straftatbestand für den

1392 House of Commons Debates (Hansard), 2nd Session, 40th Parliament, Volume 144, Issue 96 v. 20.10.2009, S. 5902: „The fear of having their identities misused again at some unknown point in time in the future is a constant for these victims".

1393 *Bruns*, Stellungnahme 41. StrÄndG, S. 9; ebenso *Fraud Prevention Expert Group*, S. 35.

1394 *EU Komm.*, Roadmap, S. 1 f.

1395 *EU Komm.*, Roadmap, S. 1 f.

1396 House of Commons Debates (Hansard), 2nd Session, 40th Parliament, Volume 144, Issue 96 v. 20.10.2009, S. 5902.

1397 *Borges/Schwenk/Stuckenberg/Wegener*, S. 373.

Identitätsdiebstahl wahrgenommen.[1398] Ein Identitätsdiebstahlstatbestand wäre eine zeitgemäße Entsprechung des Namensschutzes aus § 12 BGB im Strafrecht. Es besteht eine Pflicht des Gesetzgebers, das Persönlichkeitsrecht als verfassungsrechtlich geschütztes Rechtsgut durch einfachgesetzliche Ausgestaltung zu schützen.[1399] So hat der Rat der Europäischen Union den Schutz von persönlichen Daten als Grundrecht bezeichnet.[1400] Ein neuer Straftatbestand würde mithin zum strafrechtlichen Schutz der numerischen Identität und damit letztlich des allgemeinen Persönlichkeitsrechts beitragen.[1401]

Zum Teil wird vorgebracht, dass die Schaffung eines neuen Straftatbestandes die internationale Zusammenarbeit in Strafsachen erleichtern könnte.[1402] Die Europäische Kommission bemängelt in ihren Veröffentlichungen, dass in den meisten EU-Mitgliedsstaaten kein spezifischer Identitätsdiebstahlstatbestand existiere. Ein EU-weit einheitlicher Straftatbestand könnte daher grenzüberschreitende Ermittlungen und Strafverfolgung erleichtern. Bislang sei das Risiko der Strafverfolgung für den Täter daher äußerst gering.[1403] Es existiert ferner kein europäisches Recht, welches sich ausdrücklich mit dem Identitätsdiebstahl befasst.[1404] In dem am 4. Juli 2013 vom Europäischen Parlament angenommenen Entwurf der Europäischen Kommission für einen neuen Rahmenbeschluss über Angriffe auf Informationssysteme[1405] hat das Parlament daher eine Prüfung angeregt, ob es einer europaweit einheitlichen Strafvorschrift gegen Identitätsdiebstahl bedarf. Zudem wurde der Missbrauch fremder Identitätsdaten als Grund für eine Strafschärfung in den Entwurf eingefügt.

Tatsächlich ist davon auszugehen, dass Identitätsdiebstahl in den Fällen, in denen finanzielle Motive im Vordergrund stehen, häufig grenzüberschreitend begangen wird.[1406] Da die Daten weltweit eingesetzt werden können, reduziert eine grenzüberschreitende Begehung für den Täter das Risiko der Strafverfolgung. Voraussetzung für eine grenzüberschreitende Strafverfolgung ist die beiderseitige Strafbarkeit.[1407] Dies bedeutet, dass die maßgebliche Handlung sowohl im ersuchenden als auch im ersuchten Staat strafbar ist. In der EU findet sich dieser Grundsatz beispielsweise in Art. 5 Nr. 1 lit. a) des europäischen Übereinkommens über die Rechtshilfe in

---

1398 Siehe hierzu oben, D.VI.7.

1399 *Di Fabio*, in: Maunz/Dürig, Art. 2 Rn. 135.

1400 Rat der Europäischen Union, Council conclusions on preventing and combating identity-related crimes and on identity management, including the establishment and development of permanent StRuctured cooperation between the Member States of the European Union, 3051st Justice and Home Affairs Council meeting, 2. u. 3.12.2010.

1401 *Borges/Schwenk/Stuckenberg/Wegener*, S. 373.

1402 *Borges/Schwenk/Stuckenberg/Wegener*, S. 374.

1403 *EU Komm.*, Roadmap, S. 1 f.

1404 Zum Stand der Gesetzgebung in der EU siehe oben, C.I.3.e).

1405 Siehe hierzu oben, C.I.3.e).

1406 KOM (2010) 517 endg., S. 6; *EU Komm.*, Roadmap, S. 1.

1407 *Lagodny*, in: Widmaier, § 21 Rn. 20; *Vogler*, NJW 1983, 2114, 2116.

Strafsachen. Voneinander abweichendes nationales materielles Strafrecht erschwert daher die internationale Rechtshilfe.[1408] Die Schaffung eines Identitätsdiebstahlstatbestandes allein würde nur wenig Abhilfe schaffen. Angesichts der erheblichen Unterschiede bei der Definition des Identitätsdiebstahls in unterschiedlichen nationalen Rechtsordnungen[1409] würde allein ein EU-weit einheitlicher Tatbestand helfen.

Für die Schaffung eines Identitätsdiebstahlstatbestandes lässt sich schließlich noch anführen, dass vermutlich eine große Zahl von Opfern – auch in Deutschland – existiert. Statistische Erhebungen zu dieser Frage fehlen für Deutschland vollständig. Insgesamt existieren weltweit nur wenige Schätzungen, wie viele Personen jedes Jahr Opfer eines Identitätsdiebstahls werden.[1410] Im Rahmen des kanadischen Gesetzgebungsverfahrens ergab sich, dass 212.000 kanadische Staatsbürger im Jahr 2006 Opfer von Identitätsdiebstahl geworden sind, wobei die Schäden auf bis zu 15 Milliarden CAD geschätzt wurden. Bei einer repräsentativen Befragung gaben 6,5 % der kanadischen Erwachsenen an, dass ihre Identitätsdaten missbräuchlich verwendet wurden.[1411] Dies entspricht dem Ergebnis einer Umfrage der Europäischen Kommission, wonach 8 % der Internetnutzer bereits Opfer eines Identitätsdiebstahls gewesen sein sollen.[1412] In Frankreich wurde die Zahl der Opfer von Identitätsdiebstahl auf 200.000 pro Jahr geschätzt.[1413] Wenngleich keine Zahlen für die Bundesrepublik existieren, dürfte hierzulande das Ausmaß ähnliche Größenordnungen erreichen, da ein struktureller Unterschied zu dem Nachbarland Frankreich insofern nicht ersichtlich ist.

III. Zwischenergebnis

Rechtsgut des Identitätsdiebstahls ist das Recht des Einzelnen auf Schutz der eigenen Identitätsdaten vor Missbrauch, welches an das verfassungsrechtlich geschützte allgemeine Persönlichkeitsrecht anknüpft und dieses in Anbetracht der gesellschaftlichen Entwicklung um die numerische Identität erweitert.

Zunächst lässt sich feststellen, dass die Bekämpfung des Identitätsdiebstahls angesichts des genannten betroffenen grundrechtlich geschützten Rechtsguts ein legitimes gesetzgeberisches Ziel darstellt.

Die Schaffung eines neuen Straftatbestandes wäre im Sinne der Verhältnismäßigkeitsprüfung überdies geeignet, dieses Ziel zu erfüllen. Ein Straftatbestand würde dem Ziel, der Eindämmung des Identitätsdiebstahls, förderlich sein. Jedenfalls wäre er nicht schlechthin ungeeignet, dieses Ziel zu erreichen.

1408 *Wasmeier*, in: Sieber/Brüner/Satzger/von Heintschel-Heinegg, § 32 Rn. 9.

1409 Siehe hierzu oben, C.I.3.

1410 *EU Komm.*, Roadmap, S. 1.

1411 House of Commons Debates (Hansard), 2nd Session, 40th Parliament, Volume 144, Issue 76, 16.06.2009, S. 4685.

1412 *EU Komm.*, Eurobarometer 390, S. 5, 48.

1413 Sitzung des Senats vom 18.01.2011 (MS Alima Boumediene-Thiery).

Ferner stellt sich die Frage, ob ein Einschreiten auf Ebene des Strafrechts erforderlich ist. Eine mildere Alternative hierzu wäre die Schaffung zivilrechtlicher Ansprüche gegen den Täter. So schränkt bereits das BDSG den Umgang mit personenbezogenen Daten ein. Zudem existieren zivilrechtliche Unterlassungsansprüche (§§ 1004 BGB analog, 12 BGB), auf die hier jedoch nicht weiter eingegangen werden soll.[1414] Ob diese gleich geeignet sind, kann im Rahmen dieser Arbeit mangels erforderlicher Erhebungen nicht beantwortet werden. Jedoch ist – entsprechend der Rechtsprechung des Bundesverfassungsgerichts[1415] – davon auszugehen, dass neben der Schaffung einer Strafnorm keine gleich geeigneten Mittel zur Verfügung stehen.

Bei der Prüfung der Angemessenheit einer entsprechenden Regelung sind im Rahmen einer umfassenden Abwägung sämtliche Umstände zu bewerten und gegeneinander abzuwägen. Insoweit kann auf die obigen Argumente für und wider die Schaffung eines neuen Identitätsdiebstahlstatbestandes verwiesen werden. Maßgeblich für die Frage der Strafwürdig- und Strafbedürftigkeit ist die Frage der besonderen Gefährlichkeit der Vorbereitungshandlung. Zusammenfassend lässt sich feststellen, dass es gewichtige Gründe für die Annahme gibt, dass beim Identitätsdiebstahl von der notwendigen besonderen Gefährlichkeit ausgegangen werden kann. Diese resultiert aus der Veränderung hin zu einer zunehmend digitalen Gesellschaft, der möglichen Verwendung der Identitätsdaten zur Erleichterung schwerer Straftaten sowie der Tatsache, dass entwendete Identitätsdaten beliebig oft weitergegeben und verwendet werden können. Mit der Schaffung eines eigenen Straftatbestandes würde ferner der gesellschaftliche Wert von Identitätsdaten zum Ausdruck gebracht werden. Da Identitätsdiebstahl häufig grenzüberschreitend stattfindet, wäre ein Straftatbestand aufgrund des Erfordernisses der beiderseitigen Strafbarkeit hilfreich, um die internationale Zusammenarbeit in Strafsachen zu erleichtern.[1416] Wenngleich keine Zahlen für Deutschland existieren, ist mit Blick auf Statistiken aus anderen Ländern davon auszugehen, dass Identitätsdiebstahl auch in Deutschland ein weitverbreitetes Phänomen ist.

Zusätzlich zu diesen Argumenten lässt sich auf viktimologischer Ebene vorbringen, dass – aufgrund der spezifischen Eigenarten des Identitätsdiebstahls – die Tat erhebliche, teils lang andauernde Auswirkungen auf ein Opfer hat. Die fehlende Überschaubarkeit darüber, bei welchen Stellen welche persönlichen Daten gespeichert werden, erschwert es dem Opfer eines Identitätsdiebstahls den „Tatort" ausfindig zu machen. Das Opfer hat außerdem keinen Einfluss darauf, wie seine Identitätsdaten gesichert und vor unberechtigtem Zugriff geschützt werden. Die Unkenntnis über den Speicherort und die speichernde Stelle führt überdies dazu,

---

1414 Siehe hierzu *J. Meyer*, S. 68 ff.; *von Hutten*, in: Götting/Schertz/Seitz, § 49.

1415 *BVerfG*, Beschl. v. 19.03.1975 – 1 BvL 20/73 u. a., BVerfGE 39, 210 = WM 1975, 589.

1416 *Borges/Schwenk/Stuckenberg/Wegener*, S. 374, die jedoch den Nutzen angesichts der unterschiedlichen nationalen Strafnormen als gering ansehen.

dass ein unbefugter Zugriff auf elektronisch gespeicherte Identitätsdaten häufig erst spät bemerkt wird.[1417] In der Zwischenzeit kann der Schaden anwachsen, ohne dass das Opfer sich hiervor durch eigene Maßnahmen (z.B. Änderung des Passwortes, Sperrung der Kreditkarte) schützen kann.

1417 *CIPPIC*, Working Paper 1, S. 6: Im Durchschnitt dauert es ein Jahr, bis das Opfer einen Identitätsdiebstahl bemerkt; *Newman/McNally*, S. 8.

F. Zusammenfassung der Ergebnisse und Entwurf eines Straftatbestandes des Identitätsdiebstahls

Die Ergebnisse der Untersuchung lassen sich wie folgt zusammenfassen:

I. Der Begriff der Identität kann abhängig von der jeweiligen Disziplin auf ganz unterschiedliche Weise verstanden werden. Ungeachtet feinerer Abstufungen lassen sich im Wesentlichen zwei Definitionsmöglichkeiten des Identitätsbegriffs ausmachen. Dies ist einerseits die numerische Identität, welche die Unterscheidung von Personen und Objekt anhand messbarer objektiver Merkmale bezeichnet, und andererseits die soziale Identität, die die Selbst- und Außenwahrnehmung der Person betrifft. Der mit der Entwicklung des Internets hin zu einem sozialen Netz entstandene Terminus der virtuellen Identität ist im Ergebnis kein eigenständiger Identitätsbegriff, sondern lässt sich je nach Verständnis der numerischen oder sozialen Identität zuordnen. Für die Zwecke eines Straftatbestandes des Identitätsdiebstahls ist Identität im Sinne der numerischen Identität zu verstehen, was die virtuelle numerische Identität miteinschließt. Als strafrechtliches Tatbestandsmerkmal ist die numerischen Identität indes untauglich, da eine vollständige numerische Identität ein rein philosophisches Konstrukt darstellt. Datensammlungen, welche naturgemäß nie alle über eine Person theoretisch verfügbaren Daten enthalten, stellen daher nur Teilidentitäten dar. Jedoch würde auch der Begriff der Teilidentität aufgrund seiner Unschärfe zu Problemen bei der Subsumtion führen. Tatbestandsmerkmal eines Identitätsdiebstahlstatbestandes kann daher nur ein Identitätsdatum sein, welches einer real existierenden natürlichen Person zugeordnet werden kann. Identitätsdaten sind Daten der (numerischen) Identität, die für sich oder in Kombination mit anderen Identitätsdaten eine Unterscheidung zwischen Personen ermöglichen.

II. Der Begriff des Identitätsdiebstahls ist dem deutschen Recht bislang fremd und im Hinblick auf das Tatobjekt unglücklich. In der öffentlichen Diskussion ist er hingegen weit verbreitet, wird aber häufig nicht einheitlich verwendet. International ist der Begriff im Strafrecht gebräuchlicher. So haben sowohl Kanada als auch Frankreich in den letzten Jahren eigene Identitätsdiebstahlstatbestände erlassen. Wesentliches Problem beim Vergleich der unterschiedlichen nationalen und internationalen Ansätze zu diesem Thema ist die Frage, wie der Begriff des Identitätsdiebstahls zu definieren ist. Dies erschwert die Diskussion und mindert die Vergleichbarkeit von statistischen Erhebungen. Kernfrage ist dabei, ob unter Identitätsdiebstahl allein das Verschaffen fremder Identitätsdaten oder auch/nur deren missbräuchliche Verwendung zu verstehen ist. Letzteres lässt sich als Identitätsmissbrauch bezeichnen. Richtigerweise sollten die genannten Begriffe strikt getrennt und als Identitätsdiebstahl nur das Verschaffen fremder Identitätsdaten angesehen werden. Identitätsdiebstahl ist mithin als Vortat zu einem zeitlich nachgelagerten Identitätsmissbrauch anzusehen. Das französische und das kanadische Recht sind diesen Weg gegangen.

Die Art und Weise, wie Identitätsdiebstahl begangen werden kann, ist äußerst vielfältig. Unterscheiden lassen sich die Begehungsweisen danach, ob die Tat unter Verwendung des Internets oder sonstiger Netzwerke oder auf andere Weise begangen wird. Zu den Begehungsweisen über das Internet gehören unter anderem das Phishing von Zugangsdaten zu Onlinebanking- oder anderen Internetdiensten sowie das Hacking. Zu den sonstigen Begehungsweisen zählen die Wegnahme oder das Auslesen (Skimming) von Datenträgern, aber auch das Verschaffen der Identitätsdaten durch Täuschung.

III. Bei der Untersuchung der Strafbarkeit der typischen Begehungsweisen nach geltendem deutschem Recht gelangt man zu folgenden Ergebnissen:

1. Als Ergebnis zu § 202a StGB lässt sich feststellen, dass die Norm viele Fälle erfasst, die als Hacking bezeichnet werden können, wenn die Identitätsdaten den Datenbegriff des § 202a Abs. 1 und Abs. 2 StGB erfüllen. Es muss sich um elektronisch oder magnetisch gespeicherte Daten handeln, die nicht für den Täter bestimmt und gegen unberechtigten Zugriff besonders gesichert sind. Werden Daten durch Keylogger bei der Übertragung zwischen Eingabegerät und Computer erlangt, liegt hingegen kein taugliches Tatobjekt vor. Das Skimming wird ebenfalls nicht von § 202a StGB erfasst. Nach zutreffender, aber umstrittener Ansicht fällt ferner das Phishing nicht unter § 202a StGB, da der Täter in diesen Fällen jedenfalls keine besondere Zugangssicherung überwindet, sondern die Daten durch Täuschung erlangt. Zudem ist fraglich, ob Passwort und TAN überhaupt zu den geschützten Daten zählen. Zweifel sind auch hinsichtlich der fehlenden Befugnis des Täters angebracht. Bei § 202a StGB handelt es sich zudem um ein Antragsdelikt, wobei der Identitätsinhaber nicht notwendigerweise Strafantragsberechtigter ist.
2. Andere Begehungsweisen, welche in die Übermittlung von Identitätsdaten eingreifen, fallen unter § 202b StGB. Erfasst werden insbesondere die Man-in-the-Middle-Angriffe, bei denen sich der Täter in die Kommunikation zwischen Opfer und einem Dritten einschaltet und diese manipuliert. Ferner erfüllt das Sniffing, bei dem der Täter Identitätsdaten abfängt, die über ein unverschlüsseltes Netzwerk übermittelt werden, den Tatbestand von § 202b StGB. Das klassische Phishing wird indes nicht erfasst, da das Opfer die Daten bewusst an einen Dritten übermittelt und diese nicht abgefangen werden. Auch das Pharming, bei dem Aufrufe von Internetseiten umgeleitet werden, fällt nicht unter § 202b StGB.
3. § 202c StGB deckt viele typische Vorbereitungshandlungen des Identitätsdiebstahls im Internet ab. Da § 202c StGB der Vorbereitung einer Tat nach § 202a oder § 202b StGB dienen muss, kommt es stets darauf an, ob die geplante Haupttat

einen dieser Tatbestände erfüllt. Vorbereitungshandlungen für das klassische Phishing, wie das Versenden der Phishing-Mail, werden mithin nicht von § 202c StGB erfasst, da das Phishing nicht den Tatbestand der §§ 202a, 202b StGB erfüllt. Ebenfalls nicht erfasst sind die Schaffung oder das Anbringen von Skimming-Vorrichtungen. § 202c StGB ist aber für Vorbereitungshandlungen wie das sogenannte technische Phishing, welches unter Einsatz von Schadsoftware begangen wird, Man-in-the-Middle-Angriffe sowie das Pharming einschlägig.

4. Bei der Wegnahme von Datenträgern und Unterlagen stellt sich für die Strafbarkeit nach den Eigentumsdelikten (§§ 242 ff., 249 ff. StGB) zunächst die Frage nach dem tauglichen Tatobjekt, wenn die Datenträger vor der Tat vom Opfer entsorgt wurden (*bin raiding*). Bei Datenträgern mit sensiblen Informationen kann mit der Rechtsprechung davon ausgegangen werden, dass trotz Entsorgung keine Dereliktion vorliegt. Des Weiteren stellt sich die Frage der Zueignungsabsicht, wenn der Täter allein die Daten auslesen und verwenden möchte. In der Rechtsprechung wird diese Frage nicht einheitlich beurteilt. Im Ergebnis sollte jedoch davon ausgegangen werden, dass keine Zueignungsabsicht vorliegt, wenn der Täter beabsichtigt, den Datenträger nach dem Auslesen der Daten nicht weiter zu verwenden.
5. Bei der Verschaffung von Identitätsdaten durch Täuschung des Opfers scheidet eine Strafbarkeit des Täters nach § 263 StGB aus verschiedenen Gründen aus. Zunächst kann in gewissen Konstellationen bereits das Vorliegen eines Irrtums aufgrund von Zweifeln beim Opfer fraglich sein. Jedenfalls fehlt es aber an der Unmittelbarkeit zwischen Vermögensverfügung und Vermögensschaden, da weitere wesentliche Zwischenschritte seitens des Täters erforderlich sind. Abzulehnen ist zudem, dass es sich bei Identitätsdaten um von § 263 StGB geschützte Vermögensgegenstände handelt und dass mit deren Weitergabe an den Täter eine schadensgleiche Vermögensgefährdung eintritt.
6. Abgedeckt werden sämtliche der typischen Begehungsweisen des Identitätsdiebstahls von § 44 Abs. 1 i. V. m. § 43 Abs. 2 Nr. 1, 3 und 4 BDSG, da die Tathandlungen äußerst weit gefasst sind und Identitätsdaten weitestgehend den personenbezogenen Daten im Sinne des BDSG entsprechen. Eine Lücke besteht nur in den Fällen, in denen die Daten keinen direkten Schluss auf eine natürliche Person zulassen. Dies betrifft die Fälle der virtuellen numerischen Identität. Bislang fristet die Norm jedoch ein Schattendasein und wird von den Strafverfolgungsbehörden und Gerichten weitestgehend ignoriert. Grund hierfür könnten ihre Stellung im BDSG sowie die typisch datenschutzrechtliche Formulierung der Norm sein. Zudem handelt es sich bei § 44 Abs. 1i. V. m. § 43 Abs. 2 BDSG um ein Antragsdelikt, was ebenfalls Grund für die äußerst geringe Anwendung der Norm sein könnte.

Insgesamt hat die Untersuchung ergeben, dass viele der typischen Begehungsweisen des Identitätsdiebstahls durch bestehende Strafnormen im StGB und BDSG weitgehend abgedeckt werden. Da § 44 Abs. 1i. V. m. § 43 Abs. 2 BDSG praktisch keine

Anwendung findet liegt damit zwar keine rechtliche, aber eine faktische Strafbarkeitslücke vor.

IV. Bei der Frage der Strafwürdigkeit der typischen Begehungsweisen ist das vom Identitätsdiebstahl zu schützende Rechtsgut zu ermitteln, da das Strafrecht die stärkste Form staatlichen Rechtsgüterschutzes ist. Beim Identitätsdiebstahl kommen insoweit das Recht auf informationelle Selbstbestimmung, das allgemeine Persönlichkeitsrecht sowie als originäres Rechtsgut das Recht des Einzelnen auf Schutz der eigenen Identitätsdaten vor Missbrauch in Betracht. Allein Letzteres vermag im Ergebnis als Rechtsgut zu überzeugen, da dieses eine zeitgemäße Erweiterung des allgemeinen Persönlichkeitsrechts im Informations- und Datenzeitalter darstellt. Die verfassungsrechtlichen Vorgaben für die Schaffung eines neuen Straftatbestandes liegen beim Identitätsdiebstahl vor. Nach Abwägung der Argumente erscheint es sinnvoll, den Identitätsdiebstahl in einem eigenen Straftatbestand im StGB unter Strafe zu stellen. Aufgrund der Veränderungen der Gesellschaft durch eine zunehmende Digitalisierung und der Internationalisierung der Datenströme handelt es sich beim Identitätsdiebstahl um eine besonders gefährliche Vorbereitungshandlung, die eine Vielzahl schwerer Delikte ermöglicht oder erleichtert. Zudem käme einem neuen Tatbestand eine starke Symbolwirkung hinsichtlich des Schutzes persönlicher Daten zu. Auch in Deutschland kann nach statistischen Erhebungen in anderen Ländern von einer Vielzahl von Taten ausgegangen werden.

V. Aufgrund der vorgenannten Überlegungen wird die Einführung des folgenden Straftatbestandes in das deutsche Recht vorgeschlagen:

> *§ 202d StGB – Verschaffung von Identitätsdaten*
>
> *Wer sich unbefugt Daten einer anderen Person, die dazu geeignet sind, sich als diese Person im Rechtsverkehr auszugeben (Identitätsdaten), in der Absicht verschafft, sich oder einen anderen zu bereichern oder einen anderen zu schädigen, wird mit Freiheitsstrafe bis zu … Jahren oder mit Geldstrafe bestraft.*

Literaturverzeichnis

Achenbach, Hans / Ransiek, Andreas (Hrsg.): Handbuch Wirtschaftsstrafrecht, 3. Aufl., Heidelberg 2012, zitiert als *Bearbeiter*, in: Achenbach/Ransiek.

Altpeter, Frank: Strafwürdigkeit und Straftatsystem, Frankfurt a.M. 1990, zugl. Dissertation 1989, Univ. Tübingen.

Alwart, Heiner: Strafwürdiges Versuchen: eine Analyse zum Begriff der Strafwürdigkeit und zur Struktur des Versuchsdelikts, Berlin 1982, zugl. Dissertation 1980, Univ. Hamburg.

Ambs, Friedrich (Hrsg.): Strafrechtliche Nebengesetze, zitiert als: *Bearbeiter*, in: Erbs/Kohlhaas, 192. EGL, München 2012.

Anastaspoloulou, Ioanna: Deliktstypen zum Schutz kollektiver Rechtsgüter, München 2005, zugl. Dissertation 2003/2004, Univ. München.

Anrig, Bernhard / Benoist, Emmanuel / Jaquet-Chiffelle, David-Olivier: Virtual? Identity, abrufbar unter: http://www.vip.ch/papers/virtual_identity.pdf.

Anti-Phishing-Working-Group (APWG): Phishing Activity Trends Report, 3rd Quarter 2012, 2013, abrufbar unter: http://www.antiphishing.org/resources/apwg-reports/, zitiert als *APWG*, Report 3Q 2012.

Ashworth, Andrew: Principles of Criminal Law, 3. Aufl., Oxford u. a. 1999.

Assmann, Aleida: Zum Problem der Identität aus kulturwissenschaftlicher Sicht, Leviathan, Berliner Zeitschrift für Sozialwissenschaft 1998, 238–253.

Bachmann, Mario / Goeck, Ferdinand: Strafrechtliche Aspekte des „Skimmings", zugl. Anm. zu BGH, Urt. v. 17.02.2011 – 3 StR 419/10, JR 2011, 425–430.

Bader, Johann / Ronellenfitsch, Michael (Hrsg.): Beck'scher Onlinekommentar zum VwVfG, zitiert als *Bearbeiter*, in: BeckOK VwVfG, München 2013.

Baier, Tobias: Persönliches digitales Identitätsmanagement, Hamburg 2005, zugl. Dissertation 2005, Univ. Hamburg.

Bär, Wolfgang: Handbuch zur EDV-Beweissicherung im Strafverfahren, Stuttgart 2007.

Bär, Wolfgang: Wardriver und andere Lauscher – Strafrechtliche Fragen im Zusammenhang mit WLAN, MMR 2005, 434–441.

Bauknecht, Gesine / Lüdicke, Liselotte: Das französische Strafgesetzbuch – Code pénal, Übersetzung (Stand: 1. Juni 2009), 2. Aufl., Berlin 2009.

Baumann, Jürgen / Weber, Ulrich / Mitsch, Wolfgang (Hrsg.): Strafrecht, Allgemeiner Teil, 11. Aufl., Bielefeld 2003, zitiert als *Bearbeiter*, in: Baumann/Weber/Mitsch.

Beneto, Mercedes: Entwicklung der Identität im Erwachsenenalter am Beispiel von in Deutschland lebenden Ausländern und Ausländerinnen, Freiburg 2006, zugl. Dissertation 2006, Univ. Freiburg.

Bergmann, Lutz / Möhrle, Roland / Herb, Armin: Datenschutzrecht: Kommentar zum Bundesdatenschutzgesetz, den Datenschutzgesetzen der Länder und Kirchen sowie zum bereichsspezifischen Datenschutz.

Beulke, Werner: Strafrecht, Allgemeiner Teil : die Straftat und ihr Aufbau, 42. Aufl., Heidelberg u. a. 2012.

Biallaß, Isabelle: Geldwäsche durch Weitergabe eingehender Gelder, Anmerkung zu LG Darmstadt, Urt. v. 13.06.2006 – 7 Ns 360 Js 33848/05, ZUM 2006, 876–880.

Biallaß, Isabelle: LG Bonn: Stornorecht der Bank bei Phishing, Anmerkung zu LG Bonn, Urt. v. 29.12.2006 – 3 O 236/06, MMR 2006, 462–465.

Binder, Roberto / Gill, Martin: Identity Theft and Fraud: Learning from the U.S.A, Leicester 2005.

BITKOM (Hrsg.): Datenschutz im Internet – Eine repräsentative Untersuchung zum Thema Daten im Internet aus Nutzersicht, Berlin 2011, zitiert als: *BITKOM*, Datenschutz im Internet.

BITKOM (Hrsg.): Web Identitäten – Begriffsbestimmungen und Einführung in das Thema, Berlin 2005, zitiert als *BITKOM*, Leitfaden.

Bizer, Johann / Bleumer, Gerrit,: Pseudonym, DuD 1997, 46.

Bohnert, Joachim: Kommentar zum Ordnungswidrigkeitengesetz, 3. Aufl., München 2010.

Bohnert, Joachim: Ordnungswidrigkeitsgesetz, Kommentar, 3. Aufl., München 2010.

Borges, Georg: Rechtsfragen des Phishing – Ein Überblick, NJW 2005, 3313–3317.

Borges, Georg: Rechtsscheinhaftung im Internet, NJW 2011, 2400–2403.

Borges, Georg: Stellungnahme zum Gesetzentwurf der Bundesregierung – Entwurf eines ... Strafrechtsänderungsgesetzes zur Bekämpfung der Computerkriminalität (...StrÄndG) für die öffentliche Anhörung am 21. März 2007, zitiert als *Borges*, Stellungnahme 41. StrÄndG.

Borges, Georg / Schwenk, Jörg / Stuckenberg, Carl-Friedrich / Wegener, Christoph: Identitätsdiebstahl und Identitätsmissbrauch im Internet –Rechtliche und technische Aspekte, Berlin 2011.

Borges, Georg / Stuckenberg, Carl-Friedrich / Wegener, Christoph: Bekämpfung der Computerkriminalität. Zum Entwurf eines Strafrechtsänderungsgesetzes zur Bekämpfung der Computerkriminalität, DuD 4/2007, 275–278.

Böttger, Marcus (Hrsg.): Wirtschaftsstrafrecht in der Praxis, Münster 2011, zitiert als *Beabeiter*, in: Böttger.

Brand, Christian: Die strafrechtliche Bedeutung der Nutzung fremder Packstationsdaten zu kriminellen Zwecken, NStZ 2013, 7–12.

Brandt, Astrid: Zur Strafbarkeit des Phishing, Hamburg 2010, zugl. Dissertation 2009, Univ. Kiel.

Bräuer, Viola: Anmerkung zu „Identitätsdiebstahl" von Karl Rihaczek, DuD 2005, 24.

Bräutigam-Ernst, Stephanie: Die subjektive Tatseite – insbesondere mens rea und mistake of facts, in: *Mansdörfer*, Die allgemeine Straftatlehre des common law, S. 49–88.

Brockhaus-Verlag (Hrsg.): Brockhaus – die Enzyklopädie in vierundzwanzig Bänden, 20. Aufl., Leipzig 1998, zitiert als *Brockhaus.*

Bruns, Michael: Stellungnahme für die öffentliche Anhörung des Rechtsausschusses des Deutschen Bundestages am 21. März 2007 zu dem Gesetzentwurf der Bundesregierung „Entwurf eines ... Strafrechtsänderungsgesetzes zur Bekämpfung der Computerkriminalität (... StrÄndG) – BTDrucks. 16/3656", zitiert als Bruns, Stellungnahme 41. StrÄndG.

Brunst, Phillip: Anonymität im Internet – rechtliche und tatsächliche Rahmenbedingungen – Zum Spannungsfeld zwischen einem Recht auf Anonymität bei der elektronischen Kommunikation und den Möglichkeiten zur Identifizierung und Strafverfolgung, Berlin 2009, zugl. Dissertation 2009, Univ. Erlangen-Nürnberg.

Buggisch, Walter: Fälschung beweiserheblicher Daten durch Verwendung einer falschen E-Mail-Adresse?, NJW 2004, 3519–3522.

Bühler, Christoph: Ein Versuch, Computerkriminellen das Handwerk zu legen: Das Zweite Gesetz zur Bekämpfung der Wirtschaftskriminalität, MDR 1987, 448–457.

Bundeskriminalamt: Polizeiliche Kriminalstatistik 2012, Wiesbaden 2012, zitiert als *BKA*, PKS 2012.

Bundeskriminalamt: Zahlungskartenkriminalität, Bundeslagebild 2011, Wiesbaden 2011, zitiert als *BKA*, Zahlungskartenkriminalität.

Bunte, Hermann-Josef: AGB-Banken und Sonderbedingungen, 3. Aufl., München 2011.

Busch, Christoph: Biometrie und Identitätsdiebstahl, DuD 2009, 317.

Cabinet Office (UK): Identity Fraud: A Study, London 2002, abrufbar unter: http://www.statewatch.org/news/2004/may/id-fraud-report. pdf, zitiert als Cabinet Office, Identity Fraud.

Calliess, Christian / Ruffert, Matthias (Hrsg.): EUV/AEUV – Das Verfassungsrecht der Europäischen Union mit Europäischer Grundrechtecharta, 4. Aufl., München 2011, zitiert als *Bearbeiter*, in: Calliess/Ruffert.

Canadian Internet Policy and Public Interest Clinic (CIPPIC): Canadian Legislation Relevant to Identity Theft. An Annotated Review, CIPPIC Working Paper No. 3A, Ottawa 2007, abrufbar unter: http://www.cippic.ca/sites/default/files/bulletins/Leg_3A.pdf, zitiert als: *CIPPIC*, Working Paper 3A.

Canadian Internet Policy and Public Interest Clinic (CIPPIC): Identity Theft: Introduction and Background, CIPPIC Working Paper No. 1 (ID Theft Series), Ottawa 2007, abrufbar unter: http://www.cippic.ca/sites/default/files/bulletins/Introduction.pdf, zitiert als *CIPPIC*, Working Paper 1.

Canadian Internet Policy and Public Interest Clinic (CIPPIC): Legislative Approaches to Identity Theft: An Overview, CIPPIC Working Paper No. 3 (ID Theft Series), Ottawa 2007, abrufbar unter: http://www.cippic.ca/sites/default/files/bulletins/Legislation.pdf, zitiert als *CIPPIC*, Working Paper 3.

Canadian Internet Policy and Public Interest Clinic (CIPPIC): Techniques of Identity Theft, CIPPIC Working Paper No. 2 (ID Theft Series), Ottawa 2007, abrufbar unter: http://www.cippic.ca/sites/default/files/IDT_No.2-Techniques.pdf, zitiert als: *CIPPIC*, Working Paper 2.

Canadian Internet Policy and Public Interest Clinic (CIPPIC): United States Legislation Relevant to Identity Theft: An Annotated Review, CIPPIC Working Paper No. 3B, Ottawa 2007, abrufbar unter: http://www.cippic.ca/sites/default/files/bulletins/Leg_3B.pdf, zitiert als *CIPPIC*, Working Paper 3B.

Cheney, Julia: Identity Theft: Do Definitions Still Matter?, Philadelphia 2005, abrufbar unter: http://papers.ssrn.com/sol3/papers.cfm?abstract_id=815684.

Collins, Judith: Business Identity Theft: The Latest Twist, Journal of Forensic Accounting 2003, 303–306.

Collins, Judith: Preventing Identity Theft in Your Business, Hoboken, New Jersey, 2005.

Däubler, Wolfgang / Klebe, Thomas, / Wedde, Peter / Weichert, Thilo (Hrsg.): Bundesdatenschutzgesetz, 2. Aufl. Frankfurt a.M. 2007, zitiert als *Bearbeiter*, in: Däubler/Klebe/Wedde/Weichert.

Dauster, Manfred / Braun, Franz: Verwendung fremder Daten im Zivilprozess und zivilprozessuale Beweisverbote, NJW 2000, 313–319.

Davis, Lance: With or Without Authorization, It's Still Identity Theft, 33 McGeorge L. Rev. 2001–2002, 231–238.

Dhamija, Rachna / Tygar, J. D. / Hearst, Marti: Why Phishing Works, Proceedings of the SIGCHI Conference on Human Factors in computing systems, Band 1, S. 581–590, Montreal 2006.

Dietrich, Ralf: Das Erfordernis der besonderen Sicherung im StGB am Beispiel des Ausspähens von Daten, § 202a StGB: Kritik und spezialpräventiver Ansatz, Berlin 2009, zugl. Dissertation 2008, Univ. Tübingen.

Dölling, Dieter / Duttge, Gunnar / Rössner, Dieter (Hrsg.): Gesamtes Strafrecht, 2. Aufl., Baden-Baden 2011, zitiert als *Bearbeiter*, in: Dölling/Duttge/Rössner.

Döring, Nicola: Identität + Internet = Virtuelle Identität?, abrufbar unter: http://www.mediaculture-online.de/fileadmin/bibliothek/ doering_identitaet/doering_identitaet.html, zitiert als *Döring*, Virtuelle Identität.

Dörre, Tanja / Kochmann, Kai: Zivilrechtlicher Schutz gegen negative eBay-Bewertungen, ZUM 2007, 30–40.

Dotzler, Florian: Datenschutzrechtliche Aspekte und der Einsatz biometrischer Systeme in Unternehmen, Köln 2010, zugl. Dissertation 2009, Univ. Regensburg.

Dubber, Markus: Einführung in das US-amerikanische Strafrecht, München 2005.

Eckhardt, Jens: Rechtliche Grundlagen der IT-Sicherheit, DuD 2008 330–336.

Eisele, Jörg: Payment Card Crime: Skimming, CR 2011, 131–136.

Erbs, Georg / Kohlhaas, Max (Hsrg.): Strafrechtliche Nebengesetze, 193. EGL, München 2013, zitiert als *Bearbeiter*, in: Erbs/Kohlhaas.

Ernst, Stefan: Computerstrafrecht 2007, DS 2007, 335–340.

Ernst, Stefan: Das neue Computerstrafrecht, NJW 2007, 2661–2666.

Ernst, Stefan: Hacker und Computerviren im Strafrecht, NJW 2003, 3233–3239.

Eßer, Martin: Der strafrechtliche Schutz des qualifizierten elektronischen Signaturverfahrens, Baden-Baden 2006, zugl. Dissertation 2005, Univ. Bonn.

Europäische Kommission: Roadmap: Legislative proposal on criminalisation of identity theft (included in the European strategy on identity management), 2010, abrufbar unter: http://ec.europa.eu/governance/impact/planned_ia/docs/2011_home_013_identity_theft _en.pdf, zitiert als *EU-Komm., Roadmap.*

Europäische Kommission: Special Eurobarometer 390 – Cyber Security, 2012, abrufbar unter: http://ec.europa.eu/public_opinion/archives/ebs/ ebs_390_en.pdf, zitiert als *EU-Komm.*, Eurobarometer 390.

Europäische Kommission: Special Eurobarometer 390 – Cyber Security, Fact Sheet Deutschland, 2012, abrufbar unter: http://ec.europa.eu/public_opinion/archives/ebs/ebs_390_fact_de_de.pdf, zitiert als *EU-Komm.*, Eurobarometer 390 Fact Sheet Deutschland.

Europäischer Rat: Council conclusions on preventing and combating identityrelated crimes1 and on identity management, including the establishment and development of permanent structured cooperation between the Member States of the European Union, 3051st JUSTICE and HOME AFFAIRS Council meeting Brussels, 2 and 3 December 2010, abrufbar unter: http://www.consilium.europa.eu/uedocs/cms_data/docs/pressdata/en/jha/118173.pdf, zitiert als *EU-Rat*, Pressemitteilung 3.12.2010.

Federal Trade Commission (FTC): Identity Theft: the FTC's Response before the Subcommittee on Technology, Terrorism and Government Information of the Senate Judiciary Committee, Washington 2002, abrufbar unter: http://www.ftc.gov/os/2002/03/idthefttest.htm, zitiert als *FTC*, Identity Theft: the FTC's Response.

Federal Trade Commission (US) (Hrsg.): Security in Numbers – SSN and ID Theft, Federal Trade Commission Report, 2008, zitiert als *FTC*, SSN Report.

Financial Crimes Enforcement Network (FinCEN): Identity Theft – Trends, Patterns, and Typologies Based on Suspicious Activity Reports, o.O. 2011, abrufbar unter: http://www.fincen.gov/news_room/rp/files/ID%20Theft%2011_508%20FINAL.pdf, zitiert als *FinCEN.*

Findeisen, Michael: Der Präventionsgedanke im Geldwäschegesetz, wistra 1997, 121–128.

Finklea, Kristin: Identity Theft: Trends and Issues, Congressional Research Service, CRS Report for Congress, 2012, abrufbar unter: http://www.fas.org/sgp/crs/misc/R40599.pdf.

Fischer, Thomas: Strafgesetzbuch, 60. Aufl., München 2013.

Förster, Johanne: Identität von Personen, Mannheim 2005, zugl. Dissertation 2004, Univ. Mannheim.

Fraud Prevention Expert Group: Report on Identity Theft/Fraud, Brüssel 2007, abrufbar unter: http://ec.europa.eu/internal_market/fpeg/docs/id-theft-report_en.pdf.

Frisch, Wolfgang: Schuldgrundsatz und Verhältnismäßigkeitsgrundsatz, NStZ 2013, 249–256.

Fritz, Carmen: Internationaler Datenschutz und Rechtsschutz beim Austausch biometrischer Daten – eine Würdigung des ePasses und des Prümer Ratsbeschlusses, Regensburg 2012, zugl. Dissertation 2012, Univ. Regensburg.

Garlik (Hrsg.): UK Cybercrime Report 2009, 2009, abrufbar unter: https://www.garlik.com/file/cybercrime_report_attachement.

Gercke, Marco / Brunst, Phillip (Hrsg.): Praxishandbuch Internetstrafrecht, Stuttgart 2009, zitiert als *Bearbeiter*, in: Gercke/Brunst.

Gercke, Marko: Analyse des Umsetzungsbedarfs der Cybercrime Konvention – Teil 1: Umsetzung im Bereich des materiellen Strafrechts, MMR 2004, 728–735.

Gercke, Marko: BGH: Verbreitung von Kinderpornografie im Internet, Anmerkung zu BGH, Urt. v. 27.06.2001 – 1 StR 66/01, MMR 2001, 676–680.

Gercke, Marko: Die Entwicklung des Internetstrafrechts im Jahr 2004, ZUM 2005, 612–620.

Gercke, Marko: Die Entwicklung des Internetstrafrechts im Jahr 2006, ZUM 2007, 282–293.

Gercke, Marko: Die Strafbarkeit von „Phishing“ und Identitätsdiebstahl. Eine Analyse der Reichweite des geltenden Strafrechts, CR 2005, 606–612.

Gercke, Marko: Internet-related Identity Theft: A Discussion Paper, 2007, abrufbar unter: http://www.coe.int/t/dghl/cooperation/ economiccrime/cybercrime/documents/reports-presentations/567%20port%20id-d-identity%20theft%20paper%2022%20 nov%2007.pdf, zitiert als *Gercke*, Internet-related Identity Theft.

Gercke, Marko: Legal Approaches to Criminalize Identity Theft, in: UN Handbook on Identity-related Crime, S. 1–54, zitiert als: *Gercke*, in: UN Handbook Identity-related crime.

Gercke, Marko: Stellungnahme zum Gesetzesentwurf der Bundesregierung zu einem Strafrechtsänderungsgesetz zur Bekämpfung der Computerkriminalität (BT-Drs. 16/3656) zur Vorbereitung der öffentlichen Anhörung im Rechtsausschuss am 21.3.2007, zitiert als *Gercke*, Stellungnahme 41. StrÄndG.

Goeckenjan, Ingke: Auswirkungen des 41. Strafrechtsänderungsgesetzes auf die Strafbarkeit des „Phishing", wistra 2009, 47–55.

Goeckenjan, Ingke: Phishing von Zugangsdaten für Online-Bankdienste und deren Verwertung, wistra 2008, 128–136.

Gola, Peter / Klug, Christoph / Körffer, Barbara (Hrsg.): Bundesdatenschutzgesetz, 11. Aufl., München 2012, zitiert als Gola/Schomerus.

Golembiewski, Claudia / Probst, Thomas: Datenschutzrechtliche Anforderungen an den Einsatz biometrischer Verfahren in Ausweispapieren und bei ausländerrechtlichen Identitätsfeststellungen, Unabhängiges Landeszentrum für Datenschutz Schleswig-Holstein (ULD), Kiel 2003, abrufbar unter: https://www.datenschutzzentrum.de/download/Biometrie_Gutachten_Print.pdf.

Gordon, Gary / Willox, Norman: Identity Fraud: A Critical National and Global Threat, 2003, abrufbar unter: http://www.lexisnexis.com/about/whitepaper/IdentityFraud.pdf.

Gössmann, Wolfgang / Bredenkamp, Sönke: Phishing, Vishing, Spoofing, Pharming oder Sniffing, in: Entwicklungslinien im Bank- und Kapitalmarktrecht, Festschrift für Gerd Nobbe, Köln 2009, S. 93–118.

Götting, Horst-Peter: Der Begriff des Geistigen Eigentums, GRUR 2006, 353–358.

Götting, Horst-Peter / Schertz, Christian / Seitz, Walter (Hrsg.): Handbuch des Persönlichkeitsrechts, München 2008, zitiert als *Bearbeiter*, in: Götting/Schertz/Seitz.

Grabitz, Eberhard / Hilf, Meinhard / Nettesheim, Martin (Hrsg.): Das Recht der Europäischen Union, 49. EGL., München 2012, zitiert als *Bearbeiter*, in: Grabitz/Hilf/Nettesheim.

Graf, Jürgen-Peter: „Phishing" derzeit nicht generell strafbar!, NStZ 2007, 129–132.

Graf, Jürgen-Peter: Stellungnahme zur öffentlichen Anhörung des Rechtsausschusses des Deutschen Bundestages am 21. März 2007 in Berlin zum Entwurf eines Strafrechtsänderungsgesetzes zur Bekämpfung der Computerkriminalität (BT-Drs. 16/3656), zitiert als *Graf*, Stellungnahme 41. StrÄndG.

Graf, Jürgen-Peter (Hrsg.): Beck'scher Onlinekommentar zur Strafprozessordnung, Stand 01.10.2012, München 2012, zitiert als *Bearbeiter*, in: BeckOK StPO.

Gräfe, Jenny: Sinn und System des Absehens von Strafe, Hamburg 2012, zugl. Dissertation 2011, Univ. Potsdamm.

Graul, Eva: Zum Tier als Sache i.S. des StGB, JuS 2000, 215–220.

Gröseling, Nadine / Höfinger, Frank Michael: Computersabotage und Vorfeldkriminalisierung – Auswirkungen des 41. StrÄndG zur Bekämpfung der Computerkriminalität, MMR 2007, 626–630.

Gröseling, Nadine / Höfinger, Frank Michael: Hacking und Computerspionage: Auswirkungen des 41. StrÄndG zur Bekämpfung der Computerkriminalität, MMR 2007, 549–553.

Gruner, Alexander: Biometrie und informationelle Selbstbestimmung, Dresden 2005, zugl. Dissertation 2005, Univ. Dresden.

Haft, Fritjof: Das Zweite Gesetz zur Bekämpfung der Wirtschaftskriminalität (2. WiKG) – Teil 2: Computerdelikte, NStZ 1987, 6–10.

Haker, Hille: Krise der Identität? Leiblichkeit, Körper und erzählte Identität in der Informations- und Wissensgesellschaft, in: Gérald Berthoud, Albert Kündig, Beat Sitter-Liver (Hrsg.): Informationsgesellschaft. Geschichten und Wirklichkeit. 22. Kolloquium (2003) der Schweizerischen Akademie der Geistes- und Sozialwissenschaften, Freiburg Schweiz 2005, S. 323–340, abrufbar unter: http://www.ethik.uni-frankfurt.de/mitarbeiterinnen/haker/Artikel_pdf/Krise_der_Identit__t.pdf.

Hanau, Max Ulrich: Handeln unter fremder Nummer, Karlsruhe 2004, zugl. Dissertation 2004, Univ. Köln.

Hannich, Rolf (Hrsg.): Karlsruher Kommentar zur Strafprozessordnung, 6. Aufl., München 2008, zitiert als *Bearbeier*, in: KK StPO.

Hansen, David: Strafbarkeit des Phishing nach Internetbanking-Legitimationsdaten, Hamburg 2007, zugl. Dissertation 2007, Univ. Passau.

Hansen, Marit / Meints, Martin: Digitale Identitäten – Überblick und aktuelle Trends. Identity-Lifecycle, Authentisierung und Identitätsmanagement, DuD 2006, 543–547.

Hansen, Marit / Meissner, Sebastian (Hrsg.): Verkettung digitaler Identitäten, Unabhängiges Landeszentrum für Datenschutz Schleswig Holstein (ULD), Untersuchung im Auftrag des Bundesministeriums für Bildung und Forschung, Kiel 2007, zitiert als: *Hansen/Meissner.*

Harte-Bavendamm, Henning / Henning-Bodewig, Frauke (Hrsg.): Gesetz gegen den unlauteren Wettbewerb (UWG), Kommentar, 2. Aufl., München 2009.

Härting, Niko: Internetrecht, 4. Aufl., Köln 2010.

Heckmann, Dirk / Albrecht, Florian: Das Gesetz zur Förderung der elektronischen Verwaltung, ZRP 2013, 42–45.

Heghmanns, Michael: Rezension: Dorothee Kruitsch, Strafbarkeit des unberechtigten Zugangs zu Computerdaten und -systemen, ZIS 2007, 49–50.

Heghmanns, Michael: Strafbarkeit des „Phishing“ von Bankkontendaten und ihrer Verwertung, wistra 2007, 167–170.

Heidel, Thomas / Hüßtege, Rainer / Mansel, Heinz-Peter / Noack, Ulrich (Hrsg.): Bürgerliches Gesetzbuch, Band 1, 2. Aufl., Baden-Baden 2012, zitiert als *Bearbeiter*, in: Heidel/Hüßtege/Mansel/Noack.

Heidrich, Joerg / Forgó, Nikolaus / Feldmann, Thorsten (Hrsg.): Heise Online-Recht: Der Leitfaden für Praktiker & Juristen, 3. EGL, Hannover 2011, zitiert als *Bearbeiter*, in: Heise Online-Recht.

Herrmann, Gunnar: Zur Strafbarkeit des Phishing, 2008, 248–252

Herrmann, Gunnar: Zur Strafbarkeit des Phishing, StRR 2008, 248–252.

Herzog, Felix (Hrsg.): Geldwäschegesetz, Kommentar, München 2010, zitiert als *Bearbeiter*, in: Herzog, Geldwäschegesetz.

Herzog, Felix / Mülhausen, Dieter (Hrsg.): Geldwäschebekämpfung und Gewinnabschöpfung: Handbuch der straf- und wirtschaftsrechtlichen Regelungen, München 2006.

Hilgendorf, Eric: Grundfälle zum Computerstrafrecht, Teil 1: Die Bedeutung der Computerkriminalität, JuS 1996, 509.

Hilgendorf, Eric: Grundfälle zum Computerstrafrecht, Teil 2: Die Computerspionage, (II), JuS 1996, 702–706.

Hilgendorf, Eric: Kurze Stellungnahme zum Entwurf eines Strafrechtsänderungsgesetzes zur Bekämpfung der Computerkriminalität (BT-Drucksache 16/3656 vom 30.11.2006) für die öffentliche Anhörung im Rechtsausschuss des Deutschen Bundestages am Mittwoch, dem 21. März 2007, zitiert als *Hilgendorf*, Stellungnahme 41. StrÄndG.

Hilgendorf, Eric / Frank, Thomas / Valerius, Brian: Computer und Internetstrafrecht, Berlin u. Heidelberg 2005.

Hilgendorf, Eric / Wolf, Christian: Internetstrafrecht – Grundlagen und aktuelle Fragestellungen, K & R 2006, 541–545.

Hoar, Sean: Identity Theft: The Crime of the New Millennium, 80 Or. L. Rev. 2001, 1423–1447.

Hoer, Sean: Current Developments, Identity Theft: The Crime of the New Millennium, 80 Or. L. Rev. 2001, 1423–1447.

Hoeren, Thomas / Sieber, Ulrich: Handbuch Multimedia-Recht, 33. EGL, München 2012.

Höffe, Otfried: Identität im Zeitalter der Digitalisierung, Zürich 2003, abrufbar unter: http://www.privacy-security.ch/sps2003/deutsch/ anmeldung/pdf/07_Hoeffe_text.pdf.

Holmes, Nancy / Valiquet, Dominique: Bill S-4: An Act to Amend the Criminal Code (Identity Theft and Related Misconduct), Legislative Summary, Parliamentary Information and Research Service, 2009, abrufbar unter: http://www.parl.gc.ca/Content/LOP/LegislativeSummaries/40/2/s4-e.pdf.

Hömig, Dieter (Hrsg.): Grundgesetz für die Bundesrepublik Deutschland, 10. Aufl., Baden-Baden 2013, zitiert als *Bearbeiter*, in: Hömig.

Hoofnagel, Chris Jay: Identity Theft: Making the Known Unknowns Known, Harvard Journal of Law and Technology, 2007, 98–122.

Hornung, Gerrit: Die digitale Identität: Rechtsprobleme von Chipkartenausweisen: digitaler Personalausweis, elektronische Gesundheitskarte, JobCard-Verfahren, Baden-Baden 2005, zugl. Dissertation, Univ. Kassel 2005.

Hornung, Gerrit: Informationen über „Datenpannen“ – Neue Pflichten für datenverarbeitende Unternehmen, NJW 2010, 1841–1845.

Hornung, Gerrit: Meyer, Identität und virtuelle Identität natürlicher Personen im Internet, Besprechung, ZD-Aktuell 2011, 155.

Javelin Strategy (Hrsg.): 2006 Identity Fraud Survey Report, Sample Report, Pleasanton 2006, abrufbar unter: https://www.javelinstrategy.com/brochure/32, zitiert als *Javelin*, Report 2006.

Javelin Strategy (Hrsg.): 2009 Identity Fraud Survey Report, Sample Report, Pleasanton 2009, abrufbar unter: https://www.javelinstrategy.com/brochure/114, zitiert als *Javelin*, Report 2009.

Javelin Strategy (Hrsg.): 2010 Identity Fraud Survey Report, Sample Report, Pleasanton 2010, abrufbar unter: https://www.javelinstrategy.com/research/brochures/Brochure-170, zitiert als *Javelin*, Report 2010.

Javelin Strategy (Hrsg.): 2012 Identity Fraud Industry Report, Sample Report, Pleasanton 2012, abrufbar unter: https://www.javelinstrategy.com/brochure/239, zitiert als *Javelin*, Report 2012.

Jessen, Ernst: Zugangsberechtigung und besondere Sicherung im Sinne des § 202a StGB, Frankfurt a.M. 1994, zugl. Dissertation Univ. Kiel 1993.

Joecks, Holger / Miebach, Wulf (Hrsg.): Münchener Kommentar zum Strafgesetzbuch, Band 1 §§ 1–37 StGB, 2. Aufl., München 2011, Bandredakteur: Bernd von Heintschel-Heinegg, zitiert als *Bearbeiter*, in: MünchKomm StGB, Bd. 1.

Joecks, Holger / Miebach, Wulf (Hrsg.): Münchener Kommentar zum Strafgesetzbuch, Band 3 §§ 185–262, 2. Aufl., München 2012, Bandredakteur: Klaus Miebach, zitiert als *Bearbeiter*, in: MünchKomm StGB, Bd. 3.

Joecks, Holger / Miebach, Wulf (Hrsg.): Münchener Kommentar zum Strafgesetzbuch, Band 4 §§ 185–262 StGB, 2. Aufl., München 2012, Bandredakteur: Roland Hefendehl/Olaf Hohmann, zitiert als *Bearbeiter*, in: MünchKomm StGB, Bd. 4, 2. Aufl.

Joecks, Holger / Miebach, Wulf (Hrsg.): Münchener Kommentar zum Strafgesetzbuch, Band 4 §§ 263–358 StGB, §§ 1–8, 105, 106 JGG, 1. Aufl., München 2006, Bandredakteur: Roland Hefendehl/Olaf Hohmann, zitiert als *Bearbeiter*, in: MünchKomm StGB, Bd. 4, 1. Aufl.

Joint Research Centre (JRC): Security and Privacy for the Citizen in the Post-September 11 Digital Age: A Prospective Overview, Brüssel 2003.

Jörissen, Benjamin: Identität und Selbst, Berlin 2000.

Keller, Christoph: Der genetische Fingerabdruck – Die DNA-Analyse in der polizeilichen Praxis, 3. Aufl., Stuttgart u. a. 2006.

Kempa, Darius: Angriff auf Netze und Systeme, Hamburg 2006, zugl. Dissertation 2006, Univ. Hamburg.

Kent, Stephen / Millett, Lynette: Who Goes There?: Authentication Through the Lens of Privacy, Washington D.C. 2003.

Kern, Benjamin: Whacking, Joyriding and War-driving: Roaming Use of Wi-Fi and the Law, 21 Santa Clara Computer & High Tech. L.J. 2004, 101–161.

Kilian, Wolfgang / Heussen, Benno (Hrsg.): Computerrechts-Handbuch: Computertechnologie in der Rechts- und Wirtschaftspraxis, München 2011, zitiert als *Bearbeiter*, in: Kilian/Heussen.

Kindhäuser, Urs: Strafrecht, Allgemeiner Teil, 6. Aufl., Baden-Baden 2013.

Kindhäuser, Urs / Neumann, Ulfried / Paeffgen, Hans-Ullrich: Strafgesetzbuch, 4. Aufl., Baden-Baden 2013, zitiert als *Bearbeiter*, in: Kindhäuser/Neumann/Paeffgen.

Klugmann, Marcel: Das Gesetz zur Optimierung der Geldwäscheprävention und seine Auswirkungen auf die anwaltliche Praxis, NJW 2012, 641–645.

Knopp, Michael / Wilke, Daniel / Hornung, Gerrit / Laue, Philip: Grunddienste für die Rechtssicherheit elektronischer Kommunikation Rechtlicher Bedarf für eine gewährleistete Sicherheit, MMR 2008, 723–728.

Köbler, Ralf: eJustice: Vom langen Weg in die digitale Zukunft der Justiz, NJW 2006, 2089–2091.

Koops, Bert-Jaap / Leenes, Ronald: Identity Theft, Identity Fraud and/or Identity-related Crime, DuD 2006, 553–556.

Koops, Bert-Jaap / Leenes, Ronald / Meints, Martin / van der Meulen, Nicole / Jaquet-Chiffelle, David-Olivier: A Typology of Identity-Related Crime, Information, Communication & Society, 2009, 1–24.

Krasemann, Henry: Identitäten in Online-Spielen, DuD 2008, 194–196.

Krasemann, Henry: Onlinespielrecht – Spielwiese für Juristen, MMR 2006, 351–357.

Krey, Volker / Hellmann, Uwe: Vermögensdelikte, 16. Aufl., Stuttgart 2012.

Krutisch, Dorothee: Strafbarkeit des unberechtigten Zugangs zu Computerdaten und -systemen, Frankfurt a.M. 2004, zugl. Dissertation 2003, Univ. Saarbrücken.

Kshirsagar, Parikshit: The Problem of Identity Protection in Cyberspace and Some Suggestions, 2009, abrufbar unter: http://papers.ssrn.com/sol3/papers.cfm?abstract_id=1520204.

Kudlich, Hans: Stellungnahme zum Gesetzesentwurf der Bundesregierung zu einem Strafrechtsänderungsgesetz zur Bekämpfung der Computerkriminalität (BT-Drs. 16/3656) zur Vorbereitung der öffentlichen Anhörung im Rechtsausschuss am 21.3.2007, zitiert als *Kudlich*, Stellungnahme 41. StrÄndG.

Kudlich, Hans: Womit der Hacker gerne spielt – Verfassungsmäßigkeit des Verbots von »Hacker-Tools«, JA 2009, 739–742.

Kusnik, Katharina: Abfangen von Daten – Straftatbestand des § STGB § 202b StGB auf dem Prüfstand, MMR 2011, 720–726.

Kusnik, Katharina: Strafbarkeit der Daten- bzw. Informationsspionage in Deutschland und Polen, Baden-Baden 2012, zugl. Dissertation 2011, Univ. Münster.

Lacey, David / Cuganesan, Suresh: The Role of Organizations in Identity Theft Response: The Organization – Individual Victim Dynamic, 38 J. Consumer Aff. 2004, 244–261.

Lachenicht, Maike: Der Krankheitsbegriff bei Christopher Boorse und bei Bernard Gert/Charles M. Culver/K. Danner Clouser – ein Vergleich zweier Krankheitstheorien und ihrer Anwendung auf konkrete Krankheitsbilder, Münster 2011, zugl. Dissertation 2011, Univ. Münster.

Lackner, Karl / Kühl, Kristian (Bearb.): Strafgesetzbuch, 27. Aufl., München 2011, zitiert als *Lackner/Kühl.*

Lawson, Philippa: Identity-related crime victim issues: A Discussion Paper, in: UN Handbook on Identity-related Crime, S. 107–168.

Leicht, Armin: Computerspionage – Die „besondere Sicherung gegen unberechtigten Zugang“ (§ 202a StGB), IuR 1987, S. 45–53.

Leupold, Andreas / Glossner, Silke (Hrsg.): Münchener Anwaltshandbuch IT-Recht, 2. Aufl., München 2011, zitiert als *Bearbeiter*, in: Leupold/Glossner.

Löhr, Gerda: Zur Notwendigkeit eines spezifischen Anti-Stalking-Straftatbestandes in Deutschland, Berlin 2008, zugl. Dissertation 2007/2008, Univ. Heidelberg.

Lynch, Jennifer: Identity Theft in Cyberspace: Crime Control Methods and their Effectiveness in Combating Phishing Attacks, 20 Berkeley Tech. L.J. 2005, 259–300.

Mankowski, Peter: Wie problematisch ist die Identität des Erklärenden bei E-Mails wirklich?, NJW 2002, 2822–2828.

Mankowski, Peter: Zum Nachweis des Zugangs bei elektronischen Erklärungen, NJW 2004, 1901–1907.

Mansdörfer, Marco (Hrsg.): Die allgemeine Straftatlehre des common law, Heidelberg 2005, zitiert als *Bearbeiter*, in: Mansdörfer.

Martinek, Michael / Semler, Franz-Jörg / Habermeier, Stefan / Flohr, Eckhard (Hrsg.): Handbuch des Vertriebsrechts, 3. Aufl., München 2010, zitiert als *Bearbeiter*, in: Martinek/Semler/Habermeir/Flohr.

Martins de Almeida, Gilberto: Typology and criminalization approaches to identity-related crime: Compendium of examples of relevant legislation, in: UN Handbook on Identity-related Crime, S. 55–112.

Maunz, Theoder / Dürig, Günter (Begr.): Grundgesetz, Kommentar, 67. EGL., München 2013, zitiert als *Bearbeiter*, in: Maunz/Dürig.

McAffee (Hrsg.): Identitätsdiebstahl, White Paper, 2007, abrufbar unter: http://totalprotection.red24.de/pdf/DE_WP_Jan07_Identitaetsdiebstahl.pdf.

Meints, Martin: Identität, DuD 2006, 576.

Metzner-Szigeth, Andreas: Cyber-Identitäten und Virtuelle Gemeinschaften – Sozial-Psychologische Überlegungen, in: Ursua, Nicanor; Metzner-Szigeth, Andreas, Netzbasierte Kommunikation, Identität und Gemeinschaft, S. 43–98.

Meyer-Goßner, Lutz: Strafprozessordnung, Kommentar, 56. Aufl., München 2013.

Möhrenschlager, Manfred: Das neue Computerstrafrecht, wistra 1986, 138–142.

Moir, Ian / Weir, George: Identity Theft: A Study in Contact Centres, International Journal of Electronic Security and Digital Forensics 2009, 92–100.

Moritz, Hans-Werner / Dreier, Thomas (Hrsg.): Rechts-Handbuch zum E-Commerce, 2. Aufl., Köln 2005.

Müller-Terpitz,Ralf / Rauchhaus, Alexandra: Das E-Government-Gesetz des Bundes – ein Schritt in Richtung „Verwaltung 2.0“, MMR 2013, 10–16.

Muñoz de Morales Romero, Marta: From Nothing to having it All?: The Importation of Identity Theft by the Eu, Cahiers de Défense Sociale, 2009–2010, 51–61.

Naucke, Wolfgang: Ausnutzen einer Fehlbuchung kein Betrug durch Unterlassen, NJW 1994, 2809–2811.

Neuheuser, Stephan: Die Strafbarkeit des Bereithaltens und Weiterleitens des durch „Phishing“ erlangten Geldes, NStZ 2008, 492–497.

Newman, Graeme / McNally, Megan: Identity Theft Literature Review, 2005.

Nolde, Veronika / Leger, Lothar (Hrsg.): Biometrische Verfahren – Körpermerkmal als Passwort: Grundlagen, Sicherheit und Einsatzgebiete biometrischer Identifikation, Köln 2002, zitiert als: *Bearbeiter*, in: Nolde/Leger.

Nunner-Winkler, Gertrud: Identität und Individualität, Soziale Welt 1985, S. 466–482

Organisation für wirtschaftliche Zusammenarbeit und Entwicklung (OECD): OECD Policy Guidance on Online Identity Theft, 2008, abrufbar unter: http://www.oecd.org/sti/consumerpolicy/ 40879136.pdf, zitiert als *OECD*, Policy Guidance.

Organisation für wirtschaftliche Zusammenarbeit und Entwicklung (OECD): Online Identity Theft, 2009, zitiert als *OECD*, Online Identity Theft.

Organisation für wirtschaftliche Zusammenarbeit und Entwicklung (OECD): Scoping Paper on Online Identity Theft, DSTI/CP(2007)3/FINAL, 2008, abrufbar unter: http://www.oecd.org/sti/40644196.pdf, zitiert als *OECD*, Scoping Paper.

Otto, Harro: Die Struktur des strafrechtlichen Vermögensschutzes, Berlin 1970, zugl. Habilschrift Univ. Gießen 1968.

Otto, Harro: Grundkurs Strafrecht – Die einzelnen Delikte, 7. Aufl., Berlin 2005.

Owen, Katy / Keats, Gemma / Gill, Martin: The Fight Against Identity Fraud: A Brief Study of the EU, the UK, France, Germany and the Netherlands, Leicester 2006.

Pahlen-Brandt, Ingrid: Datenschutz braucht scharfe Instrumente: Beitrag zur Diskussion um „personenbezogene Daten“, DuD 2008, 34–40.

Park, Bai-Hyoung: Der Satz des Nichtzuunterscheidenden – Eine entwicklungsgeschichtliche Untersuchung eines philosophischen Prinzips bei Leibniz, Kant und Hegel, Bielefeld 2005, zugl. Dissertation 2005, Univ. Bielefeld.,.

Pastrikos, Catherine: Identity Theft Statutes: Which will Protect Americans the Most?. 67 Alb. L. Rev. 2003–2004, 1137–1157.

Pfeiffer, Gerd: Strafprozessordnung, Kommentar, 5. Aufl. München 2005.

Pfitzmann, Andreas / Borcea-Pfitzmann, Katrin: Identitätsmanagement und informationelle Selbstbestimmung, in: Roßnagel, Allgegenwärtige Identifizierung?, S. 83–91.

Pfitzmann, Andreas / Hansen, Marit: A terminology for talking about privacy by data minimization: Anonymity, Unlinkability, Undetectability, Unobservability, Pseudonymity, and Identity Management (Version v0.34), 2010, abrufbar unter: http://dud.inf.tu-dresden.de/literatur/Anon_Terminology_v0.34.pdf.

Popp, Andreas: „Phishing", „Pharming" und das Strafrecht, MMR 2006, 84–86.

Popp, Andreas: Informationstechnologie und Strafrecht, JuS 2011, 385–392.

Popp, Andreas: Informationstechnologie und Strafrecht, JuS 2011, 385–392.

Popp, Andreas: Von „Datendieben" und „Betrügern" – Zur Strafbarkeit des so genannten „phishing", NJW 2004, 3517–3518.

Rand Europe (Hrsg.): Feasibility study for a European Cybercrime Centre, Final Report, 2012, abrufbar unter: http://ec.europa.eu/dgs/home-affairs/what-we-do/policies/pdf/20120311_final_report_feasibility_study_for_a_european_cybercrime_centre_en.pdf#page=1&zoom=100.

Reisen, Andreas: Digitale Identität im Scheckkartenformat. Datenschutzvorkehrungen für den elektronischen Personalausweis, DuD 2008, 164–167.

Rengier, Rudolf: Vermögensdelikte, 15. Aufl., München 2013.

Rengier, Rudolph: Delikte gegen die Person und die Allgemeinheit, 12. Aufl., München 2011, zitiert als *Rengier*, Strafrecht BT/II.

Rönnau, Thomas: Der strafrechtliche Rechtsgutsbegriff, JuS 2009, 209–211.

Rönnau, Thomas: Die Aufnahme des „Geschäftsherrenmodells" in den Tatbestand des § 299 – ein Systembruch im deutschen StGB, ZRP 193–195.

Rönnau, Thomas: Grundwissen – Strafrecht: Gewahrsam, JuS 2009, 1088–1090.

Roßnagel, Alexander: Das De-Mail-Gesetz – Grundlage für mehr Rechtssicherheit im Internet, NJW 2011, 1473–1478.

Roßnagel, Alexander: Das neue Recht elektronischer Signaturen – Neufassung des Signaturgesetzes und Änderung des BGB und der ZPO, NJW 2001, 1817–1825.

Roßnagel, Alexander: Die fortgeschrittene elektronische Signatur, MMR 2003, 164–170.

Roßnagel, Alexander: Neue Identifikationsstrukturen – Entwicklungen und Herausforderungen, in: *Roßnagel*, Allgegenwärtige Identifizierung?, S. 17–32.

Roßnagel, Alexander (Hrsg.): Allgegenwärtige Identifizierung? Neue Identitätsinfrastrukturen und ihre rechtliche Gestaltung, Baden-Baden 2006.

Roßnagel, Alexander (Hrsg.): Handbuch Datenschutzrecht, München 2003, zitiert als *Bearbeiter*, in: Roßnagel, Hdb. Datenschutzrecht.

Roßnagel, Alexander / Pfitzmann, Andreas: Der Beweiswert von E-Mails, NJW 2003, 1209–1214.

Roßnagel, Alexander / Scholz, Philip: Datenschutz durch Anonymität und Pseudonymität – Rechtsfolgen der Verwendung anonymer und pseudonymer Daten, MMR 2000, 721–731.

Rost, Martin / Meints, Martin: Authentisierung in Sozialsystemen – Identity theft strukturell betrachtet, DuD 2005, S. 216–218.

Roxin, Claus: Strafrecht Allgemeiner Teil, Bd. I, 4. Aufl., München 2006, zitiert als *Roxin*, Band I.

Roxin, Claus: Strafrecht Allgemeiner Teil, Bd. II, 2. Aufl., München 2003, zitiert als *Roxin*, Band II.

Royer, Denis / Ranneberg, Kai: Mobilität, mobile Technologie und Identität – Mobile Identitätsmanagementsysteme, DuD 2006, 571–575.

Rudolphi, Hans-Joachim / Horn, Eckhard / Samson, Erich / Günther, Hans-Ludwig: Systematischer Kommentar zum Strafgesetzbuch, Köln 2012, zitiert als *Bearbeiter*, in: SK-StGB, Stand.

Sabol, Martha: The Identity Theft and Assumption Deterrence Act of 1998 –Do Individual Victims Finally Get Their Day in Court?, 11 Loy. Consumer L. Rev. 1998–1999, 165–173.

Sachs, Michael (Hrsg.): Grundgesetz, 6. Aufl., München 2011, zitiert als *Bearbeiter*, in: Sachs.

Säcker, Franz Jürgen / Rixecker, Roland (Hrsg.): Münchener Kommentar zum Bürgerlichen Gesetzbuch, Band 1, 6. Aufl., München 2012, zitiert als *Bearbeiter*, in: MünchKomm BGB, Bd. 1.

Säcker, Franz Jürgen / Rixecker, Roland (Hrsg.): Münchener Kommentar zum Bürgerlichen Gesetzbuch, Band 2, 6. Aufl., München 2012, zitiert als *Bearbeiter*, in: MünchKomm BGB; Bd. 2.

Säcker, Franz Jürgen / Rixecker, Roland (Hrsg.): Münchener Kommentar zum Bürgerlichen Gesetzbuch, Band 6, 6. Aufl., München 2013, zitiert als *Bearbeiter*, in: MünchKomm BGB, Bd. 6.

Saliger, Frank: Die Normativierung des Schadensbegriffs in der neueren Rechtsprechung, in: Recht – Wirtschaft – Strafe, Festschrift für Erich Samson, Heidelberg u. a. 2010, S. 455–482.

Samson, Erich / Langrock, Marc: Pecunia non olet? Staatlicher Ankauf von entwendeten Daten deutscher Steuerhinterzieher, wistra 2010, 201–205.

Saunders, Kurt / Zucker, Bruce: Counteracting Identity Fraud in the Information Age: The Identity Theft and Assumption Deterrence Act, 8 Cornell Journal of Law and Public Policy 1999, 611–675.

Savirimuthu, Anne / Savirimuthu, Joseph: Identity Theft and Systems Theory: The Fraud Act 2006 in Perspective, SCRIPTed 2007, 436–461.

Schaar, Peter: Datenschutz im Internet, München 2002.

Schaffland, Hans-Jürgen / Wiltfang, Noeme: Bundesdatenschutzgesetz, EGL 4/11, Berlin 2012.

Schemitsch, Markward: Identitätsdaten als Persönlichkeitsgüter, Darmstadt 2005, zugl. Dissertation 2005, Univ. Darmstadt.

Scherer, Holger: Das Pseudonym, Hamburg 2002, zugl. Dissertation 2002, Univ. Mainz.

Schimansky, Herbert / Bunte, Hermann-Josef / Lwowski, Hans Jürgen (Hrsg.): Bankrechts-Handbuch, 4. Aufl., München 2011.

Schmid, Matthias / Wirth, Thomas / Seifert, Fedor (Hrsg.): Urheberrechtsgesetz, Handkommentar, 2. Aufl., Baden-Baden 2009.

Schmid, Pirmin: Computerhacken und materielles Strafrecht – unter besonderer Berücksichtigung von § 202a StGB, Konstanz 2001, zugl. Dissertation Univ. Konstanz 2001.

Schmitz, Roland: Ausspähen von Daten, JA 1995, 478–484.

Schnabl,: Strafbarkeit des Hacking – Begriff und Meinungsstand, wistra 2004, 211–216.

Schönke, Adolf / Schröder, Horst (Hrsg.): Strafgesetzbuch, 28. Aufl., München 2010, zitiert als *Bearbeiter*, in: Schönke/Schröder.

Schröder, Georg: Datenschutzrecht für die Praxis, München 2012.

Schumann, Kay: Das 41. StrÄndG zur Bekämpfung der Computerkriminalität, NStZ 2007, 675–680.

Seidl, Alexander: Debit Card Fraud: Strafrechtliche Aspekte des sog. „Skimmings", ZIS 2012, 415–424.

Seidl, Alexander / Fuchs, Katharina: Die Strafbarkeit des Phishing nach Inkrafttreten des 41. Strafrechtsänderungsgesetzes, HRRS 2010, 85–92.

Senge, Lothar (Hrsg.): Karlsruher Kommentar zum Gesetz über Ordnungswidrigkeiten, 3. Aufl., München 2006, zitiert als: *Bearbeiter*, in: KK OWiG.

Shoudt, Erin: Comment: Identity Theft: Victims „Cry Out"for Reform, 52 AM. U.L. REV. 2002, 339.

Sieber, Ulrich: Verantwortlichkeit im Internet, München 1999.

Sieber, Ulrich / Brüner, Franz / Satzger, Helmut / von Heintschel-Heinegg, Bernd (Hrsg.): Europäisches Strafrecht, Baden-Baden 2011, zitiert als *Bearbeiter*, in: Sieber/Brüner/Satzger/von Heintschel-Heinegg.

Simitis, Spiros (Hrsg.): Bundesdatenschutzgesetz, 7. Aufl., Baden-Baden 2011, zitiert als *Bearbeiter*, in: Simitis.

Solove, Daniel: Identity Theft, Privacy, and the Architecture of Vulnerability, 54 Hastings Law Journal 2002–2003, 1227–1276.

Sommer, Ulrich: Lücken im Strafrechtsschutz des § 240 StGB?, NJW 1985, 769–773.

Sosnitza, Olaf / Gey, Michael,: Zum Beweiswert von E-Mails. Technische Hintergründe und rechtliche Konsequenzen, K&R 2004, 465–469.

Soyka, Martin: Das moderne Lastschriftsystem: Eine Einladung zum straflosen Betrug?, NStZ 2004, 538–542.

Spindler, Gerald / Schuster, Fabian (Hrsg.): Recht der elektronischen Medien, 2. Aufl., München 2011, zitiert als *Bearbeiter*, in: Spindler/Schuster.

Sproule, Susan / Archer, Norm: Defining Identity Theft – A Discussion Paper, Prepared for the Ontario Research Network in Electronic Commerce (ORNEC) Identity Theft Research Program, 2006.

Statistisches Bundesamt (Hrsg.): Fachserie 10 Reihe 3: Rechtspflege Strafverfolgung 2011, Wiesbaden 2012, abrufbar unter: https://www.destatis.de/DE/Publikationen/Thematisch/Rechtspflege/StrafverfolgungVollzug/Strafverfol gung2100300117004.pdf, zitiert als: *StBA*, Strafverfolgung 2011.

Staudinger, Julius von: Kommentar zum bürgerlichen Gesetzbuch mit Einführungsgesetz und Nebengesetzen, Berlin, zitiert als *Bearbeiter*, in: Staudinger, Erscheinungsjahr.

Stephan, Michael / Pennington, Shane / Krishnamurth, Guha / Reidy, Jon: Identity Burglary, 13 Tex. Rev. L. & Pol. 2008–2009, 401–418.

Stewart, James / Tittel, Ed / Chappl, Mike: CISSP: Certified Information Systems Security Professional Study Guide, Alameda 2011.

Stuckenberg, Carl-Friedrich: Stellungnahme zum Gesetzentwurf der Bundesregierung – Entwurf eines ... Strafrechtsänderungsgesetzes zur Bekämpfung der Computerkriminalität (... StrÄndG), BT-Drs. 16/3656 für die öffentliche Anhörung am 21. März 2007, zitiert als *Stuckenberg*, Stellungnahme 41. StrÄndG.

Stuckenberg, Carl-Friedrich: Zur Strafbarkeit von „Phishing“, ZStW 118 (2006), 878–912.

Suhr, Christian: Zur Begriffsbestimmung von Rechtsgut und Tatobjekt im Strafrecht, JA 1990, 303.

Taeger, Jürgen / Gabel, Detlev (Hrsg.): Kommentar zum BDSG und zu den Datenschutzvorschriften des TKG und TMG, 2. Aufl., Frankfurt a.M. 2013, zitiert als *Bearbeiter*, in: Taeger/Gabel.

Tamm, Marina: Rückwirkungen des gescheiterten SWIFT-Abkommens auf das Abkommen über Fluggastdaten?, VUR 2010, 215–223.

The President's Identity Theft Task Force: Combating Identity Theft – A Strategic Plan, 2007, zitiert als *The President's Identity Theft Task Force*, Strategic Plan.

The President's Identity Theft Task Force: Task Force Report, September 2008, abrufbar unter: http://www.ftc.gov/os/2008/10/081021taskforcereport.pdf, zitiert als *President's Task Force Identity Theft*, Report.

Tinnefeld, Marie-Theres / Ehmann, Eugen / Gerlin, Rainer: Einführung in das Datenschutzrecht, 4. Aufl., München 2005.

Towle, Holly: "Identity Theft: Myths, Methods and New Law", Rutgers Computer and Technology Law Journal 2004, 237–325.

Tsudik, Gene (Hrsg.): Financial Cryptography and Data Security, 12th International Conference, FC 2008, Cozumel, Mexico, January 28–31, 2008, Revised Selected Papers, 2008.

Tyszkiewicz, Goya Gräfin: Skimming als Ausspähen von Daten gemäß § 202a StGB?, zugl. Anmerkung zu BGH HRRS 2010 Nr. 173, HRRS 2010, 207–212.

UK Cabinet Office (Hrsg.): Identity Fraud: A Study, London 2002, abrufbar unter: http://www.statewatch.org/news/2004/may/id-fraud-report.pdf.

UK Home Office (Hrsg.): Annual Fraud Indicator, London 2011, abrufbar unter: http://www.homeoffice.gov.uk/publications/agencies-public-bodies/nfa/annual-fraud-indicator/annual-fraud-indicator-2012?view=Binary, zitiert als *UK Home Office*, Annual Fraud Indicator 2012.

UK Home Office (Hrsg.): Annual Fraud Indicator, London 2012, abrufbar unter: http://www.homeoffice.gov.uk/publications/agencies-public-bodies/nfa/annual-fraud-indicator/annual-fraud-indicator-2011?view=Binary, zitiert als *UK Home Office*, Annual Fraud Indicator 2011.

United States Sentencing Commission (Hrsg.): Identity Theft, Final Report, 1999, abrufbar unter: http://www.ussc.gov/Research/Working_Group_Reports/Intel lectual_Property_and_Tech/19991215_Identity_Theft/ identity.pdf.

Ursua, Nicanor / Metzner-Szigeth, Andreas (Hrsg.): Netzbasierte Kommunikation, Identität und Gemeinschaft, Berlin 2006.

US Department of Justice (Hrsg.): Identity-Related Crime: A Threat Assessment, 2010, abrufbar unter: http://www.justice.gov/criminal/fraud/documents/reports/2010/11-01-10mass-market-fraud.pdf, zitiert als: *US Dept. of Justice*, Identity-related Crime.

van Der Meulen, Nicole: Financial Identity Theft, Den Haag 2011.

van der Meulen, Nicole: The Challenge of Countering Identity Theft: Recent Developments in the United States, the United Kingdom, and the European Union, Report Commissioned by the National Infrastructure Cyber Crime program (NICC), Tilburg 2006, abrufbar unter: http://citeseerx.ist.psu.edu/viewdoc/download?doi=10.1.1.103.6835&rep=rep1&type=pdf.

Van der Sloot, Bart: Virtual Identity and Virtual Privacy: Towards a Concept of Regulation by Analogy, Amsterdam Law School Legal Studies Research Paper No. 2012–53, eGov Präsenz 2001, 41–43.

Vedder, Christoph / Heintschel von Heinegg, Wolff (Hrsg.): Europäisches Unionsrecht, Baden-Baden 2012, zitiert als *Bearbeiter*, in: Vedder/Heintschel von Heinegg.

Vereinte Nationen: Economic fraud and identity-related crime; and penal reform and the reduction of prison overcrowding, including the provision of legal aid in criminal justice systems, Note by the Secretariat, E/CN.15/2009/15, Wien 2007, zitiert als *UN*, E/CN.15/2009/15.

Vereinte Nationen: Results of the second mboeeting of the Intergovernmental Expert Group to Prepare a Study on Fraud and the Criminal Misuse and Falsification of Identity, Report of the Secretary-General, E/CN.15/2007/8*, Wien 2007, zitiert als *UN*, Report Identity-related Crime.

Vereinte Nationen: Results of the second meeting of the Intergovernmental Expert Group to Prepare a Study on Fraud and the Criminal Misuse and Falsification of Identity, Report of the Secretary-General, Addendum Identity-related crime, E/CN.15/2007/8/Add.3, Wien 2007, zitiert als: *UN*, Report Identity-related Crime Add.

Vereinte Nationen (Hrsg.): Handbook on Identity-related Crime, New York 2011.

Vetter, Jan: Gesetzeslücken bei der Internetkriminalität, Hamburg 2003, zugl. Dissertation 2003, Univ. Kiel.

Vogler, Theo: Das neue Gesetz über die internationale Rechtshilfe in Strafsachen, NJW 1983, 2114–2124.

von Heintschel-Heinegg, Bernd (Hrsg.): Beck'scher Online-Kommentar zum Strafgesetzbuch, Stand: 08.03.2013, München, zitiert als *Bearbeiter*, in: BeckOK StGB.

Wabnitz, Heinz-Bernd / Janovsky, Thomas (Hrsg.): Handbuch Wirtschafts- u. Steuerstrafrechts, 3. Aufl., München 2007, zitiert als *Bearbeiter*, in: Wabnitz/Janovsky.

Weber, Roman: Phishing: Brauchen wir einen Sondertatbestand zur Verfolgung des Internetphishings?, HRRS 2004, 406–410.

Weichert, Thilo: Datenschutzstrafrecht – ein zahnloser Tiger?, NStZ 1999, 490–493.

Weigl, Michaela: Meinungsfreiheit contra Persönlichkeitsschutz am Beispiel von Web 2.0-Applikationen, Hamburg 2011, zugl. Dissertation 2010, Univ. Passau.

White, Michael / Fisher, Christopher: Assessing Our Knowledge of Identity Theft: The Challenges to Effective Prevention and Control Efforts, Criminal Justice Policy Review 2008, 3–24.

Widder, Alexander: Complex Event Processing und maschinelle Lernverfahren, Regensburg 2011, zugl. Dissertation 2011, Univ. Regensburg.

Widmaier, Gunther (Hrsg.): Münchener Anwaltshandbuch Strafverteidigung, München 2006, zitiert als *Bearbeiter*, in: Widmaier.

Wietzorek, Michael: Der Beweis des Zugangs von Anhängen in E-Mails, MMR 2007, 156–159.

Winn, John / Govern, Kevin: Identity Theft: Risks and Challenges to Business of Data Compromise, 28 Temple Journal of Sci., Tech & Envtl. Law 2009, 49–63.

Wolff, Heinrich / Brink, Stefan (Hrsg.): Beck'scher Online-Kommentar zum Datenschutzrecht, Stand: 1.8.2012, München, zitiert als *Bearbeiter*, in: BeckOK Datenschutz.

Zaidi, Kamaal: Identity Theft and Consumer Protection: Finding Sensible Approaches to Safeguard Personal Data in the United States and Canada, 19 Loy. Consumer L. Rev. 2006–2007, 99–150.

Zarnow, Christoph: Identität und Religion: Philosophische, soziologische, religionspsychologische und theologische Dimensionen des Identitätsbegriffs, Tübingen 2010, zugl. Dissertation 2008, Univ. Halle-Wittenberg.

Zeiser, Roland: Trafic d'influence: Der Straftatbestand des missbrächlichen Handels mit Einfluss als Modell zur Schließung von Strafbarkeitslücken, Berlin 2012, zugl. Dissertation 2010, Univ. Freiburg.

www.ingramcontent.com/pod-product-compliance
Ingram Content Group UK Ltd.
Pitfield, Milton Keynes, MK11 3LW, UK
UKHW021908290926
8980IPUK00015B/1139

9 783631 720493